KB174472

웅크린 말들

웅크린 말들

말해지지 않는 말들의 한恨국어사전

1판1쇄 | 2017년 11월 20일
1판4쇄 | 2022년 12월 19일

지은이 | 이문영

펴낸이 | 안중철, 정민용
책임편집 | 윤상훈
편집 | 심정용, 이진실, 최미정
사진 | 김흥구

펴낸곳 | 후마니타스(주)
등록 | 2002년 2월 19일 제2002-000481호
주소 | 서울 마포구 신촌로14안길 17, 2층 (04057)
전화 | 편집_02.739.9929/9930 영업_02.722.9960 팩스_0505.333.9960

SNS | humanitasbook
블로그 | blog.naver.com/humabook
이메일 | humanitasbooks@gmail.com

인쇄 | 천일문화사_031.955.8083 제본 | 일진제책사_031.908.1407

값 20,000원

ISBN 978-89-6437-292-0 04300
      978-89-90106-16-2 (세트)

이문영 지음

말해지지 않는 말들의 한恨국어사전

웅크린 말들

후마니타스

차례

일러두기

1. 이 책은 2013년 10월부터 2014년 8월까지 『한겨레21』에 연재된 '이문영의 한(韓)국어 사전'을 기초로 했다. 단행본에 맞게 해체하고, 고치고, 새로 쓴 글들을 더해 엮었다.

2. 본문에 쓰인 사진은 김홍구 사진작가가 제공했다.

3. 단행본·정기간행물에는 겹낫표(『 』)를, 시·노래·기사 제목에는 큰따옴표(" ")를, 법령·영화·드라마에는 홑화살괄호(〈 〉)를 사용했다.

두 세계를 구성하는 두 언어가 있다.

언어는 거울이면서 거짓이다. 삶을 비추기도 하지만, 삶을
비틀기도 한다. 삶과 조응하기도 하지만, 삶을 조롱하기도 한다.
한韓국어가 언어의 표준을 자임할 때, 표준에서 배제된 언어는
한恨국어가 된다. 한韓국이 국민의 표준을 지정할 때, 표준에 끼
지 못한 사람은 한恨국에 산다.

소리 잃은 검은 기침

석탄

관광노보리

「은어」 채탄 환경이 가장 좋은 막장을 일컫는다. 고위 관리나 기자들이 갱내 견학을 올 때 '전시용' 노보리로 개방되곤 했다. '관광'이란 표현으로 광부들은 불편한 심기를 드러냈다.

노보리

「탄광」 채탄부가 낮고 경사진 면을 기어 올라가며 탄을 캐는 막장 갱도. '오르막길'을 뜻하는 일본어에서 가져온 탄광 용어. '상승사갱도'라고도 한다. 1990년대 이후 기계화 채탄이 이뤄지면서 땅을 기며 작업하는 노보리는 사라졌다.

¶

송양수(가명, 55세)는 머리꼭지가 선뜩했다.

"누구요?"

좆이나 시팔. 저 새끼는 또 뭔가.

송양수는 느닷없이 나타난 '저 새끼'의 시선이 불편했다.

머리카락에서 흘러내린 비누 거품이 눈을 찔렀다. 라면 국물 절은 양은 냄비와 밥풀 말라붙은 그릇들이 고무 대야에 쌓여 수북했다. 시멘트 바닥에선 벗어 둔 지 오래된 빨래들이 물에 젖어 불었다.

아파트 가로등 아래서 송양수는 웃통을 까고 몸을 씻었다. 9월 사북 저녁의 쌀쌀한 공기가 맨살을 쓸었다. 물이 쫄쫄 흘렀다. 콸콸 쏟아지는 수돗물이 그리웠다. 그는 산에서 내려 보내는 물로 아파트 주차장에서 세수를 하고, 머리를 감고, 밥을 짓고, 설거지를 했다.

어둠이 아파트 안으로 먹물처럼 번졌다. 까맣게 건물들이 젖어도 가로등은 반응하지 않았다. 산그늘 내린 송양수의 몸이 상반신부터 검게 지워지고 있었다. 수백 가구가 살았던 동원아파트(동원탄좌 광부·직원 사택) 안에서 그는 혼자 살아 움직였다. 텅 빈 아파트에 충만한 것은 공가空家들뿐이었다. 창문은 모조리 깨졌고, 페인트칠은 깨끗이 벗겨졌으며, 복도마다 폭탄 맞은 듯 구멍이 뚫렸다. 아파트가 흉가인지 자신이 귀신인지 그도 모를 일이었다.

㈜동원이 2011년 아파트의 수도를 끊었다. 전기도 함께 거둬 갔다. 2007년부터 회사는 집을 비우지 않는 옛 직원들을 찾

아다니며 명도 소송을 걸었다. 사람이 의지해 살 수 있는 모든 조건이 제거됐다. 사람이 살 수 없는 조건에서도 사람은 살아야 한다는 현실만 끝내 제거되지 않았다. 2004년 동원탄좌 폐광[1] 뒤에도 떠나지 못했던 광부들이 짐을 쌌다.[2]

'저 새끼'가 주위를 얼쩡거렸다. 빨래를 하면서도 송양수는 자신을 흘끗거리는 '저 새끼'가 기분 나빴다. '저 새끼' 같은 새끼들이 갑자기 나타날 때마다 그의 신경이 곤두섰다. 누구든 존재한다는 이유로 신기해질 이유는 없었다.

공식적으로 사람이 거주하지 않는 아파트에서 송양수는 숨어 살았다. 그는 없는 존재로서 동원아파트에 있었다. 사람이 아닌 사람의 자국으로서 그는 아파트에 묻었다. 사람이 없어야 하는 곳에 사람이 있을 때 사람은 어떤 존재인가를 그는 자문했다.

송양수는 동원의 마지막 퇴직자 734명 중 한 명이었다. 10년 사이[3] 2백여 명은 비정규직이 됐고, 2백여 명은 출근할 곳이 없었다. 2백여 명은 사북을 떠났고, 40여 명은 연락이 끊겼다. 53명이 땅에 묻히거나 가루로 뿌려졌다. 열의 여섯은 먼지 쌓인 허파가 딱딱해져 죽었다. 시간은 그들에게 늘 공격적이었다.

땡땡땡(입갱 신호) 땡땡(퇴갱 신호)…….

대기실을 울리던 타종 소리는 기억 저편에서 아득했다. 광부들을 땅 아래위로 실어 나르던 케이지(엘리베이터)가 멈췄고, 인차(사람을 실어 나르는 차)와 광차(탄을 실어 나르는 차)는 레일마저 걷혔다. 선탄장(갓 캐낸 석탄 더미에서 돌을 골라내는 작업장)에서 피어오르던 탄재 안개는 자취를 잃었고, 하이바(안전모)와 캐프(안전등)는 역사의 유물로 박물관에 전시됐다. 갑방 근무시간(아침 8시부터 오후

4시)에도, 을방 근무시간(오후 4시부터 밤 12시)에도, 병방 근무시간 (밤 12시부터 아침 8시)에도, 광부들은 출퇴근길에 모습을 드러내지 않았다. 미술 시간 사북 아이들이 까맣게 색칠했던 지장천 물이 맑아질 때마다, 지장산 위에 쌓인 보다(폐석을 뜻하는 일본어) 더미의 탄재가 씻겨 나갈 때마다, 탄광의 흔적은 바람에 차여 풍화되고 시간에 밀려 화석이 됐다. 연탄마저 사북 밖에서 사다 썼다.

중학교 3학년 딸이 언덕길을 올라왔다. 아파트를 점령한 수풀이 길을 지웠다. 하굣길 딸아이는 늘 친구들을 먼저 보낸 뒤 안경다리⁴를 건넜다.

군대를 제대하자마자 송양수는 고향(충북 단양)을 등지고 땅속으로 기어들었다. 그는 선산부(채탄과 굴진의 선두에서 작업하는 숙련공. 일본식 표현 '사끼야마')였다. 톱도끼 받던 날(선산부가 되는 날)의 흥분을 잊지 못했다. 후산부(선산부 뒤에서 일을 보조하는 미숙련공. 일본식 용어 '아다무끼') 앞에선 은근히 목에 힘을 줬다. '저승밥 싸가지고 다닌다.'는 말도, '선산부는 선사부先死夫'란 말도 비웃으며 그는 살아남았다. '딱 3년만 하고 떠나자.'는 모든 광부의 거짓말을 그도 3년마다 갱신하며 나이를 먹었다. 23년을 광부로 살았는데, 송양수는 갈 곳이 없었다.

'저 새끼'가 딸을 쳐다봤다. 낯선 새끼의 출현에 놀란 딸이 걸음을 빨리했다.

딸의 어깨 너머로 사북 시내가 하나둘 네온사인을 밝혔다. 러브호텔과 안마방과 레포츠 용품 대여점 불빛이 사북의 밤하늘을 채웠다. 카지노에서 탕진한 사람들의 담보 잡힌 차들이 전당포 주위마다 줄을 섰다.

강원랜드에 한판 놀러 와선 겉만 보고 사북이 좋아졌다는 인
간들이 있었다. 탄광이 한창일 때 **관광노보리**나 보고 간 놈들과
똑같았다. 보고 구경하는 마른 눈으로 살고 노동하는 사람의 습
기를 알아챌 순 없었다. 불 꺼진 육오공(해발 650고지) 수갱탑(막장
으로 내려가는 수직갱도) 위에서 칠이공(720고지) 강원랜드가 형광등
괴물처럼 발광發光했다.

"밥 해놨다."

유리 조각과 쓰레기 더미가 밟히는 폐가의 구멍 속으로 대꾸
없는 딸이 빨려 들어갔다.

언어는 때로 선동이었고, 자주 기만이었다. 과거 그를 '산업
전사'라고 칭했던 언어는 현재의 그를 '노가다'라고 불렀다. 석
탄 증산을 '애국'이라며 독려했던 언어는 어느 순간부터 감산과
폐광이 '합리화'5라며 말을 바꿨다. 언어를 정의하는 권력은 그
와 동료들의 정체성을 극단으로 뒤바꾸며 언어를 감염시켰다.

철거촌 공가에서 발생한 흉한 일들이 신문과 방송을 타고 전
해졌다. 유령의 집에 딸을 두는 아버지가 딸의 살가움을 바랄
순 없었다. 촛불을 켜고 지내는 방에서 송양수는 '공부'를 입에
담지 못했다. 고등학교는 기숙사가 있는 외지로 보낼 생각이었
다. 딸에게 전기 스위치의 감각부터 찾아 줘야 했다.

"혹시 전이출(가명, 56세) 씨를 아십니까?"

송양수의 팔에 소름이 돋았다.

"……."

"여기 살던 전이출 씨 모르십니까?"

"……."

사람을 보면 무서운 아파트에서 '저 새끼'가 전이출의 행방을 물었다. 송양수의 무언에 당황한 표정이 '저 새끼'의 얼굴에 스쳤다.

'저 새끼'는 서울에서 전이출을 찾아왔다고 했다. 10년 동안 연락하며 지낸 형님이 갑자기 소식 두절이라며 횡설수설했다. 전이출은 2012년 6월까지 동원아파트에서 살았다. 그의 이삿짐을 송양수가 리어카로 실어 날랐다.

송양수가 마른 수건으로 몸을 닦았다. 빨래 더미를 뒤져 덜 젖은 셔츠를 골라 목에 꿰었다. 고무 대야에 물을 끼얹고 빨래에 세제를 풀었다. 딸이 들어간 구멍을 잠깐 돌아봤다. 멀리서 개가 짖었다.

가스 점검

「은어」흡연을 뜻하는 광부들의 표현. 가스가 차는 갱내에서 흡연은 금기였다. 흡연을 말리는 동료가 있으면 '가스 점검 해주겠다.'며 농담하곤 했다. 광부들은 관리자들 눈을 피해 '위험한 흡연'으로 고된 노동을 달랬다.

광해鑛害

「광업」광업 활동으로 생기는 피해. 채굴·제련 과정에서 발생하는 유독가스·폐수 피해, 지하 채굴에 따른 지표 함몰 등을 말한다. 동원아파트 폐가를 떠나지 못하는 광부들은 '철거를 막는 광해의 원인'으로 비난받았다.

백바가지

「은어」안전모 색깔이 통일(노란색)되기 전 관리직 사원들이 쓰던 하얀색 안전모. 관리자들로부터 억압과 멸시를 당한 생산직 노동자들(노란색 안전모)이 원망을 담아 그들을 지칭한 말. 노동자 투쟁이 전국을 휩쓸던 1987년 8월 태백시 장성광업소에선 '백바가지 추방 운동'이 벌어졌다.

딱따구리

「은어」관리자들이 들고 다니던 휴대용 망치. 백바가지처럼 관리자들을 뜻했다.

¶

앵커/ 정선의 동원탄광 광원아파트가 장기간 방치되고 있습니다.
청소년들의 탈선 장소 전락과 함께 도시 미관을 해치고 있습니
다. 보도에 ○○○ 기자입니다.

리포트/ 깨진 창문과 버려진 가구들이 널브러져 있습니다. 곳곳
에는 먹다 버린 술병들도 눈에 띕니다. 또 고철을 가져가기 위해
부순 바닥의 조각들로 가득해 위험해 보입니다.[6]

청소년 탈선 장소
이자, 도시 미관을 해치는 곳
이며, 버려지고 널브러진 것들의 땅
이, 집
그들은 다만 집이어서 살았다.
전이출(가명, 56세)이 철물점에서 사온 전기선을 다듬었다. 그
의 이빨 사이에 물린 담배가 입술에 닿기 직전까지 타들어 갔다.
사북의 봄은 도시의 겨울만큼 추웠다.
"가스 점검 작작해라."
송양수(가명, 55세)가 전이출을 타박했다.
아침저녁 동원아파트 안엔 한기가 가득했다. 입김이 시릴 때
마다 전이출은 담배 연기를 뿜었다. 2011년 4월 그의 입김은
하늘로 뿌리는 서리 같았다.[7]
전이출은 연필 깎는 칼로 전선 끄트머리 비닐을 벗겨 냈다.
"춥다. 가스라도 펑펑 때보자."
우물거리는 전이출의 입에서 담뱃재가 떨어졌다.

(석탄 — margin)

111

동원아파트엔 점검할 가스관이 없었다. 광부들과 직원들은 연탄을 땠다. 기름보일러로 바꾸는 집이 있었으나 드물었다. 관을 깔아야 하는 가스는 그들의 연료가 아니었다. 전이출이 담배 한 대를 꺼내 송양수에게 건넸다. 두 사람은 웃음기 없는 농담으로 차가운 입김에 담배 연기의 훈기를 섞었다. 전이출이 빈 담뱃갑의 허리를 졸랐다.

전이출은 사동 501호에 살았다. 그가 20년 이상 몸을 누인 집이었고, 가정을 이뤄 아이들을 낳은 집이었다. 고등학교를 졸업한 두 딸은 미련 한 톨 남기지 않고 집을 떠났다. 비만 오면 집에선 물이 샜다. 도배를 새로 하고 시멘트로 땜질해도 벽을 비집는 빗물을 막지 못했다. 그의 삶이 대책 없이 젖어 들었다. 지난 시간 어디쯤 갈라지고 깨졌는지 틈의 출처를 되짚을 길이 없었다.

며칠 전 101호 사람들이 집을 비웠다. 아파트를 떠난 그들이 둥근 지구에서 찾을 수 있는 집도 후미지고 각진 모서리일 것이었다.

전이출이 501호에서 짐을 빼 101호로 옮겼다. 물의 난입이 501호보단 덜했다. 회사에 보고하지 말라고 아파트 관리인에게 부탁했다. 집이 비었다는 소식을 들으면 회사는 전기와 수도를 끊어 거주를 막았다. 그는 변함없이 501호 사람이어야 했다.

전이출이 501호 부엌 천장에서 백열등을 분리했다. 등에 연결된 전선을 뽑아 비닐 벗긴 선과 이었다. 이틀을 막일 해 번 돈으로 산 전기선이었다. 전원을 확보하고서야 선은 진짜 전선이 됐다. 끊긴 선을 타고 흐를 수 있는 것은 아무것도 없었다.

(스탠드 업) 기자/ 동원탄광 직원과 가족 7백여 세대가 살던 광원아파트는 지난 2004년 이후 동원이 폐광한 뒤 10년째 철거도 되지 않은 채 그대로 방치되고 있습니다. 지역 주민들은 광원아파트가 카지노 장기 출입자들의 노숙과 청소년들의 탈선 장소로 이용돼 우범지대로 전락하고 있다며 걱정하고 있습니다.

오래 방치된 공간

이자, '카지노 거지'들의 노숙 장소

이며, 음습한 우범지대

가, 집

그들은 다만 집이어서 살았다.

존재하되 존재하지 않아야 하는 존재는 유령이 됐다. 유령은 어디서든 살 수 있었다. 유령도 어디서든 살아야 했다.

501호 방바닥에서 지방세 독촉 고지서가 전이출의 발에 밟혔다. 501호에서도 그는 '거주가 묘연한 자'였다. 그는 수년째 지방세 체납 명단에 올라 있었다. 관청은 '수취인 미거주'로 체납 이유를 기록했다. 아무것도 수취하지 않는 불명의 유령이 되는 것이 탈선 장소와 우범지대에서 그가 거주하는 방법이었다.

"잡아."

전이출이 501호 창문 밖으로 전선을 빼냈다. 선을 둘둘 말아 1층으로 떨어뜨렸다. 1층에서 전선을 받아 든 송양수가 101호 창문 안으로 밀어 넣었다. 그날 101호는 빛과 온기를 얻었다.

동원아파트는 재난 뒤의 참혹을 닮았다. 깨진 유리 조각과 버려진 쓰레기 더미에서 사람이 살았던 흔적과 기억도 깨지고 버려졌다. 살갗이 벗겨진 벽은 상한 핏줄과 금 간 뼈를 드러냈고, 우거진 잡초는 아파트와 야산의 경계를 지웠다. 폐허는 폐허에서 살 수 없는 생명들을 밖으로 밀어냈지만, 폐허이기에 찾아 깃드는 생명들에겐 최후의 품을 내줬다.

맞은편 폐허에서 취한 남자가 갈지자로 걸어 나왔다. 몇 달째 자르지 않고 며칠째 감지 않은 머리가 사방으로 엉키고 뻗쳤다. 알코올중독으로 요양원에 있다 나온 남자는 갈 곳이 폐허밖에 없었다. 남자는 동원아파트 안에서도 정처 없이 살았다. 폐허의 아파트에 의탁한 그는 빈집을 옮겨 다니며 잠을 잤다.

아파트엔 생산년도를 추정할 수 없는 낡은 고물차가 한 대 있었다. 범퍼는 너덜너덜했고 몸체 곳곳에서 붉은 녹이 피었다. 움직이는 모습을 눈으로 보지 않으면 자동自動하는 차車란 사실을 믿기 힘들었다. 차의 주인은 동원탄좌 **백바가지**였고 **딱따구리**였다. 사북 읍내로 이사했던 그는 바람을 피웠다는 이유로 아내한테 쫓겨났다. 잠 잘 곳을 찾아 고물차를 데리고 폐허로 돌아왔다.

아내가 도망간 송양수와, 아내가 없어진 전이출과, 아내한테 쫓겨난 백바가지와, 아내를 가져 본 적 없는 '까치집'이 여고생 한 명(송양수의 딸)과 **광해**의 땅에서 변함없이 살았다.

아파트는 존재 자체가 해害였다. 자신이 광해의 피해자인지, 광해를 일으키는 가해자인지, 광해의 일부로 사는 사람들에겐 중요하지 않았다. 광해 그 자체가 돼서라도 그들에겐 살아가는 것이 그저 다급했다. 전이출의 '전기 획득' 기념으로 송양수와 백바가지와 까치집이 101호에 둘러앉았다. 전이출이 소주병을 땄다.

(인터뷰) ○ ○ ○ 지역살리기 공동추진위원장/ 광산이 2004년도에 문을 닫은 후 한국광해관리공단에서 광부 사택에 대해 건드린 것이 없습니다. 그래서 빨리 철거해 달라는 지역 주민들의 의견을 (광해관리공단에) 전달했고…….

광해
이자, 제거돼야 할 황폐
이며, 철거를 요구받는 폐가
가, 집
그들은 다만 집이어서 살았다.
"태백광업소 지원자 50~60명 중 나만 선산부가 됐지."
송양수의 목소리에 홍이 끼었다.
"잘났다. 근데 왜 출근 않고 이러고 있나."
백바가지가 퉁을 놨다.
"거기 지열이 너무 세잖소. 숨이 턱턱 막히고."
"세월 따시다. 탄쟁이가 자빠져도 항내에서 자빠져야지."
전국에서 행상들이 찾아와 골목마다 시장을 이루던 때가 있었다. 사북 광부 노임날은 장사꾼이 먼저 안다고 했다. 사북 읍내와 지장산 광부 사택엔 택시가 무시로 오르내렸다. 아득한 일이었다. '사북에선 개도 지폐를 물고 다닌다.'던 시절은 이젠 기억에서도 철수했다.
"백바가지가 황바가지 처지를 우째 알겠소."
소주를 들이켠 송양수의 목소리가 칼칼해졌다.
"우린 푹 썩었다 아이요. 세 발만 뛰도 기침이 나고 검은 가래가 뭉티로 나온다 아이요."

탄재 걷힌 사북의 맑은 하늘에서 햇빛이 직사直射했다. 사북의 물이 검을수록, 하늘의 공기가 탁할수록, 오염 물질 탄재가 많을수록, 광부들의 어깨엔 힘이 실렸다. 물이 맑아지고, 공기가 깨끗해지고, 오염 물질이 사라질수록, 광부들의 어깨는 내려앉았다.

"읍사무소에서 전화 왔다. 나 때문에 아파트 철거 몬 한다믄서 신동면이나 남면으로 나가 달라 카더라. 세금도 몬 내고 골치만 아프니 다른 지역으로 쫓아내려는 거 아니라니."

네 사람은 말이 없어졌다. 버려진 장화 안에서 거미가 집을 짓고 있을 때, 탄재 잡던 물 호스가 내장처럼 흩뿌려져 있을 때, 땅바닥에 박인 탄재가 가뭄 든 논처럼 갈라지고 있을 때, 그들이 폐광 초기 박물관의 유물 대접이라도 받을 때, 그때 사북을 떠났어야 했다고 생각하는지도 몰랐다.

"덕기 형님은 아직도 오미자 딴다요?"

까치집이 자작으로 소주를 채웠다.

덕기 형님은 폐광 직전 회사의 임금 착복에 항의하며 삭발·단식했던 세 명 중 한 명이었다. 1980년 4월 사북 항쟁 땐 "앞에서 선동하다가" 계엄군에게 붙잡혀 고문을 당했다. 대통령 취임 뒤 사북을 찾은 전두환에게 고문의 억울함을 적은 탄원서를 전달하려다 고한파출소에 갇혔다. '리스트'에 올라 삼청교육대에 끌려간 뒤엔 "빡빡 깎인 머리로 개죽음당할 뻔"했다. 3개월 만에 돌아온 회사에서 그는 이미 해고 처리돼 있었다. 그는 그렇게 하청 탄광 광부가 됐다.

"지장산에도 오미자 씨 죄다 말랐다."

송양수가 입에 술을 털어 넣었다.

덕기 형님은 폐광 뒤 날마다 산을 탔다. 동원탄좌 푸른 작업
복을 깨끗이 빨아 입고 화약 나르던 빨간 가방을 등에 멨다. 봄
나물 순이 고울 땐 곰치, 나물치, 곤드레를 뜯었고, 나물이 세면
고랭지 배추밭에서 품을 팔았다. 날씨가 선선해질 때부턴 오미
자를 땄다. 겨울이 달려들면 빨간 오미자 열매 한 알이 아까워
나무에 기어올랐다. 폐광 직후 일을 잃은 광부들이 산으로 몰리
면서 형님은 씨가 마른 오미자를 찾아 수십 킬로미터를 헤맸다.

"야, 니는 그만 처마시라."

전이출이 까치집의 술잔을 빼앗았다.

그가 갓 딴 풋고추와 오이를 물에 씻어 고추장과 내왔다. 아
파트 폐허 사이에서 전이출이 심은 채소가 잡초와 동거했다. 배
추와 상추가 웃자란 풀들에게 양분을 빼앗기고 낮게 웅크렸다.

리포트/ 폐가를 연상케 하는 아파트가 강원랜드 입구에 위치해
있어 도시 미관을 해치고 지역 이미지가 음산해 보이기까지 합니
다. 개발촉진지구로 지정됐음에도 재개발이 이뤄지지 않아 지역
자생력 확보에 큰 차질을 빚고 있지만 10년째 예산 부족 등의 이
유로 흉물로 방치된 광원아파트. 철거는커녕 펜스 설치마저도 수
년째 미루고 있는 상황에 아직도 철거는 예정입니다.[8] ○○뉴스
○○○입니다.

도시 이미지의 적

이자, 지역 자생력 확보에 큰 차질

을 주며, 음산한 흉물

이어도, 집

그들은 다만 집이 없어 그 집에서 살았다.

회사의 단전·단수 뒤 '물불 없는 삶'을 견디던 전이출도 아파트를 떠났다. '저 새끼'가 그를 찾지 못한 이유가 있었다. 송양수가 '저 새끼'에게 말했다.

"갑시다. 전이출한테."

쫄딱구덩이

「은어」 '작은 구멍'이란 뜻으로 영세 탄광 또는 하청 탄광을 일컫는다. '쫄딱' 은 '규모가 작다.'는 뜻 외에 '망하기 쉽다.'는 의미도 지녔다. 국내 최대 민 영 탄광인 동원탄좌는 취업 문턱이 높았다. 쫄딱구덩이를 거치며 경력을 쌓 은 뒤에야 동원탄좌 광부가 되는 경우가 많았다. 쫄딱구덩이를 졸업하고 동 원탄좌 정규직이 된 광부들은 폐광 뒤 다시 강원랜드 하청 업체 직원이 됐다. 더는 석탄을 캐지 않는 사북에서 그들의 쫄딱구덩이 인생은 되풀이되고 있 다. 「반대말」 모광(원청 탄광). 「비슷한말」 덕대(모광으로부터 갱구 일부를 임대한 탄광 혹은 업자), 조광(덕대를 법적으로 현실화한 탄광).

개청부

「은어」 직영 탄광 광부들이 하청 탄광 광부들을 비하해 부르던 표현. 직영 광부와 하청 광부가 갱도를 함께 쓰는 탄광에선 직영 광부 안전모 뒤에만 소 속 회사명을 써붙이곤 했다. 하청 광부들은 안전모 소속 표기를 하지 않는 방법으로 '신분'을 구별당했다. '개청부는 뒤에서만 봐도 안다.'는 말이 있 었다. 하청의 관리직은 모광의 말단 간접부(직접 생산을 담당하는 선산부를 지원 하는 광부들)에게도 얕잡혔다.

¶

전이출(가명, 56세)은 현관문을 잠그지 않았다. 무엇인가 훔쳐 갈 만한 집으로 여겨 준다면 오히려 고마울 것 같았다.

현관은 곧 방문이었다. 현관을 열면 곧바로 방이어서 방문이었고, 방문을 열면 곧바로 밖이어서 현관이었다. 좁고 구부러진 골목에서 올려다보는 하늘도 골목의 굴곡을 따라 좁고 구부러져 있었다. 갱 안에서 보이지 않던 하늘은 갱 밖에서도 보이지 않았다.

"뭐 해?"

송양수(가명, 55세)가 한 남자를 달고 골목 끝에 서있었다. '동발9은 거꾸로 선다.'[10]더니만 어린놈이 자꾸 맞먹으려고 했다.

머리가 젖은 걸 보니 동원아파트 주차장에서 웃통 벗고 물을 끼얹은 모양이었다. 1년 전엔 전이출도 '웃통'이었다. 회사와 읍사무소의 퇴거 종용에 웃통들이 아파트를 떠날 때 그도 웃통의 삶을 포기했다. 보증금 없는 월세 20만 원짜리 단칸방이 그의 새집이었다. 폭 1미터 남짓한 골목길 양쪽으로 그의 집과 그의 집을 닮은 집들이 비밀처럼 숨어 있었다. **쫄딱구덩이**의 비좁은 갱도가 떠올랐다.

전이출은 백운산 운탄길(석탄을 운반하는 길)을 10리(약 4킬로미터)씩 걸어 다니며 국민학교만 마쳤다. 1,450미터 봉우리에서 출발한 '학교 가는 길'을 석탄 먼지가 아지랑이처럼 피어 동행했다. 광부의 아들이었던 그도 열여섯 살 때 쫄딱구덩이 난장 잡부로 광부가 됐다. 형님들이 갱에서 밀고 나온 탄차에 올라타 탄의 개수를 세고 검탄(석탄과 돌맹이를 분리)했다. 안전모에 전기

충전 램프 대신 간드레(카바이드 등. candle의 일본식 발음)를 달고 막
장을 밝히던 '그 옛날'이었다.

　탄광이 산 위에서부터 석탄을 털어먹고 바다 밑까지 내려가
는 동안 탄맥에서 뻗어 나온 구덩이 운영권 하나만 따도 떼돈을
번다고들 했다. 모광과 계약한 쫄딱구덩이 업자들이 쌀가마니
를 풀어놓으면 곤궁한 인부들이 찾아가 곡괭이를 들었다. 전이
출은 햇돼지(신입 광부) 시절부터 열갱이(일에 능하지 못하고 둔한 광부)
로 찍히지 않으려 "좆 빠지게" 일했다. 그는 **개청부** 소릴 들을
때마다 동원탄좌 직영 광부를 꿈꾸며 등에 동발을 올렸다. 올림
픽이 있던 해 전이출은 쫄딱구덩이를 졸업하고 동원탄좌 정규
직이 됐다. 굴진부로 바위를 뚫어 탄맥을 찾았고, 화약부로 막
힌 갱에 길을 냈으며, '오야' 선산부 밑에서 후산부로도 일했다.

　동원탄좌 정규직 생활은 그의 인생 최고의 날들이었다. 인감
증[11]만 보여 주면 사북 어디서든 쌀과 술을 살 수 있었다. 약국
에선 약을 내줬고, 신발 가게는 새 신발을 권했다.

　"왜 연락이 안 돼요?"

　송양수 옆의 남자는 '고놈'이었다.

　"동원아파트에 와서 널 찾길래 데려왔다."고 송양수가 말했
다. 5년 만이었다. 고놈이 고놈인 놈들 중에서 고놈과는 연이 끊
길 듯 이어졌다. 밥벌이가 남 이야기 주워 먹는 기자질인 고놈
한테 5년의 시간을 설명해야 하는 상황이 전이출은 성가시고
귀찮았다.

　"휴대전화는 왜 착신 정지시켰어요?"

　전화요금 연체료가 60만 원을 넘어서자 통신사가 서비스를

중단했단 말이다.

"문자메시지에 답도 안 하고요?"

휴대전화가 먹통인데 무슨 답 문자냐.

"망치 형님도 '3년 전부터 토끼 소식은 모른다.'고 하던데요?"

망치 마누라가 자꾸 무시해서 망치도 안 보고 살기로 했다.

"어떻게 가족들도 형님 소식을 몰라요?"

그저 세상에 없는 듯 살고 싶었다.

전이출은 폐광(2004년) 뒤 '어린애들' 속에 섞여 쓸 일 없는 자격증을 세 개(자동차 정비, 자동차 검차, 지게차 운전)나 땄다. 건물을 타며 물탱크를 청소했고, 38번 국도 공사장에서 도로를 닦았다. 한나절 일하면 장화에 땀이 고이는 태백의 쫄딱구덩이에도 재취업했다 그만뒀다. 벌이가 동원 광부 때의 절반이 안 됐다.

동원탄좌가 죽은 뒤 광부들은 시들고 강원랜드는 활짝 피었다. '증산'도 정부 정책이었고, '폐광'도 정부 정책이었다. 농자는 한 번도 '천하지대본'이었던 적이 없었고, 광부는 한 번도 '새마을의 주역'이었던 적이 없었다. 정치가 언어를 소처럼 부릴 때 그들은 소처럼 일만 하다 삭아 갔다. 강원랜드는 폐광을 수용할 수밖에 없는 탄광 주민들이 대정부 투쟁 끝에 얻어 낸 마지막 미래였다. 더러운 탄재 연기 속에 깨끗한 카지노를 세울수 없다는 말에 광부들은 폐광에 동의했다. 그들이 만든 미래에서 강원랜드 정규직이 된 광부는 한 명도 없었다. 그들이 진폐증으로 죽고, 무직자가 되고, 공장을 찾아 떠날 때, 외지인들이들어와 러브호텔을 세우고, 땅 투기를 하고, 강원랜드 정규직이됐다.

"안녕하세요."

파란 유니폼을 입은 전이출은 "여사님들"을 볼 때마다 인사를 건넸다. 그는 '랜드'가 운영하는 콘도들을 오르내리며 쓰레기를 치웠다. "객실 정비 여사님"들이 정리한 쓰레기들을 엘리베이터로 실어 내려 집하장에 버렸다. 그는 더러운 콘도 바닥에 윤기를 냈고, 콘도 주위에 떨어진 담배꽁초를 주웠다. 눈이 오면 눈을 치웠고, 풀이 자라면 풀을 뽑았다. 랜드에선 그의 일을 '일반 정비'라고 불렀다. '기물 정비'(식당 설거지) 쪽에서 일손이 모자랄 땐 그릇도 닦았다. 일의 명칭은 우아했고, 일의 내용은 거칠었다. 그는 강원랜드 하청 업체 직원이었다.

"형님, 그러니까 왜 연락이 안 됐냐고요?"

고놈이 끊임없이 물었다.

광부처럼 고놈도 뭔가를 캐는 놈이었다. 제 속은 안 보여 주면서 남의 속만 캐는 게 고놈 일이라지만, 자꾸 캐다 보면 불시에 무너진 마음에 저도 깔릴 날이 있을 것이었다. 무너지는 것이 무엇인지 너도 알 날이 멀지 않았다고 전이출은 고놈을 보며 생각했다.

'싫다'고 되는 것은 아니었다. 세상에서 존재하고 싶을 때도, 세상에서 사라지고 싶을 때도, '싫다'는 마음만으로 되는 일은 없었다.

전이출도 출근 때마다 '잘 다녀오겠다.'는 인사를 하지 않았고,[12] 집을 나선 뒤엔 뒤를 돌아보지 않았다.[13] 흉몽을 꾼 날이면 회사의 마른공수(출근하지 않아도 일당 처리)를 믿고 결근[14]했다.

죽음 앞에서 탄광 금기들은 무력했다. 그가 "○○야, ○○야,

○○야, 나가자, 발파다, 나가자."며 갱내에서 터뜨린 다이너마이트[15]가 몇 개인지 알 수 없었다.

아버지는 평생 광부로 살다 죽었다. 아버지처럼 살기 싫었던 전이출이 아버지처럼 살고 있다고 깨달았을 때 백바가지를 두들겨 패고 서울로 도망갔다. 서울 공장에서 3년을 일한 그는 자신에게 새겨진 아버지의 시간으로부터 이탈하지 못하고 막장으로 돌아왔다. 진폐를 얻은 아버지는 진폐증 진단도 못 받고 스스로 목숨을 끊었다.

아내는 선탄장 광부로 살다 죽었다. 탄 먼지가 심해 숨 쉬기도 힘든 선탄장에서 아내는 하루 여덟 시간씩 일했다. 수건과 마스크로 얼굴을 싸매고 해머로 돌을 깰 때마다 파편이 튀고 불꽃이 튀었다. 남편이 땅 밑에서 검은 도시락을 먹을 때 아내는 탄재가 들썩이는 휴게실에서 같은 색의 도시락을 먹었다. 아내는 십 수 년 전 사고로 세상을 버렸다.

친구 이중철(가명, 56세)은 폐광 뒤 맞아 죽었다. 이중철은 동원탄좌가 문을 닫은 뒤 술만 먹고 살았다. 강원랜드에서 돈을 따려다 보상금을 탕진했다. 폐광 2년이 지났을 때 만취해 붙은 시비에서 상대의 몽둥이에 맞아 피를 토하고 죽었다. 막장마저 잃은 광부들의 사망 소식이 여기저기서 들렸다. 땅 밑에서 죽음과 가까웠던 그들은 땅 위에서도 죽음과 떨어지지 못했다.

늦봄과 초여름 전이출은 두 번의 자살을 시도했다. 한번은 목을 매고 죽음을 찾아갔고, 한번은 술을 마시며 죽음을 초대했다. 두 주 동안 식도로 넘긴 물질은 하루 대여섯 병의 소주뿐이었다. 대부 업체는 돈을 갚으라며 밤낮 없이 독촉했고, 카드 회사는 소송을 언급하며 압류장을 보냈다. 죽는 것은 한 인생의 절멸인데, 살아남으니 죽음이 너무 흔했다.

전이출은 가끔 알 수 없을 때가 있었다.

얼굴과 손등을 파고든 거무뤠뤠는 나의 것일까 석탄의 것일까. 평생 알아내지 못한 것이 있었다.

광부의 아들로 태어나 광부로 폐기된 인생은 나의 선택일까 핏줄의 유전일까.

끝내 알고 싶지 않은 것도 있었다.

땅 위에서 연장시킨 나의 삶은 땅 밑에서 유예시킨 죽음만큼 가치 있는 것일까 아닐까.

전이출의 키는 158센티미터였다. 180센티미터 남짓의 동발을 지고 1미터 높이의 갱도를 수백 미터씩 기며 일했다. 직경 25밀리미터 공기 파이프에 의지해 숨을 쉬었다. 강원랜드 하청 신세는 쫄딱구덩이를 벗어나려 필사적이었던 그를 다시 가둬버린 쫄딱구덩이였다. 동원탄좌 폐광 광부(734명)의 3분의 1이 쫄딱구덩이에 빠졌다.

전이출이 고놈에게 먹이려고 솥에 쌀을 안쳤다. 김치를 잘게 썰어 물을 붓고 멀건 국을 끓였다. 달걀을 부쳐 참기름 한 방울을 떨어뜨렸다.

막장보다 못한 젠장

「관용구」 인생의 막다른 곳까지 몰린 사람들이 찾는 일터란 뜻에서 탄광을 '막장'(광산 갱도의 막다른 곳)이라고 부르곤 했다. '막장보다 못한 젠장'은 막장 인생 때보다도 스산해진 폐광 뒤 현실을 빗댄 표현이다.

곱빼기

「은어」 동원탄좌 광부들은 갑·을·병 3교대로 일했다. 동원탄좌 광부 사택 자리에 세워진 강원랜드에서도 폐광 광부들은 3교대 비정규직이 돼 일한다. 3교대인 근무 일정이 2교대로 바뀔 때마다 옛 광부들은 '곱빼기 먹는다.'고 했다. 곱빼기를 먹어도 급여는 곱이 되지 않았다.

저 눈탱이들 좀 보라니. 밤새도록 눈알을 빡빡 굴림서 카드장을 조사쌌더마는, 하나같이 눈두버리(눈두덩)가 팅팅 부서가(부어서) 눈껍지꺼짐(눈꺼풀까지) 발발 떨린다니. 사나(사내)고 기지바(여자아이)고 눈까리가 퀭해서니 줄창 담배만 꼬실리나. 주둥이가 아궁이나.

강원랜드 바카라 게임장 흡연실이 담배 연기로 빽빽했다. 카지노 손님들이 뱉은 연기가 흐르지 않는 안개처럼 뭉쳐 맴돌았다. 홍일호(가명, 55세)는 가스 꽉 찬 막장으로 되돌아온 기분이었다. 갱 안에서 착용하던 방진 마스크가 그리웠다. 그는 빨갛게 타는 담배꽁초에 분무기로 물을 뿌렸다. 머리를 처박고 찌그러진 꽁초 더미를 고무장갑 낀 손으로 긁어모았다.

"아저씨, 지금 청소하고 있는 거 안 보킨대요(안 보인대요)? 걸레질하는데 어찌 춤(침)을 딱딱 뱉고 그칸대요?"

홍일호가 눈을 치떴다.

담배 연기 속에서 스마트폰에 꽂혀 있던 눈들이 그를 향했다. 춤으로 팁 주는 것가.

누군가의 무관심은 외면했고, 누군가의 장난기는 맞장구쳤으며, 누군가의 심술은 가래를 뽑아 올렸다.

아이고, 미숩어라(무서워라). 저 자석들(자식들)은 왜서(왜) 그러나. 내가 우습나.

홍일호는 마음이 불편했다. 손님들이 자신을 무시하는 것 같았다.

왕년에 나도 한 가다리(가닥) 했다. 내가 명색이 탄광 데킹공

(수갱 운전공)이었다니. 땅에 크다한(커다란) 구녕(구멍) 파서 수갱탑 세울 때부텀 나는 데킹공이었단 말이다. 땅 파고, 시멘트 붓고, 탑 올리고, 운전꺼짐(운전까지) 내가 다 한 기라고. 땅 구녕 열릴 때부텀 막힐 때꺼짐 내가 데킹공이었다고.

홍일호가 운전하는 케이지(승강기)를 타고 광부들은 입갱하고 퇴갱했다. 광부들은 그의 기능에 의지해 지하로 하강하고 지상으로 복귀했다. '막장의 문턱'을 책임졌던 자의 자부심이 '랜드의 문턱' 앞에 서면 모두 사라졌다.

탄광에서 젤로 편한 기 머시긴(무엇인) 줄 아나. 데킹공이다. 소장 일도 그다음이다. 펌프공이 그담이고, 경비공은 또 그담이라. 항내로 디가서(들어가서) 돈 더 벌믄 뭣하나. 선산부든 후산부든 거칫 하문(걸핏 하면) 죽어 자빠지는데. 안전하고 편한 기 젤 아니라니.

홍일호는 게임장을 오가며 화장실과 흡연실을 청소했다. 담배꽁초와 가래침으로 찐득한 쓰레기봉투를 치우며 그는 열을 끓였다.

느그 좋아하는 빽16이 내는 없었는 줄 아니. 내가 옥계(강릉)에서 시멘트 가루 마시다 정선 와서 탄가루 마싰다. 대번에 동원 모광 드갈(입사할) 수 있는 줄 아나. 아버지 후배가 동원의 광산 소장이었단 말다. 직영 광부 되는 기 을매나(얼마나) 에로운지(어려운지) 느그가 아나.

"이런 씨벌."

한 남자가 주먹으로 슬롯머신을 내지르며 욕했다. 자기 돈을 일찌감치 날리고 병정(규정 금액 이상을 베팅하려는 사람에게 돈을 받고 대리 베팅 해주는 사람) 노릇 하며 받은 수고비까지 털어먹은 모양이었다.

안즉(아직) 저카고 있나. 저 인간도 랜드 구신(귀신) 되겠니라.

남자는 자주 VVIP룸[17] 앞을 기웃거렸다. 병정 뛰느라 VVIP 룸에 들어갔다 나오면 제 인생이 한심해서라도 랜드의 늪을 빠져나오지 못했다. 밤낮 랜드를 떠나지 못한 채 의자에서 웅크려 자는 그의 모습을 홍일호는 여러 차례 봤다.

"이런 씨벌."

남자의 찢어진 손가락에서 빨간 핏방울이 솟았다. 머리숱 앙상한 남자가 메마른 다리를 세워 몸을 일으키다 휘청했다. 핏자국 남은 휴지조각이 '머신'에서 떨어졌다.

뭐 좆 빨아먹을 기 있다고 지 좆까지 빨리고 있다니.

홍일호가 남자의 피 묻은 휴지를 주워 쓰레기봉투에 넣었다.

돈의 가치가 사람마다 다르다는 사실을 홍일호는 카지노의 돈 놀이를 수발하며 실감했다. VVIP룸은 돈 때문에 죽는 세상에서 돈을 가지고 노는 세계였다. 2억 원 이상의 칩을 가져야 게임에 참여할 수 있었다. VVIP 고객과 그의 동행자만 입실(여섯 명까지만 가능)이 허용됐다. 룸 안엔 메인 바카라 테이블 한 대가 있었다. 딜러 네 명, 플로어 퍼슨(테이블 관리 요원) 한 명, 핏보스(게임장 관리 총괄) 한 명이 배치됐다. 1회당 베팅 금액은 최소 50만 원부터 최대 1천만 원(일반 영업장은 10만~30만 원)까지였다. 2억 원이 감질나는 VVIP가 남자를 동행자(병정)로 고용했을 때, 남자는 한 차례에 1천만 원씩 대리 베팅 하며 평생 가질 수 없는 손맛에 좌절했을 것이었다. 하룻밤에 수억 원의 돈을 재미로 잃는 사람과 몇 백만 원을 날리고 카지노 앵벌이가 되는 사람이 같을 리 없었다.

꽁지꾼(사채업자를 뜻하는 카지노 은어) 한 놈이 남자의 뒷모습을 흘끗거렸다. 영양가 없다는 듯 금세 눈길을 거뒀다. 꽁지꾼들은 카지노의 묵인 아래 들락거렸다. 정문에서 "대출 필요하냐?"며 호객하다 게임장 안으로 들어가 건수를 찾아다녔다. 카지노는 병정질과 꽁지질을 불허한다면서도 그들과 공생했다.

카지노엔 시계가 없었다. 실내는 주야로 빛을 발산했고, 도박장은 연중무휴로 도박했으며, 꽁지꾼은 고리대로 '총알'을 댔다. 붙박여 도박하고 싶은 구조를 만들고 카지노는 도박했다. 카지노는 개인과 카지노가 벌이는 도박이었다.

강원랜드 하청 업체에선 입사 3년째부터 직원들 급여가 동결됐다. 액수도 연차 관계없이 동일했다. 모두 평등하게 가난했다. 3년차 정규직 직원의 급여는 하청 직원이 30년차가 되도 받을 수 없는 돈이었다. 노력해도 달라질 것 없다는 사실이 홍일호를 지치게 했다.

느그 뱉고 싼 추저븐(더러운) 것들 한 달을 닦아도 느그 놈들 하루 껌값도 못 번다니. 씨벌, 매시꼽다(매스껍다).

카아아아악.

그가 가래침을 끌어올리다가 꿀떡 삼켰다. 속으로 장손가락(가운뎃손가락)을 세웠다. 쓰레기봉투를 수거해 가던 전이출(가명, 56세)이 그에게 눈인사했다.

담당 화장실들을 한 바퀴 돌고 나서 홍일호는 본인이 '비밀창고'라고 이름 붙인 장소로 갔다. 물건들 틈에 숨겨 둔 비닐봉지를 꺼냈다. 노란색 칩(카지노 안에서 통용되는 10만 원짜리 화폐) 일곱 개가 짤그랑거렸다. 주머니에서 칩 하나를 꺼내 합쳤다. 비밀

창고를 나서며 폐쇄회로텔레비전CCTV을 슬쩍 봤다. 밖에 그를 보러 온 친구가 기다리고 있었다. 홍일호는 손짓으로 친구를 불러 가까운 화장실로 데려갔다. 화장실은 CCTV 사각지대였다. 화장실 비품을 점검하는 척하다 친구에게 칩을 건넸다. 친구가 손님인 척 칩을 들고 환전소로 갔다.

홍일호는 입이 바짝 말랐다. 랜드는 딜러 아닌 직원이 손님에게 칩을 받는 걸 금했다. 발각되면 해고될 수도 있었다.

신세 디럽고(더럽고) 설웁다(서럽다). 안 이라믄 소주 한잔이라도 할 수 있는 줄 아니.

친구가 환전소에서 돌아왔다. 홍일호가 친구를 화장실로 다시 데려갔다. 친구가 5만 원짜리 지폐 열여섯 장을 그에게 건넸다. 홍일호가 모처럼 웃었다.

그의 걸레질 속도가 빨라졌다. 사이드베팅(게임 정원을 초과한 사람들이 테이블 주위에 서서 베팅)이 많은 날이었다. 손님도 일도 넘친다는 뜻이었다. 곱빼기 먹는 날이라 특히 지쳤다.

바닥 물기는 깨끗이 닦아야 했다. 얼마 전에도 화장실에서 오줌 싸던 남자가 미끄러져 뇌사한 일이 있었다. 일확의 세상을 갈구하다 제 발밑을 간수 못 해 저세상으로 갔다.

사나 새끼들아. 심(힘) 없으면 바짝 다가서서 싸라. 쪽팔리구로 왜서 이리 질질 흘리나.

소변기 아래를 닦으며 홍일호가 중얼거렸다.

사북에 남은 '호'(가명)는 홍일호뿐이었다. 동원탄좌에서 홍일호는 '쓰리 호'의 한 명이었다. 이름에 '호'가 들어간 세 친구는 늘 붙어 다녔다. 첫째 '호'는 도계(강원도 삼척)에서 다시 '막장 인생'이 됐다. 동원탄좌 마지막 광부 734명 중에서 50여 명이 땅속 생활로 되돌아갔다. 둘째 '호'는 안산(경기도)으로 이사 가서 택시 핸들을 잡았다. 노동을 팔러 반월·시화공단으로 떠난 광부(▶ 476쪽 '안산과 세월호' 이야기)가 적지 않았다.

광부 살림집 8백 가구가 있던 자리가 여개(여기)다. 광부 애기들 공부하던 국민핵교도 여(여기) 있었다. 마카(말끔하게) 뿌시고 맹근(만든) 기 랜드 아니라니.

홍일호는 화장실에 붙은 청소 도구 창고에 쪼그려 앉았다. 그들에겐 쉬는 시간이 따로 없었고, 쉬는 시간이 있어도 쉬는 공간이 따로 없었고, 쉬는 공간이 있어도 쉬는 모습은 따로 없어야 했다.

집 뿌시고 핵교 허문 자리서 넘들(남들) 가래춤 닦고 오줌 닦음서 산다. 저 독한 연기보다 내 생활이 더 매굽다(맵다). 탄재 걸혀 눈시구로운(눈부신) 하날(하늘) 아래서 오늘도 허부적거리고(허우적거리고) 있다니. **막장보다 못한 젠장**이라니.

55계단

「장소」 강원도 태백 장성광업소 정문을 올라가는 계단 개수. 광부들 사이에
선 막장 인생으로 접어드는 입구를 뜻하기도 했다.

산업폐기물

「비유」 산업 활동으로 발생한 폐기물·쓰레기·찌꺼기. 평생 광부로 살다 진
폐·규폐증을 얻은 광부들이 자신의 처지를 자조하며 쓰는 말.

'랜드'로부터 31.12킬로미터.

지표로부터 −3백 미터.

생生으로부터는 아득할 만큼.

그 어디쯤에서 안대성(가명, 51세)은 그것의 얼굴을 본 듯했다. 그가 대면한 그것은 무서움보다 막막함에 가까웠다. 그것을 갑작스레 만날까 봐 불안했는데 그것 앞에 서자 그것의 표정이 낯설지 않았다. 그것의 주름에서 자신과 동료들의 시간이 어른거린 듯해 안대성은 두려웠지만 안심도 됐다. 이슬(갱이 무너지기 전 떨어지는 미세한 탄가루들)이 오나 보다 했다. 의식을 잃은 그가 이슬에 흠뻑 젖었다.

굴진이 석탄과 공기의 길을 내고, 채탄이 탄맥을 더듬어 찾아가면, 케이빙(막장이 막혔을 때 폭약을 터뜨려 탄을 캐는 방법)은 탄층을 붕괴시켜 탄을 뽑아냈다.

안대성은 케이빙 선산부였다. 케이빙 선산부는 선산부의 '오야'였다. 가장 위험한 작업이어서 수당도 가장 많이 받았다. 그들은 탄광의 최전선이었다. 한 조의 생산을 책임졌고, 그것을 선두에서 대면했다. 그도 다이너마이트를 터뜨려 탄을 불렀다. 3톤짜리 가다(방)를 케이빙하면 광차 30~70차 분량은 뺄 수 있었다. 케이빙이 한창일 땐 저 멀리서 탄이 밀려오는 소리가 땅을 박차는 말발굽처럼 두두두두 했다.

빈 곳을 채우는 일은 허기진 것들의 순리였다. 탄이 빠져나가 비어 버린 곳엔 공동(암석 사이에 차있던 석탄이 빠지면서 생긴 빈 공간)이 생겼다. 돌조각들이 흘러 공동을 메우기도 하고, 물이 고여

물통을 형성하기도 했다. 공동이 무너지고 물통이 터지면[18] 그 것도 채울 곳을 찾아 광부들에게 왔다.

그날 안대성은 장성광업소(태백 장성) 병방(밤 12시부터 아침 8시) 근무조였다. 탄맥 주위에 폭약을 때려 탄을 뺐다. 동굴처럼 깊은 공동이 생겼다. 전진을 멈추고 2미터짜리 파이프에 폭약을 묶었다. 파이프를 밀어 넣어 추가 발파를 준비할 때 공동에서 탄이 움직였다. 안대성의 머리로 검은 탄재가 쏟아져 내렸다.

혼곤한 몸이 눅눅하게 가라앉았다. 안대성을 덮은 석탄 더미가 이불처럼 포근했다. 콧구멍과 귓구멍으로 탄가루가 흘러들었다. 모공이든 마음이든 뚫려 있는 모든 공허를 탄재가 채웠을 때, 그는 처음으로 빈틈없이 가득했다. 그것, 죽음과 나란히 누워 안대성은 질식사의 절차를 밟았다. 한 해 전에도 가스 폭발로 두 명이 죽고 일곱 명이 다쳤다. 안대성은 인차에 태워져 갱 밖으로 실려 나갔다.

2백 줄.

심장 충격기를 충전하는 의사의 목소리를 들었다.

삐익.

심장 박동기가 멈출 때 내는 전자음도 들렸다.

살아서 들은 소리였을까, 죽어서 본 광경이었을까.

혼이 되려는 정신을 붙들며, 아마 안대성은 지난날을 정리했던 것 같다.

멀리도 왔구나.

올림픽으로 떠들썩하던 해였을 거야. 경기도 성남에서 배관 설비를 했지. 전봇대에 붙은 광부 모집 광고를 봤어. 월급이

44

50만 원에 보너스가 6백 퍼센트랬던가. 배관공 월급의 두 배를 준다잖아. 직업소개소를 따라 열여섯 명이 사북에 왔어. 스물일곱 짱짱했을 때였다고. 나하고 둘만 동원탄좌 정규직 광부가 됐지. 운이 엄청 좋았어. 동원 직영 광부 되는 건 서울대 합격보다 어렵다고들 했으니까. 동원에서 18년 일했어. 동원 문 닫고 장성 와서 땅을 판 게 벌써 4년이야. 22년이나 연탄밥을 먹었어. 용케도 살아 있었네.

나, 정말, 멀리도 왔구나.

"뭐라고? 안 들려."

언제부턴가 소리는 김길병(가명, 61세)의 귓가에서 정처가 없었다. 귀 안과 귀 밖에서 두 개의 소리가 두 개의 세계를 창조했다. 그는 항내에서 채탄길을 내는 굴진 광부로 늙었다. 착암기(폭약 설치를 위해 발파 구멍을 내는 기계)로 바위에 구멍을 뚫어 온 시간이 24년이었다. 착암기 소리는 귀에 난청을 일으켰고, 착암기 진동은 손에 마비를 불렀다. 세상의 날카로운 소란보다 귓속 이명의 세계가 더 평화로울지 모를 일이었다.

"야, 좀 크게 말하라니까."

귀로 들어오는 소리가 작아질수록 입으로 나가는 목소리가 커졌다.

"광산에서 뒈질 뻔한 인간이 어디 너뿐이냐. 말했잖아. 장성은 갑종19이라고."

김길병은 갱 붕괴 사고로 죽은 동료들 사체를 자주 수습했었다. 돌에 얼굴이 짓이긴 동료를 비누로 씻기고 탈지면으로 염했다. 얼굴을 차마 보일 수 없어 시신을 뒤집은 채 가족을 불렀다.

"나는 간땡이가 붓다 못해 심장까지 탱탱 부었다고."

갱내엔 가스가 많고 산소가 부족했다. 분진 마스크를 쓰면 숨이 더 찼다. 김길병은 애써 호흡을 하느라 심장에 무리가 생겼다고 믿었다. 그는 심비대증을 합병했다.

"심장 부은 놈은 재수까지 없어야 되나. 보다(폐석) 골라낸 석탄을 갱 밖으로 내보내는데 이놈의 광차가 탈선을 해. 선로에 올린 광차가 한쪽으로 쏙 기우는 거라. 광차와 자재 사이에 다리가 끼었어. 염병, 빠삭 으깨져 부렀어."

김길병은 하청 아닌 때가 없었다. 서울 종로구청 청소 대행업체에서 일할 때도, 서른이 넘어 사북 동원탄좌 광부가 됐을 때도, 동원 폐광 뒤 다 늙어 장성탄광에 와서도, 그는 하청이었다. 아이들 학자금 준다는 말에 사북에 하청으로 왔고, 사북이 광부들을 몰아내자 하청으로 **55계단**을 올랐다. 평생 1년 단위 계약으로 연명했다.

"왜 아직 땅 파먹고 사냐면 말이지. 동원 문 닫고 나니까 말이지. 매일 일하러 가는 놈들이 부럽더란 말이지."

그래도 내는 이제 항에 못 드가겠소.

안대성은 생각했다.

무섭단 말이요. 탄을 캘 대로 캐서 바다 밑까지 파고 내려가야 탄 꼬랑대이(꼬리)라도 밟잖소. 산소는 없고 열기는 세고. 달걀을 깨놓으면 달걀이 익고. 얼굴이 벌겋게 데어 허물까지 벗겨지고. 탄재에 한 번 깔려 보니까 말이요. 까만 걸 보면 다 무섭더란 말이요.

김길병의 입에서 침이 튀었다.

"의증은 무슨 지랄 같은 의증이냔 말이지. 진폐증이면 진폐증
이지 진폐의증은 뭐냔 말이지. 감기든 암이든 걸리면 환자 아니
냐고. 진폐증이면 진폐 환자인데, 진폐의증이면 진폐 환자나 아
니나. 이게 상상임신 같은 거냔 말이지. 옆 병실에서 산소호흡
기 달고 오늘내일 하는 인간들 말이지. 니 앞날이고 내 미래다
그 말이지. 광산에서 일하던 사람들 환절기 때 안 보이면 여기
와있는 거라. 여기 있다 또 안 보이면 관에 넣어져 망치질된 거
라. 우린 **산업폐기물** 아니나. 누가 나 진폐증 좀 만들어 도라."[20]

토끼 일하는 데나 다시 가야 할까.

안대성은 오랜만에 전이출(가명, 56세)을 떠올렸다.

그는 토끼가 장성탄광 하청 업체에서 짧게 일했을 때 동료였
다. 토끼가 취업한 랜드 하청에선 그가 잠시 일하기도 했다. 토
끼는 심부화[21]가 심한 장성탄광을 힘들어하다 랜드로 돌아갔고,
안대성은 소속 하청이 랜드와의 재계약에 실패하자 다시 착암기
를 들었다.

쿨럭쿨럭.

태백산재병원 전체가 기침을 했다.

1 2004년 10월 31일 국내 최대 민영 탄광이자 사북 항쟁(1980년 4월)의 현장인 동원 탄좌가 폐광했다. 1962년 〈석탄개발 임시조치법〉에 따라 강원도 정선 사북에 설립(당시 회사명은 '원동탄좌개발')된 동원탄좌는 국가의 석탄 감산 정책에 따라 채탄 42년 만에 문을 닫았다. 탄광 사업을 접은 ㈜동원은 바닷모래 채취와 몰리브덴 채굴을 주 업종으로 사업을 재편했다.

2 ㈜동원 사쪽은 폐광 뒤 1년 동안 직원들이 사택을 사용할 수 있도록 했다. 1년 뒤에도 이주 대책을 마련하지 못한 이들이 집을 비우지 못하면서 아파트를 철거하려는 사쪽과 갈등을 빚었다.

3 이 글은 동원탄좌가 폐광한 지 햇수로 10년째 되는 2013년 10월에 맞춰 작성됐다.

4 사북 아랫동네에서 옛 동원탄좌와 동원아파트로 올라가는 다리. 올라가고 내려오는 길이 두 개의 짧은 터널로 이뤄져 안경처럼 생겼다. 사북 항쟁 때 파업 노동자들과 진압 경찰들이 안경다리를 사이에 두고 격렬히 대치했다.

5 석탄 산업의 채산성이 악화되자 1989년 정부가 시행한 석탄 감산 및 폐광 정책. 반발하는 정선·태백의 광부들과 주민들의 생계 보전을 위해 대체 산업으로 제시된 것이 '국내 유일 내국인 출입 카지노'(강원랜드)였다.

6 2013년 12월 19일 강원도 지역방송의 보도 내용.

7 전이출이 아직 동원아파트에 거주하던 2011년 4월 시점에서 송양수의 기억으로 풀어낸 이야기.

8 뉴스 보도 직전인 2013년 12월 6일 한국광해관리공단은 철거 업체 선정을 위한 입찰 공고를 냈다. 1988년 완공된 동원아파트는 26년 만인 2014년 결국 철거됐다.

9 갱 붕괴를 막기 위해 받치는 나무 또는 쇠.

10 갱내에서 나무 동발을 세울 땐 굵은 밑동이 위로 가게 한다.

11 동원탄좌 사원증. 인감증을 믿고 외상을 준 상인들이 회사에 내역을 넘기면 해당 광부의 급여에서 외상 금액만큼 지급받았다.

12 출근 인사를 하면 살아서 돌아오지 못한다고 믿는 광부들의 금기.

13 뒤를 돌아보는 것은 두려움을 드러내는 행위라고 광부들은 믿었다.

14 나쁜 꿈자리는 공식 결근 사유로 인정됐다.

15 망자의 이름을 세 번씩 부른 뒤 다이너마이트를 발파해 잠든 영혼을 갱 밖으로 인도하는 일종의 진혼 의식.

16 강원랜드가 상상 초월의 '청탁랜드'라는 사실이 2017년 9월 『한겨레』 보도로 밝혀졌다. 강원랜드가 2012년과 2013년 선발한 신입사원 중 95퍼센트 이상이 부정 청탁과 연관돼 있었다. 당시 공모로 채용된 교육생(정규직 전환 전제) 518명 중 493명

이 청탁 대상자로 처음부터 별도 관리됐다. 청탁자들 중엔 권성동·염동열 자유한국당 의원이 있었다. 그들은 2012년 당시 강원랜드를 관장하는 국회 상임위원회 소속이었다. 강원랜드의 상급 기관인 산업통상자원부의 퇴직 공무원들도 청탁했고, 강원랜드 감사위원장(권용수)도 핵심 청탁자였다.

17 장 아무개 씨는 VVIP 고객이었다. 중소기업 대표로 도박 중독자였다. 그는 병정 다섯 명을 고용했다. 자신을 포함한 여섯 명이 1회 6천만 원(베팅 최고 상한액)을 걸었다. 2003년부터 2006년까지 VVIP룸에서 333차례 게임을 했다. 모두 231억 원을 잃었다. 그는 강원랜드를 상대로 손해배상 소송을 냈다. 병정을 고용한 초과 베팅을 강원랜드가 알면서 묵인했다고 주장했다. 출입 제한 규정(서면 요청을 받아 재심의를 거쳐 해제)을 어겨 고객 보호 의무를 저버렸다고도 했다. 강원랜드는 반박했다. 병정 고용 사실을 몰랐으며, 아들의 요청으로 출입을 허용했다고 맞섰다. 그의 아들은 강원랜드에 아버지의 출입을 금지해 달라고 서면 요청한 이튿날 전화를 걸어 철회했다. 강원랜드는 아버지의 출입을 허용했다. 앞서 강원랜드 직원은 아들이 자진 철회하면 금지가 풀린다고 아버지에게 조언했다. 1심(2006년)과 2심 법원은 원고 일부 승소 판결했다. 폐광 광부와 주민들의 생계 보전을 위해 설립돼 특권적 지위(국내 유일의 내국인 출입 카지노)를 누려 온 강원랜드의 사회적 책무가 강조된 판결이었다. 8년 만에 대법원(2014년 8월 21일)은 뒤집었다. "(개인은 행위의) 결과를 다른 사람에게 전가하지 않고 스스로 감수해야 한다는 자기 책임의 원칙"이 있다고 했다. 강원랜드의 책무를 강조했던 판결문은 8년이 흐르는 동안 개인에게 전적인 책임을 돌리는 결론으로 바뀌었다. 법의 추는 그렇게 기울고 있었다.

18 둘은 가장 대표적인 탄광 사고였다.

19 폭발성 가스를 배출하는 탄광. 폭발성 가스가 없는 탄광은 을종이다. 동원탄좌는 을종탄광이었다. 갱내에서 흡연은 금기이지만 을종인 동원에선 적당히 묵인되곤 했다.

20 진폐증에 걸리면 폐가 딱딱해져 호흡을 앗아간다. 역설적으로 '무서운 병'에 걸리길 바라는 광부들이 적지 않다. 진폐증 진단을 받으면 급수에 따라 위로금이 나온다. 합병증까지 확인돼야 무료 입원이 가능하다.

21 얕은 곳의 채탄이 마무리되면 탄맥을 찾아 점점 더 깊이 들어간다. 심부화가 심해질수록 지열이 높아지고 붕괴 위험도 커진다.

집이 오는 과정

시멘트

최저 인생

「비유」 아무리 열심히 일해도 최저임금을 벗어날 수 없는 사람들이 스스로의 인생을 자조하거나 항변하며 쓰는 표현.

¶

　땅바닥에 굵은 쇠고리 하나가 있었고, 쇠고리 옆에 파란 안전모가 있었고, 안전모 옆에 모래로 덮은 흔적이 있었고, 쇠고리와 안전모와 흔적을 현장 보존용 테이프가 둘러싸고 있었고…….

　그리고 도시락이 있었다.

　"오늘 같은 날은 쉬시면 안 돼요?"

　현관을 나서는 아버지(김철기, 가명, 61세)를 보며 아들은 말했다.

　"그래도 출근은 해야지."

　그래도…….

　그래도, 하며 아버지는 회사로 나갔다. 그래도, 어머니는 평소처럼 도시락을 쌌다. 그래도, 아들은 아버지의 뒷모습에 짜증이 났다. 싫어도, 아버지는 시키는 대로 일해 왔고, 휴일에도, 어머니는 아버지 도시락을 싸왔고, 짜증 나도, 아들은 아버지의 노동으로 공부했다.

　기름에 전 아버지의 손가락에서 낡은 도시락 가방이 흔들렸다. 노동하는 아버지의 손은 절기를 구분하지 못했으나, 아버지의 손에 걸린 도시락은 명절을 담았다. 어머니는 남은 설음식을 데워 도시락을 채웠다. 아버지의 흔들리는 도시락이 조금은 화사해졌다. 흔들리는 것들의 꿈은 흔들리지 않길 꿈꿀 때부터 흔들렸다. 아버지의 마지막 날이 설 연휴에 속했음을 그의 도시락은 기억해 줄 것이었다.

　"무슨 짓입니까?"

　아들의 목소리가 쪼개졌다. 빈소를 찾아온 회사(동양시멘트[1] 하청 업체 'ㅎ기계') 대표를 아들은 충혈된 눈으로 노려봤다. 영정 사진 속으로 퇴근한 아버지도 표정 없는 눈으로 '사장님'을 쳐다 봤다.

회사 대표가 '장례'와 '합의'를 말했다. 출근 몇 시간 만에 시신으로 돌아온 아버지²가 아직 따뜻한데 그는 장례를 언급했다. 뒷모습으로 출근한 아버지의 얼굴을 다시 보지도 못했는데 그는 합의를 이야기했다. 아버지가 왜 돌아가셨는지, 사고는 어떻게 발생했는지, 응급조치는 제대로 했는지, 아버지의 죽음은 누구의 탓인지, 회사 대표는 설명하지 않았다. 아들은 회사 사람들을 빈소 밖으로 쫓아냈다.

아버지는 석탄을 캐는 광부였다. 삼척 도계의 경동탄광에서 1992년 붕괴 사고를 겪었다. 가스 폭발로 사람들이 죽고 화상을 입었다. 사死와 상傷의 무참함이 사고 수습에 투입된 아버지를 충격했다. 석탄 탄광에서 몸을 빼낸 아버지는 1994년 석회석 광산의 비정규직 노동자가 됐다. 동양시멘트 하청 업체들을 돌며 아버지의 노동도 떠돌았다. 지하 탄광에서 느낀 공포를 노천 광산에선 피할 수 있다고 아버지는 생각했는지 모른다. 아버지가 평생 미끄러졌던 기울기는 석탄이 석회석으로 바뀐다고 완만해지는 것이 아니었다.

아들은 이틀 동안 조문을 받지 않았다. 빈소에 어머니를 남겨 두고 동양시멘트 49광구(강원도 삼척시 근덕면 교곡리)로 차를 몰았다. 아버지의 사망 경위를 설명해 주는 사람이 없었으므로 아들은 스스로 이유를 찾아 나섰다. 아버지가 매일 올랐을 광산 비탈길을 아들의 차바퀴가 거칠게 긁었다.

바람이 많았다. 바람에 먼지가 날았고, 바람이 먼지를 날렸다. 석탄가루와 석회석 가루로 범벅된 아버지의 시간이 한순간이라도 견딜 만했다면 저 바람 때문이었을 것이라고 아들은 생각했다.

광산 중턱에 위치한 아버지의 회사는 패널로 벽을 세운 간이 건물이었다. 그 허름하고 궁박한 사무실을 드나들며 아버지는 도시락을 먹었다. 20년 동안 동양시멘트가 지시한 일을 하면서도 아버지는 동양시멘트 직원으로 불린 적이 없었다. 아버지처럼 아버지의 마지막 밥도 소속이 없었다.

아버지는 죽음의 장소에서도 앙상했다. 아버지의 얼굴을 때린 굵은 쇠고리는 붐 실린더(포클레인 팔을 개조한 장비로 늘어나거나 줄어들며 길이를 조절) 옆에 떨어져 있었다. 덤프트럭의 견인 후크 두 개가 모두 뜯겨 있었다. 주인 잃은 파란 안전모는 멍처럼 짙푸렀다. 경찰이 두른 테이프가 엿가락처럼 늘어나 펄럭였다. 앙상한 아버지의 삶은 앙상한 일터에서 앙상하게 끝나 앙상하게 보존됐다.

회사가 안전 규정을 지켰는지 아들이 따져 추궁했을 때 회사 직원들은 아버지 죽음의 당위를 설명하지 못했다.

아버지의 근무시간은 아침 8시부터 오후 4시까지였다. 사고는 공식 근무가 끝난 오후 4시 30분께 발생했다. 아버지는 퇴근을 미루고 피커(석회석 광산 수직갱도에 쌓인 암석 제거 장비)를 수리했다. 붐 실린더의 양쪽 끝을 트럭 견인 후크와 지게차에 연결했다. 엔진에 동력을 넣은 지게차가 트럭 반대 방향으로 움직였다. 분리 작업을 할 마땅한 도구가 없을 때마다 쓰던 임시방편이었다. 견인 후크가 뜯어지면서 허공을 날아 아버지의 얼굴을 때렸다.

"아저씨들도 아버지처럼 죽을 겁니다."

아들은 아버지뻘 되는 회사 직원들을 저주했다. 어린 아들 앞에서 아버지의 늙은 동료들은 얼굴을 들지 못했다.

병원으로 옮겨질 때까지 아버지는 과다 출혈했다. 깨지고 찢긴 아버지의 얼굴은 영정이 돼서야 출근할 때의 모습을 찾았다.

"사고 전에 후크 한쪽이 이미 망가져 있었다."고 누군가 말했다. 누군가는 "회사에 안전 매뉴얼 자체가 없다."고 했다. 예견된 사고였음을 찰기 없는 수제비처럼 찢긴 후크 조각들이 증거했다.

아버지의 회사는 ㅎ기계였다. 동양시멘트가 석회석 채굴에 쓰는 장비와 설비를 유지·보수했다. 탄맥을 따라 바위를 깨는 일이 무서웠던 아버지는 석회석 광산에서 돌을 깨는 대신 용접을 했다. 동양시멘트 하청 업체를 돌며 일당 용역으로 쇠를 붙였다.

동양시멘트는 삼척의 기업이었다. 1957년 설립된 국내 최초의 시멘트 업체로 업계 2위(1위는 쌍용양회)의 실적을 냈다. 변방 삼척의 시멘트를 기초로 동양은 그룹을 일으켜 서울로 나아갔다. 동양시멘트 삼척공장은 채굴, 적재, 운반, 생산, 출하, 건물 청소, 폐기물 수거, 기계 유지·보수 등의 업무를 아홉 개 하청 업체에 맡겼다.3 하청 업체의 작업 지시는 동양시멘트 원청 직원들이 했다.

아버지는 연휴에도 출근 지시를 받았다. 설음식을 도시락에 담아 최저임금이라도 벌려고 나섰다. 아버지의 삶을 **최저 인생** 취급하는 인간들을 보며 아들은 증오를 키웠다. 아버지는 평생 제주도 한번 못 가보고 일만 하다 죽었다.

조문이 유예되는 만큼 장례도 미뤄졌다. 장례는 결국 5일장이 됐고, 아들은 5일 만에 등을 대고 누웠다. 시린 등에 온기가 스몄다.

아버지의 시멘트는 그렇게 감지됐다. 인간의 터를 닦고, 벽을 쌓고, 일상을 세우는 시멘트로 죽은 아버지는 산 아들에게 닿았다. 안온하고 불안한 주住의 감각은 시멘트에 누운 아들에게 그렇게 왔다.

땅바닥에 굵은 쇠고리 하나가 있었고, 쇠고리 옆에 파란 안전모가 있었고, 안전모 옆에 모래로 덮은 흔적이 있었고, 모래 안에 아버지가 뿌린 붉은 핏자국이 있었고…….

그리고 도시락이 있었다. 사고 시각까지 뚜껑도 열어 보지 못한 아버지의 도시락을 허름하고 궁박한 사무실에서 발견하고 아들은 울었다.

묵시적 근로계약[4]

「노동」실제 사용자가 노동법상 책임을 회피할 목적으로 노동자와의 사이에 제3자를 개입시키는 방식. 실제 사용자는 숨고 제3자와 노동자 사이에 계약이 맺어진 것처럼 가장한다. 위장 도급 유형 중에서도 가장 노골적인 불법행위로서 법률 개념은 아니다.

탕떼기

「은어」레미콘이나 덤프 노동자의 임금을 운반 횟수('한 탕에 얼마')로 계산하는 저임금 도급 체계.

¶

　동양시멘트 49광구는 화전민의 땅이었다. 광산의 이름을 얻기 전 '약산'이라 불렸다. 어머니는 우는 아들을 등에 업고 자갈을 캤다. 아들이 잠에 들면 갈잎에 눕히고 감자밭을 맸다. 억척의 생명들은 불로 땅을 일궈야 하는 척박의 운명을 송이와 약초로 위안했다. 약산은 신성한 산이기도 했다. 삼월삼짇날 주민들은 약산에서 솟는 맑은 물을 받아 정안수로 바쳤다. 화火를 다스리되 화禍는 피해 가길 염원하며 허리 꺾어 제를 올렸다. 김신조가 청와대를 목표로 남하했을 때(1968년) 화전은 '무장 공비'의 근거지로 지목돼 소개疏開됐다. 밭을 잃은 화전민들은 근덕(강원도 삼척시 근덕면)으로 쫓겨났고, 화전민을 잃은 약산은 석회석 광산으로 개발됐다.

　나는 무엇을 위해 내 고향 약산을 깎았나.

　가동을 멈춘 49광구를 바라보며 김한무(가명)는 생각했다. 동양시멘트 49광구는 노후화된 46광구5를 대체하는 신광산이었다. 54만 평(약 179만 제곱미터) 땅에 3.2억 톤의 석회석이 매장(30여 년 채굴량)돼 있었다.

　아들을 데리고 약산을 떠난 김한무의 아버지는 동양시멘트에서 회사 통근 버스를 운전했다. 일을 마친 뒤 오토바이를 몰고 퇴근하다 교통사고(1985년)로 죽었다. 두 명의 삼촌도 동양시멘트에서 일하며 밥을 벌고 자식을 길렀다. 가족 전체가 동양시멘트에 노동을 팔며 살아갔고, 동양시멘트는 그들의 노동을 사서 공장을 돌렸다.

　성인이 된 김한무도 동양시멘트로 골재를 실어 나르는 지입

차를 몰았다. 약산을 광산으로 만들 때 마을 주민들의 반대가 많았다. 동양시멘트는 직원들을 보내 주민들을 설득했다. 김한무는 동양시멘트 정규직 사원을 꿈꾸며 광산개발동의서를 들고 고향을 찾았다. 동양파워[6] 설립 땐 동양시멘트 대표이사 표창(포상으로 타이 가족 여행)을 받을 만큼 동의서를 뭉텅이로 받아 줬다.

고향을 팔았으나 꿈은 손에 쥘 수 없었다. 2007년 동양시멘트가 아닌 ㈜동일의 직원이 됐다. 동일은 49광구에서 석회석을 채굴하는 동양시멘트의 하청 회사였다. 약산의 갈잎에 누워 잠들었던 어린 아들은 광산이 된 약산으로 돌아와 비정규직 노동자가 됐다. 약산에서 태어난 그는 약산을 깨 없애는 대가로 3천 원대(취업 당시)의 시급을 받았다.

'땍비알' 비탈을 타고 가늘고 구불구불한 길이 실뱀처럼 꿈틀거렸다. 땍비알은 약산의 골짜기였다. 해를 잘 받아 그늘 대신 양지가 많았다. 중학생 때 김한무는 땍비알에 숨은 사찰로 소풍을 다녔다. 석회석 채굴로 약산 능선이 반 토막 나면서 땍비알이 가팔라졌다.

"저거, 저거, 저거……."

고함 소리가 땍비알을 울렸다.

채굴 중이던 포클레인이 75미터 산비탈 아래로 낙하했다. 포클레인은 폭이 좁은 곳에서 산을 찍어내고 있었다. 원청 관리직이 작업 구간에서 빠지며 하청 노동자만 남겼다. 위험을 봐줄 사람 없이 포클레인은 땍비알 아래로 굴렀다.

"헬리콥터 불러."

김한무가 사고 현장으로 내려갔다. 비탈에 매달려 포클레인이 걸린 곳으로 접근했다. 사람이 죽어 가는데 운전석에선 라디오 소리가 멀쩡했다.

"헬리콥터 부르라고."

그가 무전기에 대고 소리를 질렀다.

헬리콥터는 오지 않았다.

"광산 세우고 사람부터 구합시다."

작업은 중단 없이 계속됐다.

노동자들이 들것을 밧줄로 묶어 잡아당겼다. 포클레인이 끌어올려지며 산비탈 표면을 찢었다. 2009년 그날 땡비알에 없던 길이 생겼다. 그 길을 볼 때마다 비정규직은 목숨도 차별받는다는 사실에 김한무는 절망했다.

"사람 죽는다. 타이어 좀 갈아 도라."

김한무가 무전기에 대고 소리 지르는 일이 잦아졌다. 사람 키보다 큰 덤프트럭 타이어가 핏줄 같은 철심들을 노출했다. 피부병 걸린 살갗처럼 타이어 표면이 벗겨져 내장을 드러냈다. 반장의 무전기로부터 "조용히 하라."는 말이 돌아왔다. 며칠 뒤 경고했던 타이어가 터졌다. 돌과 파편이 튀어 동료에게 꽂혔다.

"니 내 아나 모르나."

김한무의 언성이 높아졌다. '집단 해고'(2015년 3월 1일자) 된 동일 노동자들과 그들을 관리하는 원청 간부가 49광구 사무소 앞에서 격렬하게 부딪혔다. 김한무가 원청 간부에게 소리쳤다.

"니 틀림없이 내 알 거라. 신광산 만들 때 내하고 주민들 찾아다니면서 개발동의서 받았나 안 받았나. 동양시멘트가 그래 시켜 놓고 결국 내를 시급 3천 원짜리 하청 직원 만들었다. 그런

데 8년 만에 또 뭐라? 어떻게 하루아침에 우릴 몽땅 자르나."

나천일(가명, 55세)도 터지는 목소리를 졸라매며 말했다.

"니 ○○고등학교 나왔제. 내가 니 선배다. 시내에서 내 보이면 알아서 피해라. 내 눈에 띄면 죽는다."

동일 노동자들은 사쪽이 보낸 해고 통지서(2015년 2월 17일)를 받았다. 예외가 없었다. 동일 대표이사는 통지서에 썼다.

"원청사에서 여러분의 과도한 임금 협상을 받아들일 수 없다는 최후 통보를 받았다(보내왔다)."

나흘 전(2월 13일) 동양시멘트는 동일에 도급계약 해지를 통보했다. 1993년 설립된 동일은 오직 동양시멘트의 하청만을 수행해 왔다. 22년 만에 동일은 폐업 수순을 밟았다.

"과도? 과아아도?"

김한무와 나천일의 눈에 붉은 실금이 섰다.

동양시멘트는 향토 기업이었다. 삼척 출신이 세운 회사였고, 삼척 주민들이 일군 회사였다. 가족이 대를 이어 일했고, 학교 선후배가 직장 선후배로 만났다. 같은 동네에서도 정규직과 비정규직이 갈렸고, 한 가족 안에서도 신분은 나뉘었다. 동일 노동자 중 15퍼센트는 최저 시급(2015년 5,580원) 미만의 급여를 받았다. 잔업·특근 등 연장 근로가 2백 시간을 넘는 경우도 흔했다. 향토 기업 안에 향토의 정은 남아 있지 않았다.

나천일은 1993년 46광구를 닦을 때부터 동양시멘트 하청 노동자였다. 그가 옮긴 컨테이너 박스가 사무실이 됐다. 광산 함바 식당 옆에 세워진 중장비들은 폐차 수준이었다. 에어컨·히터는 먹통이었고, 후방 램프는 자취만 남았으며, 바퀴는 저 혼자

빠져 달아났다. 시동도 걸리지 않는 차를 기사들이 선을 연결해 운행했다. 운전을 하는 것인지 운을 시험하는 것인지 모를 때가 많았다.

그는 **탕떼기**로 노동을 셈해 왔다. 덤프에 석회석을 싣고 조쇄 기까지 운반하면 한 탕이었다. 한 탕에 7백 원을 쳐줬다. 믿지 못할 차를 몰고 부질없는 탕을 보탰다. 하루 30탕을 해도 벌이 는 2만 원 남짓이었다. 탕떼기가 월급제로 바뀐 뒤에도 나천일 은 자신의 인생이 허탕인 듯해 헛헛했다.

하청 노동자 101명이 해고됐다. 계약 해지와 해고 통보는 동 양시멘트의 반격이었다.

묵시적 근로계약. 해고 통보를 받기 직전 동일 노동자들은 중 부지방고용노동청 태백지청으로부터 이 말을 얻었다.[7] 동일에 고용된 날부터 동양시멘트 정규직이란 뜻이었다.

판단 근거는 많았다. 동일의 대표이사[8]는 동양시멘트의 결정 에 따라 취임했다. 주식은 전임 대표이사로부터 무상으로 양도 받았다. 대표이사의 보수도 동양시멘트가 결정했다. 동일이 독자 적으로 보유한 사무실·기계·장비는 없었다. 원청의 지시에 따라 하청 업체 직원들이 소속을 서로 바꾸기도 했다. 원청이 하청 노 동자들의 작업 현장을 지휘했다. 하청 노동자들의 연장 근로도 원청이 지시했다. 격려금·인센티브 지급 대상, 지급액, 지급 일 자, 회계 처리까지 원청에서 결정해 하달했다. 원청 노동자가 빌 땐 동일 노동자가 때운 뒤 원청 출근부에 이름을 적었다. 동일 은 독자 기업이 아니라 "동양시멘트의 노무대행기관"이라고 노 동청은 판단했다.

묵시적으로 동양시멘트 직원으로 일했던 동일 노동자들은 명시적으로 동양시멘트 정규직이 되는 줄 알았다. 제 손으로 고향을 파 없애면서도 닿지 못했던 정규직의 꿈이 눈앞에 오자마자 몇 시간 만에 깨졌다. 그들이 얻은 이름은 '정규직' 대신 '해고자'였다.

이제 약산은 산이 아니었다. 해발 410미터의 산은 높이 10미터[9] 간격으로 계단처럼 깎여 나가 280미터까지 낮아졌다. 무게를 가늠하기 힘든 거석과 흙먼지로 가득 찬 약산은 오래전에 산의 형상을 잃었다. 광산 중앙에선 90미터 깊이로 뚫린 수직갱도가 아찔했다. 시커먼 갱도는 아귀의 목구멍 같았다. 석회석을 깨는 신공법이면서 약산을 씹어 삼키는 주둥이였다. ㅎ기계 김철기(가명, 61세)의 죽음도 주둥이 속 이빨과 연결돼 있었다.

갱도로 던져지는 석회석은 발파로부터 얻어졌다. 착암기가 15미터 깊이로 구멍을 뚫으면 발파공들이 화약을 재어 석회석을 깨뜨렸다. 1백 톤 무게의 휠로더가 암석을 상차한 뒤 85톤 덤프트럭이 수직갱도로 옮겨 투광했다. 갱도 90미터 아래에서 분쇄기가 암석을 물어 부쉈다. 부서진 암석 덩이는 45도 경사관에 실려 광구 아래로 흘러갔다.

탐貪은 체滯를 불렀다. 경사관에 삼키지 못할 거석이 걸리면 목구멍이 막혀 소화가 불가능해졌다. 김철기가 고치던 장비는 경사관에 걸린 돌을 원격 조정해 깨는 기계였다.

경사관을 통과한 암석 덩이는 광산 아래에서 2차 파쇄됐다. 벨트라인에 실려 6킬로미터 떨어진 46광구에 도착한 뒤 다시 45광구(사직동 공장 안)로 보내졌다. 동양시멘트 본 공장에 닿은 석회석 주원료를 노동자들이 부원료(고령토와 규석·철광석 등)와 섞어 시멘트를 구웠다. 석회석은 산산이 부서지며 고운 시멘트가 됐다. 지난 시간이 가루가 돼버린 해고 노동자들이 광산을 멈췄다.

"우리 끌어낼라믄 먼저 죽여야 할 끼다."

김한무가 약산이었던 광산에 주저앉았다.

"차라리 내를 광산에 묻어라."

나천일이 파업 만장을 들고 시내를 행진했다.

나천일의 큰아들(27세)은 대기업 조선소에 비정규직으로 취업했다. 아들은 아버지의 말을 듣지 않았다. "작은 회사라도 좋으니 정규직이 돼라."고 나천일은 아들에게 당부했었다. 열심히 일하면 정규직이 될 수 있다고 아들은 믿는 듯했다. 명절 때 쉬었다는 이유로 경위서를 쓰며 키운 아들이었다. 아들의 믿음은 동양시멘트 하청 노동자로 나천일이 22년간 매달린 믿음이기도 했다. 믿음을 포기하면 삶은 허망했고, 믿음을 포기하지 않으면 삶은 괴로웠다. 정년을 한 해 앞둘 때까지 유예되던 믿음이 해고로 조각났다. 아버지는 아들의 믿음을 깰 수도 북돋울 수도 없었다. 빨간 머리띠를 두르고 '해고 철회'[10]를 외치던 아버지가 아들에게 전화를 걸었다.

"정규직이 되고 싶으면 말이다……. 속상한 일이 있어도 꾹 참아야지……. 아버지처럼은 살지 말아야지……."

1   2013년 10월 기업 회생을 신청한 동양시멘트는 2015년 3월 절차를 종결하고 그해 9월 삼표그룹에 인수됐다. 2017년 3월 회사명도 '삼표시멘트'로 변경됐다. 이 글에서는 사건 발생 당시의 이름인 동양시멘트를 사용했다.

2   동양시멘트 하청 업체(설비 보수) 소속 노동자 김철기(가명, 61세) 씨가 설 연휴인 2015년 2월 21일 석회석 광산에서 암석 파쇄 장비 보수 작업 중 산재 사고로 사망했다. 민주노총 강원영동지역노동조합은 "제대로 된 매뉴얼 없이 무리한 보수 작업으로 발생한 사고"라며 "동양시멘트 작업장의 안전 상태가 얼마나 열악한지 보여 주는 단적인 예"라고 했다. 노조는 동양시멘트 사내 하청 ㈜동일의 경우 노조 결성 전까지 재해 사고 때 산재 처리를 하지 않았다고 설명했다. 유한회사 두성도 사고가 발생했을 때 전액 현금으로 진료비를 지급해 기록을 남기지 않았다고 밝혔다. 동양시멘트 원청 관계자는 "노조가 고인의 죽음을 정치적으로 이용하기 위해 외부로 알렸다."고 주장했다.

3   동양시멘트의 정규직 비율은 51.93퍼센트(2014년 7월 1일 고용노동부 공시)였다. 시멘트 업계 주요 일곱 개(쌍용양회·동양시멘트·한일시멘트·성신양회·파라즈한라·현대시멘트·아세아시멘트) 기업에서는 평균 두 명 중 한 명만 정규직(50.52퍼센트)이다.

4   파견이나 도급계약 형식을 띠더라도 채용, 해고, 임금 지급 등에 관여하고 있다면 직접 고용자로서의 책임이 있다는 사실을 분명히 하기 위해 설정한 개념.

5   삼척시 사직동 조미리에 있다. 2016년까지 화력발전소 부지로 닦아 포스코에 이양.

6   2011년 동양시멘트 삼척 폐광산 부지에 석탄 화력발전을 목적으로 설립돼 2014년 포스코에 매각됐다.

7   사내 하청의 실체 여부(없을 때 묵시적 근로계약)가 불법 파견과의 차이를 가른다. 불법 파견과 묵시적 근로계약 모두 위장 도급에 속하지만, 묵시적 근로계약이 노동자의 권리 요구에 더 유리하다. 묵시적 근로계약 관계는 '원청 소속 노동자임'을 전제로 한다. 그동안 불법 파견 인정 사례는 없지 않았으나 고용노동부 차원의 묵시적 근로계약 판정은 동양시멘트 건이 처음이다. 노동청은 동양시멘트가 동일의 사업 경영에 직접적인 영향력을 행사해 왔다고 판단했다. 동일 노동자들은 정규직 전환과 차별받은 임금 지급을 요구할 권리를 갖게 됐으나 동양시멘트의 해고로 기존의 비정규직 일자리까지 잃게 됐다. 해고 노동자들은 "정규직 전환을 회피하려는 해고"라며 원청을 상대로 근로자 지위 확인소송을 제기했다. 동양시멘트 쪽의 '불가' 태도는 완강했다. 원청은 "우리의 임금 인상안을 동일 노동자들이 받지 않아 동일에 계약 해지 통보를 한 것"이라는 태도를 고수했다. 고용노동부의 정규직 전환 결정도 따를 계획이 없다고 했다. "노동청 공문이 왔으니까 검토하고 있지만 녹록치 않다.

현재 법정관리 상태인 회사가 잘못하면 망할 수도 있어 당장은 어렵다. 노동자들은 '법대로 하라.'고 요구하는데 그럼 법대로 근로자 지위 확인소송을 해서 이겨라. 그 땐 회사도 정규직 전환 안 할 재간이 없다." 동양시멘트는 2014년 사상 최대 실적을 냈다. 2015년 3월엔 1년 만에 법정관리를 조기 졸업했다.

8 모두 동양시멘트 간부 출신들로 설립 이후 네 차례 바뀌었다.

9 차량 이동 통로이면서 붕괴를 막는 '안전둑' 역할을 한다.

10 동양시멘트를 인수해 이름을 바꾼 삼표시멘트와 해고 노동자들은 2017년 9월 20일 정규직 복직 합의문에 서명했다. 해고 934일 만이었다. 2015년 11월 중앙노동위원회의 부당해고 결정과 2016년 12월 1심 법원의 '불법 파견' 판결에도 불복하던 회사가 합의 두 달 전 교섭에 나섰다. 비정규직 해고 노동자 39명 정규직 복직, 복직자의 체불임금 인정, 노사의 민형사 소송 철회 등이 합의문에 담겼다.

첨단의 풍경

굴뚝

벌집

「**장소**」 방을 쪼개 개수를 최대한 늘린 건물. 옛.구로공단 주위엔 공장을 다니는 가난한 저임금 노동자들이 몸을 누이는 작고 좁은 쪽방들이 즐비했다. 현재 서울디지털산업단지(구로공단의 새 이름) 주변 벌집에선 값싼 방을 찾아온 중국 동포 이주 노동자들이 한국 노동자들이 떠난 방에서 살고 있다.

¶

그의 이름은 김필순.

1956년 광주광역시에서 태어난 그는 태도가 단정하고 행실이 엄전할 필ヒ. 1974년 여자고등학교를 졸업한 그는 주어진 도리를 따르며 거스르지 아니할 순順. 그해 전자 회사에 취직한 그는 여자가 무엇인지 모를 때부터 여자의 미래를 이름에 새긴 여자.

"너, 너."

학원 아저씨가 그를 너로 지목하며 방 안에 밀어 넣었다.

"한 명 더 들어가, 너."

짓고 쌓는 것이 아니라 썰고 쪼개는 데 건축의 목표를 둔 방이었다. 한 건물에 서른 개의 방이 있었고, 한 층마다 열 개의 방이 있었으며, 두세 평 방마다 서너 명씩 배정됐다. 통로마다 연탄아궁이가 있었고 공동 세면장과 공동 화장실이 남녀별로 하나씩이었다. 아저씨의 손가락이 지정한 방에 넣어지며 그는 너가 됐고 그들과 너들의 개별성은 실종했다.

그의 이름은 벌.

그는 **벌집**에 넣어져 벌이 됐다. 좁은 방에서 벌통의 벌들처럼 뭉쳐지고 엉기었다. 서울행 이튿날 학원 아저씨가 학생들을 데리고 다니며 회사마다 면접을 보게 했다. 그는 세진전자(노조가 1985년 구로동맹파업 참여)에서 '1분에 1부터 1백까지 쓰는 면접'에 합격했다.

상경 사흘째부터 전자계산기를 조립했다. 한 달 월급으로 6천 원을 받았는데 방세가 1만2천 원이었다. 노동자 한 명이 한

달을 일해도 쪽방 월세의 절반밖에 벌지 못했다. 그인 너는 세진전자, 너2는 유광전자, 너3은 진영전자, 너4는 천우사. 방세를 나눠 내는 네 명의 너들이 모두 다른 회사를 다녔다.

매일 아침 가리봉시장(서울시 구로구 우마3길) 주변 벌집에서 벌들이 쏟아져 나왔다. 벌들은 구로공단으로 날아가 온종일 일했다. 미싱을 돌리고 부품을 조립하며 꿀을 딴 뒤 밤늦게 지친 날개를 늘어뜨린 채 벌통으로 돌아왔다.

그의 이름은 김필순 아님.

"남의 서류로 입사한 사람은 스스로 그만두기 바람. 자진 퇴사하면 석 달치 월급 지급."

1976년 회사 게시판에 공지 글이 붙었다. 회사 경영이 어려워져 감원해야 한다고 했다. 남의 신분을 도용해 입사한 사람들의 '자수'를 독촉했다. 군불 때던 아궁이에서처럼 그의 머릿속에서 매운 연기가 피었다. 열여덟 살이 안 되는 수강생을 학원은 다른 학생의 개인 정보로 이름과 나이를 바꿔 취업시키곤 했다. 그 사실을 묵인하며 값싼 노동력을 채웠던 회사가 감원 땐 해고의 꼬투리로 삼았다.

그의 이름은 ○순덕.

1958년 전남 영광 법성포에서 태어난 그는 주어진 도리를 따르며 거스르지 아니할 순順. 1974년 여자중학교를 졸업한 그는 크게 베풀며 살아야 할 덕德. 그해 세진전자에 취직한 그는 가진 것도 없는데 세상에 순종하며 베풀기까지 해야 하는 여자.

광주 출신 여고 졸업생 필순이 된 영광 출신 여중 졸업생 순덕
은 출생신고조차 3년 늦어 취업 당시 호적 나이 열네 살이었다.

그의 이름은 김필순이거나 ○순덕이거나 상관없는 여공.

고향에선 질 좋은 굴비가 말랐다. 아버지는 남의 땅을 빌려
농사를 지으며 굴비처럼 뼈가 말랐다. 바다에 띄울 배도, 쟁기
질할 땅 한 뼘도, 아버지는 갖지 못했다. 뭍에서 가난한 자는 바
다에서도 가난했다. 아버지는 평생 포기할 것 하나 얻지 못한
채 늙어 갔고, 아버지의 맏딸은 자기 공부를 포기하고 여동생
셋의 배움을 책임졌다. 중학교를 졸업하자마자 그는 광주의 취
업 알선 학원에 등록했다. 하늘이 폭설을 퍼붓던 날 '그들인 너
들' 50여 명이 기차에 실려 구로공단에 왔다.

검은 매연을 뿜어 대는 한국의 과로한 심장이 구로에 있었다.
굴뚝은 태울 것이 있어야 연기를 뱉었다. 농촌에서 데려온 딸들
을 태우며 도시는 굴뚝을 돌렸다. 퇴근 시간이면 연소된 그들의
탄내가 공단 거리에서 매캐했다. 김필순으로 취직했다 ○순덕
이어서 1년 6개월 만에 잘린 그가 김필순인지 ○순덕인지, 둘
다인지 둘 다 아닌지, 취업을 알선한 자나 자르는 자에겐 고려
사항이 아니었다.

그의 이름은 버스 안내양.
"순덕아, 버스 타라."
천우사에 다니던 너4는 그보다 먼저 구로공단을 나왔다. 보
성운수 120번(당시 번호) 버스 안내양으로 일하며 그에게도 '버스

질'을 권했다. 안내양이 된 여공이 많았다. 공장에서 일하는 '여'
나, 버스에서 안내하는 '양'이나, 그와 너는 이름 없는 값싼 노
동이었다.

그는 세진전자에서 해고된 1976년 봄 신촌교통 141번(당시
번호) 버스 안내양이 됐다. 새벽 4시 첫차에 올라 밤 10시까지
하루 열여덟 시간 버스를 탔다. 터질 것 같은 출퇴근 버스에서
승객들의 몸과 몸이 떡처럼 달라붙었다. 출처를 알 수 없는 손
들을 견디며 그는 뒷문에 매달려 버스를 쳤다.[1]

안내양들은 버스를 치며 '삥땅'도 쳤다. 고된 노동과 추행의
보상이라 여기며 '양'들은 받은 버스비에서 삥을 뜯었다. 삥땅
친 돈 일부는 기사에게 상납했다. 상납을 주고받으며 안내양과
기사는 버스 앞뒤에서 공존했다.

그의 이름은 식당 아줌마.

1982년(25세) 안내양을 그만두고 부모님이 소개한 남자와 결
혼했다. 남편의 장애(소아마비)에 국가가 매긴 등급은 5급이었다.
태어난 아이를 친정에 맡기고 구로로 다시 올라왔다. 공단 옆
먹자골목 식당에서 일을 얻었다. 식당은 자주 망하고 자주 개업
했다. 퇴직금이 없어 일당을 조금이라도 더 쳐주는 식당으로 그
는 옮겨 다녔다.

"구로 주민 똘똘 뭉쳐 부정선거 박살내자."

1987년 12월 구로에서 난리가 났다. 손으로 쓴 플래카드를
들고 시민들이 구로구청을 점거[2]했다. 구청 옥상에서 누군가가
추락했을 때도 그는 식당에서 밥을 나르고 설거지를 했다.

그의 이름은 공장 아줌마.

아들이 초등학교 5학년 때 공장에 취직(1995년 2월)했다. 갑을전자 노동자로 구로공단에 돌아왔을 땐 서른일곱 살이었다. 세진전자는 사라지고 없었다. 지역 정보지에서 상여금 6백 퍼센트에 4대 보험이 된다는 광고를 봤다. 나이 제한은 마흔이었고 호적 나이로 그는 서른셋이었다. 필순이 아닌 순덕이라 쓴 서류를 냈다. 면접 때 "20년 전 구로공단에서 일했다."는 사실을 강조했다. 총무과장은 아무것도 묻지 않고 혼자 말했다.

"일할 수 있겠구만."

1980년대까지 미혼의 필순과 순덕은 구로공단 저임금 노동력의 샘물이었다. 필순과 순덕이 결혼하면서 1990년대 초 여공의 공급이 줄어들었다. 구로공단 기업들은 '30대 후반부터 40대 아줌마'가 돼 돌아온 필순과 순덕에게서 대체 노동력을 찾았다. 디지털단지의 제조업은 몸을 혹사시켜서라도 돈을 벌어야 하는 필순 아줌마와 순덕 아줌마가 떠받쳤다. 근무시간이 정해져 있는 콜센터나 대형 마트에선 월 1백만 원 벌기가 어려웠다.

갑을전자에서 그는 전자 부품을 조립했다. 일곱 개의 문을 통과해 도착한 방에서 작업했다. 정전기에 예민하다며 방진복을 입혔고 마스크를 씌웠다. 손엔 로션도 바르지 못하게 했다. 직원이 1천여 명인 큰 회사 갑을전자가 1997년 외환 위기 때 부도를 냈다. 그는 동료들과 폐업 반대 싸움을 했다. 그룹 빌딩을 155일간 점거 농성했다. 10년 전 식당 밥상을 닦으며 내다봤던 구로구청 옥상의 농성 장면이 생각났다. 회사는 사옥을 팔고 김포로 이전했다. 남자들은 따라가도 아이들을 돌봐야 하는 여자들은 그러지 못했다. 숱한 공장들이 이전하는 동안에도 여자들은 남아 공단을 맴돌았다.

그의 이름은 청소 할머니.

더럽고 더러웠다. 깨끗한 백화점에선 손님들도 깨끗할 줄 알았다. 화사하게 화장하고 차려 입은 여자들이 화장실을 쓴 뒤 물도 내리지 않았다. 방금 닦은 바닥에 침을 딱딱 뱉고 금연 건물인데 담배도 뻑뻑 피웠다. 소변기에 물건 넣고 싸는 남자들은 왜 싼 건 그 안에 못 집어넣는지 알 수 없었다. 인정은 한 방울도 안 새게 꽁꽁 걸어 잠그면서 졸라매야 할 물건은 망가진 수도꼭지처럼 오줌을 줄줄 흘렸다. 처음엔 백화점에서 쇼핑하는 고급한 고객들이 너무 더러워 놀랐는데, 사람이란 게 본래 더러운 종자란 걸 그는 알게 됐다.

갑을전자 폐업 뒤 1단지에 위치한 팬텍 하청 업체에서 일자리를 얻었다. 휴대전화 키패드에 나사를 박았다(2002~08년). 그 회사도 폐업했고 그는 다시 일을 잃었다. 세진과 팬텍까지 구로 공단에서 일했던 세 개 회사 모두 문을 닫았다. 그는 서울 강남의 백화점 청소 노동자가 됐다.

청소에도 '급'이 있었다. 용역 업체들은 퇴직 여성 노동자 중 50대는 강남 대형 건물로, 60대는 디지털단지 쪽으로 보냈다. 용역 업체는 기본급을 올리는 대신 수당을 빼내 기본급에 넣었다. 기본급을 올리라고 항의하다 다시 실직했다. 무직자로서 그는 구로에 돌아왔다.

처음부터 구로였다. 다시 구로였고, 결국 구로였다. 어려서부터 구로공단에서 일하며 공단을 떠나지 못한 여자들은 고용의 질이 추락 일로인 길만 걸으며 나이를 먹었다. 그는 더는 '공순이'도 '공장 아줌마'도 아니었다. 구로에서 그렇게, 불리는 게 그렇게, 싫었는데 이젠 그렇게, 라도 될 수 없다는 생각에 그는 그렇게, 기분 나빴다.

구로를 뱅글뱅글 돌며 늙은 그는 김필순이었지만 김필순이 아니었고, ○순덕인데 ○순덕일 수만은 없었으며, 여공이었으나 버스 안내양이 됐고, 식당 아줌마였다가 공장 아줌마로 불렸다. 이제 그는 청소 할머니로 늙어 갔다.

평생 이름이 한순간도 중요한 적 없었던 그, 너인 나의 이름은, 아무것도 아닌 여자.

아파트형 공장

「제조업」 구로공단이 '공단 구조 고도화'를 거쳐 서울디지털산업단지(2000년 12월)로 바뀌면서 등장한 고층 아파트 형태의 공장. 아파트형 공장은 첨단 속에 감춰진 굴뚝을 상징한다. 정부가 공단 구조 고도화를 전국화하면서 아파트형 공장도 전국으로 확산되고 있다.

호출형

「은어」 호출돼야 일할 수 있는 노동자. 상시 출근 파견직으로 고용한 노동자들을 일손이 부족할 때만 호출하는 업체들이 있다. 호출받지 못한 노동자들은 호출을 기다리며 무급으로 대기해야 한다.

¶

휴대전화가 삑삑 울었다.

단어 몇 개가 전화기 액정에 빵 부스러기처럼 떨어졌다. 마지막 문자를 받은 지 일주일 만이었다. 다른 일을 알아봐야 한다고 마음먹을 때마다 전화기는 드문드문 문자를 적선했다.

"내일 아침."

끼긱끼긱.

연경숙(가명, 1961년 출생)이 옷장을 열 때마다 쇠 긁는 소리가 났다. 경첩은 멀쩡했다. 소리는 나는데 소리의 출처는 찾을 수 없었다. 고장 나지 않은 것에서도 고장 난 소리가 나는지 그는 궁금했다.

버리지 못하는 것은 미련일까 회한일까.

출근복을 꺼내려 옷장을 열 때마다 연경숙의 물 빠진 작업복이 옷장 깊은 데서 뒤채었다. 기륭전자[3]의 여름 작업복을 10년 넘게 간직했다. 버리려 꺼냈다가도 다시 옷장 한편을 내어 줬다.

버리지 못하는 것은 그리워서가 아니라 억울해서였다.

1979년 고등학교를 졸업하자마자 연경숙은 '여공'이 됐다. 대구에서 경기 수원으로, 충남 부여에서 서울 영등포로, 구로공단 안에서 서울디지털산업단지(구로공단의 새 이름) 밖으로, 값싼 인력으로 떠돌던 그의 노동은 정주하지 못했다. 기륭전자 시절로 돌아가고 싶은 건 아니었다. "노예처럼 일했던 시간"(2003년 11월부터 2005년 11월)이었으나 그는 정년을 해고 없이 맞길 소망했었다.

그는 **호출형**.

불리길 기다리는 사람. 불러 주는 문자의 선처에 그와 가족

굴뚝

의 생계를 맡긴 노동자. 출근해서 퇴근하는 것이 노동의 일상인데 그의 노동은 퇴근하면 출근하는 날짜를 알지 못했다. 그는 다만 부를 때 불려 나갈 뿐이었다.

연경숙은 기룡전자에서부터 호출형이 됐다. 기룡은 수주 물량에 따라 일손을 늘리거나 줄였다. 물량이 줄면 오후엔 작업 대신 물청소를 시켰다. 아예 퇴근을 명하기도 했다. 퇴근 이후는 급여 계산에서 제했다. 귀가한 노동자들은 무급으로 회사의 부름을 기다렸다.

그는 호출형.

호출의 주기를 예측할 수 없는 사람. 기다려야 할지 기다리길 포기해야 할지 가늠할 수 없는 노동자. 일주일에 이틀을 쉬기도 했고 딱 이틀만 출근하기도 했다. 월급은 두 토막 세 토막이 났다. 호출형일 땐 한 달 살림도, 시간 활용도, 자신의 삶도, 어떤 계획도 불가능했다.

기룡에서 연경숙은 검사 라인에서 일했다. 조립된 자동차 내비게이션의 불량 여부를 검사했다. 라인이 빨리 돌 땐 불량이 많다는 불만이 터졌고, 라인이 느려지면 꾸물댄다는 지적이 따랐다. 죄지은 것 없는 그는 때로 자신의 작업복이 죄수의 수의 같다고 느꼈다. 파견 업체에 채용돼 기룡전자로 파견된 뒤에도 그는 파견직이 무엇인지 모르고 일했다.

그는 호출형.

호출도, 해고도, 문자로 전달받는 사람. 휴대전화가 삑삑 울려야 일하는지 잘렸는지 알 수 있는 노동자.

"내일부터 출근하지 마세요."

연경숙을 파견한 회사가 기륭의 뜻(2005년 11월 해고)을 전했다. 문자 뒤에 얼굴을 감춘 인간들은 인간의 과정을 생략한 채 인간을 불러내고 잘라 냈다.

그는 5개월짜리.

연경숙은 2010년 3월부터 공단 외곽의 **아파트형 공장**으로 출근했다. 휴대폰 배터리를 조립했다. 조립 일감이 해소되면 잘라 버리는 초단기 파견직이었다. 디지털산업단지 제조업의 흔한 채용 방식이었다. 노동자의 수명이 배터리 수명보다 짧았다.

아파트형 공장은 아파트가 아니었다. 아파트는 인간 위에 인간을 올려 고생대 화석층처럼 쌓았다. 아파트형 공장은 라인 위에 라인을 퇴적시킨 '해체된 공정'의 사리탑이었다. 아파트형 공장의 중앙은 인간의 길이 아닌 화물의 길이 차지했다. 대형 화물 엘리베이터 통로가 아파트형 공장마다 척추뼈처럼 뚫려 있었다. 쪼개는 것이 핵심이었다. 디지털에 맞춰 업종 변화에 실패한 업체들은 땅을 팔고 폐업하거나 이전해 부동산 차익을 챙겼다. 공단을 채웠던 굴뚝형 공장들이 아파트형 공장 안으로 들어오면서 필연적으로 소규모화됐다. 라인 하나가 하나의 회사가 됐다.

개미 떼가 부글부글 끓었다.

냄비에서 끓어 넘치는 국물처럼 개미 떼가 라인 저쪽에서 튀어나왔다. 닿기만 해도 데일 것 같은 개미들이 라인을 타고 시커멓게 몰려왔다. 검은 배터리가 연경숙 앞에 쌓여 개미굴처럼 징그러웠다. 뜨거운 배터리들이 개미 떼가 되어 기어오르는 것처럼 온몸이 따끔거렸다.

회사는 직원 150여 명에 한 층 전체를 썼다. 아파트형 공장

굴뚝

중에서도 큰 업체에 속했다. 쉬는 시간은 오전 10분, 오후 10분 뿐이었다. 퇴근 시간인 오후 5시 30분이 되면 10분 동안 김밥 한 줄을 먹고 잔업을 시작했다. 10분 만에 씹어 삼킨 것은 김밥 이 아니라 상한 욕설이었다. 하루 네 시간 잔업이 기본이었다. 아침 8시 30분부터 밤 9시 30분까지 일했다. 토요일엔 특근도 했다. 월급은 시간당 최저 시급으로 계산했다. 노동은 달라지지 않는데 하는 일은 날마다 달라졌다. 매일 아침 출근하면 그날 배치된 공정이 붙어 있었다. 공장 라인은 여덟 개였다. 당일 공 정을 확인한 뒤 해당 라인을 찾아가야 했다. 40~50대 한국 여 성들 속에 가끔 중국인 이주 노동자들이 섞여 일했다.

배터리는 라인을 타고 5센티미터 간격으로 밀려왔다. 정해진 시간에 최대의 물량을 빼기 위해 사장은 라인 벨트의 속도를 높 였다. 제품의 크기도 라인의 빠르기에 영향을 미쳤다. 손바닥 안에 몇 개나 잡히는 배터리들은 라인을 타고 흘러오는 속도가 굶주린 짐승처럼 맹렬했다.

아아악.

터져 나오는 비명을 깨물어 삼켰다. 손톱 뿌리가 뽑히고 있 었다. 고개 들 틈 없이 배터리를 끼우다 보면 손가락이 구부러 지지 않았다. 굳어 버린 손가락 끝에서 손톱 두 개가 새까맣게 죽어 빠졌다.

으으악.

팔에 마비가 와도 통증을 깨물었다. 라인을 비울 순 없었다. 쌓인 물량은 쉬는 시간을 바쳐서라도 해결해야 했다. 그가 자리 를 비우면 굶주린 개미 떼가 동료들을 삼켜 버릴 것이었다. 동료들은 속도에 밝힌 스스로를 애처로워하면서도 속도를 맞추지 못하는 서로를 탓했다. 반짝반짝 윤기 나는 아파트형 공장 안에서 연경숙의 노동은 숙련되기보다 부식했다. '5개월짜리' 연경숙은 정확하게 5개월 만에 해고됐다. 회사는 라인을 정리하고 중국으로 건너갔다.

모두 없어졌다. 연경숙이 공단과 공단 외곽에서 거쳐 온 회사 중 남아 있는 업체가 없었다. 그가 회사를 저주한 것인지, 회사가 그를 저주한 것인지, 그도 알지 못했다. 경영 악화 때문인 경우도 있었지만 노조를 깨는 방법이기도 했다. 노동자가 권리를 요구하면 고용주는 회사를 없애거나 옮겼다. 굴뚝을 밀어내고 아파트형 공장이 들어서는 동안 공단의 땅값은 폐업 비용을 보전할 만큼 치솟았다. '청산해서 남기는 장사'가 50년 동안 공단이 디지털단지로 발전하는 방식이었다. 굴뚝이 첨단으로 바뀌었지만 연경숙의 삶은 디지털 언저리에도 닿지 못했다.

휴대전화가 삑삑 울었다.

호출.

"내일 아침 8시 출근."

문자는 한 줄을 넘지 않았다. 일 시작 시각은 9시였지만 출근 시각은 8시였다. 8시 15분에 자재를 챙겼고, 8시 45분엔 조회를 했다. 시급은 9시부터 계산하면서 라인은 8시 55분부터 돌렸다.

호각.

초등학교 운동회 날이면 연경숙은 대기했다. 학년 전체가 1백 미터 달리기에 불려 나가 집단적 순위 매기기를 치렀다. 줄지은 수백 명이 앉았다 일어나길 반복하며 달리기 차례를 기다렸다. 순서가 가까워질 때마다 그는 오줌이 마려웠다. 줄에서 이탈해 화장실을 다녀오고 싶어도 줄 세워 대기시키는 선생님들이 무서워 말을 꺼내지 못했다. 출발선에 섰을 땐 몸이 무거워 주저앉고 싶었다. 양옆에 선 경쟁자들은 호루라기 소리를 기다리며 귀를 갈고 있었다. 뛰지 않을 수도 없고 느리게 뛸 수도 없는 달리기를 소리 신호 하나가 좌우했다. 호루라기를 입에 물고 두 볼을 부풀리는 선생님을 힐끗거릴 때면 연경숙의 귓속에선 거꾸로 소리가 사라졌다. 머리를 찌르는 이명이 호루라기 소리를 삼켰다. 소리가 튀어나오기 직전의 긴장이 만든 이명 속에서 그는 다리가 풀렸다. 연경숙은 늘 출발이 늦었다. 부르면 반응해야 하는데, 불러도 느리게 반응했고, 느리게 반응했으므로 뒤쳐졌다. 호출 문자를 기다리는 동안 연경숙은 주말마다 집 근처 결혼식장에서 일했다. 피로연 음식을 준비하는 시간제 아르바이트를 했다. 언제 울릴지 모르는 호루라기를 쳐다보며 마음 졸이는 초등학생처럼 연경숙은 여전히 대기하고 있었다.

끼긱끼긱.

연경숙이 옷장을 열었다. 쇠 긁는 소리가 났다. 소리의 출처는 찾을 수 없었다. 고치고 싶어도 고칠 곳을 모르는 옷장이 수선하고 싶어도 수선할 곳이 확인되지 않는 자신의 시간을 닮은 듯했다. 그는 하루하루의 노동을 거부하지 못하고 살았을 뿐이었다. 파견되는 자에게도 호출 없이 출근할 권리는 있어야 했다. 헌옷 수거함에 넣으려 내놓았던 기륭전자 작업복을 옷장에 다시 넣으며 연경숙은 생각했다.

내가 고장 난 것이 아니다.

객공 客工

「봉제」 임시로 둔 직공. 일한 시간이나 작업량 등에 따라 삯을 받는 사람. 객공은 연쇄 하청 공정의 마지막 단계로 1인 하청에 가깝다. 서울시 금천구 독산동이나 종로구 창신동 등지에서 팀을 이뤄 하청을 받거나 한 칸짜리 영세 공장에서 공간만 빌려 일하는 객공들도 있다.

¶

드, 르륵.

부드럽고 매끄러워야 할 소리가 나뭇결을 거스르는 대팻날처럼 흐름을 잃고 툭툭 끊겼다. 드, 로 출발한 소리가 드드, 리듬을 타다가도 르륵 르륵, 하며 기침을 했다. 좁은 밀폐 공간에서 소리가 소리를 때리고 소리가 소리에 맞았다. 소리끼리 꿰어 드르륵, 하기보다 소리끼리 잘라먹어 드, 르, 드, 륵, 르드, 륵륵, 륵르드, 했다. 벽이 퉁겨낸 소리 조각들이 일렬로 정렬되어 청각 신경을 조목조목 긁었다. 평생 드르륵으로 고막을 난타당한 그의 귀 안에선 소리들이 벌레처럼 엉켜 와글와글 꿈틀댔다.

수출의다리(서울시 금천구 가산동 공단로)⁴를 올려다보는 강명자(1962년 출생)의 머릿속에서 드르륵인지 와글와글인지 모를 소란이 자동차 소음을 누르고 난리를 부렸다. 다리는 더없이 기능적인 이름을 부여받았다. 사랑의 가교일 필요는 없었으나, 인간을 위해 건설된 다리도 아니었다. 작명자는 다리의 존재 이유를 인장 박듯 이름에 두들겨 박았다. 구로공단 생산품이 바다를 건너길 바라는 '산업 입국'의 염원만이 직설적으로 투영됐다.

다리는 양쪽으로 2단지와 3단지를 연결했다. 7호선 가산디지털단지역(옛 가리봉역)을 북으로 두고 다리 왼쪽에 3단지가 자리했다. 3단지를 통과하면 철산교를 타고 안양천을 건너 경기도 광명에 닿았다. 2단지는 다리 오른쪽에 있었다.

다리 위아래에 설 때마다 강명자는 으슬으슬 추웠다. 그를 밀치는 바람은 계절과 상관없이 차가웠다. 디지털2단지사거리와 디지털단지오거리(옛 가리봉오거리)에서 강명자는 꿈을 구했고,

꿈에 배신당했고, 꿈을 버렸다. 뭉게뭉게 피어오르던 꿈이 구불구불 구부러지고 마디마디 부러지는 동안 드르륵은 드, 르륵 턱에 걸리고, 르륵 르륵 꺾였다가 드, 르, 드, 륵, 르드, 륵륵, 륵르드 끊겼다. 그는 1988년 다리 위에 주저앉아 구로공단을 저주했다. 그가 공단 땅을 다시 밟은 건 25년이 지난 뒤였다.

똘망지고 똘똘하다더니.

열일곱 살에 서울 와서 처음 취직한 회사가 서울 마포에 있던 삼성물산 하청 업체였다.

똘망지고 똘똘하다고 시다 말고 제품 검사(검사 공정)를 시키더니.

점퍼 하나를 완성하는 데도 앞판, 뒤판, 주머니, 소매를 따로 만들어 붙여야 했다.

똘망지고 똘똘하다며 '불량'을 잡아내라더니.

미싱도 못 잡아 봤는데 입사 1년 만에 회사가 망했다.

똘망지고 똘똘해서 강명자는 '불량품'처럼 잘렸다.

씨발.

결코 익숙해질 수 없는 일들이 있었다. 매일 보고, 매일 소리 지르고, 매일 울다가, 매일 체념해도 다음 날 다시 보면, 다시 소리 지르고, 다시 울었다. 어떤 체념은 되풀이한다고 학습될 수 있는 감정이 아니었다.

으악, 씨발, 씨발, 으악.

두 번째 회사에선 쥐와 벼룩과 으악과 씨발이 강명자와 동거했다. 회사는 함석으로 만든 '깡통 기숙사'에 장판만 깔고 잠을 재웠다. 신발을 벗고 방 안에 올라서면 도망칠 곳을 찾지 못한 생쥐들이 지랄을 떨었다. 칸막이 건너편에선 남자 직원들이 생활했다. 날마다 지랄하는 쥐에 놀라고 헐벗은 남자와 마주치며 누가 가르쳐 주지 않은 욕설이 쥐새끼 까듯 입에서 번식했다. 쥐가 흘린 쥐벼룩이 몸에 달라붙어 열일곱의 청춘이 온통 근질근질했다.

꽃향기 그윽한 곳이 지옥일 리 없다고 믿었었다. 몸을 긁으며 만나러 간 언니는 천국에 있었다. 동생들 학비를 책임진 언니가 그보다 먼저 상경해 신원섬유에서 일했다. 원림산업에 흡수된 신원섬유는 강명자가 언니를 찾아갔을 땐 대우어패럴이 돼있었다. 빨간 장미 덩굴이 담을 타고 오른 대우어패럴은 꽃밭이었다. 발끝을 세워 넘겨다 본 공장에선 머리에 하얀 스카프를 두른 여공들이 등나무 아래 앉아 웃고 있었다.

꽃 피듯 입에서 씨발이 필 때마다 강명자는 꽃 담장 안에서 일할 날을 꿈꾸며 씨발 같은 날들을 견뎠다. 스무 살 되던 해(1982년) 대우어패럴로 출근했을 때 그는 이미 '노땅'이었다. 꽃이 둘러친 공장에서 열일곱 열여덟들이 꽃보다 많았다.

드르륵 드르륵.

천을 때리는 미싱 소리가 독산동 봉제거리에 흘렀다. 바늘이 지나간 길을 따라 천과 천이 맞붙었다. 낮과 밤을 기워 시간을 잘라 붙이는 소리가 도시의 낮은 숨결이 되어 골목을 깨우고 재웠다. 열여섯 여공에서 오십 넘은 **객공**이 되는 동안 강명자의 미싱은 드르륵 거리며 쉼 없이 돌았다.

'큰길'에서 '오다'(오더) 따면 골목으로 뿌려질지니.

독산동 봉제거리의 '원리'를 강명자도 체득했다. 독산동은 한국 의류 산업의 최전선이자 최말단 생산 기지였다. '브랜드'와 '메이커'를 강조하는 옷들이 독산동 주택의 가내공장 미싱에서 태어났다. 독산동 다세대 건물마다 대여섯 개의 영세 봉제 공장이 미싱을 돌렸다. 독산동 '20미터 도로'(독산 3동과 4동을 가르는 큰 길)의 업체들이 하청 물량을 따면 부분 봉제나 특수 봉제는 뒷골목 영세 공장에 재하청을 넘겼다. 하청에 하청을 타고 독산동까지 보내진 일감은 하청에 하청을 거듭해 객공의 미싱에 이르렀다. 구로공단 2단지(봉제 업체 밀집 단지)에서 일하며 세월을 건넌 노동자들이 독산동에 스며들어 '특종'(특수 봉제 가공)과 '정닥꼬'(고무줄을 넣는 봉제 가공)를 했다. 구로공단의 성장을 이끈 봉제 산업이 서울디지털산업단지 밖으로 밀려날 때 공단 노동자들도 뽑힌 실밥처럼 묻어갔다.

굴뚝

대우어패럴에서 강명자는 '날라리 언니'였다.

누가 미싱 소리를 음악에 비유했나.

미싱 소음에 묻히면 속이 미싱미싱할 뿐 음악에 묻힐 때 차오르는 위로를 얻을 순 없었다. 잔업 없는 날이면 강명자는 배꼽티 입고 조리를 신고 고고장에 갔다. '쿨피스' 한 잔 시켜 놓고 밤새 춤추며 그는 '서울 사람'임을 뿌듯해했다. 그는 한 번도 자기 일을 부끄러워한 적이 없었다. 직업을 묻는 사람들에겐 '미싱 박사'라며 자랑했다.

날씨 좋은 날 청량리(서울시 동대문구)에서 기차를 탔다. 언니 동생들과 대성리(경기도 가평군 청평면)로 소풍을 갔다. 엠티 온 남자들과 미팅 자리가 만들어졌다. 남자들이 호감을 표하며 물었다.

어디서 왔어요?

가리봉동에서요.

가리봉동에서 무슨 일 하는데요?

미싱 일해요. 난 미싱 박사예요.

남자들이 웃으며 자리를 떴다.

강명자는 그때 처음 알았다. 자부심 갖고 일해 온 그가 구로
공단 밖에선 '가리봉 공순이'로 불리고 있었다. 그가 자신의 노
동에 의문을 품기 시작했다.

대우어패럴? 대우어퍼져라(엎어져라)!

장미 시든 철조망 너머에 천국은 없었다. 강명자는 새벽 4시
까지 철야를 했다. '산업역군이란 염병 같은 독려'를 받으며 '타
이밍'(각성제)과 커피 가루를 입에 털어 넣고 일했다. 여름엔 선풍
기가 제공되지 않아 고무 대야에 얼음을 넣어 찬 공기를 쏘였다.

한 달에 120시간 야근하면 다리가 저려 잠을 자지 못했다.
기숙사는 군대처럼 밤 10시면 점호를 했다. 한 사람이라도 점호
에 빠지면 방 전체가 벌청소를 했다. 밤 9시 넘어선 씻지도 못하
게 했다. 복도 등불과 달빛에 비춰 가며 전태일과 난쏘공(『난장이
가 쏘아올린 작은 공』)을 읽었다.

'급'이 다른 사무직은 생산직과 어울리려 하지 않았다. 보너
스도 생산직의 두 배를 받았다. 사람이 사람에게 차별당하는 경
험을 강명자는 했다. 미싱공은 아무리 박사가 되어도 공순이로
취급될 뿐이었다. 환갑 넘은 이사들이 스물도 안 된 동생들을
의무실에서 성추행했다. 회사 의무실이 '성농락소'였다.

나도 나이키를 신고 싶다!

임금 인상을 요구하며 열여덟 살 후배가 써온 구호를 외쳤다.

1984년 대우어패럴에서 첫 노동조합을 만들었을 때 강명자는 사무국장이 됐다. 결성식 때 노조 탄생을 막으려는 남자 사무직 직원들이 그의 머리카락을 잡았다. 옷이 찢어져 가슴이 드러났다. 회사는 결성식 참석을 막기 위해 그의 라인 전체에 '표적 야근'을 시켰다. 1985년 6월 22일 강명자는 다른 노조 간부 두 명과 〈집회 및 시위에 관한 법률〉(집시법) 위반 등으로 경찰에 연행됐다. 그들의 구속은 한국전쟁 이후 최초의 동맹파업(구로동맹파업)⁵을 불렀다. 1심 재판에서 징역 1년 6월을 선고받았고, 항소심에선 검찰이 3년을 구형했다. 징역 10월을 살고 1986년 4월 출소했다. 교도소에 갇혔을 때 강명자는 생각했다.

나이키 신발 하나 사 신을 수 있었다면 나는 다른 인생을 살 수 있었을까.

"강명자 씨."

인사 담당자가 그를 찾았다. 오전 10시 면접이었으나 8시 30분에 출근해 일하고 있었다. 1988년 3월 구로공단 내 한 의류업체에 취업 면접을 봤다. 같은 벌집에 살았던 현장 책임자가 그를 회사에 소개했다. '떨어질 리 없으니 일찌감치 나와 일하고 있으라.'는 말을 강명자는 따랐다. '일 잘하고 싹싹한 기술자니까 내가 보증하겠다.'고 현장 책임자가 말했다. 그를 사무실에서 나가게 한 뒤 인사 담당자가 책상 서랍을 열며 '결론'을 전했다.

"같이 일 못 하겠는데."

강명자가 물었다.

"왜요?"

인사 담당자가 서랍에서 꺼낸 종이 다발을 흔들었다.

"본인이 잘 알잖아."

"내가 뭘 알아요?"

"당신 대우어패럴에서 일했잖아."

대우어패럴 근무 사실은 이력서에 쓰지도 않았다.

종이 뭉치에 그의 이름이 있었다. '요주의 인물' 취업을 막기 위한 블랙리스트가 업체마다 공유되고 있었다.

출소 직후 강명자는 대림역 근처 셔츠 공장에 취직했었다. 그때도 누군가의 '제보'로 그는 3개월 만에 해고됐다.

블랙리스트의 존재를 확인한 강명자가 수출의다리 위에 섰다. 봄바람에도 마음이 베였다. 온몸이 떨렸다. 하늘을 올려다보는데 눈물이 쏟아졌다. 사람답게 살고 싶어 몸부림친 것뿐인데 구로공단이 그의 이마에 낙인을 찍은 것 같았다. 그는 울며 다짐했다.

다시는 구로공단 안에 발을 넣지 않겠다.

"얼마 안 남았어요. 오늘이 마지막, 마지막 세일이에요."

대형 아울렛 앞 천막 매장에서 판매원들이 소리를 질렀다.

25년 만[6]에 찾은 2공단에서 강명자는 아찔했다. 현대아울렛 쇼윈도 밖으로 환한 불빛이 흘러 거리를 덮었다. 그 밝은 빛을 받으며 그가 만든 브랜드의 옷이 아울렛 어딘가에 전시돼 있을 것이었다. 장미 넝쿨 두른 담장 대신 견고한 대리석 벽이 우뚝했다.

옛 대우어패럴 자리에서 현대아울렛이 눈부시게 빛났다.

블랙리스트에 올라 이름이 돌면서 강명자의 노동은 공단 안에서 공단 밖으로 흘렀다. 직영에서 하청으로, 지상에서 지하로, 퇴직금·보너스도 없는 곳으로, 그렇게 흘러 그는 객공에 닿았다. 노조 간부 출신으로 취업 길이 막힌 남편도 객공이 됐다. 태어난 지 1백 일도 안 된 아이를 친정에 맡긴 채 강명자는 미싱을 돌리고 남편은 시다를 했다. 객공은 작업한 옷을 장당으로 쳐서 돈을 받았다. 남의 공장 구석에 미싱을 놓는 조건으로 하루 수입의 절반을 사장한테 떼줬다.

현대아울렛에서 디지털2단지사거리(일명 '마리오사거리')로 걸어 나온 강명자 앞에서 마리오아울렛이 웅장했다. 효성물산(구로동 맹파업의 중심 사업장 중 한 곳) 터는 마리오아울렛 3관으로 불리고 있었다. 본래 공단은 제조업을 위한 시스템이었다. 제조업에 한해서 세제 혜택을 주고 입주시켰다. 마리오아울렛('동양 최대 규모'라고 홍보)은 특혜 논란을 부르며 제조 단지에서 유통·판매·소비의 중심이 됐다.

밝은 것이 모든 것을 밝히 보여 주는 것은 아니었다. 지나치게 밝으면 있는 것이 보이지 않을 때도 있었다. 생산직 여성 노동자들이 실밥을 밥처럼 먹으며 만든 옷을 판매직 여성 노동자들이 자신의 감정까지 덤으로 포장해 팔았다. 좁고 탁한 저임금 노동이 널찍하고 청정한 저임금 노동으로 가려졌다.

강명자는 독산동에서 '노동자들이 몰락해 가는 시간'을 읽었다. 그가 객공이 되는 과정은 한국 봉제 산업이 꼬리를 무는 하청으로 재편되는 흐름 위에 있었다. 국내에 자체 생산 시스템을 가진 유명 브랜드는 찾아보기 힘들었다. 생산 공장은 가난한 국가로 내보내고 국내에선 값싼 객공을 활용했다. 젊어서 미싱 박사로 신나게 페달을 밟았던 '2단지 날라리 언니'가 객공이 되어 만든 옷이 공단 안 마리오사거리 아울렛에서 팔렸다. 그의 구속이 촉발한 '동맹'과 '연대'의 공간이 화려해진 디지털단지엔 남아 있지 않았다. 라인을 해체해 시급 객공에게 생산을 떠넘기는 '디지털 구조'에선 오직 각자도생만이 회칼 앞 활어처럼 펄떡였다. 첨단은 뾰족하고 날카로운[尖] 끝[端]에 있었다.

드르륵 드르륵.

구로공단을 증오하면서도 강명자는 공단에 기대 살았다. 노동의 추락을 겪으면서도 그가 생계를 구한 땅은 공단 옆 독산동이었다.

드드 르르르 륵륵.

미싱 바늘이 강명자의 청춘을 콕콕 찍어 구로에 박음질했다. 떠나고 싶어도 떠나지 못하도록 구로에 꿰매 버렸다. 그 많던 구로공단 여공들이 지금 어떻게 사냐고 그에게 묻는 사람들이 있었다.

다 어디 있냐고? 여기, 이렇게, 나처럼 있지.

드, 르, 드, 륵, 르드, 륵륵, 륵르드.

강명자의 미싱이 툭툭 끊겼다.

가리베가스

「장소」 '가리봉+라스베이거스'의 합성어. 1976년 생긴 가리봉시장 주변은 구로공단 노동자들의 유일한 문화 공간이었다. 한국 노동자들이 비운 자리를 중국 동포들이 채우면서 중국 음식을 팔고 중국 노래가 들리는 '서울 안 옌볜거리'(공식 도로명 '우마길')로 바뀌었다. 시대가 변해도 가닿지 못하는 노동자들의 가난한 꿈을 상징한다.

¶

자리웨이자스 자리웨이자스 쓰시왕떠 거취 자리웨이자스

(가리베가스 가리베가스 희망의 노래 가리베가스).[7]

경쾌한 곡조가 거리로 흘렀다. 유타오(기름에 튀긴 중국 빵) 냄새
밴 가사가 빨갛게 언 콧속으로 들어가 뱃속의 허기를 깨웠다.
후각이 청각과 얽혀 내장의 공복을 감각케 하는 경험을 최이경
(가명, 1993년 출생)은 **가리베가스**에서 하고 있었다.

낯선 땅에서 억제된 언어는 배고픔으로 감지됐다. 마음껏 듣
지 못하고 말하지 못하는 고향의 언어가 익숙한 냄새를 만나면
빈 배를 채우듯 게걸스럽게 발화됐다. 노동을 마친 중국 동포들
은 옌볜거리를 찾아 하루치의 고단을 위로했다. 낮 동안 잦아들
었던 목소리가 밤을 만나 그 거리에서 되살아났다. 털어 넣은
소주가 목구멍을 타고 내려가면 참았던 옌볜 사투리와 중국어
가 목구멍을 타고 올라왔다.

동포의 목청이 열리는 퇴근 시간마다 이경은 옌볜거리를 통
과해 출근(저녁 8시)했다. 길 위로 떨어져 구르는 노랫말을 주워
이경이 따라 불렀다. 노래가 끝나면 이튿날 아침 8시까지 이경
의 목은 잠기고 허기는 부풀어 오를 것이었다.

자리웨이자스 자리웨이자스 쓰메이하오떠 거취 자리웨이자스

(가리베가스 가리베가스 아름다운 노래 가리베가스).

활활활활.

인쇄기 돌아가는 소리가 공장 안에 넘쳤다. 종이가 인쇄돼 넘어가는 소리를 이경은 말로 옮길 자신이 없었다. 쏼쏼쏼쏼 같기도 하고, 촬촬촬촬 같기도 했으며, 촤악촤악촤악 같기도 했다. 기계가 뜨거워지고 잉크 타는 냄새가 퍼지면 이경에겐 활활활활로 들렸다. 활활활활이 인쇄소를 가득 채울 때마다 뇌가 불타 재가 되듯 두통을 찾아왔다.

이경!

옮겨야 할 종이들이 쌓이면 그의 이름을 부르는 소리도 인쇄기 소음 위에 쌓여 갔다. 이경이 접지된 종이 묶음을 제본 기계에 넣어 돌렸다. 종이 나르는 일이 이경은 힘에 부쳤다. 날아다니던 낱장의 종이가 한데 뭉치면 바윗덩어리처럼 땅에 들러붙었다.

잡아당기는 힘이 느슨해질수록 벗어나려는 힘은 팽팽해졌다. 살아온 시간이 누적돼 지구 중심까지 들러붙은 줄 알았던 마을이 실뿌리 잘린 나무둥치처럼 들떴다. 한 명 한 명 떠나면서 이경의 고향은 점성을 잃고 푸석푸석해졌다.

이경은 임시직 아르바이트였다. 몰래 일했다. 그의 비자는 취업이 허용되지 않는 C3(단기방문)이었다.

야간조는 열 명이었다. 이경까지 일곱 명이 중국에서 왔다. 몽골에서도 한 명이 왔다. 그들 여덟 명은 이경처럼 몰래 일했다.

몰래 일하지 않아도 되는 한국인 두 명은 한국에서 왔다. 그곳은 한국이었지만 그들은 한국에서 왔다. 그곳은 한국에서도 중국인처럼, 몽골인처럼, 이경처럼 오는 곳이었다. 노동의 정처 없이 떠돌던 한국인 노동자들이 그곳으로 와서 쉰 넘은 나이로 쉬어 버린 마지막 기운을 썼다.

굴뚝

중국에서 온 동포 여섯 명이, 몽골에서 온 한 명이, 한국에서 온 두 명이, 지린성에서 온 이경을 불렀다.

종이!

환영니또우 자리웨이자스 쉰멍라이또우 자리웨이자스

(가리베가스로 오세요 꿈을 찾아 모두 오세요).

이경이 기계에 종이를 넣으면 다음 단계에서 책이 됐다. 종이는 교과서가 됐고, 여성지가 됐고, 사전이 됐다.

이경!

교과서를 찍으면서 이경은 고향에 두고 온 교과서를 떠올렸다. 고향의 기술학교를 끝으로 교과서는 그의 책이 아니었다.

이경아!

여성지를 찍으면서 이경은 컬러 화보 속의 옷과 가방을 동경했다. 언젠가 갖고 싶다는 바람은 언제 현실이 될지 알 수 없어 비현실적이었다.

경아!

사전을 찍으면서 이경은 얇은 종잇장들이 벽돌 두께만큼 쌓이도록 많은 단어가 존재한다는 사실에 놀랐다. 존재한다고 모두 소유할 수는 없는 그 낱말들 중 자신의 것은 몇 개나 될지 궁금했다.

최이경!

며칠 뒤면 바빠질 것이었다. 사람들의 하루하루를 한 해의 부품으로 끼워 넣는 새해 달력의 인쇄가 기다리고 있었다.

야!

호명되는 이름이 자기 것이란 사실을 이경은 바로 알아차리지 못했다. '이경'이 인쇄소 밖에서 불리는 일이 한국에선 흔한 일이 아니었다. 대림동(서울시 영등포구) 거리를 걷던 이경에게 '이경'이 들렸다. 도로 건너편에서 고향 학교 친구가 손을 흔들고 있었다.

루궈어라이또우 자리웨이자스 니후이 껴창시왕 껴창메이멍
(가리베가스로 오시면은 희망 노래 꿈이 있어요).

이경아, 여기!
친구와 헤어진 뒤 다른 친구가 불렀다.
나야, 최이경!
친구와 밥을 먹으러 가는데 또 다른 친구가 불렀다.
그날 하루 대림동 거리에서 이경은 지린성 기술학교 친구를 열 명 넘게 만났다. 미리 약속했던 친구는 없었다. 고향에서처럼 그들은 길을 걷다 그냥 만났고 서울에서 자주 불리지 않는 서로의 이름들을 불렀다. 고향에서 스르륵 사라진 모래알들이 한 알 두 알 한국으로 흘러와 가리봉에 쌓였다. 60명이었던 이경의 학교 동기 전체가 한국에 있었다.
이경은 지린성 사우나와 찜질방, 결혼식장, 죽집, 식당, 마트에서 일하다 한국에 왔다. '이경들'에게 졸업 후 한국행은 '당연한 과정'이었다. 한국 학생들이 졸업 뒤 상급학교에 진학하듯 '그런 것'이었다. 학교 교사들도 20여 명 중 다섯 명이 한국으로 와 노동했다. 학생이든, 교사든, 어른이든, 지린성 고향 마을에 조선족은 남아 있지 않았다. 어린아이들과 노인들만 고향에 남아 한국이나 상하이로 돈 벌러 간 가족들을 기다렸다.

칸쩌쪼우펜 리 멘 웨이쇼우떠자런 요우왕티엔쿵 칸나타이양
(사진 속에서 웃고 있는 가족을 보며 저 태양을 바라봅니다).

가오리(디지털단지오거리의 옛 이름인 가리봉오거리의 줄임말)의 두 날
개는 명과 암에 걸쳐 퍼덕였다. 가리봉오거리를 사이에 두고 왼
쪽의 마리오사거리와 오른쪽의 엔벤거리가 빛의 대조를 이뤘
다. 이경에게 태양은 하늘에 떠있지 않고 마리오아울렛 외벽에
눈부신 네온으로 박혀 있었다. 아울렛과 아파트형 공장들의 화
사한 빛에 쏘여 거리 너머 가리베가스를 덮은 어둠이 퉁퉁 부었
다. 조도 낮은 엔벤거리 입구에서 우범 순찰 나온 경찰들이 '아
동성폭력 대처법' 전단지를 돌렸다.

이경의 부모도 가리봉동에 있었다. 엄마는 모텔에서 청소했
고, 아빠는 건설 현장을 다녔다. 한국이 '그냥 오는 곳'이듯 가
리봉동은 '일단 오는 곳'이었다. 가리봉동에 오면 일자리와 값
싼 방을 구할 수 있었다. 당분간 숙식을 해결할 수 있는 쉼터도
찾을 수 있었다.

이경은 단기 비자 만료 뒤 중국에 돌아갔다 다시 나왔다. 한
국에서 일하는 어머니의 '초청'으로 1년 체류 기한을 얻었다. 기
술 자격증을 따려고 낮엔 미용을 배웠다. 자격증을 따면 F4 비
자(재외동포비자)를 받을 수 있었다. 동포라 불리지만 한국인은 아
닌 중국인에게 그 비자가 주어졌다.

언젠가부터 구로에서도 영주권자거나 결혼 이주민이 아니면

일자리를 얻기 쉽지 않았다. '중국산 노동력'으로 공급되길 염원하는 동포들이 구로로 밀려들었다. 디지털단지에서 옛 공단의 흔적을 감추는 아파트형 공장들도 구직에 장벽이 됐다. 구로로 몰리는 중국 동포를 상대로 정부는 분산 정책8을 썼다.

왕또우꿔취 왕또우진티엔 웨이러밍티엔 런써우이체통쿠 티엔티엔꿔샤취(어제보다 오늘보다 내일을 위해 참고 다시 참고 살아가지요).

'여공들'이 벌들이 되어 살았던 집에서 이경과 이경의 부모가 살았다. 한국인 여공들이 떠난 벌집에 40년 뒤 중국 동포 '최이경들'이 들어와 벌이 됐다. 벌이라고 해서 언제나 내일을 위해 오늘을 참을 수 있는 것은 아니었다.

창문 하나마다 집 하나였다. 보증금 50만 원, 월세 15만 원인 2평짜리 방이었다. 공동 화장실은 하나뿐이었고 한 명의 배에 탈이 나면 기다리던 사람들의 배도 순서대로 탈이 났다. 김필순으로부터 최이경까지 40년이 흘렀지만 그들의 방은 40년 전에 멈춰 있었다. 한때 가리봉시장 주변 재개발이 추진되자 방값마저 뛰었다. 독산동이나 대림동 쪽으로 옮겨 간 동포들이 많았다.

이경은 아버지, 어머니와 한 방을 썼다. 이경의 고향집은 텅비었는데 한국 집은 꽉 차 터질 듯했다. 대개 혼자서나 잘 수 있는 방이었고, 부부는 간신히 같이 눕는 방이었는데, 이경의 방에서는 세 명이 붙거나 포개져 잤다. 겨울은 서로의 온기로 서로를 견딜 만했으나, 여름엔 서로의 열기로 서로가 미워졌다. 가족 중 야근자가 있을 때 좁은 방은 딱 그 사람의 몸 크기만큼 넓어졌다.

103

비좁은 방이 고통스러울 때 이경은 잠깐 옆집(옆방)에 다녀오기도 했다. 옆집 이웃 중 한 명은 이경의 아버지 친구의 동창생이었다. 인사하다 보니 알게 됐다. 가리봉동에선 흔한 우연이었다.

싱쑤완떠 워칭춘 짜여우빠 짜여우빠(가난한 내 청춘아 힘을 내 힘을 내).

이경!

활활활활.

이경에게 청춘은 푸른색이 아니었다. 그는 꿈을 생각하지 않았다. 다만 한국에서 쫓겨나지 않을 비자가 다급했다.

이경!

활활활활.

이경에게 돌아가고 싶은 고향은 없었다. 자신의 아이에겐 한국이 고향이 되길 바랐다.

종이!

활활활활.

인쇄기 소음 사이에서 이경은 이름 타는 냄새를 맡았다.

중여우이티엔 따이져 웨이쇼우 슝주주 치앙앙떠 후이꾸샹

(언젠간 한바탕 웃으며 섹섹하게 고향으로 돌아가자).

퇴근한 이경이 목청 가라앉은 옌볜거리를 거슬러 2층짜리 건물로 올라갔다. 창문 열한 개가 숨구멍처럼 뚫려 있었다. 경쾌한 곡조에도 튀겨지지 않는 눅눅한 가사가 가리베가스로 흘렀다.

물갈이 해고

「노무」 기륭전자의 노동자 해고 방식. 기륭전자는 작업 물량이 있을 때 뽑은 노동자들을 물량이 해소되면 물갈이하듯 한꺼번에 해고하는 경우가 많았다. 「연관어」 **문자 해고** 2005년 기륭전자가 문자메시지 한 통으로 해고 사실을 통보했다. 기나긴 '기륭 싸움'이 시작된 계기였다. 「연관어」 **잡담 해고**

IT 막장

「은어」 서울디지털산업단지의 IT 노동환경을 일컫는 표현. 연구·개발보다 대기업에서 하청받아 기한 내 납품하는 작업을 되풀이하며 소진·소모되는 처지를 말한다.

IT 보도방

「은어」 서울디지털산업단지에서 수익을 내지 못하는 IT 업체들이 하청 시스템 속으로 노동자들을 공급하는 파견업에 나선 경우.

¶

김소연에게 낯선 말이 따라붙었다.

"좋은 데 갑시다."

김소연은 1992년 가리봉역(현 가산디지털단지역)에 내렸다.

"잘해 줄 테니 같이 갑시다."

역에서 내려 두리번거리는 젊은 여성들에겐 그 말이 호객 전
단지처럼 떠안겼다. 여성들은 말의 진의를 살피면서도 시선을
옮기며 벽과 벽을 훑었다. 역 주위 담장과 전봇대마다 사람을
부르는 종이가 덕지덕지했다. 공단 게시판에선 흐드러진 구인
광고들이 찬바람을 맞고 사르르 떨었다.

남자가 김소연을 봉고차에 태웠다. 인신매매당하는 것 아닌
지 김소연은 겁이 났다. 사람이 부족한 시절이었다. 직원들이 역
앞에 나와 직접 구인했다. 회사에 사람을 소개하면 3만 원씩 소
개비를 받았다.

봉고차는 김소연을 갑을전자로 데려갔다. 월급 30만 원에 상
여금 6백 퍼센트를 받았다. 직원이 1천여 명인 회사가 취업 5년
뒤(1997년 외환 위기) 부도났다. 그는 민주 노조 위원장이 됐다. 회
사가 사옥을 팔고 김포로 이전했다. 폐업 반대 싸움을 벌이며
갑을그룹 빌딩에서 155일간 점거 농성했다. 1974년 세진전자
에서 김필순이었던 ○**순덕**이 '버스 안내양'과 식당 일을 돌아 갑
을전자에서 155일 동안 김소연 곁에 있었다.

그들은 아직 정규직이었다. 갑이 을을 몰아쳐 이익을 극대화
하는 세계의 작동 원리를 그들은 '비정규직'이란 단어가 존재하
지 않을 때부터 체득했다.

"기륭으로 가세요."

김소연은 그 말을 이해하지 못했다. 지역 정보지에 모집 공고를 내고 그를 채용한 회사는 기륭전자가 아니었다. 인간과 첨단을 한 이름에 욱여넣은 회사에 김소연은 2002년 지원했다. '휴먼닷컴'9은 인간을 첨단으로 부리는 노무 기법을 사용해 김소연을 기륭전자로 보냈다. 채용하는 회사가 따로 있었고, 일 시키는 회사가 따로 있었다. 이 불합치를 그들은 '파견'이라 불렀다.

10년 사이 구인·구직의 풍경이 격변했다. 공단 게시판에 취업 공고는 나붙지 않았다. 정규직을 뽑는 회사도 찾을 수 없었다. 기륭전자 파견 노동자들은 기륭과 휴먼닷컴을 동일 회사로 이해했다.

가르고 분배할 파派, 보내고 쫓아낼 견遣.

나누는 것과 쪼개는 것, 떨어내는 것과 책임지지 않는 것이 합쳐져 '파견'을 이뤘다. 휴먼닷컴이 그를 고용한 것인지 기륭이 그를 먹여 살리는 것인지, 기륭으로 그가 넘겨진 것인지 휴먼닷컴이 그를 팔아 버린 것인지, 자신에게 닥칠 노동의 변화를 단어 하나로 간파한 1세대 파견 노동자는 없었다. 그 차이는 파견의 차별에 던져진 뒤에야 분간할 수 있었다. 회식 때 정규직들이 마시는 '백세주'를 파견직은 주문할 수 없었다. 월급은 최저임금보다 '딱 10원' 많았다.

기륭으로 출근한 김소연은 검사 라인에 배치됐다. 제품 불량 여부를 검사했다. 아파트형 공장에서 개미 떼처럼 몰려오는 배터리를 끼우며 손톱을 잃은 **연경숙**이 기륭 근무 때 김소연과 검사 라인에서 불량품을 잡아냈다. 연경숙은 회사의 부름에 따라 노동량이 결정되는 '호출형' 인생을 기륭에서부터 시작했다. 회사는 밀물 넣듯 사람을 뽑았다가 썰물 빼듯 해고했다. 매주 해고자 명단이 경영진에 올라갔다. 마음에 안 드는 직원들을 끼워 넣으며 회사는 한 달에 한두 번씩 **물갈이 해고**를 했다.

"휴먼의 ○○○입니다. 내일부터 회사에 출근치 마시고 궁금한 사항은 저한테 전화 주세요."

2005년 4월 잡담을 이유로 **문자 해고**가 시작됐다. 김소연은 기륭전자에 첫 노조를 만들고 94일간 밥을 끊었다. 구로동맹파업 블랙리스트에 오른 뒤 다시는 공단을 밟지 않겠다고 다짐했던 객공 **강명자**가 단식하는 김소연을 찾아 말없이 응원했다.

객공의 아들들이 아파트형 공장에서 일했다. 김소연의 기륭 동료 현승임(가명, 1966년 출생)도 강명자처럼 객공이었다. 그는 여고 시절 산업체특별학급 학생으로 낮에 구로공단 전자회사(1984~87년)에서 일하고 밤엔 공부했다. 출산 뒤 기륭으로 재취업한 현승임은 기륭 퇴직 뒤 미싱을 타며 아들(1988년 출생)을 키웠다. 그 아들이 2단지 마리오아울렛 근처 IT 업체에서 일했다. 구로공단에서 밥을 벌어 온 여성 노동자의 아들이 디지털단지가 된 땅에서 아파트형 공장으로 들어가 노동했다.

퇴근 시간마다 아파트형 공장들이 IT 노동자들을 토해 가산디지털단지역으로 공급했다. 2000년대 초 벤처 붐이 **빠**지면서 테헤란밸리(서울시 강남구 테헤란로)의 IT 업체들이 임대료 압박을 피해 구로로 옮겨 왔다.

저곳은 **IT 막장**……

차수연(가명, 1980년 출생)이 아파트를 본뜬 공장을 올려다보며
갈등했다.

디지털단지 내 IT 업체들은 대기업 하청 기지였다. LG나 삼
성 쪽 일을 많이 했다. 차수연은 '월화수목금금금' 일했다. 대기
업이 짜둔 일정에 편입되는 순간 소프트웨어는 연구·개발품이
아니었다. 대기업의 공장 가동 기일에 반드시 납품돼야 하는 부
품이었다. 자사 소프트웨어를 자체 계획대로 개발하는 강남의
IT 업체들과는 근본적으로 달랐다.

"죄 중의 죄는 쉬는 죄."

대기업 프로젝트가 '빡세게' 돌아갈 때마다 그는 몇 개월씩
찜질방을 전전하며 탄식했다. 프로젝트를 마친 뒤엔 쉴 없이 다
른 프로젝트에 투입됐다. 하청 프로젝트 종료 직후 팀장이 퇴사
하며 남긴 말을 차수연은 그의 후배들에게 물려줬다.

"대기업은 피를 빨아먹는 게 아니라 우리의 골을 빨아먹는다
는 사실."

첨단을 다루는 디지털단지의 IT 업계는 불안정 노동도 첨단
으로 양산했다. 대기업들은 아파트형 공장 내에 작업 공간을 확
보한 뒤 하청 업체에 개발자들의 파견을 요구했다. 프로젝트로
계약된 모든 하청 공정의 직원들이 한 공간에 모여 원청의 지시
를 받았다. 차수연의 회사는 프로젝트 현장으로 출근할 직원을
현장에서 면접 봐 뽑기도 했다. '프로젝트용 직원'은 차수연의
회사 동료였지만 차수연의 본사 직원들은 그의 얼굴도 몰랐다.
통신 대기업이 서울 명동에 마련한 현장으로 차수연도 파견 나
간 적이 있었다. 현장엔 차수연의 회사가 재하청 준 업체도 입

굴뚝

주했다. '갑-을-병-정(4차)'에 프리랜서까지 붙는 구조였다. 차수연의 회사도 하청 업체 직원들을 자사 사무실로 불러들여 일을 시켰다.

"배운 게 도둑질이니까."

'IT 노가다'란 자조가 강해지면서 구로 아파트형 공장의 개발자들은 퇴사가 잦았다.

"2년 다니면 평균, 3년 다니면 과하고, 5년 다니면 미쳤지."

구로를 '머물 곳'으로 여기지 않는 말들이 구로에 머무르며 회자됐다. '퍼포먼스가 가장 좋은'[10] 사람들이 구로를 떠나거나 IT 일 자체를 그만뒀다. 근속 연수가 쌓이지 않으므로 개발 역량이 축적될 수도 없었다.

IT 보도방 출신 아닌가.

이직한 경력 입사자들을 바라보는 눈엔 의심이 따라다녔다. 경력을 튀겨 프로젝트 현장에 공급하는 변종 파견 업체가 생겨났다. 개발 일은 손 놓고 대기업 인력 소개소가 된 업체들을 통하면 2~3년씩 경력이 붙어났다. 사람을 키우지 않고 프로젝트별로 쓰고 버리면서 구로의 IT 생태계엔 나무가 자라지 않았다.

IT 막장을 딛고 선 고층 빌딩들 사이에 ㄷ사가 올린 아파트형 공장들이 '시리즈'[11]로 우뚝했다. 김소연은 갑을전자에 취직하기 전 ㄷ사에서 면접을 봤다. 위장 취업을 의심받아 불합격했다. ㄷ사는 김소연을 해고한 기륭전자의 모회사인 적이 있었다. 기륭 출근 전 김소연이 일했던 갑을전자가 부도로 사라진 자리에도 ㄷ사의 아파트형 공장이 들어섰다. 그곳으로부터 직선거리 1.3킬로미터 지점에 교과서와 여성지와 사전과 달력을 찍는

ㅅ인쇄소가 있었다. 인쇄소에서 중국 동포 **최이경**이 몰래 일했다. 그가 인쇄기 소음과 잉크 냄새를 머리에 가득 채워 돌아오는 벌집 이웃(가리봉시장 인근)에 강명자의 30년 전 신혼 벌집이 있었다. 출근하자마자 김필순으로 불린 'ㅇ순덕들'이 서너 명씩 뭉쳐 살던 40년 전의 외딴방도 몇 걸음 너머였다.

찬란은 빈곤을 묻어 감췄다.

고층의 빌딩이 첨단으로 깎아지르는 동안 가난한 삶도 수직으로 가팔라졌다. 거칠한 공단이 매끈한 얼굴로 바뀌어도 메마른 노동은 디지털로 진화하지 못했다.

"마지막 50번째 인물을 비워 놓은 까닭은 우리의 50인 선정 작업의 한계를 인정함과 동시에……."

『구로공단에서 G밸리로』(구로공단 50돌[12]을 기념해 출간한 인터뷰집)는 책 서문에서 썼다. 김문수·박영선·박원순·심상정·원희룡·이목희·인명진 등이 49명을 채웠다. 이름 하나가 목차에서 빠졌다. 김소연은 '50번째 인물'이 돼달라는 제안을 거부했다. 그는 "김문수 같은 인물"과 한데 이름을 올리기 싫었다. 핸드 프린팅 동판 제작에도 손을 내주지 않았다.

복직 투쟁 10년[13]이 지나는 동안 노동은 파견으로 가득 차고 반전 없이 파편화됐다. 아무것도 바꿀 수 없다는 무력감으로 디지털단지는 나른했다. 숯검정 굴뚝이 철거되고 반짝이는 유리벽이 솟아도 대한민국이 노동을 다루는 문법은 바뀌지 않았다. 여공, 여자, 그 이름들만 가느다란 실처럼 얽혀 구로에 묶여 있었다.

1 벨이 없던 시절 안내양이 버스를 치는 것으로 정지·출발 신호를 대신했다.

2 1987년 12월 16일 구로구청 부정선거 사건. 제13대 대통령 선거 당일 아직 투표가 진행 중이던 오전 11시 20분께 귤·빵·과자를 실은 트럭이 구로구청 투표장을 빠져 나갔다. 시민들이 막아 세운 트럭에선 봉인되지 않은 투표함이 빵 상자 안에서 발견 됐다. 선거관리위원회 사무실에선 정당 대리인 도장과 백지 투표용지 1,560장도 확인됐다. 부정투표로 규정한 시민 6천여 명이 구청 점거 농성을 벌이며 진상 규명을 요구했다. 노태우 후보 당선이 확정된 뒤인 12월 18일 백골단 5천여 명이 최루탄을 쏘며 진압했다. 추락과 투신 등으로 많은 사람들이 다쳤다. 29년 만인 2016년 7월 21일 한국정치학회가 중앙선거관리위원회의 의뢰를 받아 투표함을 열었다. 개표 결과 노태우 후보의 득표율(73.8퍼센트)이 전국 득표율(36.6퍼센트)의 두 배를 넘었다. 당시 구로구에서 노 후보 지지율(28.1퍼센트)과도 차이가 컸다. 구로항쟁동지회는 제13대 대통령 선거 부정 의혹을 전반적으로 조사하지 않은 채 이뤄진 개표 작업이 선관위에 면죄부만 줬다며 개표 의도에 의문을 제기했다. 10월 23일 중앙선관위는 "구로구 우편투표함은 (선관위가) 조작하거나 위조하지 않았다."고 발표했다. 군이 조직적으로 부재자 부정투표를 저질렀다는 사실은 노태우 후보의 과도한 득표 결과로 확인됐다.

3 기륭전자는 구로공단에서 이름을 얻었다. 〈한국수출산업공단개발조성법〉 제정 2년 만에 훼어챠일드쎄미코어(주)(1966년 10월 설립)는 구로공단 2단지에 자리했다. 훼어챠일드쎄미콘닥터(1973년 1월)와 내쇼날쎄미콘닥터훼어챠일드(1988년 2월)를 거쳐 1990년 사명 '기륭전자'를 가졌다. 공단이 서울디지털산업단지로 개명(2000년)하고 'G밸리'(구로·금천·가산의 이니셜이 모두 G로 시작하는 데서 따온 표현)라는 애칭으로 불리는 사이 기륭의 해고 노동자들은 1,895일(2005년 4월부터 2010년 11월)을 싸웠다. 국회가 중재한 사회적 합의(2010년 11월 1일, 1년 6개월 유예 후 복직) 뒤 기륭전자는 다시 '기륭이앤이'(2012년 3월)가 됐다. 대주주는 대륭정밀과 아시아시멘트, 송재조가 주고받으며 최동열까지 왔다. 최동열은 2007년 자신이 주주로 있는 자본금 12억 원짜리 회사의 가치를 부풀려 기륭전자가 395억 원에 인수토록 했다. 기륭의 고정자산도 순차적으로 매각했다. 최동열은 1단지 인근 동작구 신대방동(2단지에서 2008년 이전) 사옥 집기를 철수(2013년 12월 30일)시키며 잠적했다. 기륭은 '렉스엘이앤지'(2013년 9월)를 마지막으로 상장폐지(2014년 2월) 됐다. 사회적 합의도 폐기됐다. 본사가 이전했다는 주소지(서울시 동작구 상도동)는 고시원처럼 좁았다. 월세 10만 원(보증금 없음)에 간판도 없었다. 구로공단에서 노동자가 권리를 요구하면 고용주는 회사를 이전·폐업했다.

4 1970년 5월 착공해 그해 12월 길이 249미터, 너비 9미터(왕복 2차선)의 고가도로로 완공됐다. 1992년 12월 확장 보수공사를 거쳐 길이 5백 미터, 너비 16미터(왕복 4차선)로 재개통했다. 이 다리로 구로공단 2단지와 3단지가 연결됐다.

5 1985년 6월 22일 경찰이 강명자 등 대우어패럴 노조 간부 세 명을 구속했다. 6월 24일 대우어패럴 노동자들이 항의 파업을 시작했고 효성물산, 가리봉전자, 선일섬유 노조가 동맹파업에 나섰다. 구로 지역 노동자들이 연쇄 파업을 벌이고 청계피복노조가 지원에 나서면서 '구동파'(구로동맹파업)는 한국전쟁 이후 최초의 동맹파업으로 발전했다. 총 2천5백여 명의 노동자가 투쟁에 참여했고 43명과 38명의 노동자가 구속·불구속됐다. 노동자 1천5백여 명이 해고됐다. 1989년엔 구동파를 소재로 한 영화 〈구로아리랑〉(감독 박종원)이 제작됐다.

6 2013년.

7 중국 동포 출신 귀화 가수 혜라의 노래 "가리베가스" 가사.

8 인구 40만 명 이하 도시에서 2년 일하면 F4 비자와 5년 뒤 영주권을 부여했다.

9 서울디지털산업단지 1호 파견 업체. 휴먼닷컴을 통해 디지털단지에서 공세적으로 파견직을 쓴 첫 회사가 기륭전자였다고 김소연은 기억했다.

10 실력과 경력에서 시장 수요가 가장 많은 시기를 뜻하는 IT 업계 은어. 주로 7~10년차를 가리킨다. 업계 현실을 잘 알고 프로젝트 수행 능력도 왕성할 때라고 일컬어진다.

11 ㄷ사는 'ㄷ○○○타운'으로 불리는 고층의 아파트형 공장 20여 채를 옛 구로공단 부지인 구로구와 금천구 일대에 차수를 거듭해 건설·분양해 왔다.

12 2014년 9월 14일 구로공단(2000년 12월부터 '서울디지털산업단지'로 개칭)이 쉰 살이 됐다. 정부와 자치단체는 구로공단 개발의 근거법인 〈한국수출산업공단개발조성법〉 제정일(1964년 9월 14일)을 기준 삼아 50번째 생일잔치를 치렀다. 한국산업단지공단KICOX(옛 이름 '한국수출산업공단')은 '대한민국 경제성장의 역사'와 '창조경제의 거점'이라 자평하며 대규모 행사를 열었다. 서울시 구로구·금천구 도처에 플래카드를 걸고 홍보한 기념식과 행사를 노동계는 보이콧했다. '2014년 9월 14일은 공단조성법과 KICOX의 50주년일 뿐'이라고 노동계는 평가했다. 노동계는 구로공단의 역사를 저임금 노동력을 연료 삼아 산업화를 이룬 한국의 '노동 배제 역사'라고 읽었다. 그 역사는 디지털로 이름을 바꾼 뒤에도 계속되고 있다. 기념식 직전 금속노조 남부지역지회는 KICOX 앞에서 별도의 기자회견을 열었다. 국가와 자치단체의 '잔치' 속에 감춰진 노동의 현실과 2013년부터 추진되고 있는 '2차 공단 구조 고도화' 정책을 비판했다. 노동계는 구로공단에 기업들의 입주가 이뤄지고 노동자들이 노동을 시작한 1965년 5월을 기점으로 삼아 2015년 별도의 기념행사를 열었다. 2015년은 구로동맹파업(1985년 6월) 30돌이기도 했다.

13 10년 넘는 복직 싸움만 보면 기륭은 한국 사회 극한의 노동 현장 중 하나다. 시간의
    끝을 늘려 기륭 역사 50년을 조망하면 기륭 '사태' 너머의 '현상'이 보인다. 기륭의
    시간과 국가 주도 '1호 수출산업단지' 50년의 명암은 정확히 포개진다. 구로공단의
    굴뚝형 회사들은 디지털단지로 재편되는 과정에서 부지를 팔아 시세 차익을 얻거나
    매각한 돈으로 아파트형 공장을 지어 임대업으로 갈아탔다. 라인을 쪼개 언제든 털
    어 버릴 수 있는 규모(5명 이하의 법인)로 만들고 손쉽게 없애 버리는 경우도 잦았다.
    그때마다 노동자도 썰리고 정리됐다.

    간접 고용 비정규직을 직접 고용하겠다는 사회적 합의를 무시한 채 잠적했던 기륭
    전자 최동열 회장이 2017년 10월 11일 〈근로기준법〉 위반으로 징역 1년을 선고받
    고 법정 구속됐다. 기륭전자 해고 노동자들이 불법 파견 정규직화를 요구하며 파업
    과 단식 농성, 오체투지를 벌이며 싸운 지 12년 만이었다.

수리되지 않는 노동

서비스

해피콜

「**경영**」 넓게는 고객을 감동시켜 판매를 증진시키는 모든 종류의 대고객 서비스를, 좁게는 A/S 신청 고객들을 대상으로 만족도를 묻는 조사를 뜻한다. 삼성전자서비스 본사 콜센터는 의뢰 고객에게 무작위로 전화를 걸어 수리 기사에 대한 평가를 요청한다. 수리 기사들에게 해피콜은 '행복하지 않은 전화'다.

대책서

「**노무**」 해피콜의 성적이 좋지 않을 경우 삼성전자서비스 해당 수리 기사의 셀cell(두 개의 셀이 하나의 팀을 이룸) 구성원 전체가 일과 뒤에 모여 '대책회의'를 열고 원인 분석과 향후 계획을 담은 '대책서'를 쓴다.

0730 미팅

「**노무**」 낮은 평가를 받은 수리 기사가 대책회의 다음 날 아침 7시 30분에 센터 사장과 전 직원이 보는 앞에서 대책서를 토대로 '반성'하고 개선 방향을 보고하는 시간. 정식 명칭은 '대책보고회'.

CS 롤플레이

「**경영**」 'Customer Satisfaction' 혹은 'Customer Service'의 약자. 실적이 부진한 수리 기사들이 고객을 연기하면서 응대 기술을 익히도록 하는 역할극. 삼성전자서비스의 경우 전국에서 월별 실적 하위자 10퍼센트에 해당하는 수리 기사들은 특정 공간에 모여 가정집과 동일한 구조의 무대에서 역할극을 했다.

지역 쪼개기

「노무」 본사가 협력 업체 소속 직원들이 담당하던 수리 지역을 분할해 일감을 가져가는 행위. 노조 결성 이후 삼성이 조합원들을 압박하는 방식으로 사용했다.

마이너스 성과급

「노무」 '성과가 마이너스'란 의미의 조어. 고정급을 주지 않는 삼성전자서비스가 월급 명세서에 기재한 편법 항목이다. 직원에게 지급하는 낮은 급여의 서류상 근거를 짜맞추기 위해 활용했다.

¶

　가파르고 완고합니다. 흠이 없고 틈도 없습니다. 성뿐이며 벽뿐입니다. 부유한 시대에 궁핍한 우리는 설 곳도 쉴 곳도 없습니다.

　제수씨(28세)가 웁니다. 삼성 본관 앞에 주저앉아 흐느껴 웁니다.[1] 하늘에 도전하는 자신만만한 수직 아래에서 이를 악물어도 막을 수 없는 울음이 스스로 웁니다. 삼성 직원들과 정보과 형사들이 우리의 울음을 무전에 태워 타전합니다. 햇볕에도 숨이 차고 바람에도 허기집니다. 빙하기에 갇힌 사람처럼 저(최종호, 35세)의 목소리에서도 얼음이 서걱거립니다. 밤새 쓴 유가족 입장문을 덜덜 떨며 읽었습니다.

　"삼성은 동생(최종범, 32세)의 주검 앞에 진심으로 사과해야 합니다."

　2013년 10월 31일 오후 2시. 제수씨의 전화를 받았습니다. 동생이 SNS 대화방에 올린 글이 확인됐다고 했습니다. 제수씨는 안절부절못했습니다. 제수씨를 안심시킨 뒤 입원 중인 어머니에게 전화했습니다.

　"종범이 여기 안 왔다."

　어머니의 목소리는 평소처럼 낮게 잠겨 있었습니다.

　어머니의 말에 불안한 마음을 가라앉혔습니다. 동생은 효자였습니다. '어떤 결심'을 했다면 분명히 병원부터 들렀으리라 생각했습니다. 아픈 어머니를 보지 않고 동생이 연락을 끊을 리 없었습니다. 응답 없는 종범이의 휴대전화에 문자를 넣었습니다.

　"힘들고 답답한 일 있으면 며칠 여행이라도 다녀와."

저녁 7시. 휴대전화에 제수씨의 번호가 다시 떴습니다. 통화가 연결되자마자 제수씨의 통곡이 귀를 찔렀습니다.

"남편이 죽었대요."

머리가 멍했습니다.

다리가 꺾였습니다.

길가에 주저앉아 소리쳤습니다.

"이게 뭐야……. 종범아……. 이게 뭐냐고."

푸른 하늘에 푸른 어둠이 오고 있었을 것입니다. 푸른 동생이 푸른 나이에 죽어 푸른 혼이 됐습니다.

전날 밤 늦게 제수씨는 동생의 전화를 받았습니다. 동생은 술을 한잔한 듯했습니다. 집엔 들어오지 않고 딸 별이를 바꿔 달라고 했습니다. 돌을 한 달 앞둔 별이는 아빠 말을 알아들을 수 있는 나이가 아니었습니다.

"별아 아빠가 미안해."

동생의 말에 제수씨는 이상한 생각이 들었습니다. 전화기를 붙들고 종이 위에 글자를 휘갈겨 썼다고 합니다. 제수씨는 옆에 있던 친정 오빠에게 종이를 전했습니다.

'남편이 이상해. 어디 있는지 알아봐 줘.'

오빠가 112와 119를 눌러 위치 추적을 요청했습니다. 제수씨는 종범이와의 전화 통화를 어떻게든 이어가려 했습니다. 통화는 17분 동안 계속됐습니다. 통화를 끝낸 동생은 전화기 전원을 껐습니다. 17분은 살아 있는 동생과의 마지막 대화가 됐습니다.

장례식장 밖이 소란스러웠습니다. 삼성전자서비스 대표이사가 보낸 조문 화환을 동생의 동료들이 부수었습니다.

소비자들을 향해 '또 하나의 가족'이 되고 싶다던 삼성전자는 자신을 위해 일하는 동생과 동료들을 '삼성 가족'으로 인정하지 않았습니다. 삼성 계열사에서 만든 유니폼을 입고, 삼성 마크를 가슴에 붙이고, 삼성 휴대전화를 쓰고, 삼성으로 실적 보고가 들어가도 삼성은 '우리 직원'이 아니라고 했습니다. 노조 결성(2013년 7월 14일) 뒤엔 **지역 쪼개기**로 조합원들의 생계를 위협했습니다. 수리 건수가 가장 많은 쌍용동(천안시)과 불당동을 떼어 갔습니다.

삼성은 조합원들을 골라 표적 감사도 벌였습니다. 동생도 감사 대상이었습니다. 동생이 아끼던 후배는 19만 원이 찍힌 월급 명세서를 받기도 했습니다. 회사가 이관 정지[2]를 시킨 탓이었습니다. 공장에서 냉장고 수리 부품을 잘못 보내 고객 VOC[3]가 뜨자 책임을 후배에게 물은 결과입니다. 19만 원이라는 있을 수 없는 월급 명세서를 만들기 위해 회사는 56만 원의 **마이너스 성과급**을 책정했습니다.

천안두정센터 사장이 보낸 꽃도 땅바닥에 뒹굴었습니다. 그가 동생을 몰아붙이던 전화 통화의 녹음 파일을 저도 들었습니다.

냉장고에서 소음이 들린다며 수리를 요구한 고객의 집에 동생이 방문한 적이 있었습니다. 수리 과정에서 고객이 동생에게 욕을 했습니다. 허리에 손을 올렸다며 '술 마셨냐?'는 등의 폭언을 했다고 합니다. 고객은 이날 센터 사장에게 VOC를 접수했습니다. 사장의 목소리가 맹독의 뱀처럼 동생을 감고 이빨을 박아 넣었습니다.

"인마, 새끼야. 고객이 주장하는 게 있으니까 니가 지져 버리

든지, 칼로 찔러서 꼭꼭 조사서 갈기갈기 찢어 죽여 버리든지 해
야지, 왜 말이 나오게 해가지고 애들이 가서 빌게 만드냐? ……
왜 말이 나오게 해가지고 이 새끼들이 사장까지 전화하게 하고,
내일 사장 와서 무릎 꿇고 빌라는데 내가 갈 것 같아? …… 씨발
다 죽여 버리면 끝나잖아. …… 인마, 신나 뿌려서 같이 죽여 버
리면 되지. …… 정 못 이기겠으면 고객 수행에 따르든지, 그래
야 남자 아니냐 새끼야. …… 내일 아침에 와서 니가 맞다이 까
든지, 가서 무릎 꿇고 빌든지, 둘 중에 하나 선택해. 알았어?"

사장의 욕설 사이로 별이의 울음소리가 들렸습니다. 동생은
아내와 딸이 듣고 있는 곳에서 사장의 욕설에 찔렸습니다.

동생은 꿈을 말하지 않는 아이였습니다. 어머니는 평생 아팠
습니다. 큰 수술만 일곱 차례 하는 동안 살림은 기울었습니다.
삼수생이 된 제게 고등학교를 졸업한 동생은 말했습니다.

"형이 공부해. 난 대학 안 가."

동생은 공장을 다녔고, 가리지 않고 일했습니다. 돈 많이 벌
어 가족과 행복하게 살고 싶다고만 했습니다. 저는 동생에게 꿈
을 물을 수 없었습니다.

삼성전자서비스에서 일하는 친구의 권유로 동생은 다니던
직장을 그만뒀습니다. 종범이는 전자 쪽을 전혀 몰랐습니다. 울
면서 악착같이 공부해 자격증을 땄습니다. 삼성전자서비스에
취직했을 때 우리 가족은 모두 기뻐했습니다. 삼성 조끼를 입은
동생의 자부심도 컸습니다. 동생은 명함 사진 밑에 "고객의 기
쁨은 우리의 기쁨"이란 말을 새겼습니다. 우리 가족은 종범이가
삼성 직원이 된 줄 알았습니다.

서
비
스

"최별. 잘 지었죠? 제 딸이에요."

별이의 이름을 지은 뒤 동생은 사람들을 만날 때마다 자랑했습니다. 별이를 낳았을 때 동생이 SNS 대문에 올린 글은 벅찼습니다.

"오늘부로 최종범 인생 끝. 최별 인생으로 다시 시작."

어린 시절 동생은 저를 잘 따랐습니다. 떼어 놓고 혼자 놀러 가려 할 때마다 자기도 데려가라며 울면서 등에 엎였습니다. 몰랐습니다. 동생을 누구보다 잘 안다고 믿었는데, 동생의 고단함은 제가 닿을 수 없는 곳에 있었습니다.

종범이는 냉장고와 에어컨을 고치는 중수리(용접 작업이 필요한 수리) 기사였습니다. 중수리는 숙련 기술이 있어야 할 수 있는 작업입니다. 수수료가 상대적으로 높습니다. 2012년 결혼한 동생은 처갓집에서 살고 있었습니다. 돈이 필요했던 종범이는 입사 직후부터 중수리 기사가 되려고 노력했습니다. 두정센터에서 세 손가락에 드는 실적을 올렸다고 합니다. 입사 15년 된 선배들보다 입사 3년 조금 넘은 동생의 수입이 더 많았답니다. 아내와 장인·장모에게 떳떳하려고 동생은 악착같이 일했습니다.

센터 사장은 종범이의 월급이 평균 410만 원이라고 언론에 말했습니다. 동생 동료들은 분노했습니다. 삼성전자 기사들은 수리에 필요한 장비와 재료부터 차량 연료·유지비, 식대, 휴대전화 사용료까지 모든 비용을 개인이 지불합니다. 410만 원은 에어컨과 냉장고 사용이 많은 7~9월 성수기 때의 평균이었습니다. 나머지 아홉 달 비수기의 실수령액은 월 1백만 원대를 맴돌았습니다.

성수기 때 번 돈으로 비수기를 메꾸면서 동생은 살았습니다. 고정급이 없는 삼성전자 수리 기사들은 자신의 몸을 혹사시키는 만큼 벌었습니다. 동생은 출근 전부터 한두 콜(수리 의뢰)을 처리했고, 남들은 퇴근한 새벽 1~2시까지 일했습니다. 지난 추석에도 하루만 빼고 건물에 매달렸습니다. 동생은 "개처럼" 일했습니다. 스스로를 "'여왕개미'(삼성)를 먹여 살리느라 죽어나는 일개미"라고 동료들에게 말하곤 했습니다.

종범이 동료들도 개 혹은 개미였습니다. **해피콜**이 뜰 때마다 대책회의를 해야 했습니다. MOT[4] 절차를 철저히 지켜야 했습니다. '명함 전달'(눈 맞추고 인사하면서 소속을 말하고 명함 전달), '공손한 자세'(명함·영수증 등을 공손하게 전달하거나 받음), '명확한 답변'(고객이 문의하는 내용에 대해 애매모호하지 않게 답변), '눈 마주치며 인사'(밝은 표정으로 고객과 눈을 마주치며 인사) 등 12단계를 빠짐없이 수행해도 만점이 나오지 않으면 무조건 **대책서**를 썼습니다.

본사 간부들까지 참석한 **0730 미팅**에선 죄인 된 기분으로 반성했습니다. **CS 롤플레이**에 불려가 고객을 연기할 때면 자신과 자신을 다그치는 또 다른 자신 사이에서 혼란을 느꼈을 겁니다. 본사가 미스터리 쇼퍼[5]가 돼 몰래 지켜본다는 사실을 알았을 때 그들은 자신이 삼성 직원이 맞는지 자문했을지도 모릅니다.

이 사회는 나의 감정에 가격을 매기며 나의 태도를 상품으로 판매합니다. 나의 노동을 고용한 기업은 나의 감정과 생각까지 고용하고 관리합니다. 노동자를 감시하는 고객은 자신의 일터에서 누군가의 감시를 받는 노동자가 되고, 고객에게 감시받는 노동자는 다시 다른 노동자를 감시하는 고객이 됩니다. 고객이 노동자를 감시하게 만드는 사회는 자기가 자기를 감시하는 거대한 롤플레이를 하고 있습니다. 소비의 이념은 노동을 할퀴며 증식하는 자기 파괴의 무한궤도 속에서 자랍니다.

10월 28일. 한 후배가 동생에게 전화를 걸었습니다. 일반 수리 담당인 그는 자신이 하지 못하는 중수리 콜을 넘겨주려 했습니다. 이날따라 동생은 전화를 받지 않았습니다.

10월 29일. 입사 동기가 공원에서 동생과 자판기 커피를 마시며 이야기를 나눴습니다. 그는 동생의 마지막 말을 기억했습니다. "입사 때보다 일이 늘고 수리 난이도도 높아졌는데 월급은 왜 줄어드는지 몰라."

10월 30일. 오전. 평소처럼 집에서 출근한 동생은 회사에 나가지 않았습니다. '출근 안 하냐?'는 동료의 문자에 동생은 "내일 나간다."고 답했습니다.

10월 30일. 오후 2시께. 동생이 친구에게 전화를 걸어 "술한잔하자."고 했습니다. 동생에게 삼성전자서비스 취직을 권한 고향 친구[6]였습니다.

10월 30일. 오후 5시께. 한 콜을 처리하고 온 동생이 술자리에 합류했습니다. 고향 직산(천안시 서북구)에서 함께 자란 친구들 다섯 명이 모였습니다. 친구들처럼 종범이도 가끔 웃었습니다. 술자리를 마칠 땐 술값을 전부 내겠다고 했습니다. 주머니가 궁한 그들은 술을 마신 뒤 각자 돈을 걷어 술값을 계산해 왔습니다. 친구들은 종범이의 호기가 그날따라 마음에 걸렸습니다. 밤 9시 30분께 그들은 헤어졌습니다.

10월 30일. 밤 10시께. 종범이의 글이 노조의 SNS 대화방에 올랐습니다. "저 최종범이 삼성서비스 다니며 너무 힘들었어요. 배고파 못살았고 다들 너무 힘들어 옆에서 보기도 힘들었어요. 그래서 전태일 님처럼 그러진 못해도 전 선택했어요. 부디 도움이 되길 바라겠습니다." 큰형을 찾아간 동생이 "엄마 잘 부탁한다."는 말을 남겼습니다. 제수씨에게 전화해 "별이를 바꿔 달라."고 했습니다. 동료들과 제수씨가 밤새 동생을 찾아다녔습니다.

10월 31일. 오전. 직산을 찾아간 제수씨가 동생을 만나지 못한 채 돌아왔습니다.

10월 31일. 새벽. 직산에서 밭일을 나가던 한 할머니는 낯선 자동차를 봤습니다. 차는 아름드리나무 옆에 세워져 있었습니다. 차 안이 마을을 감싼 안개만큼 뿌옜습니다. 낡은 차였습니다. 차의 뒤범퍼는 가뭄 든 논처럼 쩍쩍 갈라져 있었고, 부러진 백미러는 테이프로 칭칭 감아 고정했습니다. 큰형이 종범이에게 물려준 차였습니다. 그 차를 동생은 "돈 먹는 하마"라고 불렀습니다. '하마' 위에 올라서서 동생은 삼성을 상대로 1인 시위를 했습니다.

10월 31일. 오후. 일을 마치고 돌아오던 할머니는 그때까지 꼼짝 않고 있는 차가 마음에 걸렸습니다. 며느리를 시켜 차 안을 살폈습니다. 쇠 세숫대야 안에 다 타버린 번개탄 두 개가 있었습니다. 며느리가 경찰에 신고했습니다. 경찰의 동생 사망 추정 시간은 오후 5시 30분이었습니다. 운전석 뒤엔 담뱃갑 하나가 떨어져 있었습니다. 딱 한 개비가 모자란 새 담배였습니다. 번개탄이 타들어 갈 때 동생은 새로 산 담배를 뜯어 마지막 연기를 뿜었을 것입니다.

"나무만 떠올렸어도……."

제수씨가 통곡했습니다. 직산까지 갔는데 나무를 찾지 않은 스스로를 원망했습니다. 결혼 전 부부가 가끔 데이트하던 장소였습니다. 동생은 나무를 사랑했고 '천년나무'라고 불렀습니다. 천년나무는 저와 동생의 어린 시절 놀이터이기도 했습니다. 동생과 두 팔 벌려 나무 둘레를 재며 놀던 때를 저는 기억합니다.

"형, 이렇게 일하는데 왜 살기가 점점 힘들어져?"

언젠가 동생이 전화로 울며 말했습니다. '열심히 하다 보면 나아지지 않겠냐?'는 제 말에 동생은 화를 냈습니다.

"지금도 죽어라 일하는데 얼마나 더 죽어라고 일해야 하는데?"

동생은 천막 가게를 하는 큰형한테도 전화해 물은 적이 있다고 합니다.

"회사 그만 두면 형네 가게에서 일해도 돼?"

"무슨 일 있냐?"는 큰형 말에 동생은 "아무 일 없다."며 전화를 끊었습니다. 회사의 압박으로 조합원들의 일거리가 줄어들 무렵이었습니다.

종범이는 나약한 아이가 아니었습니다. 동생은 살려고 했습니다. 전태일을 배우고 노조 활동을 열심히 한 것도 그래서입니다. 언젠가 '전태일 교육'이 끝났을 때 동생은 자리를 뜨지 않고 혼자 남아 강사에게 물었다고 합니다.

"열심히 하면 바꿀 수 있는 거 맞죠?"

열심히 일해도 달라지지 않는 생활 앞에서 그렇게라도 확신을 얻고 싶었을 것입니다.

노조 출범 뒤에야 종범이는 입사 후 처음으로 동료들과 여름

휴가를 갈 수 있었습니다. 그때 동생은 한 선배에게 말했습니다.

"산다는 게 이렇게 즐거울 수도 있네요. 전엔 몰랐어요."

어머니를 보살피느라 고생만 하던 아버지가 5년 전 교통사고로 세상을 떠났습니다. 5년 뒤 아버지가 안치됐던 병원에 동생의 주검이 도착했습니다. 어머니에겐 아직 동생의 죽음을 알리지 못했습니다.[7] 어머니는 2012년 뇌경색으로 쓰러져 입원했습니다. 어머니가 뉴스를 보지 못하게 해달라고 병원에 부탁했습니다. 어머니는 지금도 동생이 삼성 직원이라고 자랑합니다.

제수씨가 삼성 앞에서 흐느끼던 날 삼성전자는 신라호텔에서 '애널리스트 데이'를 열었습니다. 2020년 글로벌 5위권 브랜드로 도약하겠다고 공언했습니다. 종범이가 죽기 사흘 전엔 이건희 회장이 '신경영 선언 20주년'을 자축했습니다. 가수 조용필을 초청해 축하 노래를 들었습니다.

동생은 유언으로 말했습니다. 자신의 죽음이 동료 노동자들에게 도움이 됐으면 좋겠다고 했습니다. 동생과 그의 동료들은 이건희 회장 같은 대재벌이 되고 싶어 하지 않았습니다. 가족과 소박하고 따뜻하게 살고 싶었을 뿐입니다.

동생은 병원 냉동고에 꽁꽁 얼어 있습니다. 동생이 얼마나 추울지 짐작도 할 수 없습니다. 동생을 언제까지 냉동고에 둬야 하는지도 모르겠습니다.[8] 살았을 때 지켜 주지 못한 동생입니다. 죽으며 남긴 마지막 바람이라도 꼭 지켜 주고 싶습니다. 동생의 유언이 이뤄지려면 삼성이 노조를 인정해야 합니다. 노조 없이 동생의 유언은 이뤄지지 않습니다.

삼성은 동생의 주검 앞에 진심으로 사과해야 합니다.

분급

「노무」 삼성은 수리 기사들에게 월급이나 주급 대신 건당 수수료를 지급한다. 수수료는 이동 시간과 수리 전후 시간, 상담 시간 등을 모두 빼고 오직 수리하는 데 걸린 시간에만 분급 225원(2013년 기준)을 책정한다.

24시간 편의점

「비유」 늦은 밤이나 이른 새벽을 가리지 않고 고객들의 수리 요구 전화에 시달리는 삼성전자서비스 노동자들이 스스로를 일컫는 말.

넥타이 맨 거지

「비유」 삼성전자서비스 수리 기사들은 와이셔츠와 넥타이, 구두를 의무적으로 착용해야 한다. 말끔한 옷차림과 달리 가난에 허덕이는 삶을 빗댄 표현이다.

발병자

「조어」 반도체 공장에서 일하다 사망한 노동자들을 삼성은 '피해자' 대신 '발병자'라고 칭한다. 업무와 질병의 연관성을 차단하고 삼성의 책임을 부정하는 단어라고 할 수 있다.

¶

가파르고 완고합니다. 흠이 없고 틈도 없습니다. 성뿐이며 벽뿐입니다. 부유한 시대에 궁핍한 우리는 '여전히' 설 곳도 쉴 곳도 없습니다.

장례식장(2014년 5월 18일 서울의료원 강남분원)[9] 주위로 고함이 터지고 눈물이 부풀었습니다. '죽음의 충격'을 추스르기도 전에 벌어진 '죽음의 강탈'이 믿기지 않았습니다. 장례식장은 '죽은 사람'을 추모하는 빈소가 아니라 '죽은 까닭'을 탈취하는 현장이 됐습니다. 비명과 눈물로 범벅됐고 욕설과 몸싸움이 난무했습니다. 별이(생후 18개월)를 옆 사람에게 맡기고 최루액 속에 뛰어들었습니다.

지옥 같았습니다. 죽음의 이유를 밝혀야 할 국가권력이 죽음의 이유를 파묻고 있었습니다. 그 매장의 현장에서 별이의 울음 소리도 묻혔습니다. 아빠(최종범)가 떠난 뒤부터 별이는 엄마가 안 보일 때마다 울었습니다. 떼어놓지 못해 데려온 별이가 처음 보는 아저씨 품에서 저(이미희, 29세)를 찾으며 울음을 터뜨렸습니다.

세상을 버림으로써 전하고 싶었던 젊은 노동자(염호석)의 뜻이 분사하는 최루액과 내리찍는 방패 아래에서 외로웠습니다. 저항하는 동료들을 뚫고 경찰들이 그의 주검을 빼앗았습니다.

별이를 데리고 남편을 따라갈까 울며 고민한 날이 많았습니다. 누군가 죽어야 그의 목소리를 들어주는 사회는 어린 별이가 살아갈 수 있는 세상일 리 없습니다. 주검을 빼앗아 죽음으로 하려던 말까지 빼앗는 시대는 잔혹합니다. **분급** 노동자들의 울음을 틀어막는 짐승의 팔뚝을 최루액이 날리는 장례식장 앞에

서비스

서 저는 봤습니다.

마지막 전화 통화 이틀 만에 남편을 만났습니다. 2013년 11월 1일 남편은 냉동고에 있었습니다. 얼굴이 자는 듯 평온했습니다. 제 옆에 누워 자던 잘생긴 남자의 모습 그대로였습니다. 다시 만질 수 없을 그를 만졌습니다. 온기 사라진 몸이 차가웠습니다. 냉기 어린 그를 안고 오열했습니다. 집에 데려가서 편히 재우고 싶었습니다. 따뜻했던 생전 체온보다 그날의 짧은 냉기가 제 몸에 오래 남아 지워지지 않았습니다.

10월 30일 남편은 한 시간쯤 늦게 출근했습니다. 전날 밤 저는 칭얼대는 별이와 씨름하다 일찍 잠들었습니다. 남편은 집 앞에서 선배와 술을 먹고 들어왔습니다. 이날 출근할 때도 특별한 말은 하지 않았습니다.

오후 내내 전화도 없었습니다. 밤 10시가 넘어 휴대전화에 남편의 번호가 떴습니다. 별이에게 이유식을 먹이고 있을 때였습니다. 남편은 평소보다 많이 취해 있었습니다. 그는 기운 없는 목소리로 "미안하다."고 했습니다. "뭐가 미안하냐?"는 물음에도 "미안하다."는 말만 되풀이했습니다. 속상한 일이 있었나 보다 생각했지만 크게 이상하다고 느끼진 않았습니다.

남편은 별이를 바꿔 달라고 했습니다. 어린 딸에게도 같은 말을 했습니다.

"별아 아빠가 미안해."

아빠의 말에 별이는 옹알이도 하지 않았습니다.

전화기를 다시 제 귀에 가져오자 불안한 마음이 들었습니다. 종이에 연필로 급히 써서 옆방에 있던 친정 오빠한테 줬습니다.

'남편이 이상해. 어디 있는지 알아봐 줘.'

친정 오빠가 119에 위치 추적을 요청하는 동안 저는 남편이 전화를 끊지 못하도록 계속 말을 시켰습니다.

"우리 별이 너무 귀엽지. 아까 밥 먹는데 너무 예쁘더라."

'지금 어디냐?'고는 묻지 못했습니다. 묻는 순간 남편은 대답 없이 전화를 끊을 것 같았습니다. 저는 남편에게 '딴생각하지 말라.'는 마음을 담아 말했습니다.

"당신은 아빠야."

남편이 전화를 끊었습니다.

119가 알려준 장소는 집 근처 편의점이었습니다. 식구들이 차를 타고 편의점으로 달려갔습니다. 10분이 채 안 됐는데 남편은 없었습니다. 편의점 주변을 찾아다녔지만 그를 볼 순 없었습니다. 119에 위치 추적을 추가로 요청했습니다. '전원이 꺼져 있어 이동 상황을 확인할 수 없다.'는 답변을 받았습니다.

집으로 돌아가 별이를 친정 엄마에게 맡겼습니다. 남편이 갈 만한 곳으로 뛰어다녔습니다. "별이가 운다."는 엄마 전화에 돌아가 젖을 줬습니다. 별이를 달래고 남편 찾기를 반복하는데 날이 밝았습니다.

이틀 전 남편과 술 마신 선배에게 전화를 걸었습니다. 전날에도 함께 있지 않았냐고 물었습니다. 선배는 아니라고 했습니다. 대신 "종범이가 SNS 노조 대화방에 이상한 글을 남겼다."는 말을 했습니다.

마음이 급해졌습니다. 119에 위치 추적을 재요청했으나 결과는 바뀌지 않았습니다. 혹시 몰라 남편의 고향 직산(충청남도 천안시 서북구)으로 갔습니다. 직산에서도 남편을 찾을 수 없었습니다. 직산의 큰시아주버님은 "전날 종범이가 와서 어머니 잘 모시라고 하고 갔다."고 했습니다. "찜질방에서 자고 있을지도 모른다."는 작은시아주버님의 말에 집으로 돌아와 근처 찜질방을 헤맸습니다.

"매제 전화기가 켜져 있어."

오후 5시께 친오빠가 말했습니다. 전화기는 켜져 있는데 받지는 않았습니다. 119에 다시 위치 추적을 부탁했습니다. 되풀이되는 요청에 119도 짜증을 냈습니다. 119는 "이번이 마지막"이라며 전화를 끊었습니다. 20분 뒤 119는 "직산에서 위치가 확인됐다."는 결과를 알려 왔습니다. 조금 안심이 됐습니다. 별이에게 젖을 먹였습니다.

10월 31일 저녁 7시께 모르는 번호가 전화기를 울렸습니다. 전화기 너머 목소리가 물었습니다.

"최종범 씨와 어떤 관계십니까?"

"아내인데요."

목소리가 말했습니다.

"돌아가셨습니다."

알아들을 수 없었습니다.

"남편이 돌아가셨습니다."

믿을 수 없었습니다.

"아니에요."

"돌아가셨습니다."

"아니에요."

저는 "꿈이 틀림없다."는 말만 반복했습니다. 전화기의 목소리는 단언했습니다.

"현실입니다."

후회됩니다. 남편과의 마지막 통화 때 별이를 꼬집어 울리기라도 했다면 그는 생각을 고쳐먹었을까요.

고등학교를 졸업한 저는 직산에 있는 제약회사에 다니고 있었습니다. 작은 시골 마을에서 새 얼굴은 쉽게 눈에 띄었습니다. 고향집에 온 남편과 몇 차례 마주쳤습니다. 언젠가 제 휴대전화가 고장 난 적이 있었습니다. 잘 알지도 못하는 그가 고쳐 주겠다고 했습니다. 저와 그는 '우리'가 됐고, 4년을 연애했습니다. 1년 5개월 전 결혼했습니다.

그는 사람을 좋아했고 귀중히 생각했습니다. 출근할 때면 고물차에 이웃을 태워 가는 길에 내려 줬습니다. 어려운 친구 돕는다며 빚을 내려다 저와 다투기도 했습니다. 결혼 전엔 남편의 그 점이 좋았었는데 결혼한 뒤엔 그 점이 부담스러웠습니다.

남편은 정말 일만 하고 살았습니다. 결혼식(2012년 4월 1일 일요일) 다음 날도 그는 출근했습니다. 신혼여행은 겨울 비수기 때 가자고 저를 설득했습니다. 별이가 태어나던 날(2012년 12월 13일) 진통으로 병원에 입원했는데 남편은 간호사에게 물었습니다.

"양수가 터지려면 얼마나 남았습니까? 양수가 터지면 아기가 바로 나옵니까?"

출산까진 시간이 걸린다는 간호사 말에 그는 오전에 들어온 콜(수리 요청 접수)을 처리하러 갔습니다. 양수가 터졌을 때도 "빨리 오라."는 제 전화에 그는 말했습니다.

"급한 콜만 마무리하고 갈게."

별이는 펑펑 내린 눈이 세상을 하얗게 덮은 날 우리에게 왔
습니다. 그는 별이에게 늘 "효녀"라고 했습니다. "비수기 때 태
어나 줘 고맙다."는 말이었습니다.

성수기 때 아빠의 역할을 포기하지 않으면 아빠의 책임도 다
할 수 없었습니다. 일이 있을 때 일하지 않으면 삼성전자서비스
노동자들은 일이 없는 계절을 견딜 수 없었습니다. 남편과 동료
들이 비수기를 '보릿고개'라고 부르는 건 비유가 아니었습니다.

원망스러울 때도 있었지만 원망할 수 없음을 그의 부재 뒤에
야 깨닫습니다. 빨리 와서 세탁기 고치라는 고객의 전화가 새벽
5시부터 걸려 왔습니다. 잠을 설치는 그는 **24시간 편의점**이었
습니다. 그는 일중독자가 아니었습니다. 고정급 없는 분급 노동
자 아빠로서 사랑하는 딸을 지키려는 발버둥이었습니다. 수리
를 마칠 때마다 남편은 고객들에게 망설이며 부탁했을 것입니
다. '해피콜이 오면 서비스에 만족한다고 답해 달라.'며 우물쭈
물했을 그의 모습이 너무 아픕니다.

병원 냉동고를 나온 남편의 허벅지엔 깊은 상처가 선명했습
니다. 언젠가 남편이 울먹이며 전화했던 일이 기억났습니다. "에
어컨을 설치하다 난간에서 떨어졌다."고 했습니다. 몸이 나뭇가
지에 걸리면서 허벅지 살이 S자로 찢겨 파였습니다. 남편은 "사
장이 찢어진 옷값을 줄 테니 수리를 끝내고 오라더라."고 했습
니다. 그날 남편은 병원에도 가지 못했습니다.

삼성의 복장 규정 탓에 아침마다 구두를 신고 출근하는 남편
을 보며 저는 불안했습니다. 사다리차도 없이 허공에 매달리는

남편이 미끄러질까 걱정됐습니다. 남편은 늘 시커먼 기름때와 땀으로 범벅 된 채 퇴근했습니다. 다친 곳투성이었습니다. 여름엔 에어컨을 고치다가 동상을 입었고, 겨울엔 냉장고를 고치다 화상을 입었습니다. 손톱이 빠질 때도 있었습니다. 남편과 동료들은 자신들을 **넥타이 맨 거지**라고 불렀습니다. 죽은 남편의 주검에서 아물지 않은 상처를 확인하고 울음을 참지 못했습니다.

남편의 사망 뒤 언론에 공개된 사진이 있었습니다. 사진 속 남편은 난간도 없는 4층 건물에서 창문을 딛고 에어컨을 고치고 있었습니다. 삼성전자서비스 노동자들의 작업이 얼마나 위험하고 고된지를 보여 주는 증거로 회자됐습니다. 남편은 이 사진을 동료들끼리 소통하는 SNS 대화방에 올렸습니다. '제발 그러지 말라.'는 당부 글들이 끝없이 달렸습니다.

남편은 그때 이미 '유서'를 언급했습니다.

"우리 사장님 이 사진 보고 (저에게) 특공대라네요. 저 자살특공대 맞지요? 다음 주에 저거(에어컨) 다시 떼서 작업할 건데 저 혹시 떨어져서 죽으면(죽을지 모르니) 삼성에 엄청난 피해를 줄 유서를 써 제 오른쪽 주머니에 넣겠습니다."

실제 남편은 제게 유서라는 걸 보여 준 뒤 주머니에 넣은 일이 있었습니다. 저는 장난일 줄 알았습니다. 남편이 죽은 뒤 그유서를 찾아봤으나 세탁기에 옷째 넣고 빨았는지 발견하지 못했습니다. 그의 마음에 분노가 자라고 있었던 것 같습니다.

그즈음 저는 모유 수유를 하며 별이를 돌보느라 지쳐 있었습니다. 출산 전엔 가끔 남편과 소주를 마시며 고민을 나누곤 했는데 그땐 그러지 못했습니다. 남편이 힘들어할 때 대화 상대가 돼주지 못했단 생각에 가슴이 저립니다.

2013년 7월 19일 밤 남편은 소주를 사들고 퇴근했습니다. 사진을 대화방에 올리기 열흘 전쯤이었습니다. 한 고객에게 심한 모욕을 당해 마음이 상해 있었습니다. 남편은 태도가 마음에 들지 않는다며 고객이 험한 말을 했다고 했습니다. 남편은 '그만하면 계속 고치고 계속하면 그냥 가겠다.'고 했습니다. 고객은 '술 마신 것 아니냐?'며 음주 검사하듯 입김을 불라고 강요했습니다. 그 일을 전하는 남편의 온몸이 기름과 먼지로 새까맸습니다.

늦은 저녁을 먹고 있을 때 남편의 사장한테서 전화가 왔습니다. 섬뜩한 사장의 욕설 소리가 전화기 너머로 흘러나왔습니다. '고객에게 무릎을 꿇고 빌든지 찢어 죽이든지 하라.'는 사장의 목소리를 들으며, 별이는 칭얼댔고, 저는 무서웠습니다.

전화를 끊은 남편은 "비참하다."며 소주만 들이켰습니다. 저와 별이를 똑바로 쳐다보지도 못했습니다. 보이고 싶지 않은 모습을 봐버린 아내와 딸 앞에서 남편과 아빠로서의 자존심은 참담하게 무너졌습니다. 그가 직장에서 어떤 대우를 받으며 일하는지 그때 알았습니다. 이튿날 아침 출근하는 남편은 도살장에 끌려가는 소 같았습니다. '그런 욕을 먹고 일하느니 그만두라.'고 말하고 싶었으나 차마 하지 못했습니다. 남편은 고객에게 사과 문자를 보낸 뒤 사장에게 문자 내용을 전송해 보고했습니다.

그 무렵부터였습니다. 남편은 포장마차를 알아보고 다녔습니다. "투잡을 뛰어야겠다."며 자리를 물색했습니다. 대리 운전도 생각했습니다. 천막 일을 하는 큰시아주버님에게 찾아가 일거리를 부탁하기도 했습니다. 표적 감사와 지역 쪼개기 탓에 일감이 줄었다는 사실을 남편 생전에 저는 몰랐습니다.

남편은 제게 월급 명세서[10]를 보여 주지 않았습니다. 살림에 쓸 신용카드 한 장만 줬습니다. 1백만 원 남짓의 비수기 수입을 제게 알리고 싶어 하지 않았습니다. 남편의 동료들도 그래 왔다는 걸 그가 죽은 뒤 다른 가족들과 이야기하면서 알았습니다.

염호석 분회장의 소식은 남편 묘소에 갔다 돌아오는 길에 들었습니다. 아득하고 두려웠습니다. 남편의 장례를 치른 지 반년 만이었습니다. 남편 사망 뒤 삼성 본관 앞에서 항의하던 그의 얼굴을 기억합니다. 그의 죽음과 남편의 죽음은 그들의 염원만큼이나 닮았습니다. 두 사람은 2010년 삼성전자서비스 수리 기사가 됐습니다. 두 사람 모두 자신의 낡은 자동차를 마지막 장소로 택했습니다. 모두 번개탄을 피웠고, 모두 서른네 살이었습니다. 그들의 동료들은 두 사람의 죽음을 기리며 삼성 본관 앞에서 노숙 농성을 시작했습니다. 남편이 죽은 뒤에도 달라진 것은 없었습니다.

'이건희 회장 위독' 소식을 다급히 전했던 언론들은 염호석 분회장의 죽음엔 무관심합니다. 동료들이 그의 아버지 앞에 무릎 꿇고 고인의 유언[11]을 지킬 수 있게 해달라 부탁했습니다. 그 모습을 보며 마음이 내려앉았습니다. 주검을 빼앗기기 전 그의 아버지를 만났습니다. "먼저 떠난 사람의 아내"라고 저를 소개했습니다. "저도 겪어 봤다."며 "아들의 유언을 생각해 달라."고 설득했습니다. 그의 아버지는 거부했습니다. 삼성 직원들을 만난 뒤 마음이 바뀐 듯했습니다. 그의 새어머니는 "할 말 없으니 밥이나 먹고 가라."고 했습니다. 삼성전자에서 반도체를 만들다 백혈병으로 떠난 황유미 씨 아버님(황상기 씨)의 부탁도 소용없었습니다.

빈소가 차려진 첫날부터 경찰이 들이닥칠 거란 생각은 못 했습니다. 사람들 틈에 끼어 경찰 250여 명 앞에 섰습니다. 백혈병 피해자의 이름을 얻지 못하고 **발병자**로 지칭되는 사람들의 가족들도 경찰과 대치했습니다. 남편과 그들은 살았을 때도 차별받고 죽은 뒤에도 외면받는 세월호 아르바이트 노동자들과 같다고 우리는 생각했습니다. 경찰이 장례식장에서 노동자의 주검을 빼앗아 간 일[12]은 1991년 한진중공업 박창수의 주검 탈취 이후 처음이라고 들었습니다.

삼성전자서비스 조끼를 입은 수리 기사들을 볼 때마다 남편을 생각합니다. 그 조끼는 저와 우리 가족의 가슴에 새긴 화인입니다. 시어머니는 수리 기사들이 집에 오면 꼭 밥을 차려 먹여 보내곤 했습니다. 수리 기사 아들을 둔 어머니는 다른 회사의 수리 기사들까지 아들처럼 챙겨야 마음을 놓으셨습니다. 오랜 병으로 입원 중인 어머니는 매일 문병 오던 아들의 발길이 끊기자 걱정하셨습니다. 제가 전화를 걸어 중국 출장 갔다고 안심시켜 드려야 했습니다. 어머니는 "회사에서 인정받으니 중국 출장까지 간다."며 "잘됐다."고 하셨습니다. 장례 직전 더는 숨길 수 없었을 때도 어머니께는 교통사고였다고 말씀드렸습니다. 아들을 잃고 삶의 기력까지 잃은 어머니는 지금도 그리 알고 계십니다.

당신, 어떻게 별이를 두고 죽을 생각을 했어.

생각할 때마다 남편에게 화가 났습니다.

모든 걸 걸고 나와 별이와 어머니를 행복하게 해주겠다고 했잖아.

그 사람이 죽고 없는데 '열사'란 호칭이 무슨 소용이 있을까요?

열사의 아내와 가족들을 만날 때마다 그들도 저와 같았습니다. 남편과 아들딸을 향한 원망으로 욕하고 우는 시간이 많았다고 했습니다. 그 시간을 거치고 나면 죽은 이들이 두고 간 뜻에 그들도 몸을 던졌습니다. 그것이 남은 사람들의 숙명이었습니다.

별이는 벌써 폴짝폴짝 뛰어다닙니다. 고무줄로 묶을 만큼 머리도 많이 자랐습니다. 아빠 사진을 보여 주면 별이는 "아빠 아빠" 합니다. 정말 아빠를 알아보는 것인지 저는 알 수 없습니다.

별이를 보고 있으면 아득해집니다. 남편이 살아 있을 때 별이는 친정 오빠가 품에 안기만 하면 울었습니다. 남편이 묻힌 뒤 별이는 친정 오빠 곁에 가서 안겨 잡니다. 외삼촌을 아빠라고 생각하는지도 모르겠습니다.

별이는 아빠에 대한 기억을 갖지 못한 채 자랄 것입니다. 학교에서 아빠를 모셔 오라고 하면 손잡고 갈 아빠가 없어 울 수도 있습니다. 기억으로 붙들진 못해도 체온과 형상으로라도 별이가 아빠의 삶과 죽음을 새겨 주길 바랍니다.

남편 명의로 돼있던 집을 저와 별이의 이름으로 바꿨습니다. 남편이 죽기 전 예약했던 돌잔치 장소는 그가 죽은 뒤 제가 취소했습니다. 아빠를 자처한 아빠의 친구들이 매년 별이의 생일잔치를 열어 주고 있습니다.

남편이 SNS에 남긴 마지막 말[13]을 별이가 크면 보여 주려 합니다. 아빠가 우리를 버린 게 아니란 사실을 별이가 이해해 주면 좋겠습니다. 그땐 말해 주고 싶습니다.

"별이를 사랑하는 아빠 마음이야."

계란

「비유」 삼성전자서비스 하청 업체 소속 기사 진남진(서울시 성북센터)의 추락사 이후 에어컨 수리 기사들이 스스로를 일컫는 말.

미결

「A/S」 접수된 콜(수리 요청) 중 처리되지 못한 건. 원청인 삼성전자서비스는 미결률 등을 근거로 하청 업체의 실적을 산출하고, 하청 업체는 수리 기사들에게 끊임없이 미결 해소를 독촉한다. 제한된 시간에 최대한 많은 콜을 처리하는 과정에서 수리 기사들의 사고 위험도 높아진다.

제휴 인력

「A/S」 에어컨 수리 건수가 증가하는 여름철에 외주로 일하는 개인 사업자. 직원보다 높은 수입을 얻지만 사고가 났을 땐 모든 책임을 스스로 져야 한다. 센터(삼성전자서비스 하청 업체) 퇴직자 출신이 많다. 센터의 인력 감원과 노조원 일감 뺏기 수단으로 악용되기도 한다.

넘어가다

「A/S」 수리 기사가 에어컨 실외기에 손이나 연장이 닿지 않을 때 창틀과 베란다 난간을 넘어 실외기에 몸을 싣는 행위. 수리 기사들은 넘어갈 때마다 삶과 죽음의 경계를 넘는다.

¶

　나는 허공을 밟고 살아가는 고공의 족속이 아니다. 땅에 발 딛고 사는 인간이 하늘에서 벌어먹어야 땅의 삶을 유지할 수 있을 때 하늘엔 가파른 절벽이 파이고 땅은 모래 늪처럼 주저앉는다.

　"받아 주소."

　2016년 7월 30일 허리 굽은 할머니(80세)가 사무실(금속노조 삼성전자서비스지회)을 찾았다. 평생 농사짓다 늙은 어머니의 굽은 허리는 막내아들을 잃고 통곡하느라 거듭 접히고 꺾여 있었다. 아들을 놓친 하늘 아래서 어머니의 땅은 아들이 떨어진 높이만큼 밑으로 꺼졌다. 진남진[14]의 걸음 불편한 노모를 큰아들이 부축했다.

　"막내 일에 마음 다해 함께해 줘 고맙네."

　노모는 작은 봉투(130만 원)를 건넸다.

　"계란으로 바위 치며 싸우는 데" 선전물 인쇄비로라도 써줄 것을 청했다.

　"큰아들만 보내면 받지 않을 것 같아 내 직접 안 왔나."

　막내와 동갑인 나(라두식 지회장, 44세)를 안고 어머니는 등을 다독였다.

　"나는 **계란**입니다."

　그때부터 나는 계란이 됐다.

　"나는 하청 노동자입니다. 아무런 책임도 지지 않는 원청을 겨냥한 계란입니다."

　8월 12일 서울 광화문광장(종로구 세종대로)에서 '계란들'이 외쳤다. 진남진의 사십구재 추모제에서 계란들이 바위(모형)를 향

144

해 돌진했다.

땅의 삶을 꾸리느라 하늘에서 추락하는 계란들이 있었다. 첫 돌을 한 달 앞둔 별이를 세상에 두고 차에 번개탄을 피우기 전부터 나(고 최종범)는 하늘 살얼음을 밟아 왔다. 그날(2013년 10월 31일 노조 인정 등을 요구하며 목숨을 끊음)로부터 3개월 전 나는 지역 수리 기사들의 SNS 대화방에 사진 한 장을 올렸다. 사진 속 나는 건물 4층에서 에어컨 실외기를 들고 창문에서 창문으로 건너가고 있었다. 동료들의 경악이 사진 밑으로 주르륵 흘렀다.

"한순간에 저승사자가 데려갑니다. 제발 하지 마세요."(7월 27일 밤 8시 25분)

"수리 불가입니다. 목숨은 하나입니다."(밤 8시 41분)

"가족 생각도 하셔야 합니다."(밤 9시 55분)

"개죽음 됩니다. 산재도 안 되고 아무도 안 알아줍니다."(7월 28일 오전 0시 47분)

"사다리차를 썼어야 한다."거나 "다음엔 헬리콥터를 부르라."는 말도 있었다. 나는 조각조각 댓글[15]을 남겼다.

"사다리차 아저씨에게 가능하냐 했더니 안 된대요. 그럼 스카이차는 (되냐고) 했죠. 그것도 안 된대요. 그래서 저도 사무실에 올렸죠. 수리 불가 상황이라고. 우리 사장님 처음엔 '제품 교환' 올리려고 했지요. 그런데 사흘 뒤 '네가 안 하면 다른 직장 동료가 해야 한다.'고 (하더군요). 생각 끝에 제가 했습니다. 다른 기사가 하다가 죽으면 저는 어떻게 살라고요. 참고로 저 8개월 된 딸이 있어요. 정말 예쁩니다."(7월 27~28일)

병원 냉동고에 누운 나의 허벅지엔 깊은 상처 자국이 있었다.

난간에서 떨어지면서 허벅지 살이 찢겼다. 나뭇가지가 살을 긁으며 몸의 낙하를 늦춰 줬으니 나는 '잘 떨어진' 계란이었다. 죽은 몸에서 아물지 않은 상처를 확인한 아내는 주저앉아 오열했다.

나(진남진)는 계란이었다. 3층 건물에서 에어컨 실외기와 엉켜 땅으로 떨어졌을 때 나의 얇은 껍질은 형체를 잃고 흩어졌다. 추락(오후 2시 30분께) 한 시간이 못 돼 휴대전화로 문자메시지들이 쏟아져 들어왔다. 오후 3시 17분 취소 요청,[16] 3시 18분 취소 요청, 3시 20분 취소 요청, 3시 26분 취소 통보,[17] 3시 32분 취소 통보, 4시 1분 취소 통보가 찍혔다. 비정한 시스템은 내게 접수된 콜이 누군가에게로 빠져나간 사실을 사경을 헤매는 나(밤 9시 30분께 사망)의 휴대전화로 꼬박꼬박 통보했다. 외근팀장이 수리 기사들에게 일괄적으로 보내는 실적 압박 문자들도 폭주했다.

"**미결** 지사 내 센터 꼴찌에서 두 번째. 익일 당겨 치세요."(오후 3시 33분)

"현재 시간 외근 미결이 위험수위로 가고 있음."(오후 4시 41분)

"현재 미결 매우 힘든 상황."(오후 6시 10분)

"늦은 시간 1건이라도 뺄 수 있는 건은 절대적으로 처리."(오후 6시 52분)

그 독촉들이 수리 기사들을 압박하며 벼랑을 깎아 왔다. 오후 4시 46분엔 사고 소식을 모르는 예약 고객의 항의도 도착했다.

"왜 전화 안 받나요? 접수하고 전화하라고 했잖아요. 너무 무책임한 것 아닌가요?"

하늘에서 추락한 계란들은 하늘이 아니라 땅에서 깨졌다. 땅에서 나를 기다리던 여덟 살 딸이 장례식장 앞에 종이를 붙이고 썼다.

"아빠, 거기서는 일하지 마세요."

나의 족속은 불덩이 지구를 식히며 밥을 벌었다. 지구가 구워지는 계절이면 달군 철봉처럼 솟은 건물들마다 나는 주렁주렁 매달렸다. 더위를 식히는 에어컨이 '냉각하는 열'로 지구를 덥힐 때, 에어컨을 수리하는 계란들은 그 에어컨의 열기로 익어 갔다. 더위를 냉각하는 기계와, 그 기계를 고치는 계란들과, 그 기계가 가열하는 지구가, 폭염의 원인과 결과를 섞으며 서로를 불덩이로 몰아넣었다. 폭염은 폭력이었다. 더위를 다스릴 능력이 고르지 못한 사회는 더위가 사나워질수록 불평등해졌다. 더위를 식힐 수 없는 곳에 갇혀 더위를 끌어안은 사람들이 벌겋게 익어 갔고, 더위를 붙잡으러 하늘에 기어오른 계란들은 '안전을 보장 않는 폭력'을 폭염처럼 뒤집어썼다. 덩치를 부풀린 폭염이 에어컨 수리 건수를 폭증시켰고, 나의 휴대전화엔 미결 독촉이 켜켜이 쌓였으며, 나(진남진)는 하늘에서 떨어져 다신 내려오지 못할 곳으로 올라갔다.

8월 5일에도 **제휴 인력**인 나는 에어컨을 설치하다 6층에서 떨어져 죽었고,[18] 이튿날 노후 벽돌 붕괴로 2층에서 추락한 나는 발뒤꿈치가 부서졌다. 8월 15일엔 실외기를 놓던 내가 아파트 3층 난간이 무너져 척추가 으스러졌다. 나를 하늘로 밀어 올린 것은 폭염이었지만, 나를 땅으로 떠민 것은 폭염이 아니었다.

나(경력 20년차)는 7월 말 사다리에서 떨어져 입술이 터졌다. 주택 옥상을 사다리로 오르다 실족했다. 떨어지는 찰나의 시간에 죽은 형을 떠올렸다. 간판 일을 하던 친형은 설치 작업 중 밧줄이 끊겨 2008년 추락사했다. 진남진의 사망을 접했을 때부터 형의 죽음이 되살아났다. 형을 생각하며 내 몸의 안전을 스스로 지킬 수 없는 나의 일이 무서워졌다. 형의 부재 이후 돌봐 온 조카를 더는 책임질 수 없는 사태가 올 것 같아 두려웠다. 형과 나는 떨어지려고 하늘에 오른 것이 아니었다. 하늘보다 아찔한 땅에서 추락하지 않기 위해 하늘 모서리를 부여잡고 가파른 세계를 견뎠다. 신이 부여한 질서가 수직이라면 수직으로 직조된 천국에 형과 나는 끝내 들어갈 수 없을 것이었다. 나는 에어컨 수리 일을 포기했다.

나(경력 19년차)는 8월 9일 떨어졌다. 집과 집 사이의 담장에 실외기를 놓는 건물들이 있었다. 담장 아래로 낙하하며 양쪽 팔을 다쳤다. 나는 수리 기사로 일하면서 미끌어지고, 헛딛고, 떨어지기를 되풀이했다. 섬유 공장 지붕에 설치된 실외기를 수리하다 슬레이트가 무너져 공장 안으로 추락한 적이 있었다. 추락 지점 바로 옆에서 대형 탈수기가 돌고 있었다. 내가 떨어지는 것도, 내가 살아 있는 것도, 나의 의지대로 가능한 일이 아니었다. '받는 자'가 '하는 자'를 움직였다. 사랑받는 자가 사랑하는 자를 움직였고, 수리받는 자가 수리하는 자를 움직였다. 나는 오르고 싶은 곳과 오르기 싫은 곳을 선택할 수 없었다. 콜이 접수되면 어디든 가야 했다.

나(경력 21년차)는 원룸 건물 7층에서 몸 절반을 창문 밖으로 빼내 빨래 널 듯 걸쳤다. 저 아래서 주위 건물들 옥상과, 주차한 차량들과, 오가는 사람들이 보였다. 맑은 바닷물에 얼굴을 묻고 물 밑 세상을 들여다보는 것처럼 나는 잠시 아득했다. 아파트든

빌라든 더운 열을 뿜는 실외기를 건물 안에 두려는 고객은 없었다. 실외기 공간을 확보 못 한 설치 기사들은 외벽에 앵글을 박고 기계를 올렸다. 설치된 실외기가 창틀이나 난간 아래에 있을 때 수리 기사들은 기계에 닿기 위해 몸을 최대한 수평 아래로 늘려야 했다. 손을 뻗어 배관과 전선을 분리하고, 힘을 줘 실외기를 들어올리고, 수리 뒤 역순으로 다시 부착할 때, 순간 중심을 잃으면 저 아래서 아득했던 풍경이 바다 괴물로 바뀌어 나를 삼킬 것이었다.

수리 경력이 오랜 기사들은 콜을 접수한 건물 이름만으로도 상태를 파악할 수 있었다. 피하고 싶은 주소지의 콜이 나(경력 13년차)에게 할당되면 동료들의 안부 문자가 같이 날아왔다. 스카이차를 댈 수 없는 난간에 실외기가 달려 있는 노후 건물이 가장 공포스러웠다. 옛 건물일수록 안전벨트를 착용해도 벨트 고리를 걸 지지대가 건물 안에 없을 때가 많았다. 벨트 고리를 건물 밖 난간에 걸면 난간과 에어컨과 나는 같이 살거나 같이 떨어졌다. 난간을 **넘어가** 실외기에 몸을 실으면서 나는 생사가 내게 속하지 않는 세계로 발을 디뎠다. 에어컨에 더해진 몸무게를 견딜 수 없을 때 난간은 나를 데리고 추락할 것이었다.

실외기 5층, 실외기 4층, 실외기 3층…….

노래방은 방의 개수와 에어컨 수가 동일한 구조물이었다. 방마다 설치된 실외기들이 옆 건물 벽과 바짝 붙어 있었다. 실외기로 넘어가 계단처럼 밟고 오르내렸다. 나의 온 신경이 발끝에 집중될수록 그 발이 버티고 섰던 생의 감각은 멀어졌다.

극한의 환경에서 살아남아야 하는 존재들은 스스로를 변태

시킨다. 바다로 들어간 고래는 지느러미를 얻고자 다리를 뗐고, 하늘을 잊은 타조는 날개를 접어 질주의 속도를 얻었다. 에어컨 위로 넘어간 나(경력 13년차)는 아기처럼 기며 웅크렸다. 의지할 것이 '난간을 흔들어 보는 것'[19]과 '잘 떨어지는 것'[20]밖에 없을 때 나는 차라리 벽에 달라붙는 거미이길 바랐다. 생존을 위해선 퇴행하는 것도 진화였다.

"그대 어머님의 말씀대로 계란이 되어 바위를 깨겠습니다."

추모제에서 계란들이 나(진남진)에게 말했다. 나의 죽음 이후 원청은 센터마다 스카이차를 계약했고, 혼자 할 수 없는 작업을 지원하도록 보조 인력(아르바이트 한 명)을 배치했다.

새는 하늘을 날기 위해 알을 깨고 계란은 고기로 먹히기 위해 닭이 된다. 새의 알은 하늘이나 고층에 집을 갖지만 계란은 낮은 땅이나 집단 축사에서 치여 뒹군다. 계란인 나는 높은 새의 둥지에 에어컨을 단 뒤 낮은 닭장으로 내려와 퇴화된 날개를 쉰다. 날개 가진 생물이 공중으로 던져지는 것을 추락이라 부르지 않는다. 날 수 있어야 목숨을 구할 수 있는 곳에서 날 수 없어 추락하는 계란들이 지구를 식힌다. 계란이 바위에 부딪혀야 하는 현실은 앞으로도 가혹할 것이다.

예정된 길이 있다. 지구는 더욱 자주 뜨거워질 것이고, 에어컨은 더욱 자주 고장 날 것이며, 나는 더욱 자주 매달릴 것이다. 하늘 나는 새가 될 순 없어도 땅으로 곤두박질치는 세계만큼은 막아야 한다고 계란들은 믿는다. 그 믿음이 받아들여지지 않는 나라에선 하늘이 계란들을 낙엽처럼 떨어뜨릴 것이다.

1 2013년 10월 31일 삼성전자서비스 천안두정센터 수리 기사 최종범은 노조 활동 인정 등을 요구하며 스스로 목숨을 끊었다. 최종범의 아내와 형, 삼성전자서비스 노동자들은 11월 6일 서울시 서초구 서초동 삼성 본관 앞에서 기자회견을 열고 삼성의 사과와 노조 인정을 촉구했다.

2 수리 작업 자체를 배정받지 못하도록 센터에서 콜을 막아 버리는 조처.

3 'Voice of Customer'의 약자로 고객 불만 사항을 의미. 주로 고객이 직접 본사 콜센터로 전화해 불만을 접수하는 경우가 많다. 삼성전자의 경우 해피콜 조사 때 고객이 강한 불만을 제기하는 경우에도 VOC로 접수된다.

4 'Moment of Truth'의 약자. 직원이 고객과 접하는 순간 기업의 제품과 서비스의 인상이 결정된다는 관점에서 직원의 고객 응대에 초점을 맞춘 마케팅 기법. '약속 시간 준수 → 양해 전화 → 공손한 인사……'로 이어지는 삼성의 '외근 MOT 항목'은 12~18개로 구성돼 있다. 해피콜과 미스터리 쇼퍼는 MOT를 기준으로 고객의 만족도를 묻고 직원을 평가한다.

5 고객을 가장해 직원의 서비스를 평가하는 사람. 삼성전자서비스의 경우 본사에서 미리 고객에게 동의를 구한 뒤 설치한 몰래카메라를 통해 수리 기사의 행동을 평가했다. 지금은 주로 고객이 착용한 안경 카메라로 관찰한다.

6 최종범의 사망 뒤 고향 친구는 후회하며 말했다. "내가 삼성에 오라고 권하지 않았다면 종범이는 지금 살아 있을까?"

7 2013년 12월 24일 장례 전까지 최종범의 어머니는 아들의 사망 사실을 몰랐다.

8 최종범의 장례는 삼성 쪽과 합의를 거쳐 사망 55일 만에 엄수됐다.

9 2014년 5월 17일 염호석 삼성전자서비스지회 양산센터 분회장이 스스로 목숨을 끊었다. 7개월 전 최종범이 "노조 인정"을 요구하며 먼저 그 길을 갔다. 딸 '별이'를 키우며 남편 없는 시간을 견뎌 온 최종범의 아내 이미희는 염호석의 빈소에서 주검을 빼앗는 경찰과 대치했다.

10 회사가 건당 수수료를 월급처럼 꾸민 '가라' 서류.

11 "저의 시신을 찾게 되면 우리 지회가 승리할 때까지 (장례를 미루고) 안치해 주십시오."

12 경찰과 노동자들은 염호석의 유골을 놓고도 충돌했다. 5월 20일 경남 밀양공설화장장 앞에서 그의 생모가 "아들의 유언대로 하게 해달라."고 울부짖었지만 경찰은 유골함을 가져갔다. 화장과 유골 안치도 첩보 작전처럼 이뤄졌다. 그의 영정은 부산행림병원 장례식장에 있었지만 유골은 다른 곳에 있었다. 노조는 고인의 유골함이 어느 납골당에 안치됐는지도 알 수 없었다.

13 "전태일 님처럼 그러진 못해도 전 선택했어요."

151

14 2016년 6월 23일 에어컨 수리 도중 몸을 실은 낡은 베란다가 무너지며 추락사했다.

15 사망 당시 미공개 대화.

16 고객이 개인 사정으로 콜을 취소하는 행위.

17 '취소 요청'과 달리 센터에서 수리 기사의 콜을 빼 다른 기사에게 돌리는 것으로 조합원 일감을 줄이는 방법으로도 활용된다.

18 에어컨을 설치하던 부부가 실외기와 동시 추락했다. 남편은 배관을 잡고 생존했으나 아내는 사망했다.

19 수리 기사들이 말하는 유일한 안전 진단.

20 다행히 무엇인가 붙잡거나 화단으로 떨어지는 것.

세계의 밑변

알∨바

꿀바

「조어」상대적으로 힘이 덜 들고 시급이 높은 알바. 꿀＋알바.「반대말」헬바

마루타

「비유」인체 실험의 대상자를 지칭했던 '통나무'라는 뜻의 일본어. 제2차 세계대전 당시 일본 관동군 731부대가 살상용 세균 생체 실험에 동원한 사람들을 이 단어로 불렀다. 알바들은 '생물학적 동등성 시험'에 자원하는 스스로를 마루타로 표현한다. '생물학적 동등성 시험'은 새로 만든 복제약이 기존 의약품과 비슷한 효과를 내는지 검증하는 테스트로 **생동성**이라 줄여 부르기도 한다.

¶

알바 창세기

태초에 노동이 있었다. 노동을 부려 자본을 쌓은 세계는 개인이 졸아들수록 전체는 부푼다고 가르쳤다. 그 세계를 지배하는 신은 노동(아르바이트arbeit)의 갈비뼈를 떼어 알바를 창조했다. 자신을 대신해 세계를 지은 노동을 신은 쪼개고 썰어 알바로 만들었다. 알바는 생육하고 번성했으나 땅에 충만할수록 노동은 텅 비어 갔다.

주사기가 팔뚝에 주둥이를 박고 피를 빨았다.

아침부터 한 시간 단위로 '흡혈'은 계속됐다. 주세현(가명, 23세, 남)은 몽롱해지고 나른해졌다. 약에 반응하는 신체 변화가 그의 피로 판독되길 피 값을 지불한 의료진은 바라고 있었다. 주세현은 허삼관[1]이 된 듯했다. 피를 팔아 그가 받을 돈은 40만 원이었다. 그는 '1022번 **마루타**'였다.

입학 한 학기 만에 대학교를 자퇴하며 주세현은 다짐했다.

오직 마음이 원하는 길을 따라 살겠다.

소설을 쓰고 싶었다. 작은 이야기를 만들어 현실이 가닿지 못하는 세계에서라도 발 딛고 설 수 있길 바랐다. 번역을 하고 싶었다. 이해 가능한 언어로 바꿀 때 불가해한 세상도 해석되길 소망했다.

19~55세(경우에 따라 만 19~35세)의 건강한 자. 본인의 키에 이상체중 ±15%(경우에 따라 ±20%)로 제한. 알바 특성상 쉬는 시간

이 대부분. 친구들과 동반 지원 환영.

선택하십시오.

제약회사의 **생동성** 신청 사이트는 두 가지 중 하나를 고르라고 했다.

마약성 진통제? 비아그라 복제약?

진통제는 실험 뒤 잔류 효과가 있을 수 있다는 설명이 붙었다. 참여 대가는 80만~90만 원이었다. 알바비는 불안의 크기에 비례했다. 위험한 만큼 비아그라 생동성의 두 배를 줬다.

선택했습니다.

잔류 효과란 말이 겁나 발기부전 치료제 쪽을 체크했다. 제약회사가 의뢰한 병원으로 가서 실험 적합성 검사를 받았다. 신체검사를 하고 혈압·혈액·심전도 상태를 진단했다. 며칠 뒤 '실험 적합자'라는 다섯 글자와 실험 날짜가 휴대전화 문자로 날아왔다.

선택됐습니다.

주세현의 알바는 수능 직후 편의점 초단기 땜빵(2~3일)이 시작이었다. 자퇴 뒤엔 대학생인 척할 수 없어 하던 과외를 그만뒀다. 웨딩홀 연회에서 음식을 날랐고, 호텔 뷔페식당에서 서빙을 했다. 보안 요원으로 건물을 지키며 새벽을 맞았다. 스스로 그만두고 나온 대학교의 입시 설명회장에 안내원으로 섰을 땐 불편하고 불안했다. 걸어가면 끝에 이를 수 있다는 믿음이 길을 걷는 자의 구원이었다. 가난한 알바의 길엔 종착이 없었다. 고무줄처럼 한없이 늘어나던 길이 한순간 탁 하고 끊어지면 걸어온 길까지 동시에 날아가 버릴 수도 있었다.

임상센터 침상에 50~60명이 다닥다닥 붙어 누웠다. 번호가 차례로 불렸다. 1022번은 공복 상태로 병원에서 주는 약을 받아먹었다. 비아그라의 신체 반응을 병원은 피를 뽑아 확인했다. 오전 9시부터 오후 6시까지 주세현의 피는 한 시간마다 주사기에 빨렸다.

멍하고 어지러웠다. 친구들끼리 같이 와서 웃고 떠들던 사람들도 시간이 지나면서 잠잠해졌다. 불투명 창문에 막혀 시야를 차단당한 실험실 안에서 주세현은 저 뿌연 것들이 언제쯤 걷힐지 가늠할 수 없었다.

피험자 전원은 식사·취침 등 모든 생활을 동일하게 하셔야 합니다.

의료진은 생동성 참여자를 일제히 재운 뒤 한 시간마다 깨워 채혈했다. 자다 깨워져 피를 주고 다시 자다 깨워져 피를 보냈다. 밤새 조명을 끄지 않아 잠에 들어도 잠에 빠지진 못했다.

선택은 자유입니까.

오전엔 알바를 하고 오후엔 꿈을 따를 계획이었다. 살아가는 자신만의 감을 익히면 자신감도 얻을 수 있으리라 생각했다. 무서운 것은 밥이었다. 계약서 없이 의뢰받은 번역비를 수없이 떼였다. 생활비를 버느라 잡히는 대로 알바를 하며 그는 알게 됐다. 오직 마음이 원하는 길은 단지 마음이 원하는 길일 수도 있었다. 휴대전화 통화료를 3개월마다 체납하면서 그는 알게 됐다. 누구에게도 알바의 미래는 알 바 아니었다. 어느 날부터 그는 인체 실험 시장에 피를 팔기 시작했다.

선택의 결과는 선택한 자의 몫입니다.

모든 혈관의 피가 머리로 쏠리는 것 같았다. 혈압이 뛰었다. 온몸이 극도로 예민해진 채 수면과 각성을 오갔다. 뭔가 스치기만 해도 따끔거렸고 불쑥불쑥 발기가 됐다. 온몸이 가라앉고 의식이 흐려지는 중에도 홀로 빳빳해지는 것이 있다는 사실에 그는 당혹스러웠다. 2주 뒤 복제약을 먹고 같은 실험을 반복했다. 두 실험에서 나타나는 몸 변화를 비교하며 제약회사는 복제약의 효능을 디자인했다.

생동성 초보자들이 몸을 가누지 못하고 늘어질 때도 고요하게 자기 페이스를 유지하는 사람들이 있었다. 침상에 앉거나 누워 그들은 챙겨 온 만화책에 동요 없이 집중했다. 30~40대 남성들이 많았다. 1년에 네 차례[2] 그들은 예외 없이 피를 뽑을 것이었다. 다정하게 호명되는 유일한 쓸모가 그들의 따뜻한 피인 세상에서 **꿀바**는 없었다.

나는 선택한 것인가 선택할 수밖에 없었던 것인가.

선택할 수밖에 없는 것을 선택이라 불러도 좋은가.

선택하십시오.

선택했습니다.

선택됐습니다.

선택됐습니까…… 그렇습니까…….

팔뚝에서 빠져 나가는 붉은 피를 바라보다 주세현은 혼곤한 잠에 빠졌다.

헬바

「조어」 힘들고 '나쁜 알바'. 헬hell(지옥) + 알바. 「반대말」 꿀바

먹튀

「은어」 PC방 등에서 게임비나 음식값을 내지 않고 도망치는 '먹고 튀는' 손님.

¶

의문을 누른 채 평화로울 수 있다고 말하는 세계는 불의하다. 합당한 대가를 지불하지 않는 세상에서 '받는 돈만큼만 일하는 노하우'가 필요하다. '5,580원(2015년 최저 시급)어치만 일하는 법'이 절박한 어떤 사회에 알바들이 있다.

불의한 세계를 견디는 하찮은 노하우 ① : PC방 알바

차단기의 차단

자리에 앉자마자 잠만 자는 덩치 좋은 아저씨들을 보면 이용료를 받을 수 있을지부터 걱정됐다. 퀭한 눈으로 야한 동영상에 몰두하는 남자들 곁엔 재떨이 비우러 가기도 민망했다. 풀메이크업 한 얼굴로 새벽까지 화상 채팅 하는 여자들은 화장이 들뜨면서 얼굴이 바뀌었다. 사복 경찰이나 헌병들이 쫓고 있는 용의자와 탈영병 사진을 들이밀 땐 나의 심장도 발열했다. 심야의 PC방은 누울 곳을 찾지 못한 나방들이 날개 끼어 퍼덕이는 지구의 외진 모퉁이 같았다.

카운터에서 전화벨이 울었다.

"충전할 때 빼곤 근무시간에 휴대전화 보지 말랬잖아."

점장의 새된 목소리가 전화기 밖으로 튀어나왔다. 싸한 기운이 머리카락을 한 올 한 올 훑었다. 종이 날에 손가락이 베일 때처럼 나(23세, 남)의 마음이 기분 나쁘게 썰렸다. 면접 때 점장이 했던 말을 그제야 이해했다.

"PC방에 사각은 없어."

방 곳곳에 설치된 CCTV는 사장과 점장의 눈이었다. 프랜차이즈 PC방 관리자들은 자기 사무실에서 전국의 알바들을 실시간으로 지켜봤다. CCTV 녹화 영상을 몇 배속으로 돌려보며 근무 태도를 점검하기도 했다. 나를 관찰하는 그들의 충혈된 눈알이 CCTV 카메라에서 쏟아져 내릴 것 같았다.

그들은 인종주의자가 틀림없다고 나는 생각했다. 알바는 노골적으로 감시하고 당연하게 감시해야 할 인종이라고 그들은 믿고 있었다. PC방은 알바의 몸에 빨판을 붙이고 운영됐다. 사장과 점장은 PC방에 상주하지 않았다. 알바에게 관리를 떠넘긴 책임과 불안을 헐값 노동을 감시하는 것으로 보상받으려는 듯했다. 야간 근무인데도 나의 시급은 주간의 1.5배로 계산되지 않았다. 내게 주는 돈을 줄여 사장은 자식들을 알바 만들지 않고 공부시켰다. 아래를 깎아 위를 쌓는 방식으로 **헬바**의 세계는 작동했다.

사장은 '알바 무의자 원칙'을 고수했다. 잠깐 의자에 앉으면 어김없이 전화기가 진동했다. 그날 나는 너무 아팠다. 몸살이 다리를 자꾸 주저앉혔다. 의자 없는 카운터에서 꼬박 열 시간(밤 10시부터 다음 날 아침 8시) 동안 서서 밤을 새웠다. 라면을 끓였고, 재떨이를 비웠으며, 빈자리를 닦았고, 커피를 내렸다. **먹튀**가 잇따랐다.

"담배 사러 갔다 올게요."

갔다 오겠다는 사람이 가방과 짐을 모두 챙겨 나갔다. 쫓아가야 하는데 몸이 따라 주지 않았다. "가방 두고 가라."는 말이 문틈에 걸려 남자를 놓쳤다.

먹튀 눈치는 쉽게 읽혔다. 먹튀를 노리는 손님들은 구석에 앉아 카운터를 흘끔거렸다. 알바와 시선도 자주 마주쳤다. 알바가 방심하는 순간 뛰쳐나갔다. 화장실이 PC방 밖에 있을 땐 손님 생리 현상의 진위까지 체크해야 했다. 음식을 시켜 먹으며 '성실 손님'을 가장하는 '고수들'은 가려내기 쉽지 않았다. 손님 대여섯 명이 한꺼번에 들어오거나 카운터에 모여 계산할 때가 가장 위험했다. 그들 틈에 섞여 먹튀는 조용히 사라졌다. 먹튀 손실금은 모두 내가 변상해야 했다.

CCTV 카메라에서 자란 점장의 눈동자가 PC방 벽과 천장에 주렁주렁 열렸다. 그 고성능의 시력을 나는 피할 길이 없었다. 화장실을 청소하는 척하며 10여 분 변기에 앉을 때가 유일하게 다리를 쉬는 시간이었다. 의자를 정돈하다 컴퓨터 아래로 몸을 감춰 주저앉기도 했다.

그렇게 나는 기계가 돼갔고, 그렇게 나는 기계가 될 순 없었다. 인간으로 남기 위해 나는 궁리했다.

시간을 잘 골라야 했다. 새벽 5~6시가 적당했다. 손님은 거의 없었고 사장·점장도 자고 있을 가능성이 높았다. 카운터 옆을 손으로 더듬었더니 전원 차단기가 있었다. CCTV가 보고 있다는 사실을 잊어선 안 됐다. 바닥 청소하는 척하다 기습적으로 감행해야 했다.

나는 차단기를 내렸다. 점장에게 전화를 걸어 별일 아니라는 듯 말했다.

"차단기가 맛이 갔어요. 수리 기사를 불러야겠어요."

잠결의 점장은 "알았다."고만 했다.

그를 본 지 오래였다. 얼굴이 기억나지 않았다. 나는 그가 가물가물한데 그의 눈엔 나의 모든 순간이 새롭게 저장되고 업데이트됐다. 그는 없음으로써 내 앞에 있었다.

컴퓨터는 물론 CCTV까지 다운됐다. 개점 초기 기술자가 전압 검사를 하러 왔었다. 그가 차단기를 내렸을 때 CCTV가 아웃되는 걸 보고 생각했다.

이거다.

그것이었다.

나는 비로소 의자에 앉았다. 담배를 피웠고, 음료수를 뽑아 마셨다. 기계를 돌리던 모터가 멈추고 인간의 심장이 뛰는 걸 느꼈다.

너무 오래 쉬어도 안 됐다. 10~15분이 적당했다. 몸이 좋지 않을 땐 '복구 시간 지연'이란 모험을 해볼 수도 있었다. 새벽에 즉시 수리 접수가 이뤄져 곧바로 복구되긴 쉽지 않았다. 길어도 30분을 넘기면 의심받았다. 차단기 고장은 PC방 전체를 세우는 비상사태이므로 사장·점장이 달려올 수도 있었다.

알바는 아파도 쉴 수 없었다. 하루의 휴식과 해고를 맞바꿔야 하는 사람이 알바였다. 혹사당한 몸엔 '차단기 아웃'이 약이었다.

폐기

「**명사**」 편의점에서 유통기한이 지나 폐기하는 식료품. 편의점은 식사를 제공하지 않는 경우가 많아 밥값을 아끼려는(혹은 식사할 시간도 없는) 알바들은 '폐기'로 한 끼를 대신한다.

¶

불의한 세계를 견디는 하찮은 노하우 ② : 편의점 알바

중년의 남자가 양반 다리를 했다. 편하게 앉아 조금 전 계산
한 소주병을 땄다. 종이컵에 소주를 부어 마시고 오징어 다리를
뜯어 씹었다.

"손님 내려오세요."

술 취한 남자가 카운터 맞은편 테이블에 올라가 자작을 시작
했다.

"어여 올라와."

남자가 나(25세, 남)에게 손짓했다.

"같이 한잔하자고."

알 ∨ 바

신발은 곱게 벗어 소주병 옆에 뒀다. 사발면에 물을 받은 여
자 손님이 테이블 쪽으로 가다 멈춰 선 채 나를 쳐다봤다. 줄 선
손님들 계산을 마친 뒤에야 남자의 흥 오른 모습이 눈에 들어왔
다. 그는 편의점과 자신의 안방을 구분하지 못했다.

열대야가 계속되고 있었다. 남자를 설득하고, 언쟁하고, 끌
어내리고, 내보내느라 온몸이 땀으로 젖었다. 에어컨이 돌다 말
다 했다. 편의점 유리벽이 더위에 녹아 강물처럼 출렁였다.

두어 시간 전엔 교복 입은 남학생 두 명이 담배를 달라고 했다.

"고등학생한텐 담배를 못 팔게 돼있어요."

걸리면 영업정지를 당한다며 미성년자 여부를 꼭 확인하라
고 사장은 당부했었다.

"괜찮으니까 주세요."

술 냄새를 풍기며 학생들은 카운터 앞을 떠나지 않았다. 손님 한 명이 뒤에서 계산을 재촉했다. 학생이 손을 뻗어 담배를 직접 꺼내려고 했다. 사장은 에어컨 수리를 며칠째 미루고 있었다. 짜증이 울컥했다.

"너네 몇 살이야."

말을 뱉고도 내 입에서 나온 말처럼 들리지 않았다.

몇 살이냐고 묻다니.

고작 그런 걸 묻다니.

그 창피한 말 외엔 생각나지 않을 만큼 진이 빠지는 밤이었다. 학생들 얼굴에서 비웃음 같은 것이 흘러 나왔다.

"편의점 알바 하면서 돈 좀 벌었나 봐."

한 명이 나의 안경을 벗겼다. 그들의 웃음은 '네까짓 것도 꼰대 짓이냐?'는 분노 같기도 했고, '이래도 그만 저래도 그만'이란 체념 같기도 했다.

"나갈래?"

그가 고갯짓으로 밖을 가리켰다.

안경이 벗겨져 초점이 나가기 직전 나는 봤다.

그들의 눈에 어린 무거운 피곤이 보였다.

정확히는 알코올 오른 눈동자에 비친 내 얼굴을 봤다. 나보다 덩치가 1.5배는 큰 고등학생들 앞에서 나는 눈동자 속의 남자 크기로 수축돼 있었다. 겁이 났다. 학생들이 너무 커서 겁났고, 내가 너무 작아 겁이 났다.

바다 여행을 부추기는 여름 노래가 스피커에서 몸을 흔들었다.

"됐다, 시팔."

다른 한 명이 친구의 팔을 끌었다. 나의 안경을 벗겼던 학생이 나가면서 한마디 남겼다.

"착하게 알바해서 재벌 되쇼."

편의점 문밖에서 그들이 나를 향해 침을 찍찍 쐈다.

수치일지 울분일지 모를 기분에 싸여 여름 감기로 열이 올랐다. 꼭대기까지 차오른 라면 국물 통을 들고 나가 비웠다. 역한 쉰내가 날카로웠다.

매장이 넓은 편의점이었다. 내가 일하기 전까진 야간·새벽 시간에 두세 명씩의 알바가 배치됐다고 들었다. 알바들이 한꺼번에 그만두면서 내가 채용됐다. 혼자 버벅댈 때마다 사장에게 충원을 요구했다. 구하고 있으니까 조금만 기다리라던 사장은 언제부턴가 "너 혼자서도 잘하지 않냐."며 웃었다. 그 웃음을 볼 때마다 학생들한테 담배를 내주지 않은 내가 싫어졌다.

한 끼의 현금화

23시 59분 59초.

24시가 되자마자 우유를 골라냈다. 상품에 찍힌 숫자를 살피며 빵과 삼각김밥을 추렸다. 날짜가 바뀌면서 유통기한이 다한 음식들이었다. **폐기**로 찍고 비닐봉지에 쓸어 넣었다. 따로 빼둔 돈가스 도시락 하나를 전자레인지에 넣어 데웠다.

알바에게 식사를 제공하는 편의점은 없었다. 알바들은 대부분 폐기로 밥을 때웠다. 편의점은 유통기한이 지난 식료품들을 팔 수 없었다. 폐기된 자리는 새 제품들로 재빠르게 채워졌다. 팔 수 없다 뿐이지 먹는 데는 문제없다며 편의점 사장들은 폐기를 알바들의 간식으로 인심 썼다.

뻑뻑한 돈가스를 씹고 딸기 요거트를 후루룩 마셨다. 손님이 뜸한 시간에 나는 폐기를 먹고 폐기를 삼켰다. 신속한 폐기와 대체는 편의점 식품 유통의 대원칙이며, 폐기하고 대체하는 일은 편의점 알바의 주요 업무였다. 언제든 폐기되고 대체될 수 있다는 사실은 편의점 음식과 알바가 공유하는 운명이었다. 편의점에서 폐기를 찍고 폐기를 먹다가 폐기되는 일은 알바가 부양하는 세계를 작동하는 '편의의 원리'였다.

편의점 사장들 중엔 매장 음식 2천~3천 원어치로 식사 제공을 대신하는 경우가 있었다. 알바는 먹은 음식을 계산대에 기록하고 영수증을 근거로 남겼다.

선대 알바들로부터 전수돼 온 오래된 노하우를 나도 실천했다. 손님이 식료품을 살 때 버리고 간 영수증을 골라 2천~3천 원 안팎으로 맞췄다. 식사 음식과 동떨어진 제품 영수증은 피해야 했다. 영수증을 계산대에 넣고 액수만큼 꺼내 가졌다. 고픈 배는 폐기로 채웠다. 영수증을 현금으로 바꿔 최저 시급도 안 되는 급여에 보탰다. 세상에서 가장 짠 물질인 알바비의 염도를 낮추려면 알바 자신을 녹여 섞어야 했다.

졸음이 달려왔다. 나는 편의점에서 밤새 일한 뒤 곧바로 학교로 갔다. 수업이 없는 시간이면 빈 강의실에서 잠을 잤다. 오래 감지 못한 눈으로 하늘을 볼 때마다 햇살이 따가워 눈물이 났다. 빨갛게 피가 몰린 눈은 환한 대낮을 보랏빛으로 파악했다. 수업이 끝나면 집에 들러 다음 날 강의에 맞춰 가방을 다시 쌌다. 편의점으로 출근한 뒤엔 손님이 뜸할 때마다 카운터에 책을 퍼놓고 수업 과제를 했다. 나는 더할 수 없이 시간을 쪼개 살았지만 학자금 대출은 쌓여만 갔다.

쪽잠의 각도

편의점도 CCTV의 지배를 받았다. CCTV 아래서 자유로운 공간은 존재하지 않았다. 센터[3]가 다녀간 새벽 1~2시는 알바에게 가장 졸린 시간이었다. 잠깐이라도 자줘야 죽지 않았다. CCTV를 속이고, 손님도 볼 수 있고, 자는 것도 들키지 않을 '각도'를 찾아야 했다.

카운터에 앉아 고개를 CCTV 반대 방향으로 돌렸다. 손으로 턱을 받치고 시선은 카운터를 향했다. 다른 손을 카운터 위에 올린 뒤 휴대전화를 잡았다. 휴대전화를 보는 척하며 10여 분씩 눈을 붙였다. 사장은 예고 없이 손님 수와 매출액을 꼼꼼히 전산 대조했다. 그의 활동 시간과 패턴을 미리 파악해야 했다.

손님이 과자 코너 쪽으로 갔다. 대각선 천장에 달린 볼록렌즈로 손님의 동선을 확인했다. 눈알이 깔깔해지고 의식이 내려앉았다. 몇 초 동안 눈이 감겨 있었는지 알 수 없었다.

눈을 떴을 때 손님이 보이지 않았다. 문을 열고 닫을 때 나는 종소리도 듣지 못했다. 진열대 사이를 찾았지만 손님은 없었다. 가슴이 덜컹거렸다. 편의점 뒤쪽에 냉동실과 붙은 사무실이 있었다. 금고가 보관된 방이기도 했다.

뛰어가 사무실 문을 열었다. 손님이 의자를 붙인 뒤 그 위에서 자고 있었다. 벗어 둔 신발이 의자 옆에서 가지런했다. 테이블 위에서 소주를 까던 남자였다. 헛구역질이 났다. 몸에 남은 모든 진이 입으로 쏠려 구토처럼 쏟아졌다.

"야 이 시이 팔."

술과 잠에 취한 남자를 거칠게 잡아당겼다. 남자가 의자에서 땅바닥으로 떨어졌다. 끄응 소리를 내는 그를 편의점 바닥 위로 질질 끌었다. 편의점 문을 열고 그를 내동댕이치듯 밀어냈다. 신발도 집어던졌다.

"집에 가서 처마시라고. 왜 여기서 이러냐고."

말을 뱉고도 내 입에서 나온 말처럼 들리지 않았다.

왜 이러냐니.

참고 참다 한 번 소리를 냈는데, 왜 여기서 이러냐니.

고작 소리친다는 게 그딴 말이라니.

"나한테 왜 이러냐고."

CCTV를 쳐다보며 고함을 질렀다. 편의점 야간 알바만 2년 했다. 이제 나는 되고 싶은 게 없었다.

아침 7시. 교대 시간인데도 사장은 나오지 않았다. 1교시 수업이 있는 날이었다. 예정된 발표 준비도 끝내지 못했다. 사장은 전화를 받지 않았다.

출근하는 직장인들과 등교하는 중고등학생들이 쉴 새 없이 들어오고 나갔다. 계산하느라 정신이 없었다. 비가 내리기 시작했다. 출입문 안쪽에 종이 박스를 깔아 신발에 묻은 물을 흡수토록 했다. 대걸레를 빨아 빗방울과 발자국으로 더러워진 바닥을 닦았다.

8시가 가까웠다. 수차례 시도 뒤에야 전화가 연결됐다.

"사장님, 교대해 주셔야죠."

방금 일어나 가래 낀 목소리가 건너왔다.

"기다려."

"교대 시간이 한 시간이나 지났어요."

"기다리라고."

고작 하룻밤이 지났고 고작 하루가 시작되고 있었다.

"야, 나, 학교 가야 된다고."

사장이 맑은 목소리로 말했다.

"이 새끼가. 그만두고 싶어?"

나는 전화를 끊었다.

카운터 한쪽에 펼쳐 둔 책과 노트를 가방에 넣었다. 한 중학생이 초콜릿을 계산대에 올렸다. 나는 카운터를 비우고 밖으로 나왔다. 빗방울 맺힌 편의점 유리창이 나를 쳐다보는 학생의 얼굴을 비췄다.

학교 가는 버스를 탔다.

농노리아

「조어」 중세 '농노'와 '롯데리아'의 합성어. 롯데리아 알바의 열악한 노동조건을 상징한다.

강도날드

「조어」 '강도'와 '맥도날드'의 합성어.

등골빼네

「조어」 '등골 빼다'와 '카페베네'의 합성어.

홀딩 타임 초과

수요를 초과하는 공급을 창출해야 한다. 덤프[4] 담당 동료와의 협업이 중요하다. 치즈 스틱을 홀딩 타임[5] 안에 다 팔지 못할 만큼 듬뿍 튀기는 것이 핵심이다. 점장과 매니저 눈을 피해 치즈 스틱을 얇게 자른다. 햄버거 위에 올리고 전자레인지에 넣어 돌린다. 크라운과 힐[6] 사이엔 고기 패티를 먹고 싶은 만큼 깐다. 아이스크림을 소스처럼 발라 특제 햄버거를 완성한다.

"친절한 서비스로 모시겠습니다. 메이트 ○ ○ ○ (24세, 여) 급식[7] 들어가겠습니다."

나는 패스트하게 보고했다. 네 시간 일하면 주어지는 20~30분의 급식 시간조차 고객과 상사에게 보고한 뒤에야 쓸 수 있었다. 겨우 더스타[8]를 손에서 놓았다.

온종일 더스타를 바꾸며 플로어라운딩[9]을 했다. 핑크 더스타로 기름을 닦았다. 옐로 더스타로는 카운터를 닦았다. 그린 더스타로 트래시박스[10]를 닦았고, 블루 더스타로 플로어[11]를 닦았다. 더스타는 색깔별로 용도가 나뉘었다. 더스타의 색깔만큼 나의 생각도 분열했다. 반복되는 더스타질이 뇌의 사고까지 말끔히 닦아 버리는 듯했다.

유니폼을 입는 순간 나는 투명 인간 혹은 기계가 됐다. 손님들의 눈에 햄버거만 남고 나는 보이지 않았다. 감정을 '잠시 멈춤' 한 채 절차에 따라 패스트하게 움직이는 회로의 부품이었다.

포스[12] 앞에 선 여성 손님의 아이라인이 짙었다. 언젠가부터 나는 사람들의 눈을 마주 보지 못했다.

전단지 배포, 햄버거 가게, 피자 가게, 커피 전문점, PC방, 맥줏집, 옷가게, 호텔 알바…….

저임금 노동의 세계를 나는 너무 일찍 알아 버렸다. 어릴 때부터 엄마, 아빠에게 용돈 달란 말을 하지 못했다. 돈 때문에 싸우는 부모님이 안쓰럽고 싫었다. 첫 알바는 초등학생 때 전단지 돌리기였다. 중국집 홍보지를 뿌렸다. 아파트 한 동 전체를 돌리면 사장은 7백 원을 줬다. 일을 마친 뒤 자장면 한 그릇을 주는 날이 가끔 있었다. 온종일 전단지를 배포하고 받는 돈은 5천 원이었다.

햄버거를 주문받으며 나는 읽을 수 있었다. 그들의 얕잡는 시선에서 '세계가 싼값에 부리는 자'의 앞날을 예견하며 나는 우울을 앓았다. 나를 쳐다보는 손님들의 시든 눈이 무서웠다. 어느 매장에선가 알바로 서서 손님의 시선을 마주 보지 못했을 그들이 내 앞에 손님으로 서서 나의 눈을 쏘아보고 있는지도 몰랐다.

알
∨
바

급식 판매

급식으로 허용된 금액만큼의 메뉴를 나는 손님에게 팔았다. 손님이 주문한 메뉴를 내가 먹은 것으로 처리한 뒤 그 돈을 가졌다. 식사는 의도적으로 만들어 둔 '홀딩 타임 초과 음식'으로 해결했다.

야간 알바를 너무 오래해서인지 걸으면서도 졸았다. 자려고

해도 못 잘 때가 많았는데, 한번 자면 일어나지 못했다. 위장에
선 쓴 물이 올라왔다.

영화를 공부했었다. 사각의 카메라로 세상을 보는 게 좋았다.
좁은 사각 안에서 나는 오히려 편안했다. 비싼 등록금과 비싼
장비는 알바가 감당할 수준이 아니었다. 장비를 사느라 카드빚
을 졌고, 수업과 실습을 자주 빠졌다. 학교 수업에 알바를 맞추
는 대신 알바에 학교 수업을 맞췄다. 아빠는 계약직이었고, 엄
마는 파견직이었으며, 나는 알바였다. 나는 대학을 자퇴했다.
미래를 위해 하는 알바가 아니라 미래 따윈 계획에 없는 그냥
알바였다.

동기들이 대학을 졸업하고 있었다. 학교 친구들을 만나지 않
은 지 오래였다. 알바를 7년 넘게 했다. 나의 자존은 햄버거 크
기로 졸아들었다. 내 인생에 장기 직장은 존재하지 않을 것이었
다. 고졸 출신 비정규직에게 허락된 노동의 세계는 단기 알바의
세계와 다르지 않았다. 급하게 쑤셔 넣은 햄버거를 목구멍이 밀
어냈다.

농노리아는 알바가 경작하는 영토였다. 계급과 서열의 땅이
었다. 햄버거는 속도로 돈을 벌었고, 속도는 위계로 지탱됐다.
'점장 → 매니저[13] → 바이스 매니저[14] → 리더2[15] → 리더1 →
메이트2[16] → 메이트1[17]'로 하강하며 그 땅은 완벽한 피라미드
를 구축했다.

알바의 계급 구조에도 끼지 못하는 사람들이 있었다. 복지관
의 주선으로 취업을 타진하러 온 장애인들은 주로 청소를 했다.
가슴엔 '청소 담당'이란 명찰을 달았다. 일주일쯤 일하다 부적

절 판정이 내려지면 '패스트랜드'에서 거부당한 채 돌려보내졌다. '실버'는 쓰레기 분리수거를 했다. 동네에서 폐지 수거하는 노인들에게 쓰레기를 맡겼다. 그들은 네 시간 단위로 햄버거를 하나씩 받아 갔다.

농노리아와 **강도날드**에선 그들만의 언어가 통용됐다. 그 언어들이 알바의 신분과 행동을 규정했다. 나의 계급은 메이트였고, 나의 정체는 미스[18]였다. 그 땅의 언어를 사용하고, 그 땅의 언어로 불리며, 우리는 알바가 세계의 가장 밑변이란 사실을 체득하고 각인했다.

꼭짓점은 밑변을 딛고 홀로 우뚝했다. 밑변을 밟고 솟은 꼭짓점은 혼자만 뾰족해서 아무도 함께 설 수 없었다. **등골빼네** 대표는 신문[19]에 썼다.

"인생은 나의 것, 청년 스스로에게 가장 큰 책임이 있다."

그 커피 전문점의 〈근로기준법〉 위반율은 98.3퍼센트[20]였다. 밑변의 책임을 말하는 꼭짓점의 언어를 알바는 믿지 않았다. 그 언어에 취한 알바들이 그 땅에서 정신없이 일하다 정신이 없어졌다.

'6천2백 원 이하의 메뉴만 가능하다.'는 급식 지침에 나는 안주하지 않았다. 마음이 부르는 대로 제조해 먹었다. 짠 알바비를 보상받고 싶은 날엔 원하는 음식을 모두 쌓아 '폭탄 버거'를 구성했다. 농노리아 알바일 땐 강도날드의 메뉴를 만들어 먹었다. 패스트하게 망가지는 건강은 다만 알바의 몫이었다.

급식 시간이 끝나 갔다. 나는 고속으로 씹고 과속으로 삼켰다. 우리의 밥은 당신들의 햄버거보다 패스트했다.

꺾기

「은어」 인건비를 아끼려는 고용주들이 손님이 많지 않을 때 알바들에게 강요하는 강제 휴식 혹은 조퇴. 꺾기를 당한 알바들은 일정 시간 PC방 등에서 대기하다 다시 복귀하기도 한다. 고용주들은 근무를 하지 않았다는 이유로 그 시간만큼 임금을 제한다.

레이버 컨트롤

「노무」 맥도날드는 매장별로 매출 대비 인건비 비율을 정해 둔다. 매출이 적으면 인건비를 줄여 이윤을 맞춘다. 꺾기와 조퇴도 '레이버 컨트롤' 차원에서 이뤄진다.

최저임금이 최고 임금

「관용구」 최저임금도 받지 못하는 알바와 저임금 노동자들이 많다. 법정 시급인 최저임금이 최고 임금이 돼버리는 경우가 흔하다.

¶

불의한 세계를 견디는 하찮은 노하우 ④ : 패스트푸드점 알바 2

"인건비 폭발하겠다."

농노리아 매니저가 투덜댔다.

"손님 별로 없으니까 먼저 퇴근해."

그가 선심 쓰듯 말했다.

나(24세, 여)는 또 꺾였다.

"스케줄이 자유로워서 시간 활용하기 좋을 거야."

알바를 처음 시작할 때 매니저가 말했다. 그의 안경은 굵은 뿔테였다. 안경 너머의 얇은 눈이 나를 살폈다. 패스트푸드점에서 자유로운 스케줄이 뭐냐고 물었을 때 그는 "해보면 안다."고 했다.

해보니 **꺾기**였다.

나는 매장에서 '존나게 쉬운 인력'이었다. 집이 근처라는 이유로 뻑 하면 꺾기를 당했다. 나의 근무 시간은 밤 11시부터 아침 7시까지였다. 손님이 줄어드는 새벽엔 근무 시간인데도 강제 조퇴를 당했다. 손님이 많을 땐 근무 시간이 아닌데도 일했다. 필요 없을 땐 아무 때고 꺾었고, 필요할 땐 아무 때고 불렀다.

"한가하니 들어가 쉬라."며 보낸 뒤 그 시간만큼 임금에서 제하는 것으로 '선심' 값을 비싸게 뗐다. 출근은 1분 늦을 때마다 1백 원씩 깎았고, 한 시간 이상 걸리는 다운[21] 작업은 임금으로 계산하지 않았다. **레이버 컨트롤**은 알바비를 컨트롤해 매출을 컨트롤하는 시스템이었다. 시스템이 꺾고 조일 때마다 알바의

삶도 꺾이고 조여졌다. 알바의 생존은 매출을 중심으로 컨트롤
됐다.

"5번 테이블 뿌잉뿌잉."[22]

테이블을 정리한 뒤 매장 입구의 안내 알바에게 무전을 보냈
다. 그의 안내를 받은 손님들이 5번 테이블에 와서 앉았다. 나는
손님들 곁에서 무릎을 꿇고 메뉴판을 펼쳤다.

패밀리 레스토랑은 인간적인 듯 비인간적이었다. 이름 끝에
'님'을 붙여 줘서 좋았다. 나는 '님'으로 존중받아 본 적이 없었
다. 레스토랑 알바들은 구두를 신고 화장을 해야 했다. 유니폼
으로 갈아입고 머리를 올리는 데 날마다 30여 분이 걸렸다. 시
급에 계산되지 않는 시간이었다. 칼출근과 칼퇴근은 **최저임금이
최고 임금**인 알바들이 지켜야 할 첫 번째 원칙이면서 지킬 수 없
는 첫 번째 다짐이었다.

패밀리 레스토랑에서 알바가 서빙하는 메뉴는 알바가 사먹을
수 있는 음식이 아니었다. 여덟 시간 일한 뒤 나는 1층의 김밥천
국에 내려가 식사를 했다. 레스토랑이 알바들에게 5천 원 한도
로 밥을 먹도록 한 식당이었다. 언젠가 5천5백 원짜리를 먹었다
가 5백 원을 토해 낸 날이 있었다. 온종일 손님들 앞에 세팅한
음식들의 짐작되지 않는 맛을 나는 가끔 짐작해 보곤 했다.

알바도 사장 면접

"내가 국정원에서 쫓겨나서 그렇지 이러고 있을 사람이 아니
라니까."

농노리아 구석에서 졸던 남자가 알은척했다. 세트 메뉴를 주

문한 그에게 빅23을 더 얹어 줬었다. 더스타질을 할 때면 그는 잠을 쫓고 내게 인사했다. 커다란 짐 보따리에 얼굴을 파묻은 그는 잠의 경계를 불안하게 들락거렸다. 몇 달 전 매니저에게 강제로 내몰렸던 그는 마음 놓고 눈을 붙이지 못했다. 햄버거 난민들24도 자기 몫의 햄버거는 반드시 돈을 주고 샀다. 마지막 자존감을 놓지 않으려 그들은 밤새 분투했다.

지구는 둥글었고 햄버거도 둥글었다. 둥글다는 것은 때로 이탈할 수 없는 막막함이었다. 누군가의 불룩함 반대편엔 누군가의 오목함이 있었다. 그와 나는 지구의 오목한 곳에서 햄버거를 먹으며 지구의 불룩한 땅을 떠받치고 있는지도 몰랐다.

햄버거를 창조한 인간은 어느 순간부터 햄버거의 속도에 지배당했다. 신미스25 때부터 나는 패스트해질 것을 요구받았다. 세계가 패스트해질수록 사람들도 패스트해졌고, 사람들이 패스트해질수록 햄버거도 패스트해졌으며, 햄버거가 패스트해질수록 알바들은 더욱 패스트해져야 했다. 지구가 패스트하게 돌다 완전히 돌아 버릴 때마다, 알바는 패스트한 햄버거를 만들다 패스트하게 소진됐다.

햄버거가 넘치는 세계에서 햄버거에 파묻혀 일하는 알바들은 햄버거 빵 사이에 의문을 끼워 먹었다. 의문이 매울수록 알바들은 내상을 입었다. 세계가 아무리 부유해져도 탈출할 수 없는 이상한 기근이 패스트한 이 세계에 있었다.

면접을 사장만 보도록 둘 순 없었다. 알바인 나도 사장이 적합한 사람인지 꼼꼼히 따졌다. 주휴 수당은 있는지, 식대는 따로 주는지, 급여는 주급으로 줄 수 있는지 질문했다. 모른다고

하면 최저 시급이 얼마인지, 주휴 수당을 왜 줘야 하는지 알려
줬다.

알바 지원은 업무 내용을 구체적으로 명시한 곳에 했다. 가
게 문은 정확히 언제 닫는지, 같이 일하는 사람은 몇 명인지, 꺾
기로 알바의 삶을 꺾지는 않는지 확인했다. 가맹점인지 직영점
인지도 알아 두면 좋았다. 직전 알바가 왜 일을 그만뒀는지도
물었다. 사장이 알바를 매도할 경우 그 사장 때문에 알바가 그
만뒀을 가능성이 컸다. 구인광고에 '시급 협의'라고 쓴 곳엔 나
는 절대 가지 않았다. 최저임금 밑으로 깎겠다는 의도가 1백 퍼
센트였다.

꺾어도 꺾이지 않으려면

"두 명씩 급식하게 해줘요."

주부 사원[26] 언니들은 모이면 세졌다. 언니들이 집단 건의를
했다.

"급식 차례 돌아오면 구석에 혼자 틀어박혀서 모이 먹듯 먹
어요. 우리가 병아리예요? 강아지예요?"

언니들의 요청을 매니저가 거부했다. 다른 시간대의 언니들
여덟 명이 한꺼번에 출근하지 않았다. 언니들의 빈자리는 금세
티가 났다. 당장 매장 운영이 삐걱댔다. 여덟 명은 하루 이틀 사
이 채울 수 있는 인원이 아니었다. 점장은 언니들의 요구를 받
아들일 수밖에 없었다.

나는 키 작은 알바였다. 예고 없이 꺾이면서 나의 키는 툭툭
분지른 나뭇가지처럼 짧아졌다. 나뭇가지는 한데 뭉쳐 잡아야

꺾어도 꺾이지 않았다. 약하고 가는 것들이 꺾이지 않으려면 꺾으려 할 때 한데 모여야 한다는 사실을 언니들한테 배웠다.

신만큼이나 알바는 어디에나 존재했다. 알바가 손을 놓으면 지구는 자전과 공전을 멈출 것이었다.

1 중국 작가 위화의 소설 『허삼관 매혈기』(최용만 옮김, 푸른숲, 2007) 주인공. 피를 팔아 가난한 가족을 부양하는 아버지 허삼관의 이야기.

2 생동성은 3개월에 한 번만 지원 가능하다.

3 그날 팔 주문 물량을 본사 물류차가 한꺼번에 실어 배달.

4 패스트푸드점은 같은 것을 지칭하더라도 업체마다 다른 용어를 만들어 사용한다. '덤프'는 감자 등의 튀김 장비를 일컫는 롯데리아 용어.

5 상품별 유통 시한으로 치즈 스틱은 보통 20분.

6 각각 햄버거 빵의 위와 아래 부분.

7 매장에서 만든 햄버거로 하는 식사.

8 행주.

9 플로어(손님 식탁)나 트래시박스(쓰레기통) 등을 돌아다니며 청소.

10 쓰레기통.

11 손님 식탁.

12 주문대.

13 정직원으로 부점장 직급.

14 시급 매니저로 알바.

15 미스(여자 알바)와 미스터(남자 알바)의 리더.

16 메이트1이 1백 시간 일하면 승격.

17 일을 처음 시작할 때 직급.

18 여자 알바.

19 『조선일보』 2014년 1월 7일 칼럼 "청년들이여, 안녕하지 못하다고? 도전하라!".

20 2013년 고용노동부 조사 결과 프랜차이즈 업계 위반율 1위.

21 이튿날 영업을 곧바로 시작할 수 있도록 마감 뒤 기계와 매장을 청소하는 일.

22 한 대기업 외식 업체 직원들의 소통 언어. '5번 테이블이 비었다.'는 뜻.

23 감자튀김을 뜻하는 롯데리아 용어.

24 숙소가 일정치 않아 패스트푸드 가게에서 밤을 보내는 사람들.

25 새로 온 여자 알바. 새로 온 남자 알바는 신미스터.

26 주로 오전 시간대에 일하는 기혼 메이트.

당신과의 전화 통화

끊겠습니다

추노

「은어」 힘들고 부당한 일을 못 견뎌 '도망 노비'처럼 연락을 끊고 잠적한다는 의미의 알바계 용어. 본래 의미는 도망간 노비를 뒤쫓아 붙잡아 오는 일을 뜻한다.

스페어

「은어」 미용실에서 하루 이틀 초단기 알바로 일하는 미용 보조원. 별도 인력 채용 없이 스페어를 고용해 바쁜 일손을 해결하는 미용실이 많다. 용어에선 '잉여'로 바라보는 시선도 묻어난다.

장콜

「은어」 인바운드(고객한테서 걸려 온 통화를 처리) 콜센터에 전화한 고객이 장시간 끊지 않고 시시콜콜 묻고 따지는 경우. **진상콜** 「은어」 상담원을 괴롭히는 진상 고객의 전화. **콜드콜** 「텔레마케팅」 아웃바운드(콜센터에서 고객에게 전화) 상담원이 인연 없는 고객에게 상품 구매나 투자·대출 등을 권유하는 전화. 고객은 일반적으로 냉담(콜드)한 반응을 보인다. **오토콜** 「텔레마케팅」 기계가 자동으로 전화를 걸어 응답하는 고객을 대기 중인 상담원에게 연결하는 시스템. 상담원이 일일이 전화를 돌리는 시간을 줄여 통화 횟수를 늘리는 '효과'가 있다.

¶

당신.

당신과 전화 통화할 때마다 나(24세, 여)는 두려웠다. 나의 전화를 재촉하는 당신과 나의 전화를 배척하는 당신과 나의 전화를 갈망하는 당신과 나의 전화를 모욕하는 당신 사이에서 나는 갈피를 못 잡고 허둥댔다.

"다신 전화하지 마."

전화기 너머에서 밀려오는 냉기와 적대로 귓속이 싸늘하고 아릿했다.

"ㄱ은행인데요……."

당신은 첫마디부터 잘라 냈다.

"볼일 없수다."

나는 반복 연습한 매뉴얼을 따라갔다.

"ㄴ 고객님……."

너무 파리해서 무서운 욕설로 당신은 나의 말을 차단했다.

"좆 까."

끊긴 통화음 뒤에 남은 당신의 목소리가 붉은 철가루처럼 바스러졌다. 당신의 까칠함에 쓸리고 데여 나는 화끈거렸다. 당신의 불쾌가 불거질 때마다 내 마음의 살갗도 붉어졌다. 나의 입 밖으로 뛰쳐나가려던 매뉴얼의 언어들이 더불어 소멸했다.

당신과 나 사이에 찰나의 연결은 '관계'가 아니었다. 말은 숙련될 수 있으나 마음은 연습해도 단단해지지 않았다. 전화로 누군가의 마음을 사야 하는 자(아웃바운드 콜센터)에게 **콜드콜**은 숙명이었다. 전화로 누군가의 요구에 답해야 하는 자(인바운드 콜센터)

가 **장콜**과 **진상콜**을 피할 수 없듯이.

어차피 하나 마나 한 전화였을 것이다. '공짜 전화번호'의 주인은 더는 대출이 불가능한 사람들이었다. 육탈한 동물의 갈비뼈처럼 당신의 목소리는 앙상하고 시들했다. 당신 중엔 젊은 목소리도 적지 않았다. 당신은 불안정한 일자리와 불투명한 미래로 바짝 말라갔다. 당신은 구멍 난 배처럼 채무의 늪에서 날마다 가라앉을 것이었다.

당신.

당신은 ○(통화 성공)스럽다. 당신은 △(다시 통화)스럽고, 당신은 ×(통화 실패)스럽다. 전화번호의 가격만 봐도 나는 당신이 무엇스러울지 알 수 있었다. 전화 통화를 끝낼 때마다 동그라미와 세모와 가위로 당신은 분류됐다.

"뚝. 뚜뚜뚜뚜."

'1천 원짜리 당신'은 전화를 받자마자 끊었다. 1천 원에 사들인 전화번호의 효용은 공짜 번호의 쓸모와 큰 차이가 없었다. 당신은 준파산 상태였다. 당신은 나의 말이 건너갈 틈을 주지 않았다. 30명의 번호를 누르면 두 명 정도가 통화에 응했다.

"지금 바쁩니다."

정말 바쁜 것인지 통화를 거부하는 것인지 불분명했다. '2천 원짜리 당신'의 화법은 속이 들여다보이지 않았다. 나는 당신이 대기업에서 일하는 중간 간부쯤 된다고 생각한다. 담보를 끼고 2천만 원 안팎을 빚진 당신의 전화번호는 2천 원 안팎에 사고팔렸다. '바쁜 지금'이 지나면 추가 대출을 끌어낼 수 있다는 희미한 기대로 나는 다시 신호를 띄울 것이다.

"두 시간 뒤에 다시 전화 주시죠."

'5천 원짜리 당신'은 '다시'란 단어에 박하지 않았다. 대화를 잇진 못했으나 나는 한 차례 더 통화할 기회를 얻는다. 추가 대출 가능성이 높을수록 전화번호는 비싸게 거래됐다. 공무원이거나 연봉이 높은 사람들이 5천 원에 책정됐다. "다른 콜센터에서도 반응이 좋았던 번호"라며 사장은 번호 값을 아까워하지 않았다. 업계에서 당신은 뽑아낼 것이 꽤 남은 사람으로 공유됐다.

당신.

당신의 직업과 당신의 대출 능력이 당신 번호의 가치를 결정했다. 빚이 많아 아무리 쥐어짜도 추가 대출이 몇 백만 원에 불과할 번호는 값이 쌌다. 빚이 있어도 담보를 갖고 있으면 값이 올랐다. 5천만 원쯤 빚진 당신에게 담보가 있다면 대부 업체는 2천만 원쯤 대출한 것으로 봤다. 소득 파악이 안 되는 자영업자들은 적은 돈을 자주 빌렸다. 이 콜센터에서 사고 저 콜센터로 팔리면서 당신의 번호엔 정보가 쌓이고 값이 매겨졌다. '이 번호는 실적이 좋았으니 값 좀 쳐줘야 한다.'고 요구하거나 '이걸로는 별로 못 건졌다.'며 덤으로 끼워 주는 번호도 있었다. 당신에게 신호를 보내며 우리의 전화는 불법의 마일리지를 차곡차곡 쌓았다.

나는 오랜 시간 야간 알바로 일했다. 중학생 때부터 여학생이 할 수 있는 '세상의 거의 모든 알바'를 했다. 시급 몇 백 원 더 벌려고 역류하는 위액을 삼키며 밤과 낮을 바꿔 일했다.

스페어라는 알바가 있었다. 이름부터 잉여인 족속이 살아가기에 이 세계는 너무 빽빽하고 빡빡했다. 시간당 6,030원(2016

년 최저 시급)도 못 받던 나. 알바가 시급 1만 원을 받으면 정말 세상이 무너지는지 궁금했다.

"안녕하세요. ○○대리입니다."

당신과의 첫 전화 통화는 그렇게 시작됐다. 대리 운전 업체에 출근해 걸려 오는 전화를 받았다. 운전을 구입하는 전화가 오면 대리 기사들과 연결했다. 당신이 건 전화로 당신의 번호는 데이터화됐다.

'급이 다른 전화'는 처음부터 데이터에 입력돼 있었다. 그 대리 업체는 대기업들과 회사 단위로 계약했다. 이사급 이상 임원들이 주 고객이었다. 대리 기사들은 정장을 입고 호출에 대기했다. 대리비는 일반 고객의 두 배였다.

계약이 성사되면 대리 업체는 기업으로부터 예상 고객의 전화번호를 한꺼번에 넘겨받았다. 저장된 번호의 주인이 전화를 걸 때마다 그의 이름과 직급이 동시에 떴다.

"감사합니다. 이사님 어디로 모시러 갈까요."

나는 자동으로 반응하며 매뉴얼의 말을 읊었다. 일반 고객의 전화 때와는 목소리부터 달라야 했다. 전화를 받자마자 나는 웃음을 실어 그의 '지위'에 인사했다.

회사는 '컴플레인' 한 건에도 절절맸다. 대기업이 계약을 파기하면 손실이 컸다. 콜을 빨리 받아도 눈치를 주고 늦게 받아도 말이 많았다. 직원들끼리도 신경전을 벌였다.

두 번째 통화는 휴대전화기 구입을 권하는 아웃바운드 콜센터에서였다. 특정 통신사인 것처럼 전화를 걸었지만 모든 통신사와 모든 제조사의 전화기를 다 팔았다. 사장은 '2주일 안에 그만두면 임금이 없다.'며 계약서를 내밀었다. '2주일 이상 일해도 석 달 안에 그만두면 급여의 80퍼센트만 지급한다.'는 조항에도 나는 사인했다.

전화기를 들면 기계가 무작위로 신호를 보냈다. **오토콜**이라고 했다. 나는 당신을 선택할 수 없었다. 알 수 없는 번호로 알지 못하는 당신에게 기계는 거침없고 지침 없이 발신했다. 10분에 네 통 이상씩 기계는 나를 당신에게 연결했다.

어떤 당신은 대꾸 없이 전화를 끊었고, 어떤 당신은 목청껏 소리 질렀으며, 어떤 당신은 나를 조곤조곤 모욕했다. 통화 시작 뒤 세 시간이 지나서야 개인 정보를 알려 주는 첫 번째 당신을 만났다. 자퇴생인 듯한 10대 수십 명이 기계가 안내하는 대로 당신들과 통화했다.

사장은 하루에 연락처 세 개씩은 받아 내라며 닦달했다. 세 시간마다 15분씩 휴식을 줬고, 화장실 갈 때마다 "뭘 먹었기에 그러냐?"고 물었다. 팀장은 실적이 좋지 않은 직원을 옆에 앉혀 특별 교육을 했다. 산다는 것은 자주 나와 남을 속이는 일이란 사실을 그는 가르쳤다. 그가 전수하는 세상의 이치가 무서워 나는 **추노**했다.

당신.

"ㄷ 고객님, ㄱ은행입니다."

당신은 물었다.

"내 번호 어떻게 알았어요?"

매뉴얼대로 대답했다.

"무작위로 걸었습니다."

당신이 믿지 않는다는 사실을 우리도 알았다. 대출 경험이 있는 사람들의 번호만 모아 콜센터 사장들에게 파는 사람이 있었다. 언젠가 '사상 최대'라는 금융 개인 정보 유출 사건이 있었다. 그렇게 털린 전화번호가 이렇게 유통되는 것인지도 몰랐다.

"저렴한 대출 상품이 있어 전화드렸습니다."

나의 하늘에 무지개 따위가 뜰 리 없었다. 휴대전화 권유 콜센터를 참지 못해 추노한 내가 대부 업체 콜센터에서 당신에게 빚을 권했다.

ㄱ은행은 미끼였다. 사장은 발신자의 정체를 묻는 당신에겐 ㄱ은행이라 밝히라고 지시했다. ㄱ은행이라고 하면 전화를 바로 끊지 않는 당신들의 심리를 이용했다. ㄱ은행과 콜센터 사이에 실제 어떤 거래가 있는지는 나도 알 수 없었다. 사장은 ㄱ은행 전문 상담원처럼 목소리를 꾸미라고 했다. 신뢰감 있는 말투가 중요하다고 했다. 나도 모르는 전문용어를 섞어 쓰라는 가르침도 받았다. 조심 많은 당신은 ㄱ은행에 전화해 해당 상품의 존재 여부를 확인[1]한 뒤 나와 상담했다.

나는 싼 금리의 대출로 갈아타라거나 대환[2]을 권했지만 콜센터는 그 상품을 취급하지도 않았다. 당신을 추가 대출로 끌어들이는 가짜 밑밥일 뿐이었다. 애초 콜센터가 택한 당신은 싼 금리로 대출받을 수 있는 신용 등급이 아니었다.

대출 경험이 있는 당신은 저금리 대출이 자신에게 불가능하다는 사실을 알았다. 의구심을 표하는 당신을 만나면 빠르게 화법을 바꿨다.

"얼마가 필요하세요?"

당신에게 중요한 것은 은행의 이름이 아니라 당장 손에 쥘 수 있는 돈의 액수였다. 콜센터가 진짜 대행하는 것은 ㄱ은행의 저리 대출이 아니라 대부 업체의 고금리 대출 업무였다. 당신이 미끼를 물면 전화 통화는 이름도 생소한 대부 업체의 대출 상품 안내로 이어졌다.

금융 감독 기관에서 조사를 나오는 날이 있었다. 신기하게도 사장은 그때마다 미리 알고 사무실 문을 닫았다. "일당 쳐줄 테니 빨리 정리하고 나가라."며 조기 퇴근시켰다.

대출을 파는 콜센터 언니들도 모두 채무자였다. 월급을 받으면 대출금부터 갚았다. 20대 초반부터 카드빚을 쓰다 30대엔 출구 없는 '돌려막기의 궤도' 안에 갇혔다. 언니들 몇 명은 각자 카드 현금 서비스를 받아 한 명씩 몰아주며 빚을 견뎠다.

내게 절대 빚의 덫에 걸리지 말라고 충고하던 언니들이 전화기를 들자마자 '싼 금리'를 읊으며 대출을 권했다. 언니들은 자신의 처지를 업무에 활용하기도 했다. "경험상 카드 현금 서비스보다 대출이 낫다."며 당신을 설득했다. 당신에게 전화를 걸어 대출을 부추기는 언니들은 그들에게 전화를 걸어 대출을 종용하는 다른 언니들의 당신이었다.

태어날 때부터 부모의 빚을 물려받은 한 선배는 추심 업체 콜센터에서 일했다. 선배는 중학생 때 엄마를 도와 여자 목욕탕 청소를 했다. 고등학교 2학년 때 학교를 그만두고 편의점, 커피숍, 만화방, PC방, 호프집, 밥집, 찜질방에서 일했고, 건물 청소도 했다. 아빠는 뇌졸중으로 누워 지내고, 가정을 책임졌던 엄마는 몇 년 전 돌아가셨다. 오빠는 낮에 주식을 하고 밤엔 공장에 나갔다. 선배는 오빠의 빚 수천만 원까지 떠안고 있었다.

헬바를 수없이 하며 그는 나이 서른을 넘겼다. 가족의 빚을 갚기 위해 '빚을 갚으라.'며 당신을 닦달했다. 170만 원을 준다는 은행에 지원했는데 기본급이 105만 원인 추심 업체 파견직이었다. 선배에게 추심 콜센터 계약직은 지금껏 가져 본 가장 안정된 직장이었다. 그는 꿈도 친구도 잃었다. 제3금융권 저축은행 대출 연체금을 갚으라며 선배는 당신의 전화번호를 눌렀다. 그는 하루의 노동으로 하루를 연명하는 당신에게 빚 상환을 독촉하고 그 실적으로 인센티브를 받았다.

"90퍼센트가 DB, 1퍼센트가 노력."

선배는 나를 볼 때마다 말했다. 정해진 납입일 이튿날부터 선배는 '전화 작업'을 시작했다. 실적은 "DB발"에 달려 있다고 했다. 선배와 선배의 동료들은 그날 받은 DB대로 전화를 걸었다. 오토콜이 번호를 꽂는 대로 통화했다.

인센티브는 운이었다. 재수 좋은 번호가 걸리면 대출금 상환을 건지지만, 돈 없는 당신은 "어떻게 구워삶아도" 돈이 없었다. 그날 할당된 번호로 더는 통화가 불가능하다고 기계가 판단할 때 선배의 하루 일은 끝났다.

선배는 추심 업체 콜센터 직원이어서 다른 콜센터 직원들의 약점을 알았다. 걸려 오는 콜센터 전화가 귀찮을 때마다 선배는 "금감원에 신고한다."고 했다. 자신의 전화를 받은 사람들로부터 들었던 경고를 선배는 그렇게 활용했다. 당신 앞에서 한없이 움츠러드는 우리는 '다른 우리' 앞에 섰을 때 여지없이 당신이 되고 싶어 했다.

나의 엄마도 빚쟁이였다. 직업으론 나의 선배기도 했다. 엄마는 대출 권유 콜센터에서 오래 일했다. 엄마는 이제 '대출은 위험하다.'고 설득하러 당신에게 전화했다. 대출 상환 능력이 없는 채무자와 파산 전문 변호사를 연결시키며 건당 수수료를 받았다. 오늘도 회생 콜센터에서 당신의 전화번호를 누르는 빚쟁이 엄마는 당신의 파산을 밑돌 삼아 자신의 회생을 고대했다.

당신.

당신은 이혼 여성이라고 했다. 빚이 너무 많고 직장에서도 해고될 것 같다며 울먹였다. 이야기 들어줄 사람 하나 없던 당신은 대출 상담원인 나의 전화를 놓지 않고 황량한 삶을 하소연했다. 나의 머리는 파산을 신청해 빚을 털어 내라고 이야기했지만, 나의 입은 추가 대출로 급한 불을 끄라고 권했다.

"건당 5천 원 현금 박치기."

전화 실적이 시원찮을 땐 팀장들이 사무실을 돌아다니며 외쳤다. 빚에 허덕이는 당신이 파산할 때까지 나는 당신의 대출을 부추기며 이 정글 같은 세상을 살고 있다.

당신.

당신과 전화 통화할 때마다 나는 지쳐 갔다. 당신과 통화할 때마다 찢어졌고, 병들었으며, 너덜너덜해졌다. 나와 당신의 세계에선 사람이 눈물이고 상처였다. 나와 당신과 우리는 서로에게 당신이 되어 빚을 권하고, 뜯기고, 뜯는다. 나는 당신을 이용하고, 당신은 나를 적대하며, 우리는 서로에게 당신이란 이름의 덫이 된다. 너무 비열하고 악착같아 도망칠 수 없고 놓여날 수도 없는, 당신, '약탈 자본주의'와의 미궁 같은 전화 통화.

1 은행이 실제 판매하는 상품을 이용해 안내한다.
2 금융기관에서 대출을 받아 이전 대출금·연체금을 갚는 것으로 카드 대금 연체자가
   연체금을 장기 대출로 바꿔 분할 납부하는 경우 등을 말한다.

보이는 것을 지탱하는 보이지 않는 것

얼룩

열가

「은어」 부유한 사람들을 지칭하는 넝마주이 용어. 넝마주이들에게 열가는 동경의 대상이자 분노의 대상이었다. 서울 강남은 넝마주이들이 오를 수 없는 열가의 성이었다.

난장꿀임

「은어」 노숙을 뜻한다. 과거 넝마주이들에게 난장꿀임은 일상이었다. 강남 구청의 넝마공동체 강제 철거 이후 삶터를 잃은 이들이 다시 난장꿀임으로 내몰렸다.

¶

　그녀들이 종잇장처럼 구겨지고 있었다.

　다리를 접고 다시 허리를 접었다. 고개를 접고 다시 가슴을 접었다. 관절을 접고 다시 뼈를 접을 때마다 몸과 마음 사이로 희망을 이분하는 선명한 선이 생겼다. 그녀들이 접히고 구겨질수록 희망은 무한 이분돼 작은 점으로 소실됐다. **열가**의 대문 앞에 비닐을 치고 주저앉은 그녀들의 자존이 지면의 높이로 가라앉았다.

　첫눈(2013년 11월 18일)이 내렸다. 열가의 땅을 행정하고 자치하는 강남구청 앞으로 그해 겨울이 칼바람을 타고 도래했다.

　"고마 무너지겠다."

　바람에 비닐이 출렁이자 그녀(77세)가 걱정했다.

　대기가 누르는 압력의 차이에서 바람은 불었다. 하늘을 가르는 기압의 격차가 바람을 불렀다. 격차가 있어야 공기가 흐르고 지구가 돈다는 믿음이 이 세계에 있었다. 그 믿음을 원리로 하는 찬란의 땅에서 힘의 차이가 낸 길을 따라 바람이 왔다. 강남구청이 넝마공동체를 철거[1]한 뒤 그녀들도 바람이 떠미는 곳으로 출렁이며 쓸리었다.

　형체 없는 바람의 기원엔 유형의 역관계가 있었다. 강남구청이 영동5교 넝마공동체에 철거 계고장(2012년 7월)을 보냈다. 두 달 뒤 구청의 강제 철거가 시작됐다. 시유지인 탄천운동장(강남구 대치동 1번지)으로 옮기면 주거 유지에 협조하겠다는 구청의 약속(10월)을 믿었다. 그녀들은 철거를 피해 영동5교 다리 밑을 비웠다(10월 28일). 27년을 의탁한 다리 밑이 깨끗이 치워지고 펜스로 봉쇄됐다(11월 9일). 탄천운동장으로 이사한 컨테이너와 텐트를 구청 용역들이 부수었다(11월 15일). 전기를 끊고(11월 1일) 수도를 막았다(11월 5일). 물·음식 반입이 막혔을 때 그녀들은 빗물로 라면을 끓이며 차갑고 마른 바람을 맞았다. 2백여 명의 용역과 포클레인이 주민 30여 명을 끌어내며 행정은 '대집행'을 완료했다(11월 28일). 용역의 입에서 침이 날아왔고, 그들의 손에 옷이 찢겼으며, 그들에게 몸이 들려 던져졌다. 바람은 용역의 완력을 타고 불었다.

"우산들 좀 잘 받치 보래."

그녀(72세)가 우산의 위치를 조정했다.

눈보라에 흔들리는 그녀들의 방은 위태로웠다. 천막도 아니고, 움막도 아니며, 그녀들의 막(넝마주이 작업장)은 더욱 아니었다. 허술하고 엉성한 비닐방은 구청 앞 인도에 떨어진 커다란 냉동누에고치 같았다. 냉혈이 흐르는 보도블록 위로 스티로폼을 깔았고, 스티로폼 주위로 종이상자를 놓아 주춧돌을 삼았다.

그녀들은 상자 위에 우산을 세워 기둥을 대신했다. 펼친 우산 위로 비닐을 둘러 지붕을 씌웠다. 바람이 비닐방을 때릴 때마다 우산 기둥도 휘청거렸다. 그녀들 삶의 무게를 지탱하기에 휘어진 우산살은 가늘고 허약했다. 1년 동안 통통하게 살 오른 추위가 그녀들의 거처를 맴돌며 몸집을 자랑했다. 얇은 비닐벽 뒤에서 자동차들이 질주하며 날카로운 경적으로 울었다.

"밥이라도 잘 묵어야제."

그녀(71세)가 갓 지은 밥을 밥그릇마다 수북이 퍼담았다. 노상에서 김치찌개가 끓었다. 가스버너에 올린 양은 냄비에서 김이 올랐다. 그녀들이 김치를 찢어 밥과 함께 씹었다. 거칠고 더운 밥이 그녀들의 언 몸을 녹였다.

　행정대집행 뒤 그녀들의 삶은 다시 거리 위로 부려졌다. 날파람에 노출됐고, 찜질방을 전전했다. 경찰서 민원실에 누웠고, 노숙인 쉼터에서 밤을 보냈다. 늙은 몸들이 아동센터에 빚졌고, 며칠은 교회에 신세졌다. 게스트하우스와 절집을 옮겨 다녔다. 보증금 1백만 원, 월세 20만 원짜리 연탄창고방을 얻었을 때 강남구청은 불법 개조라며 집주인을 압박했다. 집주인은 명도 소송을 내며 퇴거를 강요했다. 구청은 관변 단체의 집회 신고를 지원해 그녀들의 항의 시위를 봉쇄했다. 그녀들은 망연했다. 구민도되지 못하고 국민도 아닌 듯했다. 갈 곳 없는 그녀들이 구청 앞에비닐 천막을 쳤다. 땅바닥에 살을 맞댄 그녀들은 뼈가 시렸다.

　"어 추워."

　바람이 비닐을 들이쳤다. 밥을 뜨던 그녀(77세) 얼굴을 냉기가 때렸다. 우산 하나가 찌그러지며 비닐 한쪽이 주저앉았다. 비닐이 낮아진 만큼 밥을 먹는 그녀들의 자세도 낮아졌다.

　그녀들은 그녀, 들로 이루어졌다. 넝마공동체 철거 뒤 남은회원 26명(철거 당시 29명) 중 24명이 60대 이상이었다. 수급자가다섯 명, 파산 신청자가 네 명, 기초노령연금 신청자가 두 명이었다. 다섯 명의 남자들은 머물 곳을 찾아 공사판으로 흘러 다녔다. 몸을 움직일 수 있는 그녀, 들은 파출부와 건물 청소 혹은식당일을 나갔다. 거동이 힘든 그녀, 들이 구청 앞에 있었다. 키낮은 비닐방은 강제 철거에 항의하는 농성장이면서 살 곳 잃은그녀, 들이 살아야 하는 집이었다.

　"한겨울 **난장꿀임**을 다시 할 줄은 몰랐네. 이 지긋지긋한 놈을."

그녀(67세)가 신문지 밥상을 접으며 그녀(67세)에게 말했다.

"여름엔 숨이 꺽꺽 막혀 죽을 것 같더만. 와 이리 춥노. 여름 뙤약볕이 차라리 그립구마."

그녀(73세)가 기었다.

"빈 몸으로 쫓기나지만 않았시도. 안경만 씨고 쫓기났시도. 신발만 신고 쫓기났시도. 옷만 입고 쫓기났시도……."

허리 높이의 비닐방 안에서 그녀, 들은 일어설 수도 무릎을 세울 수도 없었다. 비닐을 들추고 개처럼 기어들어 온 뒤엔 아기처럼 네발로 기었다.

1.5평 넓이의 비닐 덮개 아래에서 일곱 명의 그녀, 들이 포개졌다. 인간의 몸이 인간의 몸과 겹쳐질 때 인간의 몸은 인간의 몸이 아니었다. 그녀, 들은 공간에 맞춰 자기를 변형시켰다.

앉아 있을 땐 몸이 꽉 끼게 붙었다. 잠을 잘 땐 머리와 다리를 엇갈려 차곡차곡 누웠다. 뻗을 수 없는 다리를 그녀가 뻗으면 그녀 아래 누운 다른 그녀의 입에 그녀의 발이 들어갔다. 그녀가 그녀와 섞였다. 그녀가 그녀가 됐고, 그녀가 그녀가 됐다. 그녀, 들이 됐다.

출입구 반대쪽 비닐이 무너졌다. 우산을 바로잡던 그녀, 들은 체념했다. 그녀, 들은 어깨를 숙여 땅과 밀착시켰다. 구청 용역이 비닐을 들어 안을 살펴보고 갔다.

"분하구마. 우리가 너무 약혀서 분하구마."

그녀(75세)는 분하도록 약한 삶을 평생 살았다.

술만 먹으면 휘두르는 남편의 칼은 그녀에게 공포였다. 술을 끊게 하려고 '알코올빙'[2]을 남편 몰래 국에 넣어 먹였다. 약이

통했는지 남편은 술이 줄고 얌전해졌다. 할 줄 아는 게 없던 남편 대신 그녀가 남의 집 살림을 봐주거나 식당에서 일하며 돈을 벌었다. 친정아버지 상을 치르고 돌아오자 남편은 다시 술에 절어 있었다. 약을 먹었다는 사실을 알고 칼도 다시 휘둘렀다. 낯선 여자를 데려와 자신을 쫓아낼 때도 버텼던 그녀는 갓 낳은 아이를 두고 죽지 않으려고 도망쳤다. 그녀는 넝마공동체에 와서야 거리를 떠돌던 다리를 쉴 수 있었다. 한 달에 1만 원만 내고 먹고 잘 수 있는 곳은 공동체뿐이었다. 그녀의 이야기는 그녀, 들의 이야기였다.

전쟁고아들과 근로재건대[3] 출신 남성들이 중심이 돼 만든 공동체였다. 삼청교육대와 부산 형제복지원[4]에서 살아남은 사람들이 공동체를 이뤘다. 교도소에서 출소해 모라이 달러(밥 얻으러) 다니던 노숙인들도 많았다. 그들이 죽고 떠난 공동체를 가정이 해체된 그녀들이 찾아와 채우며 다수를 이뤘다. 관계가 끊어진 자식도 자식이어서 그녀들 대부분은 수급자가 되지 못했다. 그들은 가난했으나 '가난의 통계'엔 잡히지 않았다. 통계가 외면한 가난은 가난보다 가난했다.

"강남 망신시키는 인간들아."

그녀들 곁을 지나가며 누군가 말했다. '양아치'(넝마주이의 속된 표현)나 '양씨 가문'이란 소리를 들으며 그녀들은 살았다. 강남에 있었지만 그녀들은 강남에 속하지 못한 사람들이었다. 그녀들을 지우고 싶어 하는 열가의 땅에서 비가시의 존재로 사라져야 했을 그녀들이 가시의 공간으로 돌출했다.

"우리도 인간이다. 이렇게 기어도 느거들과 같이 사는 같은 인간."

그녀(67세)의 말에서 뼈가 튀었다.

보이지 않는 것들이 보이는 것을 지탱하는 경우가 있었다. 공기가 생명을 지탱하고, 사랑이 사람을 지탱하며, 부유는 빈곤이 지탱했다. 열가의 깨끗함은 넝마의 더러움이 지탱했다.

영동5교 완성 전부터 교각 아래 모여 살믄서 강남의 얼룩을 닦아왔다. 멀쩡한데 애기통(쓰레기통)에 처박힌 헌옷과 구두, 유효기간이 지났다고 버린 고깃덩어리⋯⋯. 멀리는 압구정 현대아파트서 가까이는 대치동 은마아파트꺼정, 고급 주택가에서 버리는 쓰레기를 우리가 치웠다. 열가들이 버린 음식은 익혀 먹으면 됐고 옷은 빨아 입으면 됐다. 개포동 개발 때도 열가들 고물을 걷어 재활용한 기 우리 공동체다. 강남을 열가의 도시로 반짝반짝 윤을낸 우리가 다 떨어진 걸레처럼 버려졌다.

시간을 거슬러 생각할수록 그녀들은 숨이 찼다.

"삼성동 아파트 헬기 사고5 때 구청이 한 거 보래."

그녀(75세)는 분했다.

"부자 주민들 거처 마련한다고 헬기 회사 대신 특급 호텔을 잡아 안 줬나. 1년 동안 이러고 있는 우리는 구민으로 안 보는 기지."

가장 부유한 땅에서 사라져야 할 가장 가난한 자들 위로 어둠이 내렸다. 전깃불을 밝힐 수 없는 비닐방 안이 어둑했다. 지나가는 자동차 불빛이 앉은 채 잠든 그녀들의 얼굴에 뿌려졌다. 뻣뻣이 굳은 그녀들의 작은 몸이 땅속 저 밑으로 가라앉았다.

후리가리

「속어」 경찰의 일제 단속을 일컫는 말. 과거 투망식 범인 체포나 실적 위주의 검거 활동으로 말썽이 일기도 했다. 1980년대 후반까지만 해도 전과가 있고 주거가 일정치 않은 넝마주이들은 경찰의 실적 달성에 자주 '활용'되곤 했다. 단속 기간이 되면 조마리(왕초)에게 '몇 명 잡아가겠다는 흥정이 들어왔다.'는 증언도 있다.

아파트벌이

「은어」 특정 아파트 단지와 계약을 맺고 구입한 재활용품 중에서 헌옷·고철·빈병 등을 골라 파는 작업 방식. 비교적 일이 손쉽고 수입의 진폭이 작다. 넝마공동체 같은 집단 주거형 넝마주이는 보통 아파트벌이의 형태를 띠었다. **또박벌이**「은어」 정해진 공간 없이 거리·상가·공사장을 걸으며 쓰레기를 줍는 작업. 리어카를 끌고 폐지를 줍는 노인들은 또박벌이를 하는 경우다.「비슷한말」떡다방. **때림벌이**「은어」 구리나 철근처럼 값나가는 고물을 주인 허락 없이 가져오는 것으로 절도의 경계를 오간다.

내림픽

「조어」 1988년 서울올림픽을 준비하던 정부는 올림픽에 걸맞은 도시 경관을 만든다며 '불량 주거지'의 대규모 철거를 단행했다. 철거되고 단속된 사람들이 '당신들의 올림픽'을 가리켜 사용한 표현.

¶

중력은 그리움이었다.

우주를 떠돌던 천체 하나가 불타 죽었다(2013년 11월 29일). 고향(오르트 구름)을 떠난 외로운 혜성(아이손)은 암흑 저편에서 손짓하는 태양의 인도를 따라 날았다. '그리운 불덩이'의 가장 가까운 곳(근일점)까지 비행했을 때 혜성은 비로소 알았다.

그리움은 잡아당긴다.

그리움에 몸을 맡긴 혜성은 무섭게 잡아당기는 고온의 중력에 부서져 소멸했다.

그(67세)는 중력이 그리웠다. 흐르는 것들은 결국 마찬가지라고 체념한 적도 있었다. 안온하고 평온한 흐름엔 끼지 못해도 불안하고 둔탁하게 흐르면 그뿐이라고 위안했었다. 흐를 수 없는 곳까지 흘러갔을 때 그는 비로소 알았다. 흐르고 떠다니다 불타 버리는 것이 운명이라면, 흐르고 떠다녔던 그리움의 거리가 너무 안쓰러웠다. 그도 중력이 필요했다. 부서지도록 자신을 잡아당길 보이지 않는 불덩이가 그리웠다.

"멸치는 좀 남았십니까?"

비닐 한쪽을 들추며 백발의 그가 기어들었다.

"오싰소? 어서 들어오소."

강남구청(서울시 강남구 삼성동) 앞에 누에고치처럼 엎드린 비닐방 안에서 집을 잃은 그녀들이 그를 맞았다.

"밥들 든든하게 잡숴. 그래야 추위를 이기지."

그가 김 다발을 바닥에 놓았다.

"뭘 이리 또 사오싰소. 여 앉아 밥부터 자시소."

그녀들이 무릎으로 기어 그가 앉을 자리를 만들었다.

그 겨울 그는 계속 흐르고 있었다. 경기 평택으로 흐르고, 전북 군산으로 흘렀다. 공사장 방수 대모도('조수'를 뜻하는 일본말)로 흐르며 어제에서 오늘로 흘렀다. 강남구청이 넝마공동체(개포동 영동5교 다리 밑)를 부순 뒤 그는 계속 흘렀다. 일하는 곳에서 밥을 먹었고, 밥 먹는 곳에서 잠을 잤다. 늙은 그를 써주는 늙은 십장이 있었다. 십장 친구가 불러 주는 곳으로 떠돌고 흐르면서 그는 혹한의 겨울을 건너고 있었다. 흐르며 번 돈으로 반찬거리를 사서 그녀들에게 왔다.

영동이란 땅이 있었지.

대치와 개포의 기원은 물이 설명했다. 대치는 동쪽의 탄천과 남쪽의 양재천으로 둘러싸였다. 양재천에 홍수가 일면 한강물이 올라와 개펄을 이루는 곳이 개포가 됐다. 양재천은 과천에서 나와 대치와 개포 사이를 흘러 탄천에 들었다. 물줄기가 휘어도는 하류는 백로가 깃들어 학여울로 불렸다.

자신이 사온 김 위에 그가 밥을 얹어 입으로 밀어 넣었다.

영동5교는 폭 35미터에 길이 152미터로 놓였다. 6차선 교량으로 양재천을 건너 북의 대치와 남의 개포를 이었다. 대치동의 은마아파트·미도아파트·선경아파트·개포우성아파트(1~2차)와 개포동의 개포주공아파트(5~6단지)·개포우성8차아파트가 한달음에 연결됐다. 개포는 올림픽 개최(1988년)를 앞두고 개발됐다. 정부는 전 세계 카메라에 노출될 서울의 '외관 개조'에 매달렸다.

대치동 은마아파트(1979년 12월 입주)·미도아파트(1983년 11월 입주)에서 고물을 줍던 넝마주이들이 개포가 개발되면서 영동5교 다리 밑으로 모여들었다. 양재천변 미나리밭 주변 사람들도 개발에 밀려 영동5교 쪽으로 왔다. 교각에 다리가 얹히고 차량 통행이 시작(1986년 4월 준공)되기 전부터였다.

그의 밥숟갈 위에 그녀들이 김치를 찢어 올렸다.

개포엔 아홉 마리 용이 솟구친 산(구룡산)이 있었다. 하늘로 날아오르는 열 마리의 용을 보고 임신한 여자가 놀라 소리를 질렀다. 여자의 비명에 귀를 주던 용 한 마리가 승천을 이루지 못하고 떨어져 죽었다. 용의 한을 품고 마을에서 양재良才들이 태어났다. 비운의 용을 거름으로 삼은 '인재들의 마을'(양재동)은 더는 용을 내지 못하는 전국의 개천들로부터 자기를 구별 지었다. 개포주공아파트 건립(1단지는 1982년 11월 입주)으로 밀려난 철거민들이 구룡산 주위에 판잣집과 비닐하우스집을 짓고 살았다. 아홉 마리 용을 경원하며 이름 붙인 마을(구룡마을)은 추락한 한 마리 용처럼 강남의 승천에 동승하지 못했다. 넝마주이공동체는 '탈락한 용'의 후예들과도 이웃이 됐다.

"할매요, 옷 좀 따시게 입으라니까."

찬물로 입을 헹구던 그가 그녀(77세)를 타박했다. 찬바람이 비닐방을 비집고 침입했다. 그가 담요를 끌어올려 그녀의 무릎을 덮었다.

거리에 떨궈진 삶이 그를 영동으로 이끌었다. 그는 구두를 닦으며 끼니를 이어 어른이 됐다. 신설동 동보극장과 노벨극장, 을지로 오양다방 등지에서 구두터를 굴렸다. 거리의 소년들과 앵벌이들을 데려다 구두터를 잡아 줬다. 구두터는 그냥 얻을 수 있는 자리가 아니었다. 때론 부딪혀야 했고, 때론 점거해야 했다. 구두터를 놓고 자주 싸움이 벌어졌다. 생사가 걸린 일이므로 생사를 걸고 싸웠다. 경찰한테 붙잡혀 '빵'에 들어가고 나오고를 되풀이했다. 모두 7~8년을 교도소에서 살았다. 전과자인 그가 흘러들 수 있었던 곳은 근로재건대였다. 경찰서 형사들이 파견 나와 근로재건대에 상주하며 감독했다. 군대 내무반처럼 양쪽에 침상을 만들고 집단생활을 했다. 소대장과 중대장이 있었고 감찰반도 있었다. 그렇게 "다구리 까며" 살던 그가 재건대를 탈출해 영동으로 흘렀다. 조마리(넝마주이 막의 왕초)의 횡포를 견딜 수 없었고, 지정벌이(하루 정해진 양을 채워야 하는 의무 벌이)의 강요도 싫었다.

그가 비닐방을 나와 담뱃불을 붙였다.

영동이란 땅은 말이지.

정처 없는 삶들이 흘러 고일 수 있는 마지막 정처가 영동에 있었다. 그것은 무한의 우주에서 한 뼘의 땅도 얻지 못한 그들을 잡아당긴 중력이었다. 영동의 애기통(쓰레기통)을 캐며 흘러 다니던 그들이, 허망 위에 열망을 섞고, 절망 위에 희망을 비비며, 하루를 정거하는 그리움의 교각이었다. 희미한 중력으로라도 붙들어 줄 공동체를 그, 들과 그녀, 들은 꿈꿨다.

누군가 왔고, 바람이 불었고, 누군가 떠났고, 비가 내렸다. 누군가 웃을 땐 태양이 따사로웠고, 누군가 죽었을 땐 구름이 잿

빛이었다. 앞다리가 부러져 거리에서 차이던 개들이 공동체로 와서 저는 다리로 살았다.

거지는 모닥불에도 살쩐다꼬?[6] 지랄 마라. 모닥불 쬔다고 살찌는 거지가 어데 있나. 우리가 영동다리 밑까지 어떻게 왔는지 아나. 흘러 다니기만 한 거지의 평생을 누가 아나. 압도적이란 말이지.

과거 죽음을 치를 돈이 없던 넝마주이들은 그들만의 방식으로 죽음의 절차를 밟았다. 간암 말기로 죽어 가는 동료를 리어카에 싣고서 그들은 물었다.

"알지? 우리가 어떻게 죽는지를."

동료는 흐리게 웃으며 안다는 뜻을 전했다. 형들의 죽음도 그랬고, 동생들의 죽음도 그랬으며, 자신들의 죽음도 그럴 것이었다.

넝마주이들은 파출소 앞에 동료를 내려놓고 뛰었다. 경찰들이 욕을 하며 그를 시립병원으로 보냈다. 병원에서 죽은 그는 화장터로 넘겨져 재가 됐다. 양아치(넝마주이의 속된 표현)의 죽음이 처리되는 방식이었다.

비닐방에 앉은 그가 그녀들처럼 구겨졌다. 다리를 접고 다시 허리를 접었다. 고개를 접고 다시 가슴을 접었다.

또박또박 걸으며 **또박벌이**를 했었다. 고급 아파트들을 찾아다니며 열가들이 버린 쓰레기를 주웠다. 상양(상품)을 건지면 뿌듯했고, 하양(하품)을 만나도 고마웠다. 어성(그림, 전자 제품, 공구, 만년필 등 값나가는 쓰레기)이 아니어도 물렝이(플라스틱)도 귀하게 여겼다. **때림벌이**의 유혹은 애써 눌렀다. 방바리(방범)에게 도둑으로 몰린 뒤 돌아와 이불을 깔면, 뒤따라온 설움이 그보다 먼저 누워 곯아떨어졌다.

쓰레기 수거 일이 산업이 되면서 **아파트벌이**에도 경쟁이 붙었다. 원청 업체는 아파트별로 세대당 1천 원 안팎을 주고 재활용품 수거 권리를 땄다. 넝마공동체는 세대당 3백~5백 원을 원청에 지불하고 헌옷 위주로 재하청을 받았다. 수거한 헌옷 중 상양 일부는 가난한 나라로 수출했다. 일부는 시장에 구제 상품으로 내다 팔았다. 입지 못할 옷들은 킬로그램당 2백~3백 원에 공장으로 넘겼다. 공장에서 분쇄돼 비닐하우스 차광막이 됐다.

동쪽 땅이 남쪽 땅이 된 뒤로 말이야.

영동5교 다리 밑에서 멈췄던 그가 다시 흐르고 있었다. '영등포의 동쪽'으로 규정되며 고유의 이름을 갖지 못했던 영동이 '강남'이라는 윤기 나는 이름을 갖게 됐을 때 그 땅의 중력은 우주에서처럼 느슨해졌다. 구청의 강제 철거는 그를 잡아당기던 그리움의 줄을 끊어 버렸다. 사라진 줄 알았던 **후리가리**가 그의 앞에 다시 출몰했다.

그는 평생 후리가리를 당하며 살았다. 벽돌 운반 일을 하다 간조(월급) 날 술 한잔 먹고 시비가 붙은 때가 있었다.

경찰서 신분 조회 때 '부랑인' 명단에서 이름이 나왔다는 이유로 삼청교육대에 끌려갔다(1981년 9월). 강원도 5사단에서 맞고, 기고, 쇠고랑을 찼다. 초겨울에 '개구리를 잡으라.'며 물웅덩이에 머리를 넣게 하더니 고개를 들면 소총 개머리판으로 내리쳤다. 팬티만 입히고 기마 자세를 시킨 뒤 심장에 물을 뿌리기도 했다. 선임하사는 말했다.

"너희 같은 새끼들은 그냥 죽여 버려도 돼. 보고서 한 장만 긁으면 끝나."

공동체엔 삼청교육대 출신들이 적지 않았다.

씨발 같은 후리가리여. 만만한 게 홍어 좆이제. '머릿수' 부족한 형사들마다 넝마주이 오가는 길목에 잠복해 실적을 채웠어. 쇠붙이 쪼가리라도 말없이 주워 오다 걸리면 그냥 감옥행이야. 올림픽 때가 피크였제. 더러운 인간들 안 보이게 한다고 다 잡아갔어. 올림픽? 느그들한테나 올림픽이제. 우리한텐 **내림픽** 아니었냐고. 지금도 구청이 우리 후리가리 치는 거 아니냐고.

바람에 출렁이는 비닐방 밖에서 강남이 울렁거렸다. 그 땅이 창조한 정치와 경제는 앞도 없고 뒤도 없이 위와 아래만 있는 직선의 구조물이었다. 어지러워서 황홀한 그 세계는 간절한 동경이면서 격렬한 혐오였다.

신문지로 똥구멍 닦을 때부터 우리가 강남을 닦았어. 우리가 없었으면 청소는 누가 하고 재활용은 누가 했나. 이제 필요 없으니까 더러븐 인간들 안 보이게 치워 버리고 싶다는 거제.

의탁 없는 우주에서 그를 지구로 끌어당기던 중력이 힘을 빼며 늘어지고 있었다. 그리워서 떠나지 못한 그에게 더는 그리워할 곳이 없었다.

눈발이 다시 날렸다.

"고마 우리도 하늘로 핑 날아올랐으믄 좋겠다."

비닐 안에서 하늘을 올려다보며 그녀들이 말했다. 바람에 실려 하늘로 솟아오르던 눈발이 바람에 눌려 땅으로 곤두박질쳤다.

그가 일어섰다. 다시 군산으로 흘러야 할 시간이었다. 기차 타고 먼 길을 달려와 찬거리를 두고 가는 잠깐이 공동체 철거 뒤 그가 그녀들에게 머무는 짧은 시간이었다.

"아짐들, 할매들, 잘 견디고 있으소. 다음엔 돼지고기 열 근 사올 거니까."

흐르면서 닳아 버린 검은 살 대신 하얀 뼈로 걷고 기며 그와 그녀들은 또 흘러갈 것이었다.

"데마찌('무급 대기' 또는 '공치는 날'을 뜻하는 일본어)가 아니어야 할 긴데."

그가 휘척휘척 걸었다.

얼룩

1 넝마공동체 주민들이 정리한 철거 과정은 이렇다. 2012년 7월 강남구청으로부터 영동5교 철거 계고장 받음. 9월 강남구청이 수차례 강제 철거를 시도하면서 언론에서 보도. 10월 8일 강남구청 건설과와의 면담에서 서울시 시유지인 탄천운동장으로 이동하면 거주에 최대한 협조하겠다는 약속을 받음. 10월 28일 0시 강제 철거를 피해 대치동 1번지 탄천운동장으로 컨테이너 일곱 개와 텐트 30개를 옮김. 11월 1일과 5일 강남구청이 각각 전기와 수도 차단. 11월 9일 영동5교 넝마공동체 자리 완전 철거 뒤 출입 봉쇄. 11월 15일 새벽 4시 1차 행정대집행. "용역 150여 명과 포클레인이 컨테이너와 텐트, 간이식당 등을 부수고 웅덩이를 파서 묻어 버리겠다고 협박" 증언. 출입 및 음식·물·연료·의약품 등 반입 통제. 11월 28일 오전 6시께 2차 행정대집행으로 철거 완료. 11월 29일부터 찜질방, 수서경찰서 민원실, 노숙인 쉼터, 교회, 지역 아동센터 등으로 유랑. 12월 30일 서울시 인권위원회가 인권침해 사실 인정하며 긴급 구호와 임시 주거 대책을 마련하라고 강남구에 권고. 2013년 4~6월 강남구청이 일원동 임시 숙소 지하방을 불법 개조라며 집주인 압박. 5월 유엔 인권위원회가 한국의 대표적인 인권침해 사례로 넝마공동체 철거 사태 지목. 6월 12일 강남구청 앞에서 24시간 노숙 농성 시작. 7월 15일 강남구청이 바르게살기강남구협의회와 자유총연맹강남지회 등을 내세워 구청 앞 집회 신고를 선점하며 넝마공동체 집회 봉쇄. 강남구청과 탄천운동장 관리 업체가 강제 철거에 항의하는 공동체를 상대로 11건 고소. 공동체의 주거 공간과 작업장 문제 해결을 놓고 서울중앙지검이 '강남구청-공동체-서울시' 사이 중재.

2 금주약으로 알려진 디설피람. '알코올빙' 또는 '알코올스톱'은 상품명이다. 호흡곤란과 구역질 및 혈압 저하 등의 부작용이 있어 생산이 중단됐다.

3 박정희 정권이 경찰 관할 아래 편입시켜 관리하던 넝마주이 조직으로 이후 '자활근로대'로 재편됐다.

4 박정희·전두환 정권으로부터 '부랑인 선도'를 위탁받은 시설로 불법 감금, 강제 노역, 구타 과정에서 12년 동안 513명이 사망했다.

5 2013년 11월 16일 서울시 강남구 삼성동 현대아이파크 아파트에 LG전자 헬리콥터가 충돌했다. 아파트 여덟 가구 32명이 피해를 입었다. 사고 직후 현장에 도착한 강남구청 직원들은 LG전자 대신 직접 특급 호텔로 전화를 걸어 임시 거처를 마련했다.

6 '아무리 형편이 어려워도 사는 재미 한 가지는 있다.'는 속담.

나와 그대의 이야기

백골

백골화

「사체 현상」 사체의 연조직이 모두 붕괴돼 뼈만 남은 상태. 보통 백골화된 사체는 사후 수개월 이상 지난 것으로 추정한다. 사체에 슨 곤충 알에서 구더기들이 깨어나면 연조직을 빠르게 먹어 치우며 부패와 백골화를 촉진한다.

고독생

「조어」 고독한 죽음(고독사) 이전에 고독한 삶이 있었음을 강조한 표현.

¶

그 새끼가 다녀간 뒤 아무도 찾아오지 않았다.

그 새끼가 나(57세, 남)의 집 담을 넘어 방문을 딴 게 3개월 전이었다. 전화를 하지도 않았고 문을 두드리지도 않았다. 술이 깼을 때 그 새끼가 말도 없이 다녀갔다는 사실을 직감했다. 무정한 새끼. 소주 한 병 안 사온 새끼는 친구도 손님도 아니다.

야 이 개새끼야.

술병 몇 개가 개 뒷다리에 차여 데굴데굴 굴렀다. 개새끼 다리에 걸려 1백여 개의 소주병이 엎어지고 깨지고 난장판이다. 방바닥에 코를 처박고 킁킁거리던 개새끼는 잠시 귀를 쫑긋하더니 금세 다시 코를 벌름거리며 바닥을 긁어 댔다.

그 새끼가 왔다 간 것도 모르는 개새끼.

여동생에게 연락해 1만6천 원만 송금해 달라고 부탁했다. 12년 동안 여동생을 만난 적이 없었다. 전화 통화도 3년 만이었다. 아버지가 돌아가신 뒤 가족은 모래알처럼 흩어졌다. 여동생은 불쌍하다며 5만 원을 부쳐 줬다. 남동생이 죽었다는 소식도 무심히 전했다. 개 짖는 소리를 들은 여동생이 전화를 끊으며 말했다.

"제 몸뚱이도 감당 못 하는 주제에 무슨 개를 다섯 마리나 키워. 얼른 내보내."

나는 혼자 자고, 혼자 깨며, 혼자 먹고, 혼자 울었다. 폐허 같은 방에 쪼그리고 앉아 소주를 삼키며 내 집에서 노숙인처럼 살고 있다. 누구에게 뜯기고 누구에게 빨리는지도 모르는 나를 저

개새끼들이 지켰다. 이웃이란 사람들은 시끄럽고 냄새난다며 개를 팔든지 이사를 하라고 했다. 나를 경찰에도 신고했다. 내가 신고당한 이유가 개새끼들 때문인지 내가 개새끼이기 때문인지 그들은 말해 주지 않았다. 나는 그들을 피해 저 새끼들만 데리고 이곳으로 이사 왔다.

나의 하루 식량은 라면 한 개와 소주 한 병이다. 사람들은 나를 알코올중독자라며 멀리했다. 소주를 손에 든 나와 마주칠 때마다 그들은 나를 개새끼 대하듯 피했다. 내가 입을 열면 술에 전 내장에서 썩는 냄새가 피어오른다고 그들은 말했다. 그들이 나를 비난할 때마다 나는 그들과 싸웠고 경찰서로 불려 갔다.

개새끼들아 간지럽다.

개 세 마리가 자꾸 나를 핥는다. 머리를 핥고, 눈을 핥고, 배를 핥고, 허벅지를 핥는다. 배고픈 녀석들은 내 팔다리가 밥인 줄 아나 보다. 녀석들에게 한동안 먹이를 주지 못했다. 두 놈은 기력이 쇠했는지 꼼짝도 하지 않는다. 개새끼들의 치우지 못한 똥만 방바닥에서 짓이겨지고 있다.

술이 오른 내 눈이 열목어熱目魚 눈처럼 빨갛다. 눈알에 열이 너무 나서 눈이 빨간 열목어는 수온이 올라가면 기진해 배를 드러냈다. 모두가 살아남느라 눈이 벌건 세상에서 빨간 눈을 식히려고 깊은 산속 차가운 물로 헤엄쳐 올랐다. 죽어서라도 허연 배를 드러내 놓을 수 있어 물고기는 다행이다. 편한 가로를 거부하고 벅찬 세로로 버티느라 힘겨웠을 물고기가 힘을 빼고 뒤집어졌을 때의 편안함이 나는 부럽다.

개새끼들아 아프다.

혀로 핥아 대던 개새끼들이 이빨을 세웠는지 온몸이 따끔따끔하다. 텔레비전을 언제 켰는지 기억나지 않는다. '입력 신호가 없다.'는 글자만 화면을 채우고 있다. 개새끼들이 컹컹거리고 낑낑거린다. 짖는지 우는지 모를 소리가 슬레이트 지붕 너머로 기어오른다. 내장이 다 뽑힌 것처럼 몸이 가벼운데, 뱃속 저 밑에서 쓰린 허기가 깊다.

당신이 다녀간 뒤 아무도 찾아오지 않았다.

당신이 나(67세, 여)를 버리고 간 게 5년 전이었다. 어질러진 집이 그때 그대로다. 당신이 정지시킨 단절의 시간만큼 나는 주름졌고 말하는 법도 잊었다.

내 말이 들리냐고 내가 물었지.

못 들은 척 당신은 침묵했지.

정말 안 들리냐고 내가 물었지.

네 몫일 뿐이라고 당신은 답하지 않음으로 답했지.

내 말이 당신에게 건너가지 못하는 동안 나는 묻다 지쳐 명태처럼 말라갔지.

오래 누워 지낸 방은 세월에 비례해 누추해졌다. 설움이 깊을수록 겨울은 빨리 온다는 사실을 나는 이 방에 누워 알게 됐다.

단칸방 저 너머에 북한산이 있었다. 바람이 불면 파아란 것들이 벌레처럼 파아르르 꿈틀댔다. 산을 집어삼키는 초록의 약동이 너무 싱그러워 징그러웠다. 초록의 기운을 느끼자마자 갈색의 계절이 닥쳤고 흰색의 한기가 몰려왔다.

집주인한텐 미안했다. 1999년 보증금 7백만 원에 월세 10만 원으로 얻은 3평(약 10제곱미터)짜리 방이었다. 2년밖에 세를 못 냈다. 2001년 이후 동네 절에 살며 집주인을 피했다. 2008년 6월 마지막 건강보험료 독촉장이 배달됐고, 2008년 9월 집주인과 마지막으로 마주쳤다. 집주인이 몇 차례 문을 두드렸지만 나는 문을 열어 줄 수 없었다. 마을버스를 운전하는 집주인은 보증금에서 월세를 제하면서도 짐을 들어내진 않았다.

방바닥에서 냉기가 펄펄 끓는다. 아래위로 껴입은 아홉 벌의 옷을 뚫고 한겨울이 몸속으로 들어온다. 단칸방은 먹고 자는 공간으로 계약하지 않았다. 짐만 머무는 조건으로 얻은 방은 사람이 살 수 없는 쓰레기통 같았다. 절 일을 도우며 1천 원에 한 끼의 밥과 하루의 잠을 구하는 사람들은 절 주위에 값싼 방을 얻어 짐만 보관했다. 2008년 9월 이후 절에도 올라가지 않았다. 절 사람들이 사라진 '꽃보살'을 찾았을 리 없었다.

꽃을 못 본 지 오래됐다. 쳐다볼 사람 없이도 피는 것이 꽃인데 창문 밖으로 꽃이 졌는지 폈는지 모르겠다. 절을 떠나 몰래 숨어든 방에서 5년을 견디며 나는 누워 있다. 발엔 두꺼운 양말을 신었고, 손엔 목장갑을 끼었다. 아홉 벌의 옷과 두꺼운 양말과 실로 짠 목장갑은 추운 겨울과 추운 봄과 추운 여름과 추운 가을을 버텨 준 '내 모든 온기'였다.

숨어 있다지만 찾는 이가 없는 사람은 숨어 있는 것이 아니라 버려진 것이다. 40여 년 전 내 자궁을 찢고 세상에 도착한 아이들은 오래전에 내가 죽은 줄 안다. 발견되지 않는 시대인 줄 알면서도 아직 쓸쓸한 걸 보니 내 마음이 딱딱해지려면 한참 멀었다.

작은 생명들이 꼬물거리고 보글거린 뒤부터 살이 급격하게 빠졌다. 꼭 끼던 옷도, 양말도, 장갑도 헐거워졌다. 뼈가 방바닥에 닿을 때마다 온몸이 덜그럭거린다. 천장에서 자라기 시작한 거미줄이 얼굴까지 뻗어 내렸다. 절에서 가져온 목탁 옆에서 먹지 않은 밥 한 공기가 새까맣게 썩어 말랐다.

그놈이 다녀간 뒤 아무도 찾아오지 않았다.

그놈이 나(34세, 남)의 목을 누른 건 8개월 전이었다. 보증금 3백만 원에 월세 30만 원짜리 원룸으로 그놈을 내가 불렀다.

머리가 너무 아프다. 두통 탓에 머리가 무겁고 거추장스럽다. 밀가루를 북북 치대듯 뒤통수와 옆통수를 눌러 뇌를 짜내고 싶다.

이력서를 쓸 때마다 내 마음은 충혈됐다. 군대 제대, 대학교 졸업, 워드프로세서 자격증 취득, 보일러 기사 자격증 취득……. 나의 이력서는 늘 거기서 멈췄다. 채울 것 없는 이력서를 쓰는 일은 취조하는 형사 앞에서 자술서를 쓰는 것처럼 잔인했다. 이력서의 여백 앞에서 내가 살아온 시간 전체가 하얗게 지워질 때 나는 존재하지만 존재하지 않는 투명 인간이 됐다. 야윈 이력서를 쓰고 찢을 때마다 살찐 이력서들의 틈바구니에서 나는 자꾸 마른 뼈가 돼갔다. 세상은 내게 질문조차 하지 않았다. 아무것도 묻지 않는 세상의 벽에 부딪혀 내가 준비한 답은 그놈을 부르는 것이었다.

목이 축축 처진다. 머리를 지탱하느라 힘겨운 모가지가 버드

나무 가지처럼 흐물흐물 늘어지는 것만 같다. 머리가 목에 붙어 있는지 의심스러운 나는 온종일 두개골을 노크하며 안부를 물었다. 월세를 못 낸 지 오래됐다. 집주인은 보증금에서 월세로 30만 원씩을 까나갔다. 2년 전부터 부모님과도 연락하지 않았다.

나도 꿈이 있었음에 틀림없다. 허공에 머무르며 내 머리는 꿈을 기억하려 했으나 생각나지 않았다. 나는 시를 좋아했다. 풍족하진 못해도 인색하지 않게 살고 싶다는 바람은 뜯어 먹히고 남은 생선뼈처럼 뾰족하고 무기력한 시가 됐다.

머리가 겨우 바닥에 닿았다. 화장실 공중에 매달려 있은 지 몇 달 만에 간신히 무거운 몸과 작별했다. 나는 더 가벼워진 것일까 더 무거워진 것일까. 누군가 그랬다지. "나는 원래 길 잃은 인간으로 태어났으며 구원받는다는 것을 별로 달갑게 여기지도 않는다."[1]고.

구름 빽빽하고 싸늘한 날에 태양에 대해 생각했다. 태양이 갑자기 사라지면 생명도 함께 사라질지 궁금했다. 아마 그렇지 않을 것이다. 생명은 이토록 집요하고, 이토록 지독하며, 이토록 지겨우니까. 파리가 자꾸 달려든다.

탕탕탕. 누군가 나(57세, 남)의 집 문을 두드린다. 그 새끼(죽음)가 다녀간 뒤 석 달 만에 처음 찾아온 사람이다.

2013년 3월 경기도 김포에서 혼자 살던 남자가 숨진 지 3개월 만에 **백골화** 상태로 발견됐다. 개 소리가 너무 시끄러워 짜증난 옆집 남자가 문을 땄다. 알코올의존증과 간질환에 따른 사망으로 경찰은 추정했으나 정확한 사인은 미상이다. 남자의 몸엔

머리뼈와 골반뼈, 팔다리뼈만 남아 있었고 살은 없었다. 기르던 개 다섯 마리 중 두 마리는 바짝 말라 미라처럼 죽어 있었고, 살아 있는 개 세 마리는 입 주위에 붉은 얼룩을 묻힌 채 통통했다. 뼈 주위마다 개에게 뜯어 먹힌 흔적이 있었으며 뇌와 장기와 눈은 파먹히고 없었다. 세 마리 개는 유기견 보호센터로 보내진 뒤 안락사됐다.

탕탕탕. 누군가 나(67세, 여)의 집 문을 두드린다. 당신(죽음)이 다녀간 뒤 5년 만에 처음 찾아온 사람이다.

2013년 9월 부산시 부산진구에서 숨진 지 5년이 지난 여자가 백골로 발견됐다. 수년째 세입자가 보이지 않자 집주인이 문을 땄다. 난방이 되지 않는 집에서 추위에 떨다 사망한 것으로 경찰은 추정했다. 동사인지 아사인지는 확증하지 못했다. 아홉 겹의 옷을 껴입은 사체는 발에 두꺼운 양말을 신고 손엔 목장갑을 낀 채 반듯이 누워 있었다. 구더기가 살을 파먹고 남은 뼈는 앙상했다. 오래전 연락이 끊긴 자녀 세 명 모두 "돌아가신 줄 알았다."며 시신 인수를 거부했다. 경찰이 수소문해 찾은 이복 오빠도 "40년 전에 헤어진 사이"라며 외면했다.

탕탕탕. 누군가 나(34세, 남)의 집 문을 두드린다. 그놈(죽음)이 내 목을 누른 뒤 8개월 만에 처음 찾아온 사람이다.

2013년 11월 부산시 동래구에서 숨진 지 8개월 된 남자가 백골로 발견됐다. 오랫동안 월세를 받지 못한 집주인이 문을 땄다. 원룸 화장실 철봉에 케이블선이 감겨 있는 것으로 봐서 남자가 처지를 비관해 목을 맨 것으로 경찰은 추정했다. 시신은 몹시 부패했고 머리와 몸이 분리된 상태였다. 30여 개의 빈 술병들과 찢겨진 이력서들이 집에 수북했다. 이력서엔 '군 제대, 대학 졸업, 워드프로세서, 보일러 기사 자격 취득' 사실만 기록 돼 있었다.

고독과 외로움은 수사되거나 부검될 수 있는 사인이 아니었다. 나(57세, 남)와 나(67세, 여)와 나(34세, 남)는 죽어서 썩어 간 짧은 시간보다 살아서 견딘 긴 시간이 훨씬 외로웠다. 나와 나와 나는 고독사 이전에 **고독생**을 살았다. 살았을 때 이미 몸의 살이 모두 뜯기고 마음의 살이 모두 발라진 백골이었다. 삶은 오로지 산 자의 몫이었고, 죽음도 오로지 죽은 자의 몫이었다. 나와 너와 우리에겐 아무도 책임지지 않는 삶과, 아무도 함께하지 않는 임종과, 아무도 슬퍼하지 않는 죽음이 있을 뿐이었다. 나와 나와 나 가운데 당신은 없는가.

여기는 백골 세상이다.

1 존 스타인벡John Steinbeck의 『찰리와 함께한 여행』(이정우 옮김, 궁리, 2006), 103쪽.

최저보다 아래

한국

이주 노동자를 위한 실용 캄보디아어-한恨국어사전 :

근로계약서(껏선니야깡이아) 편[1]

낏선니아

「캄보디아어」 계약서.

하탈레카

「캄보디아어」 서명·서명하다.

니야이고헉

「캄보디아어」 거짓말.

까쩜나일르탈라이마홉

「캄보디아어」 밥값.

탈라이플룽

「캄보디아어」 기숙사비.

¶ 쁘라흐쁘라(사용례)

타오카에(사장) 롱작로버크 르어지앙께 크넝브러때꼬래. 우리 회사
　　　가 한국에서 가장 좋아. 마홉꺼층아인 번꺼사앗. 맛있는 밥도 주고
　　　방도 깨끗해. 로더오가다오뜨러지악 쓰뤄하으이 카에롱이아가
　　　다올로몸. 도츠네 솜조하탈레칼르께잇선니야니. 여름엔 시원
　　　하고 겨울엔 따뜻한 방이야. 그러니까 여기 계약서에 서명해. 르어 믄
　　　꼬헉떼. 나 거짓말 안 해.

쳉　(안께잇선니야) 크미안섬눠 따으. '식대' 미안네이양마잇? (계약
　　　서를 읽는다) 저 질문 있어요. 여기 '식대'가 무슨 뜻이에요?

타오카에(사장) (쓰럴랑깡)······ **미안네이타 탈라이바이.** (당황한다) 어,

그건······ 밥값이란 뜻이야.

쳉 **타오까에브랍타 아오이바이 햇아바이 크뜨러오또으빈?** 사장

님이 밥 주신다고 했는데 왜 제가 밥값을 내야 해요? **버러산바으안**

쫑 띠앙탈라이사낙노으 능탈라이플릉 크뜨로으다에르? 그럼

기숙사비와 전기료도 제가 내야 해요?

타오카에(사장) (에끄발번다으) **므낙니 르웃 르언말레.** (머리를 긁으며) 이

사람 참 깐깐하구먼.

¶ 까끗(생각해 보기)

ㅁ(20세, 여, 캄보디아)과 ㅂ(20세, 여, 캄보디아)이 눈치를 보며 수도

꼭지를 돌렸다. 수돗물을 받아 밥솥을 씻었다.

"이제 그 밥솥 쓰지 마."

그들을 본 사장(71세)이 명령했다.

"사장님, 배고파요. 사장님."

ㅁ과 ㅂ이 밥솥을 가슴에 끌어안고 사장 앞에 섰다. 비닐하우

스 한쪽에 놓인 의자에 앉아 책상에 발을 올리며 사장이 말했다.

"배고프면 가방 싸서 가."

ㅁ과 ㅂ은 울 것 같은 얼굴을 했다.

"사장님, 우리 어떻게 밥 먹어?"

"너네 집으로 돌아가. 너희 보면 머리 아파."

한국에 온 지 한 달도 안 된 그들이 사용할 수 있는 단어는 몇

개 되지 않았다.

"밥 주세요, 사장님."

그들은 정말 배가 고팠다.

이날 아침 사장은 두 사람이 묵던 컨테이너 방의 전기를 끊었다. 전기밥솥을 쓸 수 없어 ㅁ과 ㅂ은 온종일 굶었다. 저녁밥을 하러 취사장으로 밥솥을 들고 나갔다. 사장이 그들을 보고 말했다.

"너희처럼 말 안 듣는 애들은 처음 봐."

밥을 사이에 둔 실랑이가 '구간 반복 재생'처럼 되풀이됐다.

"사장님, 배고파요. 사장님."

"여기서 밥해 먹지 마."

"사장님, 밥 없어. 사장님."

"너희 같은 것들 필요 없어."

"사장님, 밥!"

ㅁ의 목소리가 빽 높아졌다.

"가. 가기 싫으면 굶어."

사장의 목소리가 더 높아졌다.

"배, 고, 파요, 사장님."

ㅁ의 목소리가 다시 기어들었다.

낯선 이국땅에 온 ㅁ과 ㅂ에게 '믿을 것'은 계약서 한 장뿐이었다. 일을 시작한 지 열흘도 안 돼 사장은 계약 내용을 부정했다. ㅁ과 ㅂ은 너무 쉽게 믿음의 근거를 잃었다. 계약서에 명시된 두 사람의 계약 기간은 1년이었다.

그들은 입국 직후 인천의 한 채소 농장에서 일을 시작했다. 나흘째 되던 날 사장이 "삽으로 배수로를 파라."고 지시했다. 어린 여성 노동자들은 일이 서툴렀다. 그들의 '노동력'에 실망한 사장은 "캄보디아로 보내 버리겠다."며 여권을 달라고 했다.

"너희는 대한민국에 있을 필요가 없어."

"여권 안 돼요, 사장님."

두 사람이 거부하자 그는 숙소의 수돗물을 끊었다. 며칠 뒤엔 휴대전화기를 내놓으라고 했다. 두 사람은 따르지 않았다. 일 시작 8일째부터 사장은 그들에게 일거리를 주지 않았다. ㅁ과 ㅂ은 매일 아침 6시 30분께 일터로 나가 업무 지시를 요청했으나 거절당했다. 사장은 숙소의 잠금장치를 뜯어내 밤에도 문단속을 하지 못하게 했다.

"가방에 옷 넣어. 좋게 이야기할 때 짐 싸."

사장은 농장을 나가지 않으려면 짐부터 옮기라고 했다. 비닐하우스 뒤쪽 창고로 이사를 강요했다. 자물쇠도 없고, 난방도 되지 않으며, 화장실도 없는 곳이었다.

"여기서 넷이 잘 거야? 너희가 일 못해서 방글라데시 남자 두 명이 새로 올 거야."

농장을 떠나지도 방을 옮기지도 않는 두 사람에게 사장은 밥을 주지 않았다.

"내가 너희한테 분명히 말했지. 너희가 나를 힘들게 하면 너넨 더 힘들 거라고. 빨리 가."

"안, 안 가요, 사장님."

"어차피 너희 도망칠 건데 시간 끌 거 뭐 있어. 빨리빨리 도망쳐야지."

사장이 자리에서 일어났다. 밥솥을 들고 비닐하우스 구석으로 갔다. ㅁ과 ㅂ이 쫓아가며 다급하게 소리쳤다.

"사장님, 밥."

사장은 두 사람의 키가 닿지 않는 높은 선반에 밥솥을 올렸다.

두 사람은 한동안 말없이 선반을 올려다봤다. 그들의 입에서 깊은 한숨이 빠져나왔다. 숙소로 돌아간 그들은 생라면을 부수어 나눠 먹었다.

이튿날 점심 그들은 다시 사장을 찾아갔다. 사장은 식탁에서 막 밥을 먹으려던 참이었다.

"사장님, 배고파요."

손녀뻘인 ㅁ과 ㅂ을 앞에 두고 백발의 사장이 젓가락을 들었다. 그들의 얼굴을 마주보며 입 한가득 나물 반찬을 씹었다.

"배고파도 너네 밥 먹어야지, 뭐."

ㅁ과 ㅂ이 말을 잃고 되돌아섰다. 등 뒤에서 사장이 말했다.

"가서 과자 사먹어. 빵."

두 사람이 밭에서 오이를 땄다. 간장에 생오이를 찍어 먹었다.

한
국

쩜라익

「캄보디아어」이상하다.

코

「캄보디아어」다르다.

그러다브락카에

「캄보디아어」명세서.

선니야

「캄보디아어」약속하다.

깟

「캄보디아어」깎다.

¶ 쁘라흐쁘라(사용례)

쳉 뜨렁니 미안바야하. 브락카에 코삐섬다이타오까에. 브락카에
   떳나. 여기 이상해요. 말씀하신 거랑 월급이 달라요. 월급이 너무 적
   어요.

타오카에(사장) 코뜨렁나? 또반삔만? 뭐가 달라? 얼마 받았는데?

쳉 (오이그러다브락카에몰) 솜블레. (명세서를 보여 주며) 이거 보세요.

타오카에(사장) 멀…… 믄꼬떼. 어디 보자……. 다 맞아.

쳉 믄뜨러오떼. 안 맞아요. 먼삘 졸투버까선니야 타오이크 뭐러이
   브람부언믄 삔따입락카에 코르니아 즈라은 나. 회사 들어오기

전에 109만 원 준다고 약속했는데 깎인 돈이 너무 많아요.

타오카에(사장) 크라오이깟틀라이프따아, 바이, 플롱 띠앙니뜨러오 하이. 기숙사비, 밥값, 전기료 빼고 남은 돈이니까 이게 맞아. **끄넝낏 선니아 미안바인지악스랍. 또으삐넛낏선니야또으 바으믄즈 어.** 계약서에 그렇게 하기로 돼있어. 가서 계약서 확인해 봐.

쳉 믄구어오이즈어서. 말도 안 돼.

¶ 까끗(생각해 보기)

"왜 안 돼?"

날카로운 목소리가 비닐하우스 안의 공기를 찢었다.

"안 돼요, 사장님."

"안 되긴 뭐가 안 돼. 일 없어. 내일부터 또 놀아."

여자 사장이 고함을 지르며 비닐하우스 밖으로 나갔다.

부부가 운영하는 쌈채소 농장(경기도 이천)에서 ㅇ(29세, 여, 캄보디아)은 아내의 이름으로 고용됐다. 남편이 다짐받듯 말했다.

"너희 캄보디아에서 데려오느라 돈 들었어. 사인(사업장 변경 동의)받으려면 30만 원 가져와."

놀란 ㅇ의 목소리가 커졌다.

"나 돈 없어요. 일 없으면 돈 없어."

한국말을 잘 이해하지 못하는 ㅇ에게 남편이 다시 설명했다.

"너네들 사장님 보고 '사인해 줘.' 했어? 너네들 데려오느라고 돈, 돈, 돈 들었어. 이해해? 사인받으려면 30만 원 가져와. 그럼 사인해 줄 테니까."

"돈 없어요."

"그럼 어디 간다고 하지 말고 5일쯤 또 놀아. 일 없으니까."

"일 해야 돈 있어요."

"가려면 가고 말려면 말아. 불법(사업장 이탈) 해. 괜찮아."

ㅇ이 풀 죽어 말했다.

"불법 안 해요."

아내가 다시 들어와 소리쳤다.

"사인해 달란 이야기 또 하면 알아서 해. 캄보디아에 전화해 버릴 거야."

ㅇ이 남편에게 물었다.

"내일 일해요?"

남편이 답했다.

"없어. 내일 일 없어."

농번기가 끝나자 농장에선 일거리가 줄었다. 부부는 할 일이 없다며 일감을 제공하지 않았다. 매일 일하지 않는다는 이유로 월급도 크게 줄였다.[2]

ㅇ과 ㅊ(24세, 여, 캄보디아)은 가족과 동네 사람들의 돈을 모아 한국행 비용을 마련했다. 고향에서 겨울을 겪어 본 적 없는 그들은 한국이 겨울이라고 해서 일을 쉴 순 없었다. ㅇ과 ㅊ은 겨울에도 일할 수 있는 직장으로 옮기지 않으면 빌린 돈을 갚을 수 없었다. 부부 사장은 그들의 사업장 변경 요청을 들어주지 않았다. 일도 할 수 없고 직장도 옮길 수 없는 ㅇ과 ㅊ은 이 이상한 계약 시스템[3]을 이해할 수 없었다. '숙박 제공'이 명시된 계약서를 믿고 입국한 그들에게 제공된 숙박은 컨테이너였다. 세 명의 여성이 방 아닌 방에서 같이 살았다. 부부 사장은 숙박비

로 매달 20만 원씩을 제했다.[4]

"캄보디아 사람 돈 없어. 사장님, 깎아 주세요."

ㅊ이 부탁했다.

"30만 원 가져오면 해준다니까."

남자는 거듭 말했다.

고용 중계 기관에 내는 수수료를 노동자들에게 전가하는 일은 사업장 변경 희망을 꺾는 방식이기도 했다.

"우리 돈 없어. 사장님 마음 좋아요."

ㅊ은 사장의 '정'에 호소했다.

"한군데 오래 있어. 그래야 돈 벌어. 사장님이 잘한다 싶어야 돈도 더 주는 거야. 사장님 바보 아니야."

ㅇ이 우는 듯 애원했다.

"사장님, 20만 원에 해주세요."

남자는 ㅊ에게도 말했다.

"넌 70만 원 가져와."

ㅊ의 목소리가 커졌다.

"사장님, 20만 원."

남자가 잘랐다.

"안 돼. 50만 원."

이주 노동자를 위한 '이주 노동자 교재' 읽기 사전

이상한 책이 있다. 그 책은 문화의 이름으로 차별을 용인하고 교육의 이름으로 편견을 가르친다. 이상한 나라에 와서 이상한 책을 학습하며 이주 노동자들은 '이상'理想과 '이상'異常 사이에서 분열한다.

빨리빨리

「부사」 한국 사람들은 정열적이고 역동적이며 부지런하다. 일을 좋아하고 맡은 일을 성실하게 제시간에 끝낸다. 추진력이 있어 일을 '빨리빨리' 하는 것을 좋아한다(농협중앙회, 『한국 생활』).

¶

　"빨리빨리."

　한국인 선원이 ㅅ(47세, 남, 인도네시아)을 다그쳤다.

　빨리빨리. 한국 배에 탄 뒤 ㅅ이 가장 많이 들은 단어였다.

　인도네시아 선원은 자존심이 강하고 부끄러움과 창피함에 민감하여 잘 몰라도 되묻지 않습니다.

　빨리빨리를 ㅅ이 물어본 적이 있었다. 몇 차례 물었다가 '대가리 나쁜 놈'이라고 욕을 먹었다. '대가리가 나쁜 놈은 남들 하는 대로 빨리빨리 하라.'고 했다. 빨리빨리의 뜻을 ㅅ은 모르지 않았다. 한국인들이 원하는 빨리빨리의 빠르기를 모를 뿐이었다. 빨리 해도 빨리빨리, 더 빨리 해도 빨리빨리.

　만약 잘못한 일이 있을 때에는 바로 윽박지르기보다는 조용히 혼자 불러 타이르면 쉽게 인정하고 잘 따릅니다.

　"내 말 안 들려? 빨리빨리 하라고."

　한국인 선원이 ㅅ을 윽박질렀다.

소리 지르는데 안 들릴 리가 없었다. 한국 선원들은 그를 보자마자 빨리빨리를 말했다. 빨리 할 일이 없어도 "빨리빨리" 했다.

가장 답답한 사항은 자기한테 주어진 일에만 몰두하지 능동적으로 우리나라 선원처럼 급한 일부터 처리하는 센스가 없습니다.

한국인 선원이 소리를 치고, 고함을 치고, ㅅ을 쳤다.
언제부턴가 ㅅ은 빨리빨리가 자신의 이름이 돼있다는 사실을 알았다. 빨리빨리 하라는 것인지, 자신을 부르는 것인지, 빨리빨리를 들을 때마다 ㅅ은 어지러웠다.

업무 지시에 대하여 이해를 하지 않아도 다시 묻지 않는 경향이 있으므로 지시 사항을 이해했는지 항상 확인이 필요합니다.

"그물 놓고 뜰채 잡으라고. 알아들었어?"
"뜰채 놓고 그물 잡으라고. 알아들었냐고?"
바다 위에 뜬 고등어 잡이 배에서 ㅅ은 "빨리빨리 못 알아먹는다."고 자주 맞았다.

항해 중이나 정박 중에 잘못이나 실수를 한 경우 윽박지르기보다는 벌칙 제도를 활용해 보세요.

ㅅ은 고무호스가 무서웠다.
고등어에 물을 뿌리던 한국인 선원들은 때로 호스 끝을 돌려

한
국

그를 겨냥했다. 빨리빨리 하지 못한 벌로 그들은 ㅅ에게 물을 뿌렸다.

어창의 비늘 섞인 물을 뒤집어쓸 때마다 ㅅ은 자신이 고등어인지 인간인지 혼란스러웠다. 고등어가 된다고 해서 빨리빨리 할 수 있는 것은 아니었다.

대체로 마음이 여리고 순진하며 잘 감동합니다.

"아저씨 빨리빨리 아저씨."

나이가 많은 ㅅ은 "아저씨"라고도 불렸다. 한국인 선원들은 나이가 어려도 모두 아저씨에게 명령했다. 그들의 말은 '아저씨 빨리빨리'로도 들렸고 '빨리빨리 아저씨'로도 들렸다. 시키는 말 같기도 했고, 부르는 말 같기도 했다. 간혹 착한 사람도 있었다. "욕을 해도 때리지만 않으면" ㅅ에겐 착한 사람이었다.

정

「명사」 정은 한국인의 정서를 나타내는 말로 시간이 흐르면서 좋아지게 되는 감정이라고 할 수 있다. 인간관계에서 정을 중요하게 생각하며 이해관계를 따지는 것을 피한다(『한국 생활』).

¶

복분자 농장주(남)는 정을 중시했다.

"아버지라 불러라."

프(21세, 여, 캄보디아)이 '마음먹은 말'을 하려 할 때마다 농장주
가 말했다.

　　그의 아내는 하루 일을 마치면 시내에 있는 집으로 돌아갔다.
밤마다 농장엔 예순 넘은 사장과 프만 남았다. 피곤에 절어 잠
으로 끌려들어 가는 프을 매일 저녁 사장이 방문 밖에서 불렀다.

　　"밥해라."

　　그는 프에게 저녁마다 밥상을 보게 했다. 프이 "쉬겠다."고
하면 사장은 야단을 쳤다.

　　"너네 부모한테도 밥을 안 차려 주냐."

　　사장은 이해관계 따지기를 원치 않았다.

　　"사람은 정이 있어야 하는 거다."

　　자신이 저녁을 먹지 않을 때도 프은 사장의 밥을 하고 설거
지를 해야 했다.

　　"거기, 거기."

　　사장이 "허리가 쑤신다."며 프에게 안마를 시켰다. 프이 방에
서 나오지 않으면 그의 방으로 들어와 프의 이불을 덮고 누웠다.
프이 팔과 다리를 주무를 때마다 사장은 알 듯 모를 듯한 소리를
냈다.

　　"으어, 으어어어."

　　농장에서 도망친 프은 "복분자 사장님"을 떠올릴 때마다 굵
은 눈물을 흘렸다.

다정다감

「명사」 한국 사람들은 다정다감하다. 신체 접촉이 너그럽게 허용되는 경우가 있다. 어른들이 귀엽다는 뜻으로 아이의 머리를 쓰다듬거나 대화하면서 손이나 어깨 등을 접촉한다(『한국 생활』).

¶

"한국 춥지?"

사장이 뒤에서 ㄱ(23세, 여, 캄보디아)을 끌어안았다.

호박과 수박을 재배하는 젊은 고용주(30세, 남)는 **다정다감**했다.

ㄱ은 입국하자마자 사장의 차를 타고 외딴 농장으로 왔다. 탁 트인 농장 주위엔 아무것도 없었다. 텔레비전에서 봤던 높은 빌딩도 보이지 않았다.

동료들과 떨어뜨려 혼자 일하도록 하는 사장이 ㄱ은 무서웠다. 사장은 술에 취할 때마다 ㄱ이 일하는 비닐하우스에 들어왔다.

"추우면 나한테 안겨."

강제로 껴안거나 안아 올리는 사장의 입에선 역한 알코올 냄새가 났다. 그는 ㄱ의 엉덩이를 만지거나 때리기도 했다. 화나고 수치스러워 얼굴을 가린 ㄱ을 안고 사장은 활짝 웃으며 기념사진을 찍었다.

아들의 행동을 제지해 달라는 ㄱ의 호소에 사장의 아버지는 말했다.

"괜찮아. 한국 문화야."

직원의 근무 수칙

「농·축산업」 농업 분야의 특수성으로 출퇴근 시간을 엄격히 정할 수 없다. 농장에 따라 일이 많으면 휴일 근무, 연장 근무를 하는 경우도 있다. 퇴근 시간이 지나도 일이 남아 있는 경우에는 잔업을 다 처리한 뒤 사용자에게 인사를 하고 퇴근하는 것이 좋다. 작업이 끝난 뒤 자신이 사용했던 도구와 작업장 주변은 깨끗이 정리·정돈한다. 오늘 해야 할 일은 오늘 내에 마무리 짓고 내일로 미루지 않는다. **직원의 근무 예절** 「농·축산업」 무엇을 요구하기 전에 자신이 먼저 노력하는 모습을 보여 줘야 한다(『한국 생활』).

¶

"농장주와 싸우지 마세요."[5]

강사는 열강했다.

ㅌ(27세, 남, 캄보디아)은 돼지 2천 마리를 기르는 축사에서 일했다. 그는 아침 6시 종부사(인공수정 축사)에 나와 돼지들 사료를 줬다. 임신사(임신 대기 중이거나 임신 중인 돼지 축사)의 똥도 치웠다. 아침 8시엔 사장의 밭에서 마늘을 수확해 말렸다. 오전 11시 돼지 축사를 돌며 방역했다. 오후 5시 20분 사장의 고구마밭과 콩밭에서 풀을 뽑았다. 이튿날 아침 6시에도 종부사에 사료를 넣었다. 오후 4시 20분 사장의 옥수수밭을 맸다. 저녁 7시 50분 사장 누나의 밭에서 양파를 출하했다. 다음 날 새벽 3시 육성사(새끼 돼지를 35킬로그램이 될 때까지 키우는 축사) 창문과 환풍 장치를 고쳤다. 저녁 6시 사장 아버지의 밭에서 양파를 거뒀다. 저녁 8시 20분 인공수정을 했다. 저녁 8시 38분 돼지를 도축했다. 다음 날 저녁 8시 축사에서 죽은 돼지를 수레에 실어 퇴비장에 갖다

버렸다.[6] 이유 없이 고용주와 싸우고 싶은 피고용인은 없었다.

"내가 서툴고 부족하지만 더 열심히 일하겠다고 생각하세요."

입국 교육[7] 강사들이 피고용인으로서 지켜야 할 **근무 수칙**을 가르쳤다.

ㅌ은 매일 아침 7시부터 저녁 6시까지 일하는 것(월 250시간)으로 계약하고 한국에 왔다. 계약서의 월급은 110만 원(시간당 4천4백 원꼴로 최저 시급 미만)이었다. 현실에서 그는 아침 6시부터 저녁 8시께(월 320~330시간)[8]까지 일했다.

"이기주의, 편협, 적당주의, 무사 안일 등을 버려야 하고 농장주에게 '정말 수고했어.'란 말을 듣도록 노력해야 합니다."

계약서상 ㅌ은 양돈 노동자였다. 현실에서 그는 사장의 밭까지 맸다. 축사에서 고추밭으로, 콩밭으로, 고구마밭으로 불려 다녔다. 대나무밭에서 죽순도 캤다. 사장 가족들도 일이 있을 때마다 ㅌ을 돌려 가며 썼다. ㅌ이 '정해진 일만 하고 싶다.'고 했을 때 사장은 "한국에선 이 모든 게 농업"[9]이라고 했다.

"사장님에게는 항상 45도로 인사해야 합니다."

ㅌ의 근로계약서엔 휴일 주기를 표시하는 칸이 있었다. '일요일', '공휴일', '매주 토요일', '격주 토요일'……. 그의 휴일은 '기타'에 표기됐다. 1년 동안 ㅌ에겐 단 하루의 휴일도 주어지지 않았다.

ㅌ이 사장에게 휴일과 임금 인상을 요구한 적이 있었다. 사장은 말 대신 행동으로 거부했다. 철근을 휘둘러 ㅌ의 어깨를 내려쳤다.

갓 입국해 뜻도 잘 이해하지 못하는 사람들 앞에서 강사가 **근**

무 예절을 강조했다.

"일을 하다 농장주에게 불만이 있더라도 불만을 이야기하는 사람이 되지 말고, 고향 쪽인 해가 지는 서쪽을 바라보고 하하하 웃으세요. …… 감사의 마음, 사장님에 대해 한국에 불러 줘서 고맙다고 생각하세요."

항문 닦기

「**위생**」 생식기와 항문 주위를 깨끗이 한다. 항문 주위를 깨끗이 닦아 주지 않으면 대변 자체가 항문 주위의 피부를 자극해 심한 가려움이나 불쾌감을 느끼게 할 수 있다. 대변 속에 있던 세균이 항문과 가까이 있는 요도나 성기로 옮겨져서 병을 일으킬 수도 있다(농협중앙회, 『산업안전보건 및 기초기능』 네팔어판).

¶

ㄴ(32세, 남, 네팔)은 수치스러웠다.
"나도 똥은 닦을 줄 안다."
속옷 갈아입기, 양치질하기, 손발톱 관리하기, 머리 감기…….
ㄴ은 '미개인'이 된 것 같았다.

그는 네팔에서 교사로 일했다. 그가 한국에서 받은 교재는 이주 노동자들을 자기 위생도 챙기지 못하는 아이처럼 묘사했다. 그 책을 교과서처럼 읽고 배울 때마다 ㄴ은 한국이 어떤 눈으로 자신을 바라보는지 깨달았다. ㄴ은 수십 년 전 한국인들이 '조센징'이라 불리며 일본인들한테 차별받았다는 사실을 알고 있었다.

"나를 짱깨라고 하지 마."

ㄴ의 중국인 동료가 말했다.

"우리를 베트콩이라고 부르지 마."

베트남 동료도 말했다.

차별과 모욕의 시대를 견딘 사람들이 차별과 모욕을 가한다는 사실이 놀라워 ㄱ은 책을 집어던졌다.

인도네시아 선원의 특성

「한국 선원이 알아 두면 좋은 사항」 자존심이 강하고 부끄러움과 창피함에 민감하여 잘 몰라도 되묻지 않습니다. 이해가 늦더라도 윽박지르지 말고 순서대로 차근차근하게 일을 시키면 유순하게 잘 따라옵니다. 만약 잘못한 일이 있을 때에는 바로 윽박지르기보다는 조용히 혼자 불러 타이르면 쉽게 인정하고 잘 따릅니다. …… (Tip) 항해 중이나 정박 중에 잘못이나 실수를 한 경우 윽박지르기보다는 벌칙 제도를 활용해 보세요. 훨씬 좋은 성과를 기대하실 수 있습니다. …… 가장 답답한 사항은 자기한테 주어진 일에만 몰두하지 능동적으로 우리나라 선원처럼 급한 일부터 처리하는 센스가 없습니다. …… 업무 지시에 대하여 이해를 하지 않아도 다시 묻지 않는 경향이 있으므로 지시 사항을 이해했는지 항상 확인이 필요합니다. …… 대체로 마음이 여리고 순진하며 잘 감동하지만 특유의 자존심이 있어 부당한 취급을 받았다고 생각하면 단체 행동을 하는 경우가 있습니다(한국해운조합, 『외국인 선원 고용지원 가이드북』[10]).

미얀마(버마) 선원의 특성

「한국 선원이 알아 두면 좋은 사항」 미얀마 선원은 내성적이고 자신의 감정을 잘 드러내지 않으며 매사에 조용합니다. 미얀마 선원은 대체로 윗사람과 거리를 두려고 하는 경향이 있습니다. …… 소리 지르는 일에 익숙하지 않으므로 일이 미숙하더라도 조용하게 말해 주면 잘 이해하며 …… 지시하는 사항은 잘 따릅니다. …… 미얀마 선원은 마음을 잘 열지 않으므로 …… 미얀마 선원이 "Yes, sir" 했어도 완전히 이해했다고 믿을 수는 없습니다. 윗사람을 두려워하는 마음에 꾸중을 들을까 봐 습관적으로 대답하는 경우가 있습니다. …… 미얀야 선원은 외적으로 늙어 보이고 힘이 없어 보이지만 …… (Tip) 미얀마 선원의 임기응변적인 거짓말에는 재확인Cross Checking이 효과적입니다. 상급자가 재확인을 한다는 것을 알면 다음부터는 조심합니다. …… 미얀마 선원은 시간외 근무에 매우 협조적입니다. 따뜻한 말로 위로하고 격려도 하며 수고를 인정해 주면 더욱 열심히 합니다. …… 신기하게도 욕은 빨리도 배우고 금방 알아챕니다. …… 선주에게 일러바치거나 투서를 보내는 행위는 잘 안 하지만 인간관계에 따라서 불미스러운 일이 있을 수 있으므로 조심해야 할 것입니다(『외국인 선원 고용지원 가이드북』).

¶

ㅈ(30세, 남)은 상한 물고기로 버려졌다.

제주시 우도 남동쪽 22킬로미터 해상에 떠서 물고기는 썩어 갔다. 그는 통영 선적 79톤 통발 어선을 타고 꽃게와 문어를 잡는 '인도네시아산 수입 어부'였다.

ㅈ은 승선 이튿날부터 맞았다. 뱃멀미로 괴로워하는 그를 한국인 선원들이 '일에 서툴다.'며 얼굴과 복부를 때렸다. "업무

251

지시에 대하여 이해를 하지 않아도 다시 묻지 않는"다고 정의된
인도네시아 선원의 특성이 '웬만하면 폭력을 행사하는'(인도네시아
선원 人의 표현) **한국인 선원의 특성**을 자극했는지도 모른다.

2014년 2월 14일 ス은 십이지장이 파열돼 어창에 던져졌다.
염증이 장 전체로 퍼져 사망했다. 그의 옆에서 죽은 물고기들이
비린내를 풍기며 부패했다. 배를 탄 지 9일째 날이었다.

외국인 선원 의무 사항

「**중국어판**」 ① 멀미, 노동강도, 근로 환경 등으로 근무처 변경을 요구할 수
없다. ② 이탈, 범죄행위, 체류 자격 이외의 행위는 금지된다. ③ 취업 조건
외의 사항은 요구할 수 없다. ④ 파업, 정치 활동 등은 금지된다. ※ 상기 의
무 사항을 불이행하였을 경우 강제 출국시킬 수 있다(ㅋ사, 『외국인 선원 교육
교재』[11]).

¶

새벽 4시 집어등 불빛(2012년 5월 제주 해역)을 가르며 하늘이 쏟
아졌다.

그물을 지탱하는 쇠기둥이 무너져 ㄷ(남, 중국)의 머리를 때렸
다. 머리가 깨지고, 감각이 깨지고, 생각이 깨졌다. 의식이 깨져
조각나 있을 때 자신과 가족과 미래가 깨져 흩어지는 것을 그는
혼미 속에서 본 듯도 했다.

오전 10시에 정신이 들었고, 오후 2시에 병원으로 옮겨졌다.
ㄷ이 사고로부터 의료 시설에 도착하기까지 열 시간이 지났다.

그가 깨진 것들을 인식하기 시작했을 땐 이미 다시 붙일 수 없는 것들이 돼있었다.

팔의 감각이 사라지고 없었다.

의사는 치료 시기를 놓쳐 영영 팔을 쓸 수 없다고 했다. 중국에서 아빠를 기다리는 아이들을 더는 쓰다듬고 껴안을 수 없는 신체 기관으로서 ㄷ의 팔은 몸에 붙어 있었다.

목에선 소리가 사라져 있었다.

성대를 다친 ㄷ은 말을 잃었다. 목구멍을 통과해 입으로 나오므로 목소리일 뿐 그의 성대는 아이들에게 더는 "보고 싶다."고 말할 수 없는 발성기관이 돼있었다.

그는 자신이 깨어지고 있을 때도 배의 조업이 계속됐다는 사실에 경악했다. 떠나가는 생을 붙잡으며 안간힘을 쓰던 그가 열 시간이나 바다에 방치됐다는 사실이 믿기지 않았다. '내 목숨이 물고기보다 못하냐?'며 팔을 들어 벽을 때리고 성대를 긁어 고함을 지르다 꿈에서 깨곤 했다. 사고가 나기까지 그의 체불임금은 1천9백여만 원이었다.

'지킬 것'과 '지킬 것'이 의미 분열했다. 노동강도가 아무리 세고 노동환경이 아무리 나빠도 **외국인 선원의 의무**는 '근무처 변경을 요구하지 않는 것'이었다. '요구할 수 있는 권리'를 지켜내기보다 '요구하지 않을 의무'를 지켜야 하는 사람은 생계를 지키려면 자존을 지킬 수 없었다.

좁은 방이 후텁지근했다. 부산 자갈치시장(중구 남포동) 옆 여관방에서 담배 연기가 빽빽했다. 문을 여닫을 때마다 갇혀 있던 연기가 복도로 풀려나와 뿌옇게 떠다녔다. 복도에선 그들이 널

한국

어 둔 빨래가 자갈치시장의 반건조 오징어처럼 말라 갔다.

그들은 오징어 잡이 대형 트롤 어선을 탔다. 선주가 얻어 준 여관에 머무르며 출항을 기다렸다. 트롤 이주 노동자들은 보통 자갈치시장 쪽 여관에 묵었다. 충무시장(서구 남부민동) 근처에선 고등어 잡이 선원들이 잠을 잤다. 여관이나 모텔 숙박은 형편이 나았다. 입항한 뒤에도 땅을 밟지 못하고 선실에서 자는 사람들이 많았다.

며칠 뒤면 재출항이었다. 그들은 철망(휴어기를 맞아 조업 중단) 뒤 휴어기 6개월 동안 배를 타지 못했다. 휴어기 땐 육지 일도 금지됐다. 반년이나 중국에 보낼 돈이 없었다.

ㅎ(42세)은 중국 다롄에서 택시를 몰았다. 송출 사기를 당해 입국하는 데 8만5천 위안[12]이 들었다. 4년 10개월 뒤 재입국 수속 땐 3만 위안을 추가로 냈다. 입국 전 그는 근로계약서를 보지 못했다. 그 방에서 무슨 배를 탈지 알고 입국한 사람은 아무도 없었다. 근무시간도, 휴게·휴일도, 정확한 임금도 몰랐다. 멸치를 잡을지, 고등어배를 탈지, 오징어를 낚을지는 입국 뒤 결정(관리 회사)됐다. 여권·외국인등록증·통장은 선주가 보관[13]했다.

재출항이 시작되면 ㅎ은 오후 3~4시쯤 배를 타고 바다로 나갈 것이다. 어장에 도착해 조업을 준비하고 밤 12시께부터 그물을 내릴 것이다. 오징어가 많을 땐 하루 대여섯 망도 할 수 있을 것이다. 조업량에 따라 다음 날 아침 6시나 9시 혹은 낮 12시께 입항할 것이다. 오징어를 위판장에 내리고 뒷정리를 끝내면 두세 시간쯤 눈을 붙일 수 있을 것이다. 오후 3~4시면 그는 다시 바다 위에서 흔들리고 있을 것이었다.

아픈 것은 '해선 안 되는 것'이었다. 언젠가 아프다고 했을 때 ㅎ은 "중국으로 돌아가라."는 말을 들었다. 선주는 "주문처럼" 외우라고 했다.

"아픈 것 같으면 파스. 힘든 것 같으면 소주."

합리적 차별

「**해양수산부**」〈근로기준법〉제6조에 사용자는 근로자의 성별·국적·신앙 또는 사회적 신분을 이유로 근로조건에 대한 차별적 처우를 금지하고 있음. 다만 근로의 성질과 내용·형태·직급, 선원의 근무 능력 등 제반 여건을 고려한 합리적 차별은 균등처우 보장 원칙에 위배되지 않음. 외국인 선원의 경우 근무 능력, 선원국의 물가와 소득수준 등을 감안해 임금을 정하는 것은 합리적인 차별에 해당하는 것으로 사료됨. 또한 자국민과 외국인 선원의 임금을 달리 정하고 있는 것은 국제 해운 분야의 일반적인 관행임.[14]

¶

다리가 자주 아팠다.

때론 쑤셨고, 때론 저렸고, 때론 가려웠다. 가끔 따끔거리다, 종종 화끈거렸다.

ㄹ(25세, 남, 중국)이 손으로 다리를 주물렀다. 움켜잡으면 무릎이 손 안에서 사라졌다. ㄹ이 아래를 내려다볼 때마다 오른쪽 다리가 허리 밑에서 모습을 감췄다. 다리는 잘려 나갔으나 뇌가 다리의 통증을 기억했다. 그는 '환상통'을 앓았다.

ㄹ은 경남 통영에서 멸치잡이 배를 탔다. 여권과 외국인등록

255

증은 선주가 보관했다. 통장도 매달 월급이 찍히면 선주가 잠깐 보여 준 뒤 다시 가져갔다.

2013년 8월 조업을 마친 배가 입항했다. ㄹ이 배에서 선창으로 뛰어내렸다. 배에서 정박용 밧줄을 ㄹ에게 던졌다. ㄹ이 선미와 비트(항구 정박용 쇠기둥)를 밧줄로 연결하고 있을 때 선장이 시동을 걸었다. 배의 선미가 방향을 틀었다. 밧줄이 ㄹ의 오른쪽 다리와 비트를 한데 묶어 조였다. 너덜너덜해진 그의 다리가 수술대에서 사라졌다. ㄹ의 앞날이 멸치 꼬리처럼 동강 났다.

선주는 장애급여신청서를 한국어로 작성해 ㄹ에게 내밀었다. 내용 설명 없이 ㄹ의 사인을 받아 접수했다. 산재 후 요양도 종결시켰다. 선주는 ㄹ을 해고하고 기숙사에서 내보냈다.

심장이 자주 뛰었다.

때론 두근거렸고, 때론 내달렸고, 때론 질주했다. 다리의 통증은 환상이었지만 심장의 고통은 실제였다.

아래에 아무것도 없는 것이 '최저'였다. 그는 최저보다 아래였다. 일해서 받는 임금이 최저보다 밑이었는데 일하다 다쳐서 받는 장해급여도 최저 아래에서 계산[15]됐다. 그가 최저보다 최저여서 '최저 한국인들'은 최저가 아닐 수 있었다.

ㄹ이 아래를 내려다봤다. 다리도 없었고 아무것도 없었다. 그는 최저 아래 있었으므로 '아무것'보다 아무것도 아니었다. 그를 차별해서 차별의 밑바닥에 두는 것이 차별받는 한국인들의 착시를 부르는 **합리적 차별**이었다.

2014년 초 제주도 차귀도 남서쪽 108킬로미터 해상에서 유자망 어선이 화재로 불탔다. 선원 아홉 명이 바다로 뛰어들었다.

한국 선원 네 명 가운데 한 명이 죽고 한 명은 실종됐다. 인도네시아 선원[16]은 다섯 명 중 다섯 명 모두 죽었다. 건져지는 데도 우선순위가 있었는지 살아남은 자들과 죽은 자들 사이에 국경이 선명했다.

'죽음의 값'도 국경의 저편은 이편의 3분의 1[17]이었다.

1 '까끗'(생각해 보기)의 두 사례는 이주 노동자들이 자신의 노동 현장에서 휴대전화기로 촬영한 영상을 글로 옮겼다.

2 논밭이 이주 노동자들의 직장이 된 한국 농촌에선 '심각한 동상이몽'이 존재한다. 고용주와 계약서를 쓰고 입국하는 이주 노동자들은 '노동자'로 대우받길 기대한다. 반면 이주 노동자를 맞는 한국의 농·축산업은 그들을 임금노동자로 대우할 준비가 안 돼있다. 고용주인 농민들이 그들을 바라보는 정서는 전통적 '일꾼'에 가깝다. 일꾼에게 노동시간은 대중없고 노동의 내용도 '필요한 일 전부'다. 상추와 배추가 저절로 밥상에 오르진 않는다. 한국인들이 외면하는 농업 노동을 이주 노동자들이 채운 지 오래다. 한국인이 갈망하는 '신토불이 밥상'은 이주 노동자들과의 고용계약 없인 차려질 수 없는 시대가 됐다. 이주 노동자에게 일정한 노동시간과 일정한 급여를 제공해야 하는 '사장님'이 됐다는 사실을 한국 농부들은 훈련받지 못했다. 저임금 이주 노동자 수입을 통한 '노동력 땜빵' 외에 역대 어떤 정부도 한국 농업 노동력의 장기적 대안(이주 노동자 인권 개선 포함)을 내놓은 적이 없다.

3 국내 이주 노동 계약은 2004년 도입된 고용허가제를 근간으로 한다. 고용주의 동의가 있어야만 사업장을 옮길 수 있도록 한 규정은 고용허가제의 대표적 독소 조항으로 꼽힌다. 인권침해 등 불합리한 피해를 입어도 고용주가 서명해 주지 않으면 노동자는 직장을 바꿀 수 없다. 이주 노동자의 잦은 사업장 이동이 고용주의 경영 안정과 한국인 노동자들의 직업 안정을 해칠 수 있다는 이유다. 사업장 이동을 원하는 이주 노동자에게 고용주가 고용 과정에서 든 비용을 대가로 요구하는 일도 잦다. 농한기에 일거리가 줄면 농업 고용주들은 상시 고용 계약을 맺은 이주 노동자의 급여를 줄인다. 월급 축소가 큰 타격인 이주 노동자들은 직장을 옮기고 싶어 하지만 고용주들은 사업장 이동에 동의하지 않으면서 충분한 일도 제공하지 못하는 경우가 많다. 겨울이 되면 계약은 유지한 채 노동자들을 내보낸 뒤 "봄에 다시 오라."는 농장들도 흔하다. 변화된 농업 현실이 고려되지 않는 고용허가제가 고용주와 노동자 모두에게 족쇄가 되고 있다.

4 근로계약서가 '숙박 시설'이라고 밝힌 곳은 실제 숙박이 불가능한 환경이 많다. 욕실이 잠금장치 없이 천막으로 둘러쳐져 있거나 겨울이면 물이 꽁꽁 얼어붙어 세면이 불가능한 경우도 있다. 화장실을 만들어 주지 않아 노동자들이 비닐하우스 뒤편에 삽이나 호미로 땅을 파 배변을 해결하기도 한다. 부부나 남매가 아닌 남녀를 한 공간에 재운 뒤 숙박료를 별도로 받는 고용주들도 있다.

5 2013년 국가인권위원회 "농·축산업 이주노동자 인권상황 실태조사"에 수록된 입국교육 강의 실제 사례.

6   2014년 6월 ㅌ의 노동 일과 중 일부분.

7   고용허가제를 통해 한국에 들어온 이주 노동자들은 사업장 배치 전 송입 기관 등이
    준비한 입국 교육을 받는다.

8   월급 110만 원에 대입하면 시간당 2,973원꼴이다.

9   농·축산 이주 노동자들이 과도한 노동시간과 초저임금에 항의할 때마다 고용주들은
    〈근로기준법〉 제63조(농·축산업은 근로시간·휴게·휴일 예외)를 제시한다. 이 조항은 '1
    일 여덟 시간, 여덟 시간 근무 때 한 시간 휴게, 일주일에 하루 이상 휴일' 규정을
    농·축산 노동자들에겐 적용하지 않아도 된다고 쓰고 있다. 계절·날씨 산업의 특성
    을 띠는 농업엔 엄격한 규제가 힘들다는 논리지만, 농·축산 이주 노동자 혹사의 법
    적 근거가 되고 있다. 노동시간을 탄력적으로 운영할 수 있다는 뜻이 '일은 원하는
    대로 시키되 돈은 적게 줄 수 있다.'는 의미로 오용되기도 한다. 감독 기관인 고용센
    터는 최저임금법을 위반한 근로계약서에 제재 없이 법적 효력을 부여하고 있다.
    1953년 〈근로기준법〉 제정 때 만들어진 이 조항은 이주 노동자들과 그들의 '농업
    노동' 없인 생산량의 유지가 불가능해진 한국 농업의 현실을 외면하고 있다.

10 한국해운조합의 조합원은 연안 해운업자들이다. 해운조합은 '알아 두면 유용한 국가
    별 특성'을 참고 자료로 제작해 해운업자들에게 제공했다. '열등한 피고용인을 부리는
    우등한 고용인'의 시각이 반영돼 있다. 개인의 외모와 행동을 민족성과 연결지어 편견
    을 키우기도 한다. '마음을 잘 열지 않는다.'거나 '잘 몰라도 되묻지 않는' 행동은 '국
    가별 특성'이라기보다 의사소통 시스템을 갖추면 저절로 해결될 문제다. 이주 노동자
    를 고용한 업체나 송입 회사들조차 통역 직원을 채용하지 않는 경우가 많다.

11 부산의 선원 이주 노동자 관리 업체 ㅋ사는 위법적이고 인권침해적인 조항을 '교
    육'이라며 가르쳤다. 불편과 불만을 제기하지 않는 것이 '의무'라고 규정하기도 했
    다. ㅋ사가 관리하던 노동자들의 이탈률은 53퍼센트였다. ㅋ사는 2014년 1월 퇴출
    됐다.

12 ㅎ이 입국한 2008년 당시 환율로 약 1,360만 원.

13 2012년 국가인권위 실태조사에서 여권·외국인등록증·통장을 선원 이주 노동자가
    직접 관리하는 경우는 전체의 20.7퍼센트뿐이었다.

14 2014년 2월 이주 노동자 인권 단체 '이주민과함께'가 해양수산부에 공문을 보내
    선원 이주 노동자의 임금 계산에 차별을 두는 이유를 물었다. 해수부(2014년 3월 12
    일)는 "차별이지만 합리적 차별"이라고 회신했다. 해수부의 답변 공문 내용.

15 한국인 어선원의 최저임금은 해양수산부 장관이 고시(2014년 한국인 선원의 최저임금
    은 141만5천 원)한다. 어획량에 따른 직급별 수당도 보태진다. 외국인 선원의 최저임
    금은 선주와 한국인 선원이 노사 단체협약으로 정한다. 한국인 임금의 75~80퍼센

트 수준(2014년 5월 1일부터 118만 원)에서 결정한다. 생산수당은 주어지지 않는다. 장해보상금과 사망보상금을 산정할 때도 임금 차별은 그대로 반영된다. ㄹ의 장해급여도 '합리적으로 차별받아' 월 110만 원(외국인선원 최저임금)으로 계산됐다. '이주민과함께'는 이주 노동자들의 장해·사망급여 차별을 두고 민사소송을 제기했다. 한국인 선원과 외국인 선원의 재해보상금에 차이를 두는 것은 부당하다는 판례(대구지방법원 2011 구합 4177·대구고등법원 2912 누 1397)가 있다.

16 인도네시아는 한국 선원 이주 노동자의 최다 송출국이다.

17 한국인 사망 선원은 장례비와 사망보험금을 합쳐 1억5천만 원을 받았다. 인도네시아 선원에겐 3분의 1인 5천2백만 원씩 지급됐다. 한국인 선원(월평균 임금 302만9천 원으로 계산)과 외국인 선원(월평균 임금 110만 원으로 계산)의 임금 차별 탓이다. 인도네시아 선원들의 주검 송환비도 그들의 보상금에서 지출됐다.

텐진 델렉이자 라마 다와 파상이면서 민수

우리나라

품행 단정

「**법률**」 품성과 행실이 얌전하고 바르다. 과거 도덕·윤리 교과서와 학교 급훈에 자주 등장했던 이 단어가 이주민을 만나면 생사여탈을 가르는 법의 용어가 된다. 〈국적법〉 제5조 3호[1]는 귀화 요건에 "품행이 단정할 것"을 못 박고 있다.[2]

¶

밖에선 녹슨 봄바람이 불고 있었는지 모른다.

"국가를 향한 충성심이 없네요."

면접관의 말에 현기증이 났다. 출입국관리사무소(서울시 양천구
목동) 귀화 면접실에서 아지랑이가 피어올랐다.

국적난민과는 (이)근혜 씨가 그의 배우자가 맞는지 확인한 뒤
방에서 내보냈다. 두 명의 면접관이 번갈아 물었다.

"동해에 있는 우리나라 섬은 무엇입니까?"

"독도입니다."

"한국은 민주주의국가입니까?"

"민주주의국가입니다."

"민주주의국가는 다수의 뜻에 따라 운영됩니까, 소수의 뜻에
따라 운영됩니까?"

"……."

민수3 씨는 어지러웠다.

"남북한 사이에 전쟁이 났습니다. 국민으로서 무엇을 하겠습
니까?"

휴대전화기 자판을 두들기며 면접관이 물었다. 면접관이 등
진 벽에서 각진 태극기가 울창했다.

"언론을 지켜보며 사람들이 하는 대로 하겠습니다."

포탈라. 세계에서 가장 높은 땅에 세워진 궁전(해발 3천7백 미
터). 티베트를 최초로 통일한 숭첸 캄포4 왕이 당나라 출신 왕비
를 위해 세운 건물. 중국군에 쫓기던 달라이라마(제14대, 본명 텐진
갸초)가 망명 직전까지 머물렀던 통한의 성소. 티베트 정치·종교

의 중심이며 나라 잃은 민족의 독립의 염원. 3평 남짓 좁은 면접실에서 그의 눈엔 포탈라가 어른거렸다.

"당신은 충성심이 없군요."

휴대전화기에서 시선을 떼지 않은 면접관이 SNS를 하며 말했다. 꿀벌이 날아다니는 것처럼 민수 씨의 머릿속이 윙윙거렸다.

'참전하겠다.'는 말이라도 하라는 뜻일까.

민수 씨는 15년 동안 한국에서 살아왔다. 국방의 의무로 충성의 정도를 잴 수 있다면 '국가에 몸과 마음을 다하는 일'은 재산과 권력의 크기에 반비례한다는 사실을 그는 오래전에 체득했다. 대답이 정답에서 멀어지고 있다는 생각에 민수 씨는 속이 탔다. 말라 가는 용기를 쥐어짜며 그가 항변했다.

"아이가 셋입니다. 아이들을 지켜 내는 것이 대한민국을 지키는 것이라 생각합니다."

다음 날(2013년 4월 17일) 그에게 문자메시지가 도착했다.

"귀화 면접심사 재면접 처리되었습니다. 법무부 국적난민과."

텐진 델렉. 달라이라마로부터 받은 티베트 이름. 1950년 망명하는 지도자를 따라 인도로 이주한 티베트인의 손자. 자신의 조국이 티베트란 사실을 잊지 않으려는 나라 잃은 남자의 다짐. 그에게 식당 포탈라(서울시 중구 명동)는 밥벌이이면서 중국의 티베트인 대량 학살(2008년 3월)[5] 이후 한국에 티베트의 눈물을 알리는 창구[6]였다.

라마 다와 파상. 라마 불교의 '라마'를 성씨(티베트 이름엔 성이 없음)로 삼은 네팔 이름. 달(다와)과 금(파상)을 이름에 가진 남자. 네팔 카트만두에 정착한 네팔 국적 카펫 사업가의 반항아 아들.

그에게 포탈라는 만삭(셋째 아이)의 아내 근혜 씨가 7개월간 식당 바닥에서 자며 철거 용역들로부터 지켜 낸 아버지[7]의 목숨 값이었다.

민수. 그에게 모멸을 선사한 사람들이 부르기 편하다며 붙인 한국식 이름. 한국말을 몰랐을 때부터 공장 안(1997~2007년 이주노동)에서 불린 '성도 없고 인격도 없는' 호칭. 스스로 입에 올리지 않았던 그 이름이 자신의 뜻과 무관하게 진짜 이름이 돼버린 남자. 그에게 식당 포탈라는 2년간 법정 싸움을 벌이는 동안 한국의 완고함에 눌린 '이방인의 집'이었다.

문자메시지(2013년 5월 15일)가 도착했다.

"귀화 (재)면접심사 안내. 5월 29일 오전 11시 30분. 서울출입국사무소 별관 2층 A."

면접관은 혼자였다. 같은 절차가 반복됐다. 애국가를 불렀고, 국기에 대한 경례를 했으며, 국민의 4대 의무를 외웠다.

"죽여."

2011년 9월 9일 철거 용역들의 주먹이 세입자대책위원회[8] 방송 차량 유리를 깨고 날아들었다. 승합차 위로 올라간 용역들이 발을 구르며 몽둥이로 차를 부수었다. 운전대 위에 엎드린 민수 씨의 목에 밧줄을 걸어 차에서 끌어냈다. 집단 폭행을 당하며 민수 씨는 죽음의 공포를 직면했다.

폭력을 신고하러 경찰서에 갔을 때 용역 두 명이 따라 들어왔다. 한 명은 손가락뼈가 부러졌다며 깁스를 하고 있었고, 다른 한 명은 허리를 다쳤다며 다리를 끌었다. 민수 씨가 방송차로 자신들을 들이받으려 했다고 그들은 주장[9]했다. 경찰은 〈폭력행위 등 처벌에 관한 법률〉(폭력행위처벌법) 위반이라며 민수 씨에게 수갑을 채웠다. 경찰은 '외국인'인 민수 씨의 말을 믿어 주지 않았다. 한국에서의 편견은 국적이 아니라 피부색에서 비롯된다는 사실[10]을 그는 모르지 않았다.

'삶이란 자신을 망치는 것과 싸우는 일'이라고 누군가[11] 썼다. 텐진 델렉이자 라마 다와 파상이면서 민수인 그가 오직 민수가 되려는 뜻은 자신과 가족을 지키려는 다급한 싸움이었다. 가난한 외국인이 한국 국적 없는 사람일 순 있어도 지킬 것까지 없는 사람은 아니었다. 한국인이어야 가족과 삶을 지킬 수 있다면 그는 한국인이 될 수밖에 없었다.

문자메시지(2013년 5월 30일)가 도착했다.

"귀화 면접심사 합격하였습니다."

2011년 9월 5일 철거용 크레인에 사람이 올라갔다.

"크레인 움직이지 마요. 사람 다쳐요."

철거 반대를 외치는 남자를 태운 채 크레인이 움직였다.

"크레인 안 돼요. 사람 위험해요."

소리치는 민수 씨를 경찰이 연행했다. 세 가지 혐의(업무방해, 집시법 위반, 공무 집행 방해)를 붙였다. 민수 씨는 유치장에서 이틀을 갇힌 뒤 풀려났다. 그사이 용역에 밀려 넘어진 근혜(당시 세입자대책위원장) 씨는 유산 증세로 입원해 있었다.

2008년 민수 씨와 임대계약을 한 건물주는 한 달 반 만에 재개발 회사에 건물을 넘겼다. 도시환경정비가 시작되면서 철거 용역들이 골목을 휘젓고 손님을 쫓았다. 철거민이 된 민수 씨는 뇌수막염을 앓았다.

2014년 초 대법원은 민수 씨에게 벌금 5백만 원을 확정판결했다. 항소심과 상고심에서 폭력행위처벌법 위반 혐의가 무죄로 입증됐으나 벌금은 거꾸로 1심(3백만 원)보다 뛰었다. "죽을 때까지 잊지 못할 기억들"로 남았다.

판결 뒤 검찰이 문자(5월 23일)를 보냈다.

"라마 다와 파상 님. 2014년 6월 7일까지 벌금 미납 시 수배·유치 및 재산이 압류될 수 있습니다."

보름 뒤 독촉이 재촉됐다.

"라마 다와 파상 님. 미납 시 수배·유치 및 재산이 압류될 수 있습니다. 서울중앙지검 ○○은행 561-919-********."

기업의 천문학적 도산 비용을 세금으로 탕감하는 나라가 한국이라고 민수 씨는 겪어 알고 있었다. 작은 삶터를 지키다 떠안은 몇 백만 원의 벌금이 민수 씨의 가정을 통째로 위협했다. 포탈라를 적자 운영하면서 그는 수억 원의 빚을 지고 있었다. 벌금을 내기 위해 민수 씨는 사채를 빌렸다.

면접 합격 뒤 귀화 허가 최종 통보가 늦어졌다. 대법원 판결 전 법무부가 전화를 걸어왔다. 국적난민과 직원이 물었다.

"진행 중이신 재판 결과가 나왔습니까?"

귀화를 담당하는 부서가 별건의 재판을 챙겼다. 민수 씨는 불안해졌다.

문자메시지(2014년 3월 12일)가 도착했다.

"라마 다와 파상 님. 귀화 국적 신청이 불허되었습니다. 법무부 국적난민과."

귀화심사결정서(2014년 3월 11일)에 적힌 불허 사유에 다섯 글자가 찍혀 있었다.

품행 미단정.

"업무방해, 공무 집행 방해, 집시법 위반. 2014년 2월 27일 벌금 5백만 원. …… 신청인은 면접시험에 합격했으나 1997년 10월 16일부터 2007년 1월 24일, 9년 3개월 불법 체류하여 품행 미단정으로 부적격자로 판단됨."

벌금 납부로 해소된 과거 미등록 체류 사실까지 품성과 행실이 바르지 못한 이유에 포함됐다. 귀화 불허는 강제 출국[12]으로 이어질 수도 있었다.

민수 씨의 귀에 지구가 쪼개지는 소리가 들렸다.

보테

「네팔어」 네팔에선 티베트와 티베트인을 각각 '보트'와 '보테'로 발음한다. 보테엔 '비하'의 뉘앙스가 담겨 있다. 주로 네팔 북쪽에 정착한 티베트계를 남쪽의 네팔 사람들은 보테라고 부른다. 네팔 아리안족은 네팔 몽골족을 보테라 칭하고, 몽골족 안에서도 남쪽 사람들은 북쪽 사람들을 보테라고 말한다. 연쇄 타자화다. 한국 사람들로부터 수모와 차별을 겪은 국내 네팔 이주 노동자들은 한국인을 원망하며 보테라 부르기도 한다.

다문화

「명사」 국내 이주 노동자와 결혼 이주 여성이 증가하면서 '차이에 대한 존중'을 강조하며 사용하는 단어. '다문화'가 이주민을 '시혜'와 '동화'의 객체로 대상화한다는 지적이 나온 지 오래다. 국민국가의 차별과 배제를 은폐한 채 세계화 시대 자본주의적 통합에 기여하는 담론이란 비판도 있다. '단속'과 '관리'의 이주민 정책을 고수하는 정부가 다문화를 선두에서 '유통'시켜왔다는 사실은 의미심장하다.

¶

습한 여름 바람이 쓸고 간 자리마다 녹물이 맺히고 있었는지 모른다.

"원고原告가 맞습니까?"

판사가 물었다.

귀화 면접실의 공기가 떠올랐다. 텁텁한 법정(서울행정법원 B220호)[13]에서 퍽퍽한 기억을 마시며 그는 목이 말랐다.

"예."

글을 벗어나 말이 될 때라야 전달되는 간절함이 있다고 그는 믿었다. 법원이 그에게 허락한 말은 한 음절뿐이었다. 판사는 그가 원고인지만 확인했다. 텐징 델렉이자 라마 다와 파상이면서 민수인 그에게 판사는 텐징 델렉이자 라마 다와 파상인 그가 민수까지 된 이유는 묻지 않았다. 티베트인 텐징 델렉이자 네팔국적 라마 다와 파상이면서 '외국인'인 민수 씨는 왜 한국인이 되려는지 설명할 틈을 얻지 못했다. 그의 '한국인 됨'을 불허한 법무부와 그의 '한국인 아님'을 상기시키는 사법부 앞에서 그는 자신의 '한국인 돼야 함'을 온전히 설명하지 못해 울 것 같았다.

민수 씨는 재판부에 말로 하고 싶은 이야기가 있었다. '포탈라' 철거를 막은 일이 한국인이 되지 못하는 이유라면, 철거를 용인하고 식당을 잃었다면 '품행 단정한' 한국인의 자격이 생긴다는 뜻인지 묻고 싶었다. 한국인들이 '한국인 아내'와 '한국인 아들딸의'의 삶터를 빼앗으려 할 때 외국인인 그가 철거 반대 외에 할 수 있는 일이 무엇인지 알고 싶었다.

"아빠는 외국인이잖아."

첫째 딸이 말한 적 있었다. 딸과 책을 읽던 민수 씨가 한글이 어렵다고 느끼는 순간 뜻 없이 하는 딸의 말이 그에게 박혔다.

"아빠는 외국인이니까 한글 잘 못 읽지."

한국인 여자와 결혼해 한국에서 낳은 아이들은 한국인이었다. 한국인 여자와 결혼해 한국인 아이들을 낳은 그만 여전히 외국인이었다. 아마 유치원에서 배웠을 것이었다. 아빠가 외국인임을 군이 가르쳐 주는 사회에서 아빠의 '차이' 때문에 아이가 '차별'받지는 않을까 그는 두려웠다. 민수 씨가 한국인이 아닌 것은 민수 씨의 잘못이 아니었다. 아이들이 외국인 아빠를 둔 것도 아이들의 잘못이 아니었다. 딸의 초등학교 입학을 앞둔 무렵이었다. 아빠 이름을 적어 내야 할 수많은 일들이 딸을 기다리고 있었다. 외국인 남편과 아빠에겐 은행 대출도 되지 않았다. 민수 씨는 한국인이 돼야 했다.

"외국인은 빠져."

2011년 구청 직원이 말했다. 포탈라 철거를 몸으로 막던 그에게 공무원이 선택한 단어는 딸의 표현과 비교되지 않을 날카로움으로 날아와 꽂혔다. 자신의 삶이 한꺼번에 허물어질 때도 방관하라고 행정은 지시했다. 철거에 저항했던 그를 법은 전과자[14]로 만들었다.

"사장님 왜 열 받아요?"

정치를 필요로 하는 사람들을 방치하다 선거 때 '표'로만 동원하는 정치인들에게 그가 불만을 토로하고 있었다. 한 단골손님이 말했다.

"투표권도 없잖아요."

외국인인 그도 한국에 세금을 납부했다. 투표할 자격은 없어
도 정치를 말할 자격까지 없는 것은 아니었다. 한국인이든 외국
인이든 가장 약한 사람이 정치 때문에 가장 먼저 울었다. 단물
을 죄다 빨려 싱거워진 법치는 '무허가 인생'을 다룰 때만 소금
보다 짰다. 외국인이 '법치국가 한국'에서 법을 너무 의지했다
고 그는 법원을 나서며 생각했다.

"외국인 새끼가."

외국인은 왜 '새끼'인가.

그 말을 듣기 싫어 포탈라에선 술도 잘 팔지 않았다. 친한 사
람들도 술만 취하면 '외국인'이란 딱지를 붙였다. 한국에서 미
국인과 영국인과 일본인과 외국인은 달랐다.

"너희 나라엔 해가 몇 개냐?"

두 개다.

"비행기는 있냐?"

없다.

"한국엔 어떻게 왔냐?"

버스 타고 왔다.

"새끼야 고생 많다."

알아주니 고맙다.

비아냥거림은 태연함으로 맞섰다. 그들이 그은 '경계'가 민
수 씨에겐 '전선'이 됐다.

1997년 한국에 와서 얻은 첫 직장(노트 공장)에서 그는 닭들과
패널 한 장을 사이에 두고 잤다. 사장은 방값이라며 15만 원을
제했다. 야근자에겐 중국집 볶음밥을 시켜 준다는 이유 하나로

그는 야근에 자원했다. 퇴사자의 업무까지 떠맡아 2박 3일을 꼬박 기계 앞에 앉아 일한 뒤 시체처럼 쓰러졌다. 출근 시간에 늦은 그를 사장 처남이 엉덩이를 발로 차며 내쫓았다. "억울하고 분하고 죽어 버리고 싶었던" 그는 5개월치 월급도 떼였다.

쌀라. 쌀라. 싸알라…….

입안에서 맴돌던 '쌀라'[15]가 견디기 힘들 때마다 '싸알라'[16]로 튀어나왔다.

청바지 공장에선 인사를 제대로 하지 않는다며 한국인 과장이 그를 때렸다. 때리지 말라며 밀치자 과장은 땅에 넘어지며 외쳤다.

"외국인 새끼가 사람 친다."

한국인 직원 15명이 달려 나와 민수 씨를 집단 폭행했다. 과장이 쓰러진 그의 뒷목을 발로 밟으며 얼굴을 땅바닥에 짓뭉겠다. 화가 난 그는 샌드기[17]를 휘두르며 도망쳤다.

한국인에게 '착하고 일 잘하는 사람'이란 칭찬을 듣고 싶었던 그는 착하게 일 잘하느라 혹사당하고 무시당했다.

히말라야 노새. 평생 험한 산길을 오가며 소금을 등에 지고 티베트에서 인도까지 운반하는 동물. 커다란 방울을 목에 달고 짤그랑거리며 새벽부터 짐을 날라야 하는 숙명.

"히말라야는 땅이 너무 험하고 높아서 찻길 없어요. 릭샤 없어요. 마차도 없어요. 걸어야 돼요. 짐을 운반하려면 노새 시켜요. 노새 등에다 끈 매달아서 왼쪽, 오른쪽 짐 실어요. 히말라야 노새들은 죽을 때까지 그렇게 일해야 된다고요. 등엔 다 상처가 있어요. 그래도 쉬지 못해요. (그것이) 노새들의 카르마예요."[18]

이주 노동자들의 등엔 가족의 짐이 실렸다. 그들은 한국행 비용을 빌려준 사람들의 짐과 꿈까지 짊어지고 입국했다. 그 짐을 내려놓을 수 없는 그들은 히말라야 산길보다 험악한 '편견의 준령'을 넘으며 한국의 저임금·불안정 일자리를 채웠다.

민수 씨는 히말라야 노새를 닮은 노동자들과 명동성당에서 389일(2003~04년) 동안 농성[19]했다. 그에게 폭력은 은유적이지도 상징적이지도 않았다. 구체적이며 물리적이었다. 절대적이고 선명한 것은 다만 생활이었다. 고삐 잡은 한국인들이 재갈을 당길 때마다 히말라야 노새들은 신음처럼 뱉곤 했다.

"보테."

근혜 씨는 가끔 말했다.

"내 나라 대신 내가 미안해."

포탈라[20] 주방에서 민수 씨와 근혜 씨가 손님들 음식을 만드느라 바빴다. 온주(티베트 전통 상의)를 입고 염주를 목에 건 민수 씨가 냄비에 향신료를 뿌렸다. 티베트 음식을 만드는 포탈라의 주방장 두 명은 모두 네팔 국적이었다. 국가 없는 티베트인들은 취업 목적의 입국이 불가능했다.

2004년 근혜 씨가 쌀자루를 들고 명동성당 농성장을 찾았을 때 이미 두 사람의 카르마는 얽히고 있었는지 모른다. 그들의 결혼 생활은 서로 다른 정치·종교·문화가 카르마로 묶이는 일이기도 했다. 바퀴벌레에 질겁하며 근혜 씨가 잡아 달라고 부탁할 때마다 환생을 믿는 민수 씨는 죽이지 않고 살려 줬다. 카르마의 합일로 세상에 나온 '새옴'(첫째. 티베트식 이름 텐징 킨좀), '대옴'(둘째. 텐징 밍말), '해옴'(막내. 텐징 니상)은 이름에 우주의 소리 '옴'[21]을 품었다. 인도 망명정부의 지인에게 부탁해 달라이라마로부터 아이들의 티베트 이름[22]을 받았다.

"옴마니 반메훔."

대옴이가 해옴이 죽인 벌레를 모래에 묻으며 만트라를 외웠다.

어느 교사는 반 학생들에게 물었다고 한다.

"우리 반에 **다문화** 몇 명이야?"

사람은 구별되고 전시될 수 없는 존재라고 믿었으나, 민수 씨는 외국인으로 구별되고 그의 아이들은 다문화로 전시됐다. 낙인이 된 다문화 가정의 외국인 가장 민수 씨는 가족을 지키지 못할 수도 있다는 생각으로 기진했다.

"선고 공판[23]은 7월 25일."

"예"밖에 한 말이 없었는데 선고 날짜가 정해졌다. 행정소송 재판부는 첫 공판에서 곧바로 결론으로 향했다.

귀화 불허 처분이 취소되지 않으면 그는 언제든 강제퇴거 대상이 될 수 있었다. 한국에서 17년을 두려워하면서 살았는데, 땅땅땅, 판결봉은 또 한 번 그의 인생을 동정 없이 두들길 것이었다. 민수 씨가 두 손을 모았다.

찌그러진 지구에서 사느라 자신을 게워 왔을 모두의 평화를 빌며. 나마스테![24]

1 〈국적법〉 제5조 (일반귀화 요건)

외국인이 귀화허가를 받기 위하여서는 제6조나 제7조에 해당하는 경우 외에는 다음 각 호의 요건을 갖추어야 한다.

1. 5년 이상 계속하여 대한민국에 주소가 있을 것

2. 대한민국의 〈민법〉상 성년일 것

3. 품행이 단정할 것

4. 자신의 자산資産이나 기능技能에 의하거나 생계를 같이하는 가족에 의존하여 생계를 유지할 능력이 있을 것

5. 국어능력과 대한민국의 풍습에 대한 이해 등 대한민국 국민으로서의 기본 소양素養을 갖추고 있을 것

2 법률에 명시된 도덕적 잣대는 한국으로 귀화를 원하는 외국인들에게 '예측 불가'의 장벽이다. 국가인권위원회는 2012년 12월 '품행 단정'의 구체적 기준이 없어 평등권을 침해한다며 법무부 장관에게 기준 마련을 권고했다.

3 박범신 소설 『나마스테』(한겨레출판, 2005)의 주인공 '카밀'의 실제 모델.

4 633년 주변 부족들을 통일한 그(617~650년)는 라싸에 티베트 역사상 가장 번성한 왕조를 세웠다. 이 나라는 '토번'이라 불리며 14세기 중순까지 티베트를 통치했다.

5 2008년 베이징 올림픽을 앞두고 티베트인들은 그들의 조국을 빼앗은 중국 정부가 '지구적 화합'을 주창하는 대회를 개최할 자격이 있는지 물었다. 중국은 무력 살상으로 화답했고 티베트인들은 '죽음의 행렬'로 저항했다. 2012년 말까지 티베트인 1백여 명이 스스로 목숨을 끊었다.

6 국내 유일의 티베트 음식 전문점. 민수 씨는 식당의 수익 일부와 후원금을 모아 인도와 네팔에 흩어져 있는 티베트 난민촌을 지원하고 있다.

7 이근혜 씨의 아버지 이재식 씨는 1989년 노태우 정권의 노점상 단속에 항의하며 분신·사망했다. 이근혜 씨는 아버지의 민주화운동 유공자 보상금을 식당 임대료에 보탰다.

8 식당 포탈라가 세 든 건물이 2011년 '명동도시환경정비사업'에 포함됐다. 포탈라를 개업할 때 빚을 보태 1억9천만 원을 투자했으나 개발사는 보증금 2천만 원만 돌려주겠다고 했다. 민수 씨 부부도 철거 반대 싸움에 나섰다.

9 재판 과정에서 철거 용역들의 부상이 민수 씨와 무관하다는 사실이 확인돼 폭력 혐의는 무죄판결을 받았다.

10 『나마스테』, 226쪽.

11 신현림의 시 "나의 싸움".

12 출입국·외국인정책본부 내규엔 2백만 원 이상의 벌금을 판결받은 자는 강제퇴거 명령 대상자가 될 수 있다.

13 2014년 6월 20일에 열린 민수 씨의 '귀화불허처분 취소 행정소송' 첫 공판.

14 업무방해, 집시법 위반, 공무 집행 방해로 5백만 원 벌금형.

15 '처남'을 뜻하는 네팔어.

16 쌀라를 늘려 발음하면 욕설이 된다.

17 청바지에 모래를 분사해 청바지 색깔을 바래게 만드는 기계. 『나마스테』 108쪽에 소개된 일화.

18 『나마스테』 89쪽, 민수 씨를 모델로 한 주인공 '카밀'의 말.

19 한국 정부는 2004년 8월 17일 고용허가제를 도입해 기존의 산업연수생제도를 대체(이후 두 제도 병행 실시 뒤 2007년부터 고용허가제로 단일화)했다. 제도 도입 전후 정부는 당시 국내 체류 중이던 미등록 이주 노동자들을 '싹쓸이 단속'해 강제 추방했다. 단속 과정에서 많은 사람들이 다치거나 죽었다. 스스로 목숨을 끊는 노동자들도 속출했다. 그 연쇄 죽음들이 이주 노동자들을 명동성당으로 이끌었다.

20 철거 싸움 이후 명동에서 종로로 이전.

21 불교의 진언 중 가장 신성한 것으로 여겨지는 음절.

22 첫째부터 각각 '행복을 모음', '이름을 널리 알림', '해처럼 밝은 날'이라는 뜻을 지녔다.

23 서울행정법원 행정1부(이승택 부장판사)는 2014년 9월 민수 씨의 패소를 판결했다. 재판부는 "원고는 정당한 절차를 거쳐 이뤄진 재산권 행사를 부당하게 방해하고 불법 집회를 했을 뿐 아니라 이를 제지하는 경찰의 공무 집행을 방해했으며 …… 대한민국의 법적 안정성과 질서유지를 심각하게 저해한 행위여서 비난 정도가 크다."고 밝혔다. 민수 씨는 같은 해 10월 귀화 불허 처분의 근거인 〈국적법〉 제5조 3호에 대해 헌법 소원을 냈다. 2016년 7월 28일 헌법재판소가 기각했다.

24 인도와 네팔 등에서 만나고 헤어질 때 하는 인사. 민수 씨는 2015년 4월 네팔에서 대지진이 일어나자 국내외의 기금과 물자를 모아 네팔 현지에서 구호 활동을 벌였다.

천국(天國)을 위한 천국(賤國)

천국

한센인

「의학」 병명이 사람의 정체성을 규정하고 통칭하는 보통명사가 된 사례. 완치 여부와 무관하게 한센병을 앓았던 사람들은 평생 '한센인'으로 불린다. 일본과 타이완은 완치된 이들에게 각각 '회복자'와 '강복자'란 용어를 쓴다.

문씨·한씨

「은어」 과거 '문둥이'라고 비하당했던 소록도 원생들은 스스로를 '문씨'라고 자칭했다. 한센인이란 말이 통용된 뒤로는 '한씨'라고도 했다.

2번지

「장소」 소록도 환자 거주 지역. 소록도엔 직원 및 그 가족 거주지(1번지)와 환자 거주지가 나뉘어 있다. 1번지와 2번지는 '직원 지대'와 '환자 지대' 혹은 '무균 지대'와 '유균 지대'라고 불리기도 했다. 신분은 지명에서부터 구별됐다.

수탄장愁嘆場

「장소」 원생에게 감염되지 않은 아이('미감아')가 있는 경우(새로운 출산은 엄격하게 금지) 직원 지대 안에 있는 미감아보육소에 격리시켰다. 부모·자식 간 면회는 한 달에 한 차례('월례 정기 면회')만 허용됐다. '1번지'와 '2번지'를 경계 짓는 길의 양쪽으로 나뉘어 바라만 봤다. 서로를 안거나 만질 수도 없었다. 전염을 방지한다는 이유로 아이들은 바람을 등지고 섰고, 부모는 바람을 맞는 쪽에 자리 잡았다. 이 길을 '탄식의 장소'란 뜻으로 수탄장이라 불렀다.

강송

「**정책**」일제강점기 때부터 한센병 환자들을 그들 뜻과 무관하게 소록도에 강제 이송시킨 정책. 초기 '입소 모집' 방침을 취했던 일제는 1930년대 중반부터 본격적인 강제수용을 실시했다. 경찰이 거리나 집단 숙영지에서 병증이 있는 사람들을 붙잡아 소록도로 보냈다. 광복 이후 한국 정부가 이어받아 시행했다. 1980년대까지 계속됐다는 기록이 있다. 「**비슷한말**」**모집**. 환자를 발견하면 특정 장소에 모아 가뒀다가 환자 수가 차면 한꺼번에 이송.

DDS 형제

「**은어**」부모·형제와 헤어져 소록도에서 살아온 원생들은 서로에게 가족보다 가까운 사이가 됐다. 그 관계를 한센병 치료약인 DDS로 표현했다. 소록도 안의 소식은 **DDS 통신**이나 **DDS 방송**이라고 했다.

¶

나는 임씨. 가로×세로×높이 20×20×20센티미터의 상자 안에 있다. 이름은 정행(가명). 한恨 위에 한을 쌓고 다시 한을 얹어 한으로 퇴적된 4단 정육면체의 꼭대기에 나는 봉인돼 있다. 뼈 위에 뼈를 쌓고 다시 뼈를 얹어 뼈로 퇴적된 동일 크기의 상자들이 밑에서 나를 받친다.

2016년 1월 7일(그해 첫 사망자 정○○ 씨)부터 13개(4월 25일까지)의 오동나무 상자가 나의 아래에서 앞뒤 두 줄로 층을 올렸다. 1월에만 7개, 2월 3개, 3월 2개, 4월 1개의 상자가 '발생'하며 차례로 탑을 이뤘다. 나는 5월 3일[1] 그 상자들의 맨 위에 앉았다.

바람 세다 구북리.[2]

바람에 깎여 본 사람만이 구북리(소록도 최초의 원생[3] 마을)가 바람으로 수식되는 이유를 안다. 바다가 몰아붙이는 북풍을 가장 먼저 받는 해안에 구북리가 있다. 얼음 서걱거리는 바람 소리를 들으며 나는 구북리 화장장 안에 있다. 국립소록도병원 원생으로 삶을 마친 주검들이 화장장에서 하얗게 소각된다. **1번지** 병원 직원들은 죽어서도 이용하지 않는 화장장에서 **2번지** 원생들은 예외 없이 육신을 털어 내고 뼛가루가 된다.

2006년부터 적게는 37개(2010년)에서 많게는 73개(2008년)의 유골 상자들이 빻은 뼈를 품어 높이를 올렸다. 10년간 상자로 들어간 우리(616명)가 앞으로 들어갈 우리(2016년 3월 현재 543명 생존)보다 많아졌다. 소록도에서 우리가 말라 버리면 소록도에서 우리가 흘린 눈물까지 마를 것이라 기대하는지 죽은 우리는 정부에 묻고 있다.

나, 정행. 1935년 9월 20일 충남 예산에서 태어나 2016년 5월 2일 소록도병원 309호에서 죽었다. 2016년에 생산된 열네 번째 유골 상자 안에 나는 있다. 마비로 웅크렸던 늙은 몸이 가루가 되어 손바닥 두 뼘도 못 되는 나무상자 안에 욱여넣어졌다.

나이 스물에 눈썹이 빠지기 시작했고, 스물일곱(1962년 6월)에 소록도로 끌려왔다. 한국 정부가 예산에서 **모집**해 대전에서 **강송**했다. 나를 태운 배가 '무카이집'⁴을 뒤로 하고 소록도로 들어갈 때 나는 인간으로서 가져 본 적 없는 푸른 염원들과 영영 작별했다. 녹동항(전남 고흥군 도양읍)에서 5백 미터도 안 되는 바닷길이 평생 건널 수 없는 '불귀의 거리'가 됐다.

나와 우리는 평생 **한센인**으로 불리며 살아서나 죽어서나 그 병명에 갇혀 있다. 병을 떨치고 나면 그 병은 기억으로만 남을 뿐인데, 우리는 완치된 뒤에도 병의 이름으로 우리의 미래와, 우리의 세부와, 우리의 전체를 규정당했다.

문씨이며 **한씨**인 나는 강씨. 1925년 3월 6일 태어나 2013년 9월 20일 죽었다. 이름은 한구(가명). 열 살 넘어 얼굴에 결절이 생겼다. 집집마다 돌아다니며 '문둥이'를 수색하던 일본 순사가 골방에 숨어 사는 나를 찾아냈다. 순사는 '모집에 응하라.'고 부모님을 종용했다. 상주경찰서(경상북도)로 모집된 나는 이미 와있던 환자들과 대구로 옮겨졌다. 대구에서 또 다른 사람들과 합쳐져 소록도로 강제격리 됐다.

일본이 통치하는 소록도병원은 치료 시설과 구금 시설의 경계가 없었다. 도망치다 잡히면 감금실⁵에 갇혔다. "덮으라고 준 꺼끌꺼끌한 노란 요때기에 일본 놈들이 찬물을 찌끄리면" 곧바로 얼어붙었고, 그 요때기 위에서 우리도 "꽁꽁 얼고 퉁퉁 불어"
동결 건조됐다. 추위에 차갑게 굳은 우리 몸은 화장장에서 태워
질 때에야 녹았다. '말 안 듣는 악독한 놈'으로 찍힌 우리 이마
엔 벌겋게 달군 인두가 낙인을 박았다. 소록도병원 앞 노송들의
"벗겨진 배때기"는 원생들이 태평양전쟁에 보낼 송진을 받느라
긁어낸 흉터였다. 그때 모은 송진이 광복 일주일 뒤 84명[6]을 불
사르는 연료가 됐다.

나, 한구. 일제강점기에 나의 왼발과 다리는 대퇴부까지 잘려
나갔다. 내가 소록도를 벗어난 건 평생 한 차례뿐이었다. 2000년
대 중·후반 강제격리 피해 보상을 청구하러 일본에 갔을 때였다.
한국 변호사들이 일본으로부터 보상금을 받도록 돕겠다며 소록도
로 찾아왔을 때 나는 믿지 않았다. 자국 피해자들에게 배상(2001
년)한 일본이 옛 식민지 피해자들에게 보상하도록 법을 고쳤을 때
(2006년)도 설마 했다. 2016년 5월 12일 마지막 청구인 아홉 명의
피해 사실을 인정하며 일본은 모두 590명의 한국인에게 보상(8백
만 엔씩)하거나 보상을 결정7했다. 일본이 "사죄"를 언급했을 때 나
는 우리 정부도 그럴 것이라 기대했다. 강제격리는 일본의 짓이었
지만 아이의 뿌리를 뽑은 건(1956년께 단종수술) 우리나라였다.

나는 임정행. 강송 뒤 구북리 독신사(결혼하지 않은 원생 숙소)에
서 산 지 1년 뒤 김성자(가명, 72세)와 혼인했다. 아내는 **사회**[8]에
서 화장품 회사에 다녔다. 남의 얼굴 가꾸는 게 일이었던 아내
는 무너지는 자기 얼굴을 감당하지 못해 S도[9]에 들어왔다.

우리의 사랑이 병든 환부처럼 도려내졌다. 일제가 시작한 정
책을 한국 정부가 계승했다. 독신사에 살던 원생들이 가정사(결

혼한 원생 부부에게 배정되는 숙소)에서 합치려면 아이를 포기[10]해야 했다. 남자는 반드시 단종수술을 받아야 했고 임신한 여성은 강제 낙태를 당했다. 우리는 살아 있음이 '오염'이었다. 추가 오염이 생기기 않도록 제거돼야 하는 사람들이었다.

결혼 계획을 부락 사무실에 신고하면 병원에서 수술 일정을 잡고 호출했다. 소록도에서 결혼하려면 수술을 거부할 수 없었고, 수술을 받기 싫으면 소록도를 나가야 했다. 소록도는 고립된 지옥이었지만, 소록도 밖은 개방된 공포였다. "반항은 불가능"했다. "반항하면 감금되거나 두들겨 맞는다."는 학습은 내 안에서 이의 제기할 용기를 빼앗았다. 감금실을 뚫고 나오는 비명들이 우리를 공포에 감금했다. 병원 직원한테 맞아 죽어 나오는 사람들을 보며 우리는 살았다. 나는 1963년 1월 단종수술을 당했다.

나는 김씨. 임정행의 상자 오른쪽에 있다. 이름은 철규(가명, 2차 소송 원고). 임정행보다 일주일 먼저 자리 잡고 그의 상자를 맞았다. 1935년 9월 5일 나서 2016년 4월 25일 갔다. 나는 이중 강송을 당했다. 1956년 3월 소록도로 강송된 나와 정병숙(가명) 사이에 아이가 왔다. 우리에게 와준 아이를 엄마와 아빠는 죽여 보낼 수 없었다. 정병숙과 소록도에서 쫓겨나 아들을 낳았다. 섬 밖에서 우리가 할 수 있는 일은 빌어먹는 것뿐이었다. 구걸로 연명하던 우리를 보건소 직원이 붙잡아 두 번째로 강송했다. 보건소는 아들을 떼어내 고아원에 맡겼다. 소록도로 되돌려 보내진 나는 1974년 4월 단종됐다. 고아원을 도망친 아들은 생사를 알 수 없었다. 아들을 산 채로 잃은 고통에서 나와 아내는 죽는 날까지 놓여나지 못했다.

단종·낙태를 해도 가정사가 부족하면 입주 순서를 얻지 못했다. 결혼 3년 동안 독신사 생활을 한 뒤에야 가정사를 받기도 했다. 부부가 같이 살아보지도 못한 채 죽었다. 가정사 한 칸에 광목천으로 열십자 벽을 쳐 네 부부가 사는 경우도 있었다. 그도 안 되면 폐지된 감금실을 개조해 변기[11]를 막고 온돌을 넣어 생활했다. 인간이 살 수 있는 공간이 아니었으나 그것이라도 얻기를 우리는 갈구했다. 섬 밖에서 사랑받아 본 적 없는 우리는 섬 안에서라도 사랑하고 사랑받고 싶어 목숨을 걸었다.

"잘들 있으셨소?"

화장장을 찾은 장인심(78세, 2차 소송 원고)이 나, 정행에게 인사했고, 나, 철규에게 인사했다. 오동나무 상자의 이름들을 살피며 한 명 한 명 손으로 닦았다. 발병 사실을 알았을 때 장인심은 쥐약을 먹었으나 죽지 못하고 살아났다. 소록도로 들어가는 배에서 빠져 죽으려다 못 죽었고, 섬을 사흘만 구경한 뒤 죽으려다 못 죽었고, 죽을 장소까지 봐두었는데 못 죽었다. 나, 정행과 나, 철규는 그, 장인심의 삶이 우리와 다르지 않음을 안다.

장인심의 남편은 "소록도의 충성스러운 건설대"였다. 원생들이 간척 사업에서 철수당할 때까지 오마도[12]에서 일했다. 병원장들이 시키는 대로 섬에 길을 냈고, 자신은 사용 못 할 직원 전용 선창을 만들었으며, "꾀부릴 줄도 몰랐는데" 강제 단종됐다.

장인심도 가정사를 받기 전에 아이를 가졌다. 독신사엔 방마다 방장이 있었다. '군수 할래? 소록도 방장 할래?' 물으면 소록도 방장 한다는 말이 있었다. 그 작은 세계에서 방장은 병원이 부여한 규율의 말단으로서 권력을 행사했다. 여자 독신사 방장들은 임신 소문이 돌면 병원에 '밀보고' 했다. 보고를 받은 의사와 간호부장은 해당 마을의 여자 원생 전부를 모아 임신 여부를 확인했다. 임신한 사람을 알고 있으면서도 불시 검사 형식을 취해 밀고자를 보호했다. 결혼한 성인 여자가 아이를 가졌다는 사실이 죄가 돼 떨어야 했던 세계가 잉태를 축하받고 축복받는 당신들의 세계와 공존했다. "병원 본관으로 부른 의료부장이 '아기 가졌냐?'며 자궁 안에 손가락을 넣어 휘젓는 짓"(김철규 증언)을 당하며 짐승 된 우리는 견뎌 왔다.

"거긴 평안하요?"

나는 한씨. 장인심이 나의 오동나무 상자를 쓰다듬으며 물었다. 나는 소록도병원에서 치료받다 오른쪽 다리를 무릎 아래로 절단했다. 이름은 정연(가명). 소록도에서 두 차례 임신했고 두 차례 낙태당했다. 첫 아이(1955년)는 주사를 맞고 이틀 뒤에 나왔다. 임신 6개월 넘은 사내아이는 '불행히도' 죽지 않았다. "응애 소리 내는 아이"를 나는 "눈물 머금고 산에 두고"(생존 당시 진술) 왔다. 1년 뒤 두 번째 아이를 잃었다. 1년 전처럼 박복현(가명, 사망)이 수술했다. 박복현은 소록도병원 연구원으로 일했다. 의료인이 아닌데 검시실을 맡아 사망 환자들을 해부했고 단종·낙태 수술을 도맡았다.

나는 이씨. 이름은 경자(가명, 1941년 출생). 결혼 뒤에도 가정사를 받지 못해 독신사에서 살았다. 남편은 가끔 밖에서 만났다. 배급이 떨어질 것을 두려워한 누군가가 나의 임신을 신고했다. 병원에 불려 간 뒤 박복현에게 낙태당했다. 그가 배꼽 밑에 주사를 놓자 2~3일 뒤 사산했다.

나는 한씨. 박복현에게 두 차례 단종수술을 받았다. 이름은 국만(가명, 1941년 출생). 수술당했는데 아내가 임신을 했다. 종을 완벽하게 끊지 못한 박복현의 실수로 나는 그에게 재수술당했다. 아내도 박복현이 낙태했다. 그에게 수술받은 많은 사람들은 허리 통증으로 평생 괴로워했다. 나는 일상생활을 전혀 못한 채 방에서 기어 다녔다.

그, 장인심도 강제 낙태를 당했다. 몇 개월 된 태아였는지, 아들이었는지 딸이었는지, 그는 "지금도 모른다."며 우리한테 와서 울었다. 그 아이도 유리병에 담겼을 것이다. 낙태된 우리 아이들은 포르말린 액체에 넣어 전시됐다. 해부실 안을 들여다볼 때마다 우리의 내장은 구토로 울렁였다. 선반마다 낙태된 아이들이 있었다. 쌍둥이의 태아도 있었다. 잘린 손과 발도 봤다. 죽어 해부된 성인 원생들의 오장육부가 병 속에서 둥둥 떠다녔다. 얼굴 가득 결절이 생긴 사람의 머리도 있었다. 과거 소록도에서 사망한 모든 원생의 주검은 감금실 옆 건물(검시실)에서 당일 해부됐다. 인체 표본을 만든다며 주검을 솥에 넣고 삶은 뒤 살을 발라내다 발각된 일도 있었다. "임신 8개월째 강제 낙태된 이웃의 아이를 간호사들이 포르말린 병에 넣지 못해"(장인심 증언) 결국 살렸다. 그 아이가 장인심의 마을에서 "귀엽게 자라 육지에서 고등학교까지" 마쳤다.

나, 임정행도, 나, 한정연도, 그, 장인심도 박복현이 수술했다. 나와 나와 그의 허리에 남은 통증은 빼앗긴 생명들의 울음인지도 몰랐다. 우리가 단종되지 않았다면, 낙태당하지 않았다면, 잉태된 아이의 생명이 잘리지 않고 이 땅에 올 수 있었다면,

수탄장을 사이에 두고서라도 우리는 만날 수 있었을 것이다.

나는 임정행. 강선봉(77세, 2차 소송 원고)과 같은 동네에 살았다. 강선봉은 나의 장례에도 와서 나의 마지막을 배웅했다. 그는 소록도 내 의학강습소 출신이었다. 국가는 자신이 만지기 싫은 원생들의 몸을 다른 원생들에게 조악한 의료 기술을 가르쳐 자르게 했다. 강선봉도 박복현에게 단종수술을 받았다. 강습소 수료 뒤엔 박복현을 도와 원생들의 정관을 잘랐다. 수술대에 누웠을 때 그도 삶을 포기하는 심정이었을 것이다. 단종 뒤 다른 사람을 수술할 땐 "길들여진 짐승처럼 '이렇게라도 살아야 되는구나.' 싶었다."고 강선봉은 말했었다.

내가 죽고 2주일 뒤(2016년 5월 17일) 소록도국립병원 개원(1916년) 1백 년이 됐다. 29돌까지 일제강점기였고 71년간은 한국 정부의 시간이었다. 29년간이든 71년 동안이든 소록도는 우리를 위한 섬이 아니었다. 천天국은 천賤국을 필요로 했다. 소록도는 우리 아닌 모든 자들의 천天국을 위해 존재하는 우리의 천賤국이었다. 소록도병원 1백 돌은 나와 우리를 가둔 대한민국이 '청정한 한 세기'를 경축하는 날이었다.

일본도 하는 피해 보상을 한국 정부가 거부했다. 정부가 일괄 배상을 수용하지 않자 변호인들은 우리를 모아 2011년부터 국가배상을 청구했다. 6차 소송까지 539명이 원고로 참여했다. 1심 판결이 난 다섯 차례의 소송에서 모두 배상을 인정(단종 3천만 원, 낙태 4천만 원)받았다. 한국 정부는 그때마다 항소했다. 3차 판결에서 고등법원이 항소를 기각하자 상고[13]했다.

우리에게 국가는 인간의 존엄을 허락하지 않았다. 우리는 '번식'조차 금지됐다. 우리는 종을 끊어야 하는 짐승이었다. 나라가 독립해도 짐승의 시대는 계속됐고, 우리는 짐승의 권리도 가질 수 없었다. 국가는 언제까지 우리를 짐승으로 만들려는가.

나는 문채호(가명, 1928년 출생). 형님들이 결혼을 못 하고 죽어 부모님 자식으로 나만 남았다. 수술 명령을 받은 나는 마을 안에서 숨어 다니다 사흘째 잡혀 그날 단종됐다. 나는 김정례(가명, 79세). 김철규의 상자 밑에서 김철규를 받치고 있다. 1937년 8월 26일 태어나 김철규보다 51일 먼저(3월 5일) 상자로 쌓였다. 나는 이길분(가명, 86세, 2차 소송 원고). 김정례 상자의 왼쪽 하단 꼭짓점과 오른쪽 상단 꼭짓점이 맞닿는 유골함 주인이다. 1930년 8월 9일 출생해 김정례보다 열흘 먼저(2월 24일) 뼛가루가 됐다.

우리의 유골 상자를 받친 수납함 서랍엔 녹슨 쇠붙이들이 쌓여 있다. 우리의 망가진 몸을 지탱한 뒤 연소되지 않고 세상에 남은 나사와 볼트와 보조 관절들이다. 스스로의 뼈로 곧추서지 못한 우리 몸의 통증을 뼛가루 묻힌 쇠는 기억하고 있을 것이다.

우리의 주검이 사후 24시간[14]이나마 육신을 유지한 세월은 길지 않았다. 뼛가루를 모시는 만령당(소록도 납골당) 안에 오동나무 상자가 빽빽하다. 만령당이 비좁아 망자들은 화장장 안에서 서로의 유골함을 떠받치며 1년(매년 한 차례 만령당 안치)을 버텨야 한다. 2016년 사망한 나 임정행, 나 김철규, 나 김정례, 나 이길분은 화장장에 있다. 2016년 전에 죽은 나 강한구, 나 한정연, 나 한국만은 만령당에 있다. 화장장의 우리는 매년 10월 15일 위령제 때 만령당으로 옮겨져 10년 보관된 우리를 밀어낸다. 밀려난 우리의 유골은 만령당 뒤 산소에 한꺼번에 뿌려진다. 살아서 '한센인'에 빼앗긴 우리 이름이 죽어선 뼛가루 속에 합쳐져 사라진다. 10년 동안 죽어 간 6백여 명의 몸들이 작은 봉분 하나 아래 밀가루처럼 뭉쳐져 있다.

나는 강한구. 2013년 2월 나의 일생을 변호사에게 진술(2012년 1월 2차 소송)했다.

"내 나이 여든아홉이다. 언제 어떻게 될지 모른다. 자식 죽이고 한 많은 인생을 얻었다. 고통을 이루 말할 수 없다. (한국 정부의) 조속한 보상이 이뤄지길 바란다."

일본으로부터 사과받고 보상받은 나는 한국 정부로부터 어떤 사과와 배상도 받지 못했다. "언제 어떻게 될지 모른다."고 말한 지 7개월(2013년 9월 20일) 만에 나는 오동나무 상자 안에 들었다.

나, 정행은 2011년 10월 1차 국가배상 청구 소송의 원고가 됐다. 나와 나와 나는, 우리는, 국가의 사과와 배상을 기다리다 죽었다. 죽어서 구북리 화장장에서 1년을 기다렸고, 1년 뒤 만령당으로 옮겨져 여전히 기다린다. 우리가 한 명씩 죽어 사라질수록 거부당해 온 존재들의 역사까지 증발하고 있다.

국가배상 소송 원고 중 소록도 주민은 86명(2016년 5월 3일 기준)이다. 아직 오동나무 상자 안으로 들어오지 않은 강선봉이 DDS 형제들의 상자 더미 앞에서 말했다.

"식민 지배 한 일본도 사과하고 보상했다. 대한민국 정부가 어떻게 상고[15]까지 할 수 있나. 우리가 다 죽어 없어질 때까지 기다리겠다는 뜻인가. 한국 정부가 과거사 문제로 일본 정부를 비난할 자격이 있나?"

86명 중 33명(38.3퍼센트)의 나들이 죽었다.

몰라 3년, 알아 3년, 썩어 3년

「관용구」한센병을 '천형'이라 믿던 시절에 병의 특성을 설명하던 표현. 발병 사실을 몰랐던 잠복기 3년, 병을 알고도 대처 방법을 몰랐던 3년, 병이 심해져 감염 부위가 상한 채 살아가는 3년을 의미한다.

땡긴주사

「의료」일제강점기에 위궤양을 호소하거나 몸에 상처를 입은 한센인들에게 처방한, 정체를 알 수 없는 주사. 주사를 맞으면 뒤에서 누군가 잡아당기는 것처럼 거꾸로 넘어진다고 해서 붙여진 이름. 주사를 맞은 환자가 식사 도중 위가 따갑다고 호소하며 뒤로 넘어져 사망한 사실이 한센인 인권 실태 조사 (2005년 국가인권위원회 보고서) 때 증언되기도 했다.

비행기

「의료」한센 환자들에겐 발바닥에 구멍이 뚫리는 천공성 궤양(**타이어 빵꾸 났다고 표현**)이 자주 생겼다. 이 증상을 보이는 환자들이 침대에 누워 발을 올리는 받침대를 말한다. 발이 없는 환자가 사용하는 의족은 **목다리**라고 했다.

¶

이기 참말로 기가 찬 이야기란 말이오.

그 펄이란 기 말이오. 돌이고 사람이고 다 빨아들이더란 말이오. 우리 땀과 눈물을 말이오. 잘리 나간 우리 손가락꺼정 말이오. 바닥 모를 펄 아래로 빨아 댕기더란 말이오.

나[16]가 말이오. 고향이 경남 밀양이란 말이오. 열 살도 안 돼 병이 났는데 어쩌다 났는진 나도 모르겠단 말이오. 병에 걸리믄 첫째는 눈썹이 확 가불고 둘째는 피부에 감각이 옰어진단 말이오. 돌팔이 의사들이 치료한담서 침을 막 꽂아 불더란 말이오. 지독한 약을 써부렀단 말이오. 발 아프다 카믄 발에다 독한 약을 넣어 불고 병균 죽인다믄서 양잿물도 집어넣더란 말이오. 나스믄(나으면) 카지마는 더 나빠진단 말이오. 손발이 막 오그라들믄서 결국엔 잘라 내야 헌단 말이오. 내가 소록도에 드간 기 열여덟 때란 말이오. 돌팔이들이 내 몸을 개판으로 맹글어 논 뒤었단 말이오.

일제강점기였으니께 말이오. 소록도 원생들은 환자이기 앞서 식민지 백성이었단 말이오. 섬에서 안 한 기 옰단 말이오. 벽돌 구워야제, 가마니 짜야제, 산에 가서 나무 혀야제. 비가 오나 눈이 오나 말이오. 소록도에선 눈 옰는 봉사도 가마니를 짰단 말이오. 안 보이는 눈으로 짜다 보믄 손이 홀떡 까지고 피가 뻘겋게 나더란 말이오. 이 이야기 다 할라믄 끝이 옰는데 말이오.

소록도 부락들마다 숯 공장 맹글어 놓고 숯 구버서(구워서) 내 보냈단 말이오. 송탄 안 있냐 말이오. 관솔가지에 흐르는 송진을 걷어다 송탄유 그놈을 냈단(공출했단) 말이오. 피마자지름(기름)도 짜냈단 말이오. 토깽이(토끼)도 잡아다 냈단 말이오. 토깽이 껍디기 벳기가가 군인들 옷에다가 넣는다고 말이오. 힘들다 믄서 일 안 나가믄 말이오. 일본 놈들이 커다란 몽둥이를 들고 댕기다가 말이오. 쾅쾅 뚜디림서 말이오. 한겨울에 웃통을 홀라 당 벳긴단 말이오. 벳기다가 고개 만대이(꼭대기)에 일 끝날 때까지 꿇어앉히 놓는단 말이오. 일나라 케도 몬 일난단 말이오. 꽁꽁 얼어붙어 갖꼬 말이오. **땡긴주사** 맞고 살아남은 우리라 케도 안 죽을 수가 읎었단 말이오.

광복이 돼도 말이오. 우리는 소록도를 몬 떠났단 말이오. 떠나고 싶지도 않았단 말이오. 우리헌텐 소록도가 깝깝헌 감옥이지만서도 말이오, 소록도 밖 시상(세상)이 소록도보다 더 무서벘다 말이오. 소록도 밖으론 갈 데가 읎었단 말이오. 소록도 안에 있으믄 '문둥이'지만 말이오. 밖으로 나가믄 '문둥이 거지'가 됐단 말이오. 바가지 들고 동냥 안 허믄 살아남도 몬했단 말이오. 나가(내가) **몰라 3년, 알아 3년, 썩어 3년**도 전뎄지만(견뎠지만) 말이오. 구걸만큼은 다시 안 허고 싶더란 말이오. 소록도 아니믄 우리는 죽는 줄 알았단 말이오.

그 소록도를 나가야 허는 상황[17]이 되더란 말이오. 언제는 억지로 붙잡아다 가두더마는 이젠 소록도에 문둥이들이 차고 넘친다믄서 나가라 카더란 말이오. 다 죽었다 싶었는디 말이오. 조창원[18] 원장이 정착촌을 맹글자 카더란 말이오. 바다를 메워서 말이오. 말이나 되는 소리냐 말이오. 바다를 메운다는 기 뭔 헛소리냐 말이오. 메운다고 우리 땅이 될 거냐 말이오. '원장이 미쳤다.'믄서 반대혔는데 말이오. 원장이 진짜 미친 것처럼 설득하더란 말이오. "내가 당신들 속이믄 문둥이 손에 맞아 죽어도 좋다."믄서 말이오. 어쩔 수 읎더란 말이오. 소록도를 나가야 되믄 우리가 간척한 땅[19]에서 우리 집 짓고 살고 잡은(싶은) 마음도 들더란 말이오.

1962년 6월 8일이었단 말이오. 원장이 현장에 선발대를 보내믄서 간척 사업이 시작돼 부렀단 말이오. 선발대들이 질로(제일) 먼저 한 기 작업지휘본부허고 개척단이 묵을 막사를 짓는 일이었단 말이오. 거 왜 있지 않냔 말이오. 양쪽에 침상 있고 가운데 복도 있는 군용 막사나 한가지였단 말이오. 소록도에 봉사 온 외국인들이 놓고 간 요때기허고 밥그릇을 갖고 와서 썼단 말이오. 한 달 뒤(7월 10일) 기공식이 으리하게 열렸는디 말이오. 높은 인간 언 놈이 오고 언 놈이 온다[20] 카니께 정말 일이 되는 긴가 싶더란 말이오.

박정희도 헬리콥터 타고 온다 그렸단 말이오. 뱅기 앉는 자리 맹근다꼬 우리가 보리밭을 다 까뭉겠다 말이오. 삽으로 밭을 홀딱 밀믄서 반반하게 다졌는데 말이오. 안 와불더란 말이오. 보리밭만 조져 부렀단 말이오.

공사 시작되니께 원생들이 죄다 현장에 불러 나갔단 말이오. 나이 많은 사람도 대접 몬 받고 방조제 짓는 디 투입됐단 말이오. 나도 건설대로 현장서 상주혔단 말이오. 간호조무사들(의학강습소 출신 원생들)은 교대로 말이오. 한 주믄 사흘을 일허고 온다든지, 한 달이믄 열흘을 허고 온다든지, 그렸단 말이오. 학생들도 그렸단 말이오.

작업 시간도 따로 읎었단 말이오. 물때를 봐서 물이 빠지믄

밤이라도 전깃불 써(켜)놓고 일을 혔단 말이오. 쓸 맨한 장비가 있는 것도 아녔단 말이오. 기껏 삽이나 곡괭이 아니었냔 말이오. '팔다리가 장비'라 캤으니 말 다 혔단 말이오. 박정희가 오네 마네 허믄 뭐 허냔 말이오. 정부인지 국가인지 지원이라곤 꼬빼기도 읎었단 말이오.

메워도 메워도 안 메워지더란 말이오. 그놈의 바다를 보고 있자믄 미쳐 불겠더란 말이오. 섬에 있는 산을 깎어다 바다에 들이부어도 턱도 읎더란 말이오.

물 빠진 펄이 얼매나 깊은지 아냔 말이오. 22자, 23자(약 667~697센티미터)짜리 철근으로 찌르믄 그기 다 들어가더란 말이오. 돌을 던지 넣고 던지 넣어도 끝읎이 처묵더란 말이오. 밀물이 들믄 홀딱 쓸어 가불고 말이오. 소록도 나무꺼정 무진장 빨아묵었단 말이오. 산에서 비온(베어 온) 아름드리 소나무를 말이오. 배에 싣고 가서 펄에 막 쳐넣었는디 말이오. 돌하고 흙하고 나무하고 막 퍼부었는디 말이오. 낮에 맹근 둑이 자고 일나믄 폭삭 주지앉아 불더란 말이오. 둑은 어데로 가불고 읎는데 말이오. 건너편에 섬 같은 기 하나 떡 생기더란 말이오. 이쪽서 무거운 기 가라앉으믄 저쪽서 쑥 올라오더란 말이오. 신기허긴 허더란 말이오. 우리가 그 신기헌 거 보자고 죽자꼬 일헌 기 아니었단 말이오. 하다 하다 안 되니께 낡은 배를 펄에다가 처박아 넣었단 말이오.

돌이 부족허니께 말이오. 돌 팔아묵는 사람들꺼정 생기더란 말이오. 고기 잡는 쪼마끔한 배들 안 있냐 말이오. 어민들이 고런 디다가 돌을 싣고 오더란 말이오. 벌어 묵고 살라고 말이오.

짠허더란 말이오. 우덜은 우덜 살 땅 맹글어 보겄다고 바다에다 그 짓거리를 허고 말이오. 갸들은 우덜이랑 절대 몬 살겄담서도 바다에 그 짓거리 허라고 돌을 팔고 말이오. 사는 기 와 그리 바닷물보다 짜냐 그 말이오.

개척단이 그걸 요리 재고 조리 재서 돈을 주고 샀단 말이오. 그놈들 돌꺼정 처넣고 처넣어도 말이오. 원체 펄이 깊어 논께 택도 옰더란 말이오. 바닥이 꿀렁꿀렁 해가지고 말이오. 돌을 쌔리 부어도 그 모냥이고 또 쌔리 부어도 또 그 모냥이더란 말이오. 그 짓을 수옰이 허고 난께 조금씩 딴딴해지더란 말이오.

우리가 소록도서 **뱅기** 타고 **목다리** 짚고 살았지만서도 말이오. 그때처럼 힘든 적이 옰었단 말이오. 펄 메우는 건 둘째 치고 말이오. 그 개고생을 함서도 제대로 묵지도 몬혔단 말이오. 찬거리가 옰어 가꼬 갯물에다 된장을 찌지(끓여) 묵었단 말이오. 풀떼기 말린 거하고 콩하고 큰 도라무통서 끓여 가꼬 말이오. 휘휘 저서가 묵으라꼬 주는데 말이오. 그기 인간이 묵을 기냔 말이오. 안 죽을라꼬 목구멍에다가 쑤시 넣을라 케도 말이오. 몇 번 삼키고 난께 도저히 몬 넘기겠더란 말이오. 우리가 갯물에 갖다 어끄러 부렀단 말이오. 고것들이 밀물 들면 도로 밀리오더란 말이오. 먹을 기 옰응께 그놈을 건지다가 다시 묵었단 말이오. 기가 차는 일 아니겄냔 말이오.

자는 것도 말도 몬 혔단 말이오. 군인들이 깔던 요때기가 얼마나 더러븐가 하믄 말이오. 똥도 묻어 있고 피도 묻어 있고 말이오. 걸레보다 드럽더란 말이오. 그걸 덮어쓰고 구역질하믄서 잤단 말이오.

간척이란 기 말이오. 바다만 메운다꼬 되는 기 아니더란 말이오. 문둥이들이 땅을 맹근다 카니께 말이오. 오마도 주민들이 공사장을 덮치서 기계를 쌔리 뿌수더란 말이오. 공사 시작허고 반년쯤 지났을 때(1963년 1월)는 말이오. 제3방조제서 원생 한 명이 굴러떨어져가 돌덩이에 깔려 죽었단 말이오. 그 바람에 우리가 파업도 혔단 말이오. 그해 연말엔 돌풍꺼정 불더란 말이오. 다 돼가던 둑이 쏟아져 뿌고 방조제들이 내려앉었단 말이오. 작업 공정이 바닥꺼정 떨어지니께 말이오. 우리가 원장헌테 원망을 퍼부었단 말이오. 원장 성질도 보통이 아니었단 말이오. 차고 있던 권총을 뽑아 원생헌테 주믄서 말이오. "내를 몬 믿겠으믄 쏴 직이도 좋다." 그카더란 말이오.

그렇게 맹근 땅이란 말이오. 죽는 기 낫다 싶을 맨치로 천시당혀 봤느냔 말이오. 그 천시를 당혀 온 우리니께 그 공사를 전뎠다(견뎠다) 그 말이오. 성한 사람들 같으믄 누가 그 짓을 혔겠냐 말이오. 몇 번씩 죽었다 살아나믄서 일군 땅인디 말이오. 문둥이들 손꾸락 발꾸락을 짤라 묻으믄서 맹근 그 땅을 말이오. 홀라당 뺏기 뿠단 말이오.

선거 때가 된께 말이오. '오마도 나환자 정착 반대'란 공약[21]이 나오더란 말이오. 정치하는 놈들헌테 속아 부렀단 말이오. 우리헌테 간척허라고 헌 놈들이 말이오. 간척지를 지켜 주겠다고 약속헌 놈들이 말이오. 선거 때가 되니께 말을 싹 바꿔 불더란 말이오. 우리헌티서 그 땅을 강탈혀 가더란 말이오. 강탈 말이오. 그기 강탈 아니믄 뭐겠냔 말이오. 얼마나 원통헌지 말로 헐 수가 읎단 말이오. 조창원 원장꺼정 쫓기났단 말이오.[22] 쫓기나는 원장이 울믄서 그카더란 말이오.

"느그들 이 오마도 뒈져도 뺏기지 말아라. 이 땅 뺏길라믄 차라리 목에다 돌 매달고 바다에 빠져 뒈져라."

진짜 좆 빠지게 일혔단 말이오. 그 땅 뺏기고 난께 원통혀 죽었더란 말이오. 우리를 사람으로 여깄으믄 그리 몬 혔을 거란 말이오. 억울헌디 억울허다는 말도 몬 혔단 말이오. '군사정권 나쁜 노무 새끼들'이라꼬 말이오. 그 시절 누가 그 말을 헐 수 있었겄냐 말이오.

우리가 말이오. 마음 한구석이 짠헐 때믄 말이오. 고흥반도[23] 찾어가서 보리밭서 사진 한 장 박고 온다 그 말이오. 무슨 보상을 혀달라는 기 아니란 말이오. 그냥 좀 알어 달라는 말이오. 그냥 좀 알리 달라는 말이오. 우리가 억울헌 일 당혔다꼬 말이오. 고흥반도 사람들도 우덜을 색안경 쓰고 보지 말고 말이오. 우덜도 사람인께 좀 따뜻허니 봐달라꼬 말이오. 우덜이 고생 많이 혔다꼬 말이오. 우리가 그 세월을 전뎌 왔다꼬 말이오. 그렸다꼬 말이오.

1 임정행(가명)이 화장된 날짜. 2주일 뒤인 5월 17일 국립소록도병원은 개원 1백 년을 채웠다.

2 소록도엔 마을마다 지형이나 주민 특성에 따라 붙여진 별칭이 있다. 주민들 설명을 기초로 정리하면 이렇다. 구북리에 마을을 배정받은 병원 원생들은 "어서 죽으라고 여기 집 짓게 했냐?"며 항의했다. 병원장은 "무엇을 원하냐?"고 물었고, 구북리 원생들은 "따뜻한 남쪽에 집을 짓게 해달라."고 요구했다. 남생리 마을은 그렇게 만들어졌다. 남생리엔 으슥한 길이 많았다. '그 무서운 시절'에도 으슥한 길을 걸으며 원생들은 몰래 연애했다. '연애 잘 걷다 남생리'라는 별명이 생겼다. 소록도병원은 중앙리에 있다. 병원엔 중환자들이 입원해 있다. 무엇이든 빼앗길까 걱정이 많다고 '의심 많은 중앙리'라고 했다. 병원 직원들은 신생리에 많이 살았다. 운동회를 해도 지기 싫어한다는 뜻으로 '오기 많은 신생리'라고 불렸다. 동생리는 운동회를 해도 지기만 한다고 '있으나마나 동생리', 직원 숙소와 가까운 장안리는 그들과의 친분으로 감투 쓰는 사람들이 있다며 '감투 잘 쓰는 장안리'라고 했다.

3 국립소록도병원 환자이거나 치료 뒤에도 소록도병원에서 살아야 했던 사람들. 국립소록도병원(현재 명칭)은 1916년 조선총독부령 제7호에 따라 소록도자혜의원이란 이름으로 개원했다. 소록도갱생원(1934년) → 중앙나요양소(1949년) → 갱생원(1951년) → 소록도갱생원(1957년) → 국립소록도병원(1960년) → 국립나병원(1968년) → 국립소록도병원(1982년)으로 이름을 바꿔 왔다. 자혜를 필요로 하고, 갱생해야 하는, 나병을 가진 사람들의 치료·수용 기관이라는 사회적·정책적 시선들이 병원 명칭을 거쳐 갔다. 1933년 9월 조선총독부가 제4대 소록도자혜의원장으로 임명한 스오 마사스에周防正季는 세 차례(1934~39년)에 걸쳐 소록도 시설을 대대적으로 확장했다. 일제와 조선총독부는 1935년 4월 조선나예방령을 공포하고 6월 조선나예방령 시행규칙을 시행하며 강제격리를 실시했다. 환자의 종신 격리를 핵심으로 하는 법령과 시행규칙은 1931년 4월과 7월 각각 공포된 일본 나예방법과 나예방령 시행규칙을 모방했다. 원장에겐 징계·검속권이 부여됐고 환자들을 대상으로 하는 인권침해의 근거가 됐다. 스오 원장은 '통치자'였다. 강제 노역과 숱한 인권침해로 환자들을 몰아넣고 자신의 동상에 참배시켰다. 1942년 6월 20일 '정례 보은감사일'(스오 동상 참배일)에 원생 이춘상(사형)의 칼에 찔려 사망했다.

4 '저편'을 뜻하는 일본어 '무카이'를 이름에 붙인 빨간 벽돌 건물. 환자들이 소록도로 들어가기 위해 배를 기다리던 장소였다. 솔가지 등을 태워 연기로 신호를 보내면 소록도에서 환자를 태우러 배('무카이배' 또는 '영선'이라 부르는 연락선)가 나왔다. 환자와 가족의 면회도 무카이집에서 이뤄졌다. 원생들과 직원들이 사용하는 부두도 달랐

천
국

다. 원생들은 바닷가에서 먹고 자며 직원 전용 부두를 지었지만, 정작 자신들은 멀찍이 떨어진 '제비선창'을 이용해야 했다.

5 소록도갱생원의 환자 징계·검속 규정은 견책·근신뿐만 아니라 감금(최장 60일)까지 가능토록 했다. 감금은 소록도로부터 도망치거나 진정·청원을 해도 취해졌다. 교도소를 빼닮은 감금실은 공포의 대상이었다. 폭행과 구타로 감금실에서 죽어 나오는 원생들이 많았다.

6 1945년 8월 20일 자치권을 요구한 환자 대표들이 학살된 '84인 학살 사건'. 갱생원의 한국인 직원들과 그들이 끌어들인 고흥치안대가 저질렀다. 광복 뒤 1957년까지 한센인들을 상대로 한 10여 건의 집단 학살이 발생했다. 1948년 10월 전남 곡성 옥과 사건과 1949년 9월 목포 연동 사건, 함안 물문리 사건, 강원도 강릉 사건 등 한국전쟁 전후의 학살은 군경이 한센인들을 좌익과 간첩으로 모는 방식으로 자행됐다. 1957년 비토리 사건은 한센인들을 향한 사회적 차별이 빚은 비극이었다. 1991년 3월 실종된 개구리 소년들의 주검(2002년 9월 야산에서 발견)이 "경북 칠곡 나환자 정착촌 지하실에 매장돼 있다."는 당시 언론 보도도 한센인들에게 깊은 상처를 남겼다. 편견과 차별, 국가와 자치단체의 묵인과 방관으로 한센인들은 '죽음의 시대'를 건너왔다.

7 2001년 5월 11일 일본 구마모토지방재판소는 일본 한센인들이 제기한 소송(강제격리·단종·낙태 등 피해 배상)에서 국가배상을 판결했다. 일본 의회는 법률(한센병 요양소 입소자 등에 대한 보상금의 지급 등에 관한 법률)을 만들어 자국 한센인들에 대한 법원 판결을 이행했다. 배상 판결을 이끈 일본인 변호사들의 도움을 받아 2003년 12월 한국 변호인단이 일제강점기 소록도 강제격리 피해자들의 보상을 일본 후생노동성에 청구했다. 일본 정부는 이듬해 8월 거부했다. 변호인단은 일주일 뒤 소록도 한센인 117명의 이름으로 일본 도쿄지방재판소에 보상청구 거부처분 취소소송을 제기했다. 이듬해 9월과 10월엔 정착촌 한센인 29명과 235명이 추가 소송을 냈다. 일본 도쿄재판소는 그해 10월 25일 소록도 청구인들에겐 기각 판결을, 타이완 낙생원 피해자들에겐 승소 판결을 내린다. 한국과 타이완 한센인들에게 저질러진 강제격리를 두고 일본이 서로 다른 판결을 내렸다. 분노한 한국 한센인들이 한국과 일본에서 시위를 벌이며 항의했다. 2006년 일본 의회는 법률을 개정해 식민지 피해자들에게 보상할 수 있는 길을 열었고, 2016년 5월 12일 마지막 보상 절차(13년간 590명)를 마무리했다.

8 소록도 사람들이 섬 밖을 지칭하는 표현.

9 소록도 사람들이 소록도를 부르던 말.

10 남녀 '별거제'를 '동거제'로 바꾸되 출산을 금지한 1936년의 일제 정책이 2002년

4월에야 소록도병원 운영세칙에서 완전 폐지됐다.

11 교도소처럼 감금실은 개별 방마다 변기를 설치했다.

12 소록도 한센인들의 정착촌을 만들기 위해 1962년 6월 조창원 원장이 원생들을 동원해 시작한 대규모 간척 사업. 1964년 7월 군사정권과 전라도에 사업권을 빼앗겼다.

13 예외 없이 박근혜 정부의 대응이었다. '강제 수술을 했다는 증거를 찾을 수 없고 치료 시설로서 본연의 목적에 충실하기 위한 조처'(3차 소송에 대한 상고이유서)란 논리를 폈다.

14 과거엔 사망과 동시에 해부·화장했으나 지금은 해부 없이 24시간 뒤 화장된다.

15 대법원의 '국가배상 책임' 첫 판결은 집단 손해배상 소송이 시작된 지 5년 만에 나왔다. 2017년 2월 15일 대법원 민사3부(주심 권순일 대법관)는 국가의 상고를 기각하고 낙태 피해자 열 명과 단종 피해자 아홉 명에게 각각 4천만 원과 3천만 원씩을 배상하라는 원심을 확정(판결 시점 기준으로 대법원과 서울중앙지법에 피해자 520명이 제기한 5건의 소송이 계류)했다. 헌법재판소의 박근혜 대통령 탄핵 결정 28일 전이었다.

16 박경서(가명, 1918년 출생). 강제 단종·낙태 피해 한센인들이 2011년 10월 한국 정부를 상대로 낸 1차 국가배상 청구 소송 원고로 참여했다. 소록도에서 나와 전라북도 익산시 왕궁면 금오농장(치유 한센인 정착촌)에서 살아왔다.

17 1960년대 초반 한센병 치료제 보급으로 완치 '병력자들'이 증가했다. 포화 상태에 이른 소록도병원도 완치됐으나 갈 곳이 없어 섬을 떠나지 못하는 원생들을 부담스러워했다.

18 1961년 8월 부임한 제14대 원장(육군 대령 군의관).

19 조창원 원장은 바다를 메워 정착할 땅을 만들자며 원생들을 설득했다. 전라남도 고흥군 도양면 봉암반도와 풍양반도, 그 중간에 있는 오마도와 오동도를 잇는 대규모 간척 사업이었다. 길이 3,753미터의 제방을 쌓고 330만여 평(약 109만 제곱미터)의 농토를 만들어 완치자와 일반 영세 농가를 각각 1천5백 세대씩 입주시킨다는 계획이었다. 치유 한센인들의 사회 복귀와 박정희 군사정권의 농토 확보 필요성이 맞아 떨어져 1962년 6월 실행에 옮겨졌다. 조창원은 '오마도개척단'을 조직해 스스로 단장이 됐다. 국가정책(군인 출신의 조 원장 제안을 당시 국가재건최고회의가 수용)의 형태를 띠었지만 정부 지원 없이 오직 소록도 원생들의 몸을 쏟아부으며 진행됐다. 이청준 소설 『당신들의 천국』(문학과지성사, 2012)의 소재가 됐다.

20 전라남도 지사, 보건사회부 장관, 국가재건최고회의 위원 등이 참석했다.

21 박정희 군부가 '민정 이양'을 약속한 선거가 1963년 11월 예정돼 있었다. 고흥군 공화당 후보는 신형식이었다. 당시 오마도 간척 사업은 고흥군의 핵심 선거 쟁점이 돼있었다. 고흥군민 다수가 간척 사업을 반대했다. 신형식이 '당선 후 오마도에 나

환자 정착 반대'를 선거 공약으로 들고 나왔다. 박정희의 국가재건최고회의가 승인한 사업을 박정희가 창당한 공화당 후보가 부정했다. 조창원 원장은 오마도 간척 사업과 소록도 원생들의 운명을 걸고 신형식과 거래를 했다. "다른 후보가 선수를 치면 안 되니까 내가 먼저 공약을 한 뒤 당선이 되면 도와주겠다."는 신형식의 약속을 믿었다. 조창원은 원생들이 신형식을 지지하도록 유도했고 신형식은 당선됐다.

22 국회의원에 당선된 신형식은 조창원과의 약속을 지키는 대신 원장 교체를 추진했다. 조창원은 1964년 3월 7일 전근 발령을 받았다. 간척 사업을 이끌던 원장이 쫓겨나면서 개척단도 1964년 7월 공사를 중단하고 소록도로 돌아왔다. 병원이 간척지로 정착 나갈 사람들을 추리고 있을 시점이었다. 7월 25일엔 간척 사업 주체가 오마도개척단에서 전라남도가 관할하는 한국정착사업개발흥업회로 변경됐다. 토지 분배권도 전라남도가 가져갔다. 원생들은 간척지에 대한 모든 권리를 빼앗겼다. 공사 후반기 체불 임금도 받지 못했다. 사업 주체가 바뀐 뒤에도 공사는 계속됐다. 1969년 4월 농림수산부 장관이 오마도 간척 사업의 준공을 인가하고 토지 매각을 승인했다. 사업 과정엔 의혹도 많았다. 1967년 당시 총공사비 13억 원 중 4억 원만 현금으로 지출하고 나머지 9억 원은 원조용 밀가루로 충당했다. "밀가루를 쌓아 공사를 했어도 제대로만 했으면 벌써 끝냈을 것"이라는 말이 돌았다.

23 간척 사업으로 조성된 이 땅은 현재 고흥반도의 일부가 돼있다.

사랑이 지운 사랑

표준국어대사전

표준국어대사전

「명사」 표준어와 한글맞춤법 등의 어문 규정에 따라 국립국어원에서 발행하는 사전. 1999년 10월 1일 초판본이 나왔다. 『표준국어대사전』은 국어사전의 표준을 자임한다. '국어'라고 일컬어지는 단어들에 '표준'의 지위를 부여하거나 '비표준'으로 배제한다. 『표준국어대사전』에 오르지 못한 단어는 표준어가 아니다.

『표준국어대사전』엔 '표준국어대사전'의 정의가 없다. 『표준국어대사전』이 밝힌 '표준어'와 '국어사전' 정의를 활용해 '표준국어대사전'의 뜻을 조합하면 이렇다.

"한 나라에서 공용어로 쓰는 규범으로서의 언어"이자 "의사소통의 불편을 덜기 위하여 전 국민이 공통적으로 쓸 공용어의 자격을 부여받는 말"이며 "우리나라에서 교양 있는 사람들이 두루 쓰는 현대 서울말"인 표준의 "국어를 모아 일정한 순서로 배열하여 의미, 주석, 어원, 품사, 다른 말과의 관계 따위를 밝히고 풀이한 책."

말을 다루는 권력이 이 책 안에 있다.

사랑

「**표준국어대사전**」 '이성의 상대'에게 끌려 열렬히 좋아하는 마음. 또는 그 마음의 상태 → '어떤 상대'의 매력에 끌려 열렬히 그리워하거나 좋아하는 마음(2012년 12월 개정)[1] → '남녀 간'에 그리워하거나 좋아하는 마음. 또는 그런 일(2014년 1월 재개정).[2]

¶ 「한根국어사전」

"사랑이 어떻게 변하니?"[3]

'도구'[4]는 자기 입에서 나온 말이 잘못 씹은 알약처럼 썼다.

어제까지 사랑이었던 감정이 오늘부터는 사랑이 아니었다. 열심히 사랑해 온 그가 사랑 아닌 것을 사랑으로 착각해 온 사람이거나 더는 사랑할 수 없는 사람이 돼버렸다.

『표준국어대사전』이 사랑의 정의를 바꾸며[5] 사랑할 수 있는 신분을 제한했다. '규범'과 '자격'과 '교양'을 지닌 사랑으로부터 '반규범'과 '무자격'과 '비교양'의 사랑을 분리했다. 이성 간의 사랑만 사랑에 남기고 다른 모든 성gender의 사랑을 사랑에서 도려냈다. 사랑할 수 있는 자와 사랑할 수 없는 자를 사랑이 나눴다. '그 사랑'이 '사랑들'을 사랑 밖으로 쫓아냈다.

"내 마음이 사랑이 아니면 뭘까?"

여자인 도구(레즈비언)는 여자를 좋아했다. 그는 사랑하면 할수록 사랑과는 거리가 먼 사람이 돼갔다. 누군가를 좋아하는 마음이 사랑인 줄 알았는데 사랑의 뜻을 독차지한 사람들은 그의 사랑을 '병'이거나 '죄'라고 했다. 도구는 사랑으로 가득 찬 세계로부터 혼자 쫓겨난 것 같았다.

"나와 내 애인은 '러브'는 할 수 있어도 이제 '사랑'은 할 수 없게 됐어."

엘봉(레즈비언)은 '말의 현실'이 말장난 같았다.

사랑은 한 가지 색깔일 수 없다고 엘봉은 생각했다. 한 사람의 사랑이 모두의 사랑과 다를 때도 그 사랑은 고유의 빛깔로 아름다울 수 있다고 믿었다.

사람을 향한 감정은 사람에게서 흘러 사람에게 닿았고, 다시 흐르고, 다시 닿았다. 사랑의 형체는 석고처럼 응고되기보다 시간과 관계와 성에 따라 물처럼 유동하고 변화했다. 언어가 사랑의 길목을 막고 사랑인지 아닌지 재판한다면 그 길은 사랑의 것일 수도 사람의 것일 수도 없었다. 사람의 길과 사랑의 길은 다르지 않았다. 그 길에서 ㅁ이 차이고 깎여 ㅇ으로 마모될 때 사람을 지탱하는 것은 사랑이었다. 단어의 정의에 따라 사랑의 정체가 바뀔 수 있다면 도리어 사랑이 아닐 것이었다. 사랑이 고정되거나 고착된 것이라면 사랑은 사랑스럽지 않고 사각스러울 것이었다. 각지고 딱딱한 세계에 갇혀 사랑하는 사람들은 사랑 때문에 숨 막힐 것이었다.

신동진(게이)은 분노했다. 사랑의 뜻 재개정 소식을 듣는 순간 그는 "살의"를 느꼈다. 자신의 사랑을 죽여 없앤 언어의 살기가 무서우면서도 용서할 수 없었다. 인구수와 동일한 사랑의 색깔에 국가가 단색의 사랑을 덧칠했다.

LGBTAIQOC

「표준국어대사전」 Lesbian('레즈비언'으로 등록) 여성 동성애자를 이르는 말. Gay('게이'로 등록) 동성애자를 달리 이르는 말. 최근에는 주로 남성 동성애자를 가리킨다. Bisexual('양성애자'로 등록) 남녀 양성에 대하여 성적인 관심과 매력을 느끼는 사람. Transgender('트랜스젠더' 미등록. '성전환'은 "암수딴몸인 생물에서 암수의 성이 반대의 성으로 바뀌는 현상"이라고 정의). Asexual('무성애', '무성애자', '에이섹슈얼' 모두 미등록). Intersexual('간성'으로 등록) 암수딴몸이나 암수딴그루인 생물의 개체에 암수 두 가지 형질이 혼합되어 나타나는 일. 생식 능력이 없으며 발생 중에 성 결정 유전자 작동의 잘못으로 생긴다. 흔히 가축에 있다. Questioner(상응하는 단어 없음). Opensexual·Pansexual(상응하는 단어 없음). Crossdresser(상응하는 단어 없음). **성소수자**(LGBTAIQOC[6]를 통칭하는 한국어 '성소수자'도 미등록).

¶ 「한恨국어사전」

ㅅ으로 시작하는 페이지를 펼칠 때 규환(게이)의 손가락은 떨렸다. 페이지가 모음 ㅏ를 지나 자음 ㄹ로 넘어갈 땐 마음도 무거워졌다.

중고등학생 시절부터 규환에게 사전은 '아픈 책'이었다. 자기 감정에 이름 붙이기 버거울 때마다 그는 『표준국어대사전』을 찾아봤다. 명확하게 파악되지 않는 감정의 뿌리가 어디서부터 돋아난 것인지 말의 근원을 탐색하는 사전은 답해 줄 것 같았다.

사전은 이성을 좋아하는 마음만 사랑이라고 풀이했다. 동성에게 끌리고, 동성에게 설레며, 이성 아닌 성을 아껴 주고 싶은 마음을 사전은 사랑이라고 정의하지 않았다. 사랑에도 위계가 있다고 사전은 말하는 듯했다. '표준의 사랑'에 찔려 규환의 사랑은 쓰레기로 분리수거 된 느낌이었다.

권력 없는 자의 언어 전략은 언어 권력 앞에서 대개 무력했다. 없는 것을 있는 것으로 만들고 있는 것도 없는 것으로 만드는 것이 언어 권력의 정치였다. 소수의 사랑을 제거한 『표준국어대사전』은 그들의 존재도 다수의 언어 속에서 지워 냈다.

LGBTAIQOC는 『표준국어대사전』 안에서 형체가 흐릿하거나 아예 존재하지 않았다. 트랜스젠더는 '생물학적 성과 성정체성이 일치하지 않는 사람'일 뿐 생물학적 성전환과는 무관했다. 인터섹슈얼은 가축처럼 설명됐다. 무성애자·퀘스처너·범성애자·크로스드레서는 정의되지 않음으로써 없는 사람들이었다. 파악되지 않고 정의되지 못해 부정당하는 사람들에게 사랑의 시민권은 처음부터 부여되지 않았다. 호명되지 않는 자에게 사랑이라고 허락될 리 없었다.

한때 규환은 감정이 평등한 것이라고 믿었다.

믿음은 누구도 아닌 자신의 사랑 앞에서 깨졌다. 사랑의 이름을 사용할 수 없는 그의 사랑이 사랑에게 차별받았다. 사랑을 확인해 줄 것이라 믿었던 사전이 규환에겐 '사랑의 계급'을 판시하는 판결문이 됐다.

이성 교제

「표준국어대사전」 미등록.

¶「한恨국어사전」

"그럼 동성 교제를 장려한다는 뜻이야?"

반순웅(게이)은 여전히 의문이었다. 중고등학생 때부터 교칙으로 금지돼 온 '이성 교제'가 그의 마음을 깎았다. 그의 '교제'는 학교의 금지 대상에도 끼지 못했다. 연애는 남녀 간에만 허용된 것이란 인식을 '이성 교제'는 주입했다.

드라마와 영화에서 이성애자 주인공에게 연애는 필수였다. 병원에서 연애하고, 전쟁터에서 연애하고, 외계인과도 연애했다. 동성애자의 연애는 이야기돼선 안 되는 어떤 것이었다.

"어둡고 문란하고 불쾌한 어떤 거."(신동진)

그들은 자신의 사랑을 표현할 마땅한 말을 부여받지 못했다.

"애인이 생리 중인데……."

지하철 안에서 엘봉이 친구에게 말했다.

친구와 좋아하는 사람 이야기를 하고 있었다. 앞에 앉은 승객이 엘봉을 흘끗거렸다. 엘봉은 좋아하는 그 사람을 '언니'라 부르려다 급히 '오빠'로 바꿨다.

다른 친구와는 재미로 점을 본 적이 있었다.

"애인 될 사람이 같은 학교에 있네요."

점괘를 듣고 친구가 웃으며 말했다.

"틀리셨어요. 애 여대 다녀요."

친구는 엘봉의 사랑을 몰랐다. 엘봉은 '용하다.'고 생각했지만 입 밖으로 꺼내진 못했다.

"이성적으로 좋아해."

폴라(양성애)는 동성인 여성을 좋아했다. 지인에게 이야기하면서 그렇게 표현했다. 적당한 말을 찾지 못했다. '동성적으로 좋아한다.'는 말은 어색했고, '성적으로 좋아한다.'는 말은 더 이상했다. '이성을 좋아한다.'는 말은 심장이 허락하지 않았다.

오낑깡도 비슷한 경험을 했다. 그의 애인은 여자였다. 누군가 '남자 친구 군대 갔다 왔냐?'고 그에게 물었다. 오낑깡의 말길이 탁 막혔다.

상근은 반대였다.

'애인 어디 있냐?'는 말에 '군대 있다.'고 하면 다들 장난인 줄 알았다.

규범으로서의 언어는 분투하는 사랑을 배격했다.

남자(여자) 친구

「표준국어대사전」 미등록.

¶「한恨국어사전」

"너 여자 친구 있어?"

한 선배가 상근에게 물었다.

상근은 자기도 모르게 "여자 친구 있다."고 답했다. 그 기억이 오랜 시간 상근에게 아릿하게 남았다. '왜 그랬을까.' 후회됐고 '무엇엔가 졌다.'는 생각도 들었다. '내가 살려고 그랬구나.' 싶어 스스로가 안쓰럽기도 했다.

자신의 성정체성을 바꿔 말하든, 애인의 성을 반대로 이야기하든, 그는 "적극적·소극적 거짓말을 입에 달고" 살았다. '여자 친구'라는 말을 쓰지 않았다면 아마 선배는 질문에서 놓아주지 않았을 것이다.

'여자 친구' 대신 '사귀는 사람' 있냐고 누군가 물어봐 주길 반순웅은 고대했다.

그에겐 한 번도 당연하지 않았던 일을 너무 당연시하는 질문들이 반순웅은 말할 수 없이 당연하지 않았다. 당연하게 사용돼 온 단어들을 대할 때마다 갈등하는 사람들이 있다는 사실을 당연한 질문들은 인식하지 못했다. 정상과 비정상을 무의식 중에 가르는 관습의 언어들이 그를 공기처럼 감싸고 있었다.

애인

「표준국어대사전」 서로 애정을 나누며 마음속 깊이 사랑하는 사람. 또는 몹시 그리며 사랑하는 사람.

「의미 혼란」 '애인'의 뜻풀이에도 '사랑'이 포함돼 있다. 사랑의 뜻을 넣어 다시 풀면 애인도 이성애의 전유물이 된다.

→ 서로 애정을 나누며 마음속 깊이 남녀 간에 그리워하거나 좋아하는 사람. 또는 몹시 그리며 남녀 간에 그리워하거나 좋아하는 사람.

'동성애'(동성 간의 사랑, 또는 동성에 대한 사랑)의 뜻은 뒤죽박죽된다.

→ 동성 간의 남녀 간에 그리워하거나 좋아하는 마음, 또는 동성에 대한 남녀 간에 그리워하거나 좋아하는 마음.

'동성연애'는 '동성 간에 남녀가 서로 그리워하고 사랑하는 행위'가 돼버린다.

¶ 「한恨국어사전」

상근은 고등학생 때부터 남자 친구의 호칭으로 '애인'을 사용했다. "애인 있다."고 해도 사람들은 여자 친구를 전제로 계속 물었다. '애인 있냐?'고 질문받길 바라는 신동진은 질문할 때도 '애인 있냐?'고 했다.

날마다 누군가의 말에 쏘이는 그들이었으므로 말할 때도 누군가의 듣기를 고려해 말을 골랐다. 언어의 규정력을 아는 그들은 오랜 시간 주입된 무의식과 싸우며 단어를 선택했다. 그렇게 찾아낸 단어 '애인'조차 사랑하는 사람으로서 그들을 인정해 주지 않았다.

남녀평등

「**표준국어대사전**」 남자와 여자의 법률적 권리나 사회적 대우가 성별에 따라 차별이 없음.

양성평등

「**표준국어대사전**」 양쪽 성별에 권리, 의무, 자격 등이 차별 없이 고르고 한결같음.

성평등

「**표준국어대사전**」 미등록.

¶「한恨국어사전」

교수가 칠판에 세 글자를 썼다.

성평등.7

"이 단어를 두고 자유롭게 이야기해 볼까요?"

여성학 강의 시간에 학생들의 토론이 벌어졌다. 남녀 간의 데이트 문제로 시작해 더치페이 논쟁으로 끝났다. 성평등도 남녀(양성)평등과 동의어로 인식됐다. 성평등은 모든 성이 평등해야 한다는 뜻이지만 남성과 여성을 제외한 성은 평등해야 할 존재에 끼지 못했다. 『표준국어대사전』에서도 성평등은 찾을 수 없는 단어였다. 강은하(Male To Female, 트랜스젠더·양성애)는 성평등에 포함돼야 할 '성들'이 많다고 말하기 위해 굳이 "포괄적 성평등"이란 용어를 만들어 썼다.

"우리에겐 언어가 필요해."

'n개의 성'이 있을 수 있다는 사실을 삭제하지 않을 언어가 그들에겐 절실했다. 평등엔 위도 아래도 없었다. "권리, 의무, 자격 등이 차별 없이 고르고 한결같은 것"(『표준국어대사전』)이 평등이었다. 그 평등에 '성'이 붙는 순간 양성은 'n-2개의 성'을 밟고 섰다.

커플 세트

「상품」커플용으로 출시된 음식 혹은 상품.

¶「한恨국어사전」

"주문하신 커플 세트 나왔습니다."

'농노리아' 알바가 패스트푸드를 패스트하게 내놨다.

쟁반 위에 남자용 큰 햄버거와 여자용 작은 햄버거가 있었다. 햄버거 커플 세트를 받아 들 때마다 자민(게이)과 애인은 난감했다. 남녀만 커플이 될 수 있다는 전제로 디자인된 메뉴는 두 사람의 허기를 채우기에 부족했다. 고맙게도 애인이 작은 햄버거를 먹어 줬다.

식당이나 극장에서 판매되는 커플 메뉴 대부분이 그랬다. 커플 티셔츠도 하나는 크고 하나는 작았다. 그들의 관계는 소비 시장에서도 고려되거나 파악되지 않았다. 그들의 사랑은 '원 플러스 원' 같았다.

"햄·소시지에 딸려 있는 겨자 소스, 큰 샴푸에 붙은 작은 샴푸. 정상적 이성애에 끼어 있는 비정상적……."(신동진)

커플

「표준국어대사전」 짝이 되는 남녀 한 쌍.

¶「한恨국어사전」

사전은 선택받은 단어들의 집이었다. 『표준국어대사전』에서 성소수자들은 사귈 수는 있어도 커플이 될 주는 없었다.

사랑으로 짜는 '세밀한 관계의 언어들'이 누군가에겐 움켜쥐려 해도 쥐어지지 않는 기름처럼 미끄러웠다.

결혼

「표준국어대사전」 남녀가 정식으로 부부 관계를 맺음.

부부

「표준국어대사전」 남편과 아내를 아울러 이르는 말.

부모

「표준국어대사전」 아버지와 어머니를 아울러 이르는 말.

¶「한恨국어사전」

그 집에도 '부부'가 살았다.

김조광수·김승환은 부부로 불리길 원했다. 부부夫婦 아닌 부부夫夫. 부부로 불리지 않으면 결혼을 인정받지 못한 관계라고 한국 사회는 받아들였다. 그들은 부부라는 성 구별적 용어에도 문제 제기 하고 싶었다.

부부의 살림은 단출했다. 결혼 전 김승환(영화사 레인보우팩토리 대표)의 누나가 쓰던 장롱과 김조광수(영화감독)가 사용하던 탁자가 덩그러니 집에서 만났다. 대신 식물 화분들이 집 안 곳곳에 풍성한 녹색을 입혔다.

결혼 후 첫 추석 때 부부는 누구 집에 먼저 가야 하는지를 놓고 고민했다. 부모님들은 자신의 집으로 먼저 오길 원했다. 부부는 결국 각자의 집으로 따로 갔다. 양가 방문은 명절 전이나 뒤에 했다. 그들의 결정을 부모님들은 존중해 줬다. 부부의 결혼 생활이 햇수를 더하면서 설렘은 예전 같지 않았지만 '우리 집'이 주는 편안함이 좋았다. 그 집에서 그들은 사랑해서, 결혼한 뒤, 사랑보다 강력한 익숙함으로 삶을 공유하는 '아주 보통의 부부'로 살았다.

부부로 살아왔으므로 부부임을 의심받지 않는 부부가 그들의 부부 됨을 부정당했다. 부부가 제기한 '한국 최초의 동성혼 소송'(가족관계등록 공무원의 처분에 대한 불복신청)을 법원이 2년 만에 각하8했다. 법원은 『표준국어대사전』의 용어 풀이를 판단 근거 중 하나로 끌어왔다.

"이 시대의 가장 보편적인 개념 정의를 내리고 있는 국어사전에서도 혼인을 '남자와 여자가 부부가 되는 일'이라고 정의하고 있다."

보편을 자임한 언어가 법을 도와 그들의 사랑을 삭제했다.

'부부의 자격이 불허된 부부'의 사랑이 옹이 없이 매끈할 수 없었다. 결혼했으나 결혼 제도 바깥에서 살아야 하는 부부는 서로를 책임질 수 없는 '남남'이었다. 배우자가 사고를 당해 수술을 받아도 동의서에 사인할 수 없었다. 의료보험도 따로 가입해야 했고 부부 소득공제도 받지 못했다. 도덕이 사랑의 순수성을 검증하고, 국가가 사랑의 허가권을 행사할 때, 사랑하는 행위는 혐오·차별과 대결하는 고된 싸움이 됐다.

'부모'parents 외에 '보호자'guardian란 표현을 쓰는 미국에서 생활할 때 오낑깡은 좀 더 평화로울 수 있었다.

성소수자에게만 가혹한 단어는 아니었다. 부모는 '정상 가족'의 범주에 들지 않는 사람들의 관계 전부를 정상이 아닌 것들로 만들어 버린다고 상근은 생각했다.

동성 결혼 한 남자 커플이 아이를 입양하면 아이는 부모 대신 두 명의 아빠만 갖게 될 것이었다. 반순웅은 남편과 아내보다 '배우자'spouse란 호칭을 자연스럽게 쓰는 날이 오길 바랐다.

그 '배우자'도 언어의 창살에 갇혀 있었다.

배우자

「**표준국어대사전**」 부부의 한쪽에서 본 다른 쪽. 남편 쪽에서는 아내를, 아내 쪽에서는 남편을 이르는 말이다.

¶ 「한眠국어사전」

인권의 역사는 용어를 둘러싼 투쟁의 역사였다.

성폭행

「표준국어대사전」 강간을 완곡하게 이르는 말.

강간

「표준국어대사전」 폭행 또는 협박 따위의 불법적인 수단으로 '사람'9을 간음함.

¶「한恨국어사전」

그날의 공포를 평생 잊을 수 없을 것이었다.

2011년 11월 강은하는 서울 종로에 있었다. 얼음 바람이 날 세운 종이처럼 뺨을 베고 스쳐 갔다. 데이트 중인 남자와 따뜻한 곳을 찾아 걸었다. 가끔 몸 녹이던 가게의 골목 맞은편에서 세 명의 남자가 빠르게 걸어왔다.

강은하에게 밤은 덜 위험하고도 더 위험했다. 마음 가는 사람과 손잡고 걷는 대낮은 달려드는 눈길을 막아 주지 못했다. 시선의 폭력에서 그를 숨겨 줬던 밤이 그날 이후 폭력을 감춘 둥지가 됐다.

어둠 속에서 주먹이 나타났다. 그와 걷던 남자가 눈을 맞고 쓰러졌다. 강은하에게도 세 명의 발길질이 날아왔다. 그는 "살려 달라."며 비명을 질렀다.

살려 달라.

살려 달라.

이 발길질로부터.

이 혐오로부터.

나를 지우고 싶어 하는 이 세계로부터.

눌러 왔던 비명이 심장 밖으로 튀어나왔다. 발길에 차이고 짓밟힌 그날의 사건을 한 언론이 '단독'이라며 보도했다. 몸의 상처보다 마음의 상처가 깊었다. 피해자인 그를 조롱하며 기사에 달린 댓글들이 그를 절망케 했다.

"게이들은 모조리 총으로 쏴 죽여야 한다."

사랑을 얻고 싶었던 인어공주는 인간의 다리를 갈망했다. 〈인어공주〉 애니메이션을 볼 때마다 강은하의 마음엔 인어의 마음이 포개졌다. "사랑할 수 있는 사람이고 사랑하기 위해 목숨도 걸 수 있는데" 다리를 요구하는 뭍에서 그의 사랑은 사랑이 아니었다. 그와 그들은 사랑하므로 혐오당했다.

수술하지 않은 트랜스젠더 여자Male To Female, MTF가 있었다.

같이 술을 마신 남자가 취한 여자를 모텔로 데려가 옷을 벗겼다. 여자에겐 남자 성기가 달려 있었다. 언론이 남자의 '충격'을 가십 기사로 전했다. 그것은 강간이었다. 언론이 피해자를 팔아 강간범을 대변했다.

강은하는 남중·남고를 나온 여자였다.

중학교 1학년 도덕 시간이었다. 교사가 학생들을 '엎드려뻗쳐' 시킨 뒤 다리를 칠판에 올리게 했다. 그 체벌을 교사는 '고추 말리기'라고 불렀다. 강은하는 수치심을 느끼면서도 "그렇게 하면 정말 고추가 작아질까?" 싶었다.

대학 개강 첫날 학교 앞에서 술을 마셨다. 안면이 있는 남학생이 그의 가슴을 만졌다. 트랜스젠더의 가슴은 진짜가 아니라고 그는 생각했을 것이다.

"트랜스젠더는 가슴을 만져도 상관없을 만큼 여자가 아니거나 만져 보고 싶을 만큼 여자처럼 생겼지만 여자는 아니라고."

반순웅은 텔레비전을 보다가 충격을 받았다.

출연자를 성형해 주는 케이블방송 프로그램이었다. 트랜스젠더 여성의 전신 성형을 했는데 여자 사회자가 '어머 진짜 예쁘게 됐다.'며 가슴을 만졌다. 사람이 물화돼 있었다.

상근은 제대 뒤에도 군 복무 때를 떠올리면 피해와 가해 사이에서 곤혹스러웠다. 그는 성정체성을 밝히기 전 병역을 마쳤다. 일상의 성폭력에 노출된 군대에서 그가 가해자라고 느낄 때가 있었다. 훈련 뒤 단체로 목욕할 때 그는 스스로를 검열하며 자책했다. "내가 남자를 좋아하는 남자란 사실을 알았다면 다들 기분 나빴을 것"이란 생각에 "죄책감"을 느꼈다.

"마약 파티 한 동성애자들"이란 제목의 기사가 보도된 적이 있었다. "'마약 파티 한 이성애자'란 제목의 기사는 앞으로도 절대 나오지 않을 것"(도구)이었다. '종북좌빨게이'는 편견이 혐오를 만나 발명한 가장 차별적이며 비논리적인 언어 조합이었다.

두 개의 성이 사랑하는 세상이라야 안전하다고 믿는 세계는 안전하지 않았다. 언어의 법전에 차별을 못 박는 행위는 혐오와 폭력의 최종 심급이었다.

엘

¶ 「한恨국어사전」

표현하지 못하는 사랑은 기호화됐다.

폭력으로부터 사랑을 지키려는 사람들이 택한 언어 전략은 암호였다. 커피숍에서 이야기하던 도구는 자기 목소리가 크다고 느낄 때면 레즈비언 대신 '엘'L이라고 말했다. 여성이면서 성소수자인 이중의 굴레가 엘을 쓰게 했다.

"나는 '지'G(게이)."

상근이 말했다.

"나도 때론 '티지'TG(트랜스젠더)."

강은하도 그랬다.

남자와 여자로만 스스로를 구획 지을 수 없는 사람들은 스스로를 설명할 이름을 갈망했다. "표류하는 게 무서워 양성 안에 나를 붙들어 놓고 싶었지만"(엘봉) 흐르는 정체성은 붙든다고 붙들리는 것이 아니었다. 자기의 다름을 받아들인 뒤에도 자기의 다름을 표현할 이름은 허락되지 않았다.

사람은 사과를 좋아할 수도 있었고, 바나나를 좋아할 수도 있었으며, 사과를 좋아하다 바나나를 좋아할 수도 있었다. 둘 다 좋아할 수도 있었고 둘 다 싫어할 수도 있었다. 남자, 여자, 이성애, 동성애, 양성애……. 사랑은 그 안에 있을 수도 있었고 그 밖에 있을 수도 있었다. 사랑의 정체성은 셀 수 없이 조정될 수 있었고 셀 수 없이 분화할 수 있었다.(반순용)

"오늘 날씨 좋다."

귀 많은 장소에서 '사랑한다.'고 하지 못할 때 상근은 말했다.

사랑하는 사람의 표정과 말투와 기운은 감춰지지 않았다. 감춰지지 않는 사랑을 감추는 방법을 그는 끊임없이 고민하고 개발했다. 밖이 보이지 않는 실내에서도 '날씨 좋다.'고 했고, 장맛비가 쏟아지는데도 '날씨 좋다.'고 했다. '날씨 좋다.'는 그의 말에 사람들은 창밖과 그의 얼굴을 번갈아 쳐다보기도 했다. 세상이 목소리를 지운 사랑을 그는 그렇게라도 표현해야 했다.

언어의 생멸과 쓰임을 지배해 다름을 통제하려는 세계에서 그들은 사랑하고 있었다.

1 2012년 12월 '사전적 정의가 성소수자의 권리를 침해한다.'는 대학생들의 문제 제
기를 국립국어원이 수용했다. '사랑', '연애', '애정', '연인', '애인'의 뜻이 재정의되
며 이성애의 경계 안에 갇혀 있던 '사랑들'도 단어에서나마 확장됐다.
  * 당시 이성애적 사랑을 탈피하며 『표준국어대사전』이 정의한 사랑의 네 가지 뜻.
  「1」 어떤 상대의 매력에 끌려 열렬히 그리워하거나 좋아하는 마음.
  「2」 남을 돕고 이해하려는 마음.
  「3」 어떤 사물이나 대상을 몹시 아끼고 귀중히 여기는 마음.
  「4」 열렬히 좋아하는 상대.

2 2014년 1월 국립국어원이 사랑할 자격을 박탈했다. 보수 기독교계의 항의로 '사랑',
'연애', '애정'의 뜻을 남녀 관계에서만 가능한 것으로 되돌렸다. 사랑의 뜻에 구속
받는 '연인'과 '애인'의 뜻풀이는 그대로 뒀다. '연애'는 '연인 관계인 두 사람이 서
로 그리워하고 사랑함'에서 '남녀가 서로 그리워하고 사랑함'으로, '애정'은 '애인을
간절히 그리워하는 마음'에서 '남녀 간에 서로 그리워하는 마음, 또는 그런 일'로 재
개정됐다. '사랑의 퇴행'을 두고 성소수자들과 시민들이 반발했다.
  * 당시 이성애적 사랑으로 제한하며 『표준국어대사전』이 재개정한 사랑의 네 가지 뜻.
  「1」 어떤 사람이나 존재를 몹시 아끼고 귀중히 여기는 마음. 또는 그런 일.
  「2」 어떤 사물이나 대상을 아끼고 소중히 여기거나 즐기는 마음. 또는 그런 일.
  「3」 남을 이해하고 돕는 마음. 또는 그런 일.
  「4」 남녀 간에 그리워하거나 좋아하는 마음. 또는 그런 일.
  * 이후 국립국어원이 두 개의 정의를 추가해 정리한 사랑의 여섯 가지 뜻.
  「1」 어떤 사람이나 존재를 몹시 아끼고 귀중히 여기는 마음. 또는 그런 일.
  「2」 어떤 사물이나 대상을 아끼고 소중히 여기거나 즐기는 마음. 또는 그런 일.
  「3」 남을 이해하고 돕는 마음. 또는 그런 일.
  「4」 남녀 간에 그리워하거나 좋아하는 마음. 또는 그런 일.
  「5」 성적인 매력에 이끌리는 마음. 또는 그런 일.
  「6」 열렬히 좋아하는 대상.

3 영화 〈봄날은 간다〉에서 남자 주인공 상우(유지태)가 여자 주인공 은수(이영애)에게
하는 대사.

4 젊은 퀴어 활동가 열 명이 노동당사(2014년 4월 9일, 서울시 마포구 서교동)에 모였다.
자민(노동당 성정치위원회), 강은하(노동당 성정치위원회, '성소수자 안녕들하십니까' 네트워
크), 엘봉(노동당 성정치위원회, '성소수자 안녕들하십니까' 네트워크), 신동진(혐오반대퍼포
먼스 REP), 규환(한국게이인권운동단체 친구사이, 서울LGBT영화제), 상근(동성애자인권연대,

중앙대 성소수자모임 레인보우피쉬), 오낑깡(동성애자인권연대), 도구(사람을 생각하는 인권, 법률공동체 두런두런), 폴라(성공회대 성소수자 인권모임 무아지경), 반순웅(고려대학교 성소수자 동아리 사람과사람). 자신의 성정체성을 LGBT 중 어느 하나 혹은 하나 이상이라고 밝힌 아홉 명과 범성애자Opensexual·Pansexual라고 밝힌 한 명이 '표준의 사랑'에 맞서 '표정 있는 사랑'을 이야기했다.

5 국립국어원 공식 심의 기구인 '표준국어대사전 정보보완심의위원회가'는 2013년 10월 29일 회의에서 기독교의 요구대로 단어의 뜻을 수정할 필요가 없다고 결론 내렸다. 공식 기구의 결정을 국립국어원장이 무시했다. 그는 자문회의를 열어 이성애 중심으로 뜻풀이를 바꿨다. '성 중립적인 뜻풀이는 오해의 소지가 있어 보편적 기준에 따라 바꿨다.'고 국립국어원은 설명했다.

6 레즈비언·게이·양성애자·트랜스젠더를 뜻하는 LGBT에 'Asexual·Intersexual·Questioner'를 더해 LGBTAIQ라고 한다. 범성애자Opensexual·pansexual와 크로스드레서cross-dresser를 추가해 LGBTAIQOC라고 쓰기도 한다.

7 '사랑'의 정의를 후퇴시킨 보수 기독교계는 정부 정책에 '성평등'이란 용어가 사용되는 것도 용납하지 않았다. 문재인 정부 여성가족부가 '제2차 양성평등정책 기본계획'을 확정하는 과정에서 '동성애·동성혼 개헌반대 국민연합' 등은 계획안에 포함된 단어 '성평등'이 동성애를 조장한다며 사용 반대 시위(2017년 12월 14일, 18일)를 벌였다. 그들은 2017년 12월 16일에 열린 공청회장에도 난입해 '반대'를 외쳤다. 이틀 뒤 여가부는 양성평등과 성평등 두 단어를 혼용하겠다는 입장을 밝혔다. 다시 이틀 뒤인 12월 20일 여가부는 '제2차 양성평등정책 기본계획'을 발표했다. '비전'과 '목표'를 설명하는 문구가 모든 성의 평등에서 양성의 평등을 강조하는 쪽으로 바뀌어 있었다. 계획안에서 "함께하는 성평등, 지속가능한 민주사회"로 서술됐던 비전이 발표 땐 "여성과 남성이 함께 만드는 평등하고 지속가능한 민주사회"로 수정됐다. "성평등 시민의식의 성숙"으로 기술됐던 목표도 "성숙한 남녀평등 의식 함양"으로 달라졌다.

8 김조광수·김승환은 2013년 9월 7일 청계천(서울시 종로구)에서 양가 가족과 하객 2천여 명의 축하를 받으며 부부가 됐다. 두 달 뒤 '세계인권의 날'(2013년 12월 10일)에 혼인신고서를 접수(서대문구청)했고 사흘 뒤 '불수리' 통보를 받았다. 2014년 5월 21일 '부작의 날'에 그들은 불복 소송을 시작했다. 2년이 흐르고 나흘의 시간을 더 끈 뒤 서울서부지방법원(재판장 이태종)이 그들의 부부 됨을 불허(2016년 5월 25일)했다.

9 강간의 가해와 피해도 오랜 시간 양성 구도를 따라 규정돼 왔다. 형법의 강간 피해자를 '부녀자'에서 '사람'으로 고친 것은 2012년이었다.

오직 낮은 땅의 전쟁

물

낙농 落農

「은어」 자기 땅 없는 가난한 수몰 농민들이 스스로를 지칭한 표현. 낙농들은 마을이 수몰돼도 보상받을 근거가 없었다. 낙오자처럼 마을에 남아 물이 찰 때까지 빈 땅에서 농사를 지었다. 그들은 마을을 떠나서도 땅 있는 사람들의 세계에 진입하지 못했다. 강원도 양구의 수몰민에게서 채집한 말.

¶

물의 뼈.

땅을 삼켰던 난폭한 물이 앙상하게 야위었다. 가뭄[1]이 물의
살을 발라내자 물속에 파묻힌 땅들이 마른 뼈처럼 드러났다. 수
몰의 역사를 축적한 물의 기억들은 갈라진 강바닥과 건물 터 위
에서만 존재했다.

수몰민 주재영(63세)이 배 대신 차를 끌고 수몰의 땅으로 나
아갔다. 물이 매장했던 집과 방앗간의 위치를 그의 손가락이 가
리켰다. 길이 나 있었고, 풀들이 무성했다. 야생화가 흐드러졌고,
발끝에 흙먼지가 차였다. 수몰민이 수몰의 기억을 불러내지 않
았다면 수중에 속한 땅이었음을 알아챌 순 없었을 것이다. 1년
전(2014년)까지 물이 뒤덮었던 땅은 이제(2015년 6월) 물이 기어오
를 수 없는 야트막한 야산처럼 보였다.

저기가 설 씨네 집.

주재영이 고개를 돌려 인사처럼 눈길을 건넸다.

풀숲 저쪽에 세상을 떠난 옛 이웃의 집이 있었다. 물이 쫓아
낸 사람은 이승을 버렸는데, 수장됐던 그의 집터는 이승으로 생
환했다. 강 저편으로 약초꾼을 건네주던 농선農船이 육지가 된
강변에 방치돼 있었다. 물속에서 말라 죽었던 밤나무들이 펄을
뚫고 돋아 썩은 장승처럼 비루했다.

여기는 하수내리초등학교 원리분교 터.

교실 건물이었던 자리 앞에 주재영이 섰다. 그가 교실에 오
르던 디딤돌이 떠내려가지 않고 붙박여 있었다. 물의 시간을 견
뎌 온 작은 운동장도 수초에 점령당하지 않고 빈터를 유지했다.

수몰 당시 학교를 다녔던 학생 10여 명은 초로의 나이로 늙어 갔다.

소양강댐은 1967년 4월 착공해 1973년 10월 완공했다. 춘천시·양구군·인제군의 여섯 개 면, 37개 리, 4천6백 가구, 2천7백 헥타르의 논밭을 물속에 가라앉혔다. 2015년 6월 22일 댐 수위가 152.26미터까지 내려갔다. 만수위 198미터보다 45미터 낮았고 역대 최저 수위 151.93미터보다 33센티미터 높았다.[2]

물과 땅 사이에 공방은 없었다. 물의 패색은 돌이킬 수 없을 만큼 짙었다. 산과 물이 만났던 지점에 풀이 듬성하다는 것에서 물의 경계를 확인할 뿐이었다.

옛 강은 옛 땅이었다. 땅이 먼저였고, 강은 나중이었다. 댐 건설 뒤 몰려왔던 물이 가뭄으로 물러갔다. 다시 땅이 왔으나, 옛 땅은 아니었다. 물이 올 때 모든 것을 삼켰는데, 물이 가면서 많은 것을 가져갔다.

물 마른 강바닥이 마른 논처럼 쩍쩍 갈라졌다. 본래 논이었던 강이었다. 물고기를 잡기 위해 설치해 둔 어망들이 물 빠진 펄에 파묻혔다. 물에 쓸려 넘어진 나무들이 고생대에 멸종한 식물처럼 기이했다. 가뭄이 소환한 원리의 옛 땅에서 물의 뼈들이 화석처럼 튀어나왔다.

저놈의 물 때문에 말이지.

그놈의 물 때문이었다.

물이 넘쳐 쫓겨난 사람들이 물이 말라 다시 쫓겨났다. 강원도 양구군 원리는 봉화산 자락에 있었다. 소양강물이 미치지 않던 땅이 댐 건설로 1971년 수몰됐다.

주재영은 원리의 어부였다.

자신을 내몬 물에 의지해 물고기를 잡았고, 식당을 열어 그 물고기들을 회로 떠 팔았다. 식당 아래까지 차오른 물길에 배를 띄워 옛 마을까지 나아가 물고기를 낚았다. 쏘가리, 민물장어, 붕어, 잉어, 빙어 등을 잡으면 하루 20만 원 벌이도 가능했다. 물이 마른 뒤 주재영의 배는 물에 뜨지 못하고 땅에 묶였다. 고기잡이도 중단했다. 소양강 인접 세 개 시·군(강원도 춘천·양구·인제)에서 어업 허가권을 가진 어부는 21명이었다. 강물이 마르자 그들 중 열에 여덟이 산에 올라 약초를 캐거나 건설 현장에서 막일을 했다.

원리 어부 주재영은 원리의 화전민이었다.

가난은 유전이었고, 화전은 내림이었다. 수몰 전 원리8반 마을엔 17가구가 살았다. 나무를 베고 불을 놓아 밭을 일궜다. 평지에 쌀농사 지을 땅이 없던 사람들은 가파른 산에 기대어 콩, 팥, 조, 수수를 심었다. 그의 아버지도 오늘 불로 태운 자리에 내일 고랑을 파고 씨를 뿌렸다. 땅 대신 배고픔을 물려받은 그들은 밭 대신 고달픔을 매며 하루를 살아냈다.

주재영은 수몰 뒤 물이 미치지 않는 산으로 올라가 움막을 짓고 2년을 버텼다. 1968년 1월 21일 북한 무장 게릴라 31명이 휴전선을 넘어 청와대로 진격[3]했다. 화전민 부락이 '무장 공비 은신처'로 지목돼 차례로 소개疏開됐다. 주재영도 1970년대 중·후반 보상금 없이 산을 내려왔다. "땅 없는 개털들"은 개처럼 털릴 때마다 모든 것을 잃었다. 불로 산을 태워 땅을 얻는 화전민들은 땅을 비워야 할 때가 오면 그들이 태운 산처럼 깨끗하게 내몰렸다.

땅은 보상의 척도였다. 땅을 가진 수몰민들은 보상금을 받아 비옥한 새 땅(경기도 여주·이천·양평 등)을 찾아 떠났다. 화전은 법이 보호하는 땅이 아니었다. 10여 가구가 화전을 버리고 수몰선 위로 올라가 지금의 원리를 일궜다.

무서운 것이 물이로구나.

주재영이 담배를 피워 물었다.

산에서 내려온 그는 운전을 하거나 빈 병을 모아 고물로 팔았다. 물에 잠긴 과거를 단념하고 물에 순응하며 살아온 현재가 가뭄으로 증발하고 있었다. 물고기가 끊긴 뒤부터 식당을 찾던 손님들도 발길을 끊었다. 가뭄으로 조업이 불가능해지자 생활고를 겪던 어부는 가족을 데리고 원리를 떴다. 자연재해가 인류 공통의 재앙이 아님을 주재영은 알았다. 물은 많아도 적어도 없는 자 앞에서 완력을 부렸다.

평시 수량의 소양강은 원리를 지나 북쪽으로 흘러 하수내리에 닿았다. 수몰 전 하수내리는 소양강이 실어 온 흙의 퇴적층 위에 마을을 이뤘다. 1미터를 파내려 가도 돌멩이 하나 없이 고운 땅이었다고 수몰민들은 기억했다. 소양강댐 완공 뒤 양구군에서 인제군으로 편입됐다.

마른 강은 거대한 매차나무 한 그루를 펄 위로 올려 보냈다. 찢어지고 갈라진 땅 위로 나무 상단부가 홀로 솟아 하늘을 봤다. 누구는 마을을 수호하던 성황당이라 했고, 누구는 농사로 지친 농부들에게 그늘이 돼준 나무라 했다. 오랜 세월을 견디는 동안 몸에 박힌 옹이는 '사람이 타고 오르지 못하도록 부엉이가 방귀

물

를 꿰며 키웠다.'고 수몰 전 아이들은 믿었다. 어른 네댓 명이 손을 잇대어 안아야 했을 만큼 나무는 굵었다.

강원도 산간에서 찾아보기 힘든 너른 백사장은 하수내리 주민들의 자랑이었다. 백사장과 농경지 사이에서 붉은 해당화가 해사하게 피었다. 광복 직후 38선이 하수내리를 관통해 마을을 남북으로 갈랐다. 미군과 소련군이 선을 긋고 한 마을 안에서 경계를 섰다. 가뭄은 물속에 잠겼던 하수내리의 풍경과 상흔까지 되살렸다.

없는 사람들은 물이 무서운 것이 아니었다. 물에 밀려 도달할 곳이 없어 그들은 무서웠다. 수몰 당시 하수내리엔 90여 가구가 살았다. 누가 언제부터 그들에게 '떨어질 락' 자를 붙였는지 알 수 없었다. 땅의 주인들이 보상받아 나갈 때 땅 없는 **낙농**들은 빈 땅에 남아 한두 해 더 농사를 지었다. 평생 땅을 가져 본 적 없던 그들은 버려진 땅에 아쉬움과 미련을 뿌리고 거뒀다. 물이 도착할 때까지 땅을 포기하지 못하던 그들이 물이 차오르자 양구 각지로 흩어지거나 도시로 나가 등짐을 졌다. 하수내리 수몰민 장수봉은 20대 초반 고향을 등졌다. 그는 양구읍 안대리에 옥수수를 심었다. 그의 옥수수밭이 가뭄으로 타올랐다. 알이 박히지 않은 그의 옥수수가 "다 글러" 버렸다.

양구군 석현리·웅진리·수인리의 낙농들은 사명산 기슭으로 올라갔다. 물 밑에 남겨 둔 옛 땅의 이름을 가져와 오늘의 석현리·웅진리·수인리를 이뤘다. 수몰민들에게 물은 불보다 가혹했다. 불은 재라도 남기지만 물은 흔적 없이 쓸어가 버린다는 사실을 흔적 없이 쓸려 가면서 그들은 몸에 새겼다. 소양강댐에 물

차고 처음 겪는 대가뭄이 장수봉에게 들이쳤다. 그렇게 많았던 물이 그렇게 없어서 장수봉은 한스러웠다.

다리는 물을 건너기 위한 구조물이었다. 크고 작은 다리 밑은 이미 물의 영역이 아니었다. 양구대교는 양구와 인제를 연결했다. 53미터 위에 떠있는 다리를 과거 양구·인제 주민들은 '동양 최고 높이의 다리'라 믿으며 뿌듯해했다.

양구대교 아래는 잡초의 땅이 됐다. 물은 세력 넓힌 땅에 밀려 한쪽으로 허약하게 휘돌았다. 산에서부터 진군한 녹색이 강을 위협했다. 배를 대던 선착장들은 강에 접한 흔적을 잃고 육지의 일부분이 됐다.

38대교는 관대리(인제군 남면)를 고립에서 꺼냈다. 수몰로 물이 차오르면서 관대리는 인제와 떨어져 '육지 속 섬'이 됐다. 소수의 농가들이 깃든 외딴 땅을 정치도 경제도 돌아보지 않았다. 38대교 완공(2009년) 전까지 관대리로 들어가려면 양구로 돌아가거나 나룻배로 강을 건너야 했다. 다리 건설 때 예산 낭비 논란이 일었다. 관대리 주민들은 없는 예산을 잡아먹는 사람들이 됐다.

까마귀 한 마리가 38대교 교각에 앉아 아래를 내려다봤다. 다리 밑으로 파란 초지가 생동했다. 물을 채우지 못한 강은 사료용 보리를 키우는 밭이 됐다.[4] 가뭄으로 관대리는 인제에서 유일하게 운반 급수가 필요한 마을이 됐다. 물에 밀려 쫓겨났던 관대리가 물이 가장 귀한 땅이 됐다. 하루 두세 차례 급수차가 관대리 언덕 물탱크에 물을 쏟아부었다.

관대리는 쫓겨난 사람들의 땅이었다. 청송 심씨가 집성촌을 이루고 살았다. 조선 세종의 장인 심온이 태종에게 사약을 받고 죽었다. 각지로 귀양 간 후손들이 관대리까지 이르렀다. 쫓겨 온 선조의 후손들이 다시 쫓겨났다. 군부대(육군 3군단 사령부와 전투 비행단)가 진주해 비옥한 땅을 차지했다. 부대에 밀려난 주민들의 땅을 댐 건설 뒤 물이 점령했다. 차오르는 물의 위세에 밀려 마을이 산 위로 도망했다. 면회 온 애인과 손잡고 군인들이 거닐던 넓은 자갈밭도 사라졌다.

관대리 이장 심영근(59세)의 밭에서 마른 흙이 날았다. 억지로 심어 본 들깨가 자라지 못하고 쪼그라들었다. 생장을 멈춘 어린 옥수수들이 그의 손끝에서 푸석거렸다. 살아남아 닭 사료로라도 쓰인다면 살아남은 의미를 가질지도 몰랐다. 그의 사과나무에서 콩만 한 열매가 안쓰럽게 매달렸고, 콩 달린 가지는 생선 가시처럼 말라비틀어졌다. 물기 잃은 매실들이 땅에 떨어져 나뒹굴었다.

물은 많아도 탈이었고 없어도 탈이었다. 관대리 뭍으로 강물이 올라온 건 심영근이 중학교 3학년 때였다. 수십 년 전 물에 쫓겨난 그들을 가뭄이 다시 쫓아냈다. 가뭄은 수몰 전의 풍경과 기억도 발굴해 냈다. 풍경을 잊지 못한 사람들에게 기억은 추억이 아니었다. 물에 잠겼던 뭍은 돌아와도 물이 흩은 사람들은 돌아오지 않았다. 관대리 안팎을 연결하다 수장된 길 위로 차들이 먼지를 일으키며 질주했다.

물에 밀려난 사람들은 물이 미치지 못하는 곳까지 밀려 올라가도 닿을 수 없는 높이가 있었다. 물의 많고 적음이 도시의 빌딩을 내쫓거나 불러들이진 않았다. 물의 치솟고 가라앉음에 요동 없는 고층 빌딩은 물이 범접할 수 없는 높이에서 고요했다. 물의 부침이 삶과 무관한 고도의 사람들이 물의 진퇴에 온 삶이 휩쓸리는 자들의 물을 통제하고 관리했다.

수몰과 홍수와 가뭄은 다만 가난한 자들의 역사였다. 물이 가난한 사람을 공격할 때 역병이 창궐하고 민심은 절망했다. 정치와 치수는 같은 글자(治)를 썼다. '치'가 안 되면 '수'는 마르고 '정'은 폭주했다.[5] 양구 남면 청4리 봉당골 주민 박효선(73세)이 개울 파서 모은 물을 도둑맞았다.

물

1 2015년 극심한 가뭄이 전국을 태웠다. 강은 바닥을 드러냈고, 논밭은 작열하며 갈라졌다. 1백~120년 간격으로 찾아오는 대가뭄의 시작이란 분석들이 나왔다. 강원도 양구와 인제의 소양강 수몰 지역은 2014년부터 계속된 가뭄으로 물과 땅의 처지가 뒤바뀌었다. 40여 년 만에 모습을 드러낸 물의 땅에서 물이 부침할 때마다 삶의 뿌리가 흔들려 온 가난한 사람들의 역사도 드러났다.

2 2015년 6월 23일까지 양구의 그해 강우량은 188.6밀리미터였다. 평년(361밀리미터)의 52.25퍼센트에 그쳤다.

3 1·21 사태. 김신조만 살아남고 나머지는 사살됐다.

4 2014년 인제엔 태풍의 습기도 닿지 않았다. 매년 관광객을 불러 모으던 빙어 축제도 취소됐다. 그해 인제군은 네 개 마을에 제한 급수를 실시했다.

5 1884년부터 1910년까지 지속된 난폭한 가뭄은 가난한 백성들의 삶을 파탄 냈다. 당시를 기록한 영국인 앵거스 해밀턴Angus Hamilton은 『코리아』라는 책에 썼다. "1901년 도심지 전체가 폐허처럼 변했다. 관할 관청은 관리 기능을 상실했고 생고에 시달린 백성들이 폭도로 돌변했다. 평화를 사랑하고 질서를 준수하던 백성들은 배고픔에서 벗어나고 가족 생계를 지키기 위해 인근 가호를 약탈하거나 사회질서를 무시하기 시작했다. 거의 모든 마을에 굶주림이 만연했다." 탐관과 외세의 수탈에 세기적 가뭄이 더해졌다. 날씨는 민심을 불 댕겨 폭발시켰다. 동학혁명(1894년)은 이 시기에 일어났다. 2015년 가뭄과 메르스가 같이 왔다.

우리의 전선(電線), 그들의 전선(戰線)

전기

송전탑 구디기

「방언」 구디기는 '구덩이'의 경상도 사투리면서 '구더기'의 사투리기도 하다. 밀양은 촘촘히 번식한 송전탑이 구더기 떼처럼 밀집한 구덩이다.

¶

쇠가 수직으로 박혔다.

평밭마을(경상남도 밀양시 부북면)의 뻐꾸기 소리를 포클레인 엔진 소리가 삼켰다. 레미콘 차량들이 좁고 가파른 산길을 올라 129번 송전탑 공사장에 '공구리'를 쳤다.

공사는 초조하고 다급했다. 작전 혹은 전쟁 같았다. 마을(화악산 중산간 해발 4백여 미터 위치)을 오르는 임도에 경찰이 배치돼 삼엄하게 경계했다. 낯선 차량이 나타날 때마다 경찰들은 무전기로 지휘관에게 보고했다. 별빛도 받지 못하는 한밤중 산속에서 경찰의 경광봉 불빛만 24시간 깜빡였다. 공사장 진입로 옆엔 경고 플래카드가 나붙었다.

"CCTV 설치 지역. 상기 지역에 무단 침입 시 사법 처리될 수 있습니다."

삶터를 지키려 움막을 쳤던 땅에 주민들이 발 딛는 것만으로도 불법이 됐다. 행정대집행[1] 뒤 '체제로서의 송전탑'이 마을 안으로 눈치 보지 않고 진격했다.

척척척척.

점심 밥때가 되자 전경들이 평밭마을로 대열을 맞춰 올라갔다.[2] 마을 입구 사랑방 밖에서 군홧발 소리가 땅을 때렸다.

"웬수들한테 밥을 준다."

사랑방 창으로 내다보며 이남우(1943년 출생, 부북면주민대책위원장)는 허기진 듯 속이 아렸다. 행정대집행 전까지 경찰들은 주민들과 대치하며 산 아래서 도시락을 먹거나 이동식 밥차에서 밥을 받았다. 농성장 철거 뒤 경찰들은 마을로 들어가 식당 밥을 먹었다. 다른 마을을 경계하던 경찰들까지 시간 맞춰 버스를 타고 올라왔다.

전경들이 밥을 대 먹는 식당이 이남우의 땅에 있었다. 한 해 전 시내에서 그의 땅을 빌려 이사 온 사람이 식당을 열고 경찰에게 밥을 팔았다. 전경들은 이남우의 집 마당을 가로질러 10미터 옆 식당으로 갔다. 밥 먹으러 가는 전투화들이 오와 열을 맞춰 마당을 구를 때마다 이남우가 밥 먹여 기르는 개가 이빨을 드러내고 짖었다.

먹기를 마친 전경들은 식당 앞에서 담배를 피웠다. 한 소대가 줄지어 마을을 내려가면 다음 소대가 줄을 맞춰 올라왔다. 군화 끈을 풀고, 긴장을 놓고, 밥을 먹고, 담배를 피운 뒤, 군화 끈을 당기고, 긴장을 조이고, 교대하는 일이 하루 다섯 차례 되풀이됐다. 먹는 일은 삶을 잇는 가장 기본적인 행위였다. 삶을 끊기지 않으려 송전탑을 막은 이남우는 마을 깊숙이 들어와 삶을 잇는 징집 경찰들을 보며 먹는 일의 무거움에 허탈해했다.

수직으로 박힌 쇠가 수평을 뚫고 촘촘했다.

마른 가슴으로 야윈 무릎을 안고 덕촌 할매(손희경, 1935년 출생)가 호미질을 했다. 쪼그려 앉으면 몸이 종이처럼 접히는 몸무게 34킬로그램의 할매는 살이 빠져나가 가죽만 남은 손으로 풀을 뽑았다. 혼인할 때 머리에 꽂은 은비녀가 짝 잃은 홀가락지(비녀를 녹여 만든 가락지)로 남아 할매의 손마디를 지켰다.

"고구마가 캐 묵을 만큼 다 컸다."

지싯골(부북면 위양마을) 동래댁의 밭을 할매가 대신 맸다. 관절염과 골다공증으로 "안마만 해도 몸이 으스러지는" 할매가 호미질을 멈추지 않았다. 동래댁 바깥양반이 탈장 수술을 받고 입원하자 돌봄을 잃은 밭이 덕촌 할매는 안쓰러웠다. 한 해 전 위암 수술을 받은 바깥양반은 행정대집행 뒤 다시 병을 얻었다.

"사랑방 맹근다고 그래 일해싸티마는."

덕촌 할매도 "행정집행 날 창시(창자)가 튀어나오도록" 몸에 쇠사슬을 꽁꽁 묶고 버텼다.

비닐하우스로 지은 위양마을 사랑방에서 덕촌 할매는 화투를 쳤다.

"저거(765킬로볼트 송전탑) 올라가는 꼴 보고 있으믄 천불이 나니라."

할매는 뭐라도 쳐야지 가만 못 있었다. 동래댁 밭에서 '대출받은 돌'을 걸었다. 할매는 밭을 맬 때마다 '돌 은행'에서 한 움큼씩 '돌 대출'을 받아왔다.

밤마다 밀양은 송전탑 불빛에 쏘여 따가웠다. 검은 하늘 아래 검은 산 위에서 핏방울처럼 붉은 빛이 희뿌연 달빛에 뿌려졌다. 송전탑을 연결한 송전선이 마을마다 공동체를 끊고 한숨을 이었다. '볕이 빽빽한 땅' 밀양에 송전탑이 빽빽이 자랐다.

수평을 촘촘하게 뚫은 쇠가 하늘을 수직으로 찔렀다.

마 송전탑 구디기라.

여수마을(경남 밀양시 상동면 옥산리) 김무출(1948년 출생)의 대문 안으로 송전탑이 육박해 들어왔다. 담장 저편 3백 미터 거리에서 124번 철탑이 하늘을 들이받았다. 여수마을은 부락을 사이에 두고 산이 양쪽에서 품에 안듯 감쌌다. 오른쪽 산등성이로 송전탑이 줄지어 피어올랐다. 마을 아래 도곡(상동면)에서부터 산줄기를 타고 번식해 온 철탑은 고정(상동면)을 거쳐 평밭(부북면)까지 뻗으며 다섯 개의 송전탑을 망막에 찔러 넣었다.

우예 살겠노.

마을 초입 건너편 산에서 120번 철탑이 힘차게 쇠싹을 밀어올렸다. 오랜 세월 하늘과 경계 지어 준 산등성이 고운 선에 삐죽삐죽 부스럼이 슬었다. 전기 고인 구덩이에서 송전탑이 바글바글한 구더기처럼 징그러웠다. 주민들은 송전탑으로부터 도망칠 곳이 없었다. 김무출은 밤마다 송전탑 불빛을 보며 "우예 살겠노."를 반복했다.

밤마다 저놈(송전탑)이 불을 쓰믄(켜면) 이리 봐도 뻘건 불 저리 봐도 뻘건 불이라. 전신에(사방에서) 번쩍번쩍하는 불을 보고 있으믄 가슴이 벌렁벌렁한다. 무서버서 우예 살겠노.

여수마을은 감밭이었다. "감으로 먹고사는 동네"였다. "가실(가을)엔 온 동네가 (잘 익은 감으로 뒤덮여) 빨간 꽃밭"이 됐다.

전기 흐르고 벌·나비 안 날믄 감꽃 수정도 안 된다 카던데 우예 살겠노.

철탑 무리가 서식하는 마을에서 김무출은 언제부터(최소 5대째 이상)인지도 모르게 농사를 지었다. 도곡에서 열아홉 살에 시집왔을 때 '증조시아부지'까지 한 논밭에서 모를 심고 밭을 맸다.

여름 가뭄에도 물을 잘 댄 논에선 "올챙이가 올록올록하고 우렁이가 우렁우렁"했다. 그의 논(637번지)과 밭(673번지)은 송전탑에서 2백여 미터 거리에 있었다. 그의 아들이 두 땅을 담보로 농협에 대출을 신청했을 때 "감정가 산출 자체가 불가능하다."는 답변을 들었다. 논두렁에서 송전탑을 올려다보는 그의 눈이 축축했다.

온몸에 심(힘)이 엄꼬, 밥맛도 엄꼬, 살기도 싫고. 오래전에 할배(남편) 죽고 소복소복 농사짓는 맛으로 전디며(견디며) 살았다. 어른들헌테 물리받은 농사가 이래 돼뿌면 우짜겠노. 억울하고 분해서 우예 살겠노.

'수직 세계'의 법은 수평 33미터까지만 미쳤다. 33미터 안의 땅과, 33미터 안의 사람과, 33미터 안의 파산만 책임졌다. 수평 33미터 밖의 땅과, 33미터 밖의 사람과, 33미터 밖의 파산을 수직 세계의 법은 돌보지 않았다. 안과 밖은 1미터 차이로 선택받거나 버림받았다. 김무출의 땅은 '33미터의 셈법'[3]이 눈길을 주지 않는 곳에 있었다.

하늘을 찌른 쇠가 수직 세계의 뿌리를 이뤘다.

'전기 바늘들'이 불끈 발기해 산안개 사이로 머리를 내밀었다. 비가 끊인 운무가 골안마을(경남 밀양시 산외면 괴곡리) 뒷산 108번 송전탑을 싸고 활활 타올랐다. 한국전력과 경찰이 반대 농성장을 평정(행정대집행)한 뒤 밀양에선 765킬로볼트 송전탑들이 물먹은 콩나물처럼 쑥쑥 자랐다. 109번이 페인트칠을 끝냈을 때 107번은 밑동부터 줄기를 틔워 올렸다. 내리꽂히는 것치고 찌르지 않는 것이 없었다. 산을 올려다볼 때마다 주민들의 찔린 마음도 끓는 수증기처럼 피어올랐다.

"요래 요래 하이소."

106번 철탑을 등진 학생들이 주민의 가르침에 따라 콩밭을 맸다. 농활 온 대학생들은 전날 잡초를 뽑다 콩 모종을 뽑은 '전력'이 있었다.

"단디 보이소. 요건 콩이고 이건 팥이라."

콩밭 옆에서 풋것의 사과가 붉음을 얻었다.

마을과 마을마다 경찰 버스와 119구급차가 상시 대기하며 '속도전 공사'를 지원했다. 하늘에선 헬리콥터들이 두두두두 날며 공사 현장으로 자재를 실어 날랐다. 골안마을 주민들이 공사장으로 오르는 길목을 막고 한전 직원 및 경찰과 대치했다. 콩밭 매던 학생들이 주민들 곁에 앉아 길을 채웠다.

길은 마을의 눈물과 땀을 알고 있었다. 수십 년 전 주민들이 시멘트를 이고, 지고, 나르며 닦은 길은 오랜 시간 그들의 삶을 잇고, 통하며, 지탱해 왔다. 그 길 위에서 경찰 책임자가 주민들에게 말했다.

"우리는 법 집행기관이니 여긴 일반 교통방해죄에 따라……."

법은 길의 시간을 알지 못했다. 할매·할배들이 느리게 오르던 좁고 굽은 길 위를 '국책 사업'을 태운 준엄한 법이 질주했다. 송전탑 공사장 진입로가 돼버린 길을 주민들이 울며 막아선 까닭에 법은 무신경했다. 지팡이를 짚고 쪼그려 앉은 여든다섯 살 할매가 소리 질렀다.

"느그 마당에 갖다 꽂아라."

매일의 대치가 끝나고 법이 일으킨 먼지가 잦아들면 마을에 자리 틀고 앉은 틈이 보였다. 솟은 철탑 아래로 마을과 마을, 이웃과 이웃, 윗집과 아랫집, 형과 아우, 부모와 자식이 찢겼다. 국가가 만든 틈의 양쪽으로 골이 나고 벽이 섰다.

쇠가 맺은 전기가 수직 세계를 밝혔다.

불빛 드문 수평의 땅에 쇠를 심어 불빛 흥청한 수직의 도시는 번쩍일 수 있었다. 이남우와, 덕촌 할매와, 김무출과, 골안의 눈물을 빨아먹으며 수직은 키가 자라고 덩치가 커졌다.

우리의 전선電線은 그들의 전선戰線에서 돋았다.

1 밀양 송전탑 반대 주민들의 농성장을 2014년 6월 11일 한국전력과 경찰이 강제 철
   거했다. 주민들의 오랜 저항을 '대집행'한 이날 이후 밀양 전역에서 송전탑이 '속도
   전'으로 솟아오르며 공사를 끝냈다.

2 당시 상황은 연세대 독립언론『연세통』기자 박성환, 중앙대 독립언론『잠망경』기
   자 김펄프와 함께 '밀양 농활'을 하며 취재했다.

3 밀양 송전탑을 두고 첨예한 갈등을 겪으며 제정된 〈송·변전설비 주변지역의 보상
   및 지원에 관한 법률〉(송전설비주변법)이 2014년 1월 28일 공포됐다. 7월 22일엔 시
   행령이 국무회의를 통과했다. 산업통상자원부는 "합리적 보상 및 지원 제도가 시행
   됨으로써 안정적 전력 공급을 위한 기반이 강화될 것으로 기대"했다. 송전설비주변
   법은 한국전력공사가 자체 내규에 따라 임의로 처리해 온 토지 수용과 보상 절차를
   법제화했다는 의미가 있었다. 765킬로볼트 송전탑의 경우 송전선로 양쪽의 가장 바
   깥선(최외선)으로부터 3미터까지만 해당되던 '재산적 보상(토지 평가액의 약 28퍼센트)
   지역'을 33미터까지 늘렸다. 180미터 이내 지역 주민들은 사업자에게 주택 매수를
   청구할 수 있도록 했다. 반면 33미터 밖은 송전설비주변법이 구제하지 못하는 '소외
   의 땅'이 됐다. 위헌 소지(헌법 제23조 '정당한 보상'의 원칙 위배)가 있다는 지적이 끊이
   지 않았다. 피해 지역이 지나치게 협소하게 설정돼 있고, 법 시행 전 건설된 송전탑
   과 154킬로볼트 송전선로 주변은 보상에서 제외됐다. 재산 피해를 입으면서도 아무
   런 구제를 받지 못하는 사람들에게 33미터는 '절망과 배제의 경계선'이었다.

가난한 꿈의 연표

밀

테러리스트

「명사」 정치적인 목적을 위하여 계획적으로 폭력을 쓰는 사람. 정부 정책을 비판하며 2015년 11월 민중총궐기에 참가한 사람들을 대통령은 '테러리스트'로 규정했다.

¶

언제부턴가

산이 있었다.

언제까진가

산을 넘던 보부상들이 있었다. 발로 벌어먹는 자들이 산을 밟는 곳에 길이 났다. 보성읍내(전라남도)에서 생필품을 짊어진 등짐·봇짐장수들이 그 길을 타고 활성산[1]을 넘었다. 보부상들의 길이 부춘마을(웅치면)을 스쳐 회천면 녹차밭에 닿았다.

1968년 3월

보부상의 길을 따라 산을 뛰던 아이가 스무 살이 됐다. 남자는 서울의 대학에 처음 입학(1968년 3월)한 '부춘의 아들'이었다. 남자가 대처에서 사시사철 밥 곯지 않는 사람이 되길 부모는 바랐다.

1981년 9월

남자가 여자를 만났다. 남자는 부춘에 두고 온 산과, 쫓겨 다닌 시간과, 고문받은 날들과, 다시 만날 산을 여자에게 이야기했다. 남자는 서울에서 유신 철폐 시위를 주도(1973년)했다. 수배됐고 무기정학을 당했다. 1980년 박정희·전두환 장례식과 한강 도하 도보 행진을 조직했다. '도망칠 일을 하지 않았다.'며 학교로 들이닥치는 계엄군을 도망치지 않고 맞았다. 학교는 그를 세 차례 제적했고, 신군부는 그에게 징역 2년(계엄포고령 위반)

을 내렸다. 가석방(1981년 3월) 6개월 만에 남자는 여자와 선을 봤다. 여자를 만난 날 "눈앞에 해가 떠있는 것 같다."고 남자는 말했다. 두 달 만에 남자 백남기와 여자 박경숙은 결혼했다.

1982년 2월

산 아래 부춘마을로 남자와 여자가 왔다. 부춘富春은 농민들의 가난한 꿈이었다. 보성 선씨와 수원 백씨가 춘궁기에도 넉넉하고 싶은 꿈을 붙들고 마을을 이뤄 살았다. 도시로 나가기 위해 공부하던 시대에 그들은 도시에서 들어왔다. 도시에서 공부한 아들이 비만 오면 지붕이 새는 집으로 들어가는 '사태'를 아들의 부모(당시 광주광역시 거주)는 이해할 수 없었다. 1700년대부터 9대가 삶을 물려주고 물려받은 집이었다. 할아버지 사후 10여 년간 비어 있던 낡은 집에 부부가 들었다. 생명으로 그윽한 산을 바라보며 부부는 빈집을 생명으로 가득 채웠다. 분홍빛 낮달맞이꽃과 보랏빛 솔잎국화가 마당을 채색했다. 촘촘히 솟은 대나무숲이 집의 등을 받치며 울타리가 됐다. 나이를 알 수 없는 아름드리 팽나무가 우뚝하여 듬직했고, 소나무·감나무·동백나무가 어울려 마당의 생기를 구성했다. 나무와 나무 사이로 온갖 새들이 제소리를 터뜨리며 날아다녔다.

1983년

산에 솔껍질깍지벌레가 창궐했다. 보성군청이 농가마다 공문을 보내 소나무 벌목을 요구했다. 남편과 아내는 숲을 이룬 나무를 베고 뿌리를 캐냈다. 보부상길이 목도리처럼 두르고 있던 산비탈에 6천5백 평(약 2만1,450제곱미터)짜리 땅이 비었다. 살아남은 소나무 몇 그루가 튼튼하게 자라 땅(3천여 평)과 땅(3천여 평)을 나누는 경계가 됐다.

융자를 주며 소 사육을 장려하던 전두환 정권이 농·축산물 수입을 허용했다. 소 값이 폭락하고 농가가 파산했다. 박경숙은 빚의 액수를 남편에게 알리지 않았다.[2]

1989년

본래 푸른 산이었던 땅을 보며 백남기는 푸른 밭을 마음에 그렸다.

그 땅을 푸르게 덮을 씨앗을 찾아 백남기가 보부상길을 내려갔다. 그는 후배들과 우리밀 종자를 찾아 보부상들처럼 전국을 돌았다. 1984년 정부가 수매를 중단한 뒤 우리밀(자급률 0.2퍼센트)은 씨가 말랐다. 농민들은 밀 재배를 포기했고 토종 밀은 밭에서 사라졌다. 수입 밀이 우리밀을 멸종시킨 뒤 벌어질 일을 백남기(당시 가톨릭농민회 광주·전남연합회장)는 근심했다. 차도 다니지 않는 시골길을 걸어 다니며 촌로들이 약으로 남겨 둔 씨앗들을 한 줌씩 얻었다. 2년 동안 모은 이름 모를 종자 24킬로그램을 각 지역으로 다시 내보냈다.

본래 산이었던 땅에 백남기가 밀을 뿌렸다.

"밀 심는 거 기억나시제라?"

밀 농사를 처음 짓는 백남기가 동네 어른들에게 물었다.

"내도 몰르제. 부모가 심는 걸 보기만 혔제 내는 안 심어 봤응께."

시든 기력만큼 노인들의 기억도 흐릿했다. 백남기는 그들의 이야기 속에서 그들의 시간을 더듬어 냈다. 그가 땅을 파고, 골을 낸 뒤, 퇴비를 놓고, 씨를 뿌렸다. 백남기는 보성군의 '우리밀 1호 농민'이 됐다.

본래 산이었던 땅이 밀알을 받아 밀밭이 됐다.

1994년

소나무의 기억을 놓아준 산이 비탈에 생긴 밀밭을 산의 풍경으로 받아들였다. 산 아래서 올려다보는 부부의 눈에 푸른 밀밭이 푸른 산의 일부로서 푸르렀다. 우리밀살리기운동 광주·전남본부[3] 창립 때부터 백남기는 공동의장이 됐다. 벼와 보리를 이모작하던 농가들을 설득해 보리 대신 밀을 심게 했다. 그는 집 마당에 밀 가마니를 쌓으며 수매 일까지 맡아 했다.

2000년

큰 가뭄이 들었다. 뙤약볕에 타는 밀 이파리들이 어린 새의 빼문 혀처럼 물기를 잃었다. 태양이 땅을 태우고 밀을 태울 때 백남기는 속이 타고 애가 탔다. 물탱크 호스를 산비탈로 끌어올려 밀밭에 물을 뿌리는 그의 모습이 사진으로 남았다.

2005년 2월

치이잉, 치이잉, 치이이이잉······.

산에서 징이 떨었다. 우리밀 생산자와 소비자가 밭을 돌며 밀 싹을 밟았다. 밀밭 밟기 행사를 이끌며 백남기가 징을 쳤다.

치이이이잉 이이이잉 이이이잉…….

징이 꼬리를 늘려 울 때마다 백남기는 농부의 울음이 징의 곡보다 짧아지는 세상을 바랐다. 한바탕 울고 난 징은 농기구 창고 안에 들어가 목을 쉬었다. 그의 징과 장구와 북이 삽, 낫, 톱, 망치와 한 공간을 썼다.

그는 고된 일(농사農事) 속에서도 흥(농악樂)을 봤다. 일과 흥의 도구 곁에서 그의 책장이 먼지를 맞았다. 그에게 책의 쓰임새는 농기구와 농악기의 쓰임새와 다르지 않았다. 『한국민중사』, 『영국노동운동사』, 『해방 전후사의 인식』, 『한국 농업·농민 문제 연구』 등이 그가 깨쳐 온 역사와, 그가 갈등한 사회와, 그가 고민한 농촌을 설명했다. 일과 음악과 공부가 이질로 분리되지 않는 삶을 백남기는 좋았다.

~2015년 11월

쾌재쟁 쾌재쟁 쾌재재재쟁…….

징이 쉴 땐 꽹과리가 목청을 뽑았다. 멧돼지, 고라니, 너구리가 걱정될 때마다 백남기는 꽹과리를 치며 밀밭을 돌았다. 새벽에도, 해 질 녘에도, 잠에서 깬 직후에도, 그는 꽹과리를 들고 밀을 지켰다. 고구마를 파먹던 멧돼지가 자신을 피해 밀밭으로 질주했다며 꽹과리를 치고 돌아온 남편은 아내에게 전했다. '그날'(2015년 11월 14일) 이후 꽹과리는 입을 다문 채 집 툇마루에 엎드려 소리를 잃었다.

2015년 11월 12일

백남기가 밀을 파종했다. 산비탈 밀밭에 직접 손으로 씨앗을 뿌렸다. 평소 기계를 쓰던 그가 이날따라 손파종을 고집했다.

"힘들게 그라지 말고 기계로 하셔요."

아내의 말에 남편이 답했다.

"운동도 되고 좋제."

백남기가 씨앗을 뿌리며 밭을 걸었다. 밭을 쓰는 것들은 열심히 발자국을 찍어야 사라진 뒤에도 길에 남을 수 있었다. 걸어서 팔도를 잇던 보부상들이 남긴 길 옆에서 백남기가 손과 발을 써서 밀을 남겼다. 자신의 온기를 땅에 묻히고 싶었는지도 모른다고 아내는 생각했다.

2015년 11월 14일

밀밭을 두고 상경한 백남기가 경찰이 쏜 직사 물대포에 맞아 의식을 잃었다.[4]

2015년 11월 24일

더는 밀밭을 가꿀 수 없게 된 늙은 농부가 대통령의 말에 맞아 **테러리스트**[5]가 됐다. 열흘 전 뿌린 밀에서 싹이 났는지 아무도 확인하지 못했다.

2016년 5월 14일

늦은 밀밭 밟기가 백남기 없이 치러졌다. 밀밭은 보통 2월 중순 밟았다. 겨울을 지나 날이 풀릴 때 들뜬 땅을 밟아 줘야 뿌리가 잘 붙고 수확량이 늘었다. 백남기의 쾌유를 비는 사람들이 여름 초입에야 방치된 밭을 찾아 밀을 밟았다. 보부상길 옆 소나무에 묶인 펼침막("백남기를 살려 내라")을 바람이 들이쳤다. 백남기가 두드리지 않아 징이 울지 않았다.

"형님요, 까시락(보리나 밀의 깔끄러운 수염, 전라도 방언)이 모가지, 겨드랑이 찌를 때마다 고생 많이 안 했소."

후배 농민 최영추가 밀 한 가닥을 주워 형님을 불렀다. 6개월 전 '그날' 백남기는 보성 주암호에서 열리는 '자연지킴이 걷기 대회'에 참가할 생각이었다. 전날 만난 최영추가 서울 '민중총 궐기'에 가자고 권했다. '부춘'은 바라지도 않았다. 대통령의 쌀값 인상(80킬로그램 21만 원) 공약[6]이라도 지켜지길 바랐다. 동생의 말을 따라 형님은 서울 가는 버스를 탔다.

경찰이 물대포를 쏠 때 보성군 농민회 버스는 돌아갈 채비를 했다. 형님을 찾지 못한 최영추가 형수에게 전화를 걸었다.

"별일이야 있겠소. 길 잃으믄 영추 씨한테 전화할 것이오."

박경숙이 안심시켰다.

그날 아침 박경숙은 남편에게 쪽지 하나를 건넸다. 휴대전화가 없는 남편에게 최영추와 첫째 딸의 번호를 적어 줬다. 일행과 떨어지면 공중전화를 찾아 연락하라고 당부했다.

"그럴 일 없을 것이네."

남편은 웃으며 대문을 나섰다. 그가 보부상길을 내려가며 이틀 전 파종한 밀밭을 올려다봤는지 아내는 알지 못했다.

최영추의 두 번째 전화는 남편이 병원으로 실려 가고 있다는 소식을 전했다. 백남기를 찾아 헤매던 그는 구급차로 옮겨지는

밀

한 남자를 봤다. 얼굴이 식별되지 않는 남자의 허리에 형님이 차고 다니던 가톨릭농민회 버클이 있었다.

형님이 예정대로 주암호로 갔다면 달라졌을까?

그날 이후 최영추는 끝없이 자책했다.

2016년 6월 12일

초록이 지나간 것들 사이로 아직 초록인 것들이 섞여 있었다. 누렇게 익은 밀보다 밀 틈에 끼어든 푸른 사료작물이 웃자랐다. 수확을 하루 앞둔 밀밭에서 박경숙이 초록에 찔리는 밀을 쓰다듬었다.

남편이 7개월째 의식을 되찾지 못하는 동안 그의 밀은 주인 없이 홀로 자라 야위었다. 수확기가 지난 밀밭에서 밀 아닌 것들이 밀을 굽어보는 상황이 7개월 동안 관리되지 못한 밀밭의 처지였다.

하루와 하루가 쌓여 7개월을 채웠다는 사실이 박경숙은 현실로 감각되지 않았다. 남편은 계절이 세 번 바뀔 때까지 죽음의 곁을 벗어나지 못했다. 수술한 두개골은 아직 열려 있었고, 췌장 기능 약화로 인슐린을 투약받았다. 5월 초엔 감염 수치가 치솟아 고비를 맞기도 했다. 패혈증을 우려해 자제하던 항생제를 의료진이 최고 단계로 처방했다.

집주인은 돌아오지 않는데 제비는 어김없이 찾아와 새끼를 까서 데리고 나갔다. 처마에 붙은 빈 제비집 하나가 제비의 자리를 기억하며 다음 봄을 기다렸고, 아내가 깨끗하게 씻어 둔 하얀 고무신이 마루 밑에서 남편의 귀가를 기다렸다. 남편과 33

년을 함께한 집에서 홀로 있을 때마다 아내는 "지붕이 확 날아가 위가 뚫려 버린 듯" 황망했다.

서울에서 남편을 간호하던 박경숙이 밀 수확을 위해 부춘마을에 내려왔다. 백수를 누린 친정 큰어머니의 장례에 며칠 전 다녀왔다. "그렇게 수명대로 살다 가시는 게 순리"였다. "감기약 한 알 안 먹을 만큼 건강했던 양반이 생죽음을 맞고 있는" 날들을 박경숙은 납득할 수 없었다.

"살아도 산 것이 아닌 시간"을 버티며 그는 혼자서 밀을 거둘 자신이 없었다. 1989년 밀 농사를 시작한 이래 남편 없는 수확은 처음이었다. "형님의 마지막 밀을 그냥 둬서는 안 된다."는 후배들의 말을 따라 어렵게 날을 골랐다. 남부 지방에서 밀은 10월 말부터 11월 초순 파종해 이듬해 6월 중순께 거뒀다. 한 주 뒤 장마가 예고되어 있었다. 장마 전 콤바인을 빌릴 수 있는 날짜는 이튿날뿐이었다. 국가권력이 칠순을 앞둔 농부를 때린 지 만 7개월에서 하루가 빠지는 날이었다.

수확을 앞두고 밀밭엔 비가 뿌렸다. 점으로 떨어지던 빗방울이 선으로 쏟아졌다. 산안개가 흘러내려 밀밭과 산의 경계를 흐렸다. 무덥고 어둑한 공기 속에서 크고 작은 벌레 소리들이 기어 나왔다.

2016년 6월 13일

콤바인이 밀밭 한가운데서 멈췄다.

"아따 풀이 많아 부러요."

콤바인을 몰던 남편 후배가 바퀴 사이에 걸린 초록색 식물을 빼내며 말했다. 밀보다 웃자란 사료작물(이탈리안 라이그라스)이 콤바인 기계에 끼어 바퀴를 세웠다.

박경숙이 밀밭에 주저앉아 포대 자루의 입을 벌렸다. 콤바인에서 쏟아지는 밀알들을 손으로 긁어 자루 안에 밀어 넣었다. 남편이 남긴 밀을 한 알이라도 놓치고 싶지 않은 듯했다. 쇠붙이인 콤바인도 남편의 부재를 알아차렸다. 그가 쓰러지지 않았다면 밀 아닌 것들이 콤바인을 세울 만큼 밀밭을 장악하진 못했을 것이다.

쿠르르르릉, 엔진이 다시 끓었다. 푸드드드덕, 새들이 날아올랐다. 농부 백남기의 '마지막 밀'이 콤바인 안으로 쓸려 들어갔다. 전날 비를 뿌리던 하늘이 수확 당일엔 해를 내보냈다.

"빗물과 이슬이 말라 밀이 고슬고슬해질 때"를 기다려 수확은 시작(낮 12시 50분)됐다. 콤바인이 밀밭 가장자리를 돌며 크게 원을 그렸다.

기계엔 감정이 없었다. 백남기의 마지막 밀을 콤바인은 예년과 다름없이 빨아들였다. 기계는 탈곡된 밀알만 머금고 밀알을 잃은 지푸라기들은 뱉어냈다.

주인의 부재는 밭에 정확히 새겨졌다. 퇴비를 먹지 못한 밀알은 끼니를 거른 아이처럼 말랐고, 뽑아 주지 못한 잡풀이 땅의 부족한 양분을 빼앗았다. 수확 시기를 넘긴 밀은 불에 거슬린 것처럼 거무스름했다. 누렇게 익은 단계를 지나 거뭇해진 밀이삭 아래로 초록의 잡초들이 뾰족했다. 빛깔도 때를 알아야 생육과 결실을 반영했다. 때를 모르는 초록은 싱그러움이기보다 푸른 멍울 같았다.

콤바인이 운동장에 트랙을 만들 듯 밀밭을 깎아 나갔다. 콤바인이 밭을 따라 돌수록 길은 넓어지고 밀은 줄어들었다. 밀알을 잃은 밀짚이 퇴비가 되기 좋게 절단돼 길 위로 뿌려졌다. 콤바인이 탈곡한 밀알을 모아 곡물 적재 트럭에 쏟아부었다.

밀이 잘려 나간 밭을 가로질러 박경숙이 새참을 내왔다. 권용식(보성군농민회장)이 트럭을 몰고 가 머리에 인 새참을 받아 실었다. 사건 당일 그는 백남기를 태운 구급차에 올라 서울대병원까지 동승했다.

삶은 감자와 고구마, 달걀, 고추, 막걸리, 수박을 담은 빨간 고무 대야 주위로 사람들이 둘러앉았다. "일 터지기 전에 수확한" 고구마와 앞집 밭에서 얻어 온 감자가 더위 속에서 따뜻했다.

2015년 가을부터 백남기 부부의 농사는 중단됐다. 밭에선 잡초가 채소의 자리를 차지하고 자랐다. 남편과 형님이 좋아했던 멸치젓을 삶은 달걀에 올려 먹으며 아내와 후배들은 굳이 그를 입에 올리지 않았다. 날로 뛰는 농약 값을 이야기했고, 헐값에 넘긴 매실을 이야기했으며, 우렁이를 활용한 친환경 농법을 이야기했다. 이야기하지 않아도 떨칠 수 없는 그의 부재가 텅 비어 가는 밀밭처럼 횅했다. 콤바인이 밀밭 중앙으로 육박해 들어갔다.

마을 후배 문영제는 형님의 밀밭 밑에서 고구마를 키웠다. 가끔 형님 밭에 올라가 밀을 살피면 주인 잃은 밭의 안쓰러움이 느껴졌다. "어서 오소." 하며 그의 귀농을 독촉하던 형님이 정작 귀농 뒤엔 "저래 돼버렸"다. 문영제는 혼자 자란 밀밭을 볼 때마다 울화를 삼켰다. 그의 밭과 밀밭 사이에서 형님 부모와 조부

밀

모의 산소가 들꽃과 잡초로 무성했다.

콤바인이 다시 멈췄다. 이탈리안 라이그라스가 콤바인의 진격을 방해했다. 라이그라스는 바람을 타고 씨앗으로도 번졌지만 퇴비로 뿌려진 소똥에서도 싹을 틔웠다.

"형님이 지켜 온 밀을 이어갈 방법을 찾아야 할 거인디."

최영추가 말했다.

"오늘 수확한 걸로 '백남기 밀'7 만들어 볼라고요."

최강은(우리밀살리기운동 광주·전남본부장, 우리밀식품 대표)이 설명했다.

우리밀 농사가 돈을 벌어다 준 적은 없었다. 40킬로그램 한 가마당 3만3천~3만5천 원을 받았다. 종자와 퇴비, 기계에 드는 값을 제하면 수익이 빠지지 않았다. 돈벌이를 생각하면 계산이 안 서는 밀 농사를 백남기는 한 해도 거르지 않았다.

고령이 되면서 백남기는 밭의 절반 면적에만 밀을 뿌렸다. 그는 그루밀(국수용), 은파밀(국수용), 백중밀(국수용), 금강밀(빵용) 등을 재배하며 종자별 특성과 수확량을 검증했다. 그가 마지막으로 파종한 씨앗은 백중밀이었다. '백남기 밀 보존사업'도 그 백중밀에서 시작될 것이었다.

콤바인이 남은 한 줄을 밀고 있었다.

박경숙은 "수도 없이 정리를 생각"하고 있었다. "농사지을 기운도 재미도 바닥"이 났다. 수확이 끝나면 그가 짓는 밀 농사도 끝낼 생각이었다. 논은 가을에 식량을 받는 조건으로 동네 주민에게 경작하도록 내줬다.

남편과 밀을 거두고 나면 아내는 그 자리에 콩을 심었다. 남편은 "도덕성은 1백 점이었지만 경제력은 0점"이었다. 콩을 거 뒤 담근 유기농 된장으로 아내는 부족한 생활비를 벌었다. 그는 "이제 뭘 하고 싶은 생각이 없"었다. 혼자 할 수 없는 일들을 털어 내며 박경숙은 남편 없는 삶을 맞고 있었다.

오후 3시 30분 콤바인이 밀 수확을 끝냈다. 7개월을 자란 밀을 거두는 데 2시간 40분이면 족했다. 백남기가 이 땅에 남긴 농사의 흔적은 그렇게 정리됐다.

탈곡된 밀이 마을의 곡물 건조기 안으로 흘러들어 갔다. 쏴아아아 소리를 내며 밀알은 수분 함량 12퍼센트(정부 기준)에 맞춰 말라갔다. 건조 과정을 지켜보던 박경숙의 마음은 "착잡하고 서운"했다. 밀의 수분이 마르더라도 그와 가족이 흘린 눈물은 마르지 않을 것이었다.

수확 물량은 1.3톤이었다. 40킬로그램짜리 32.5가마에 그쳤다. 백남기가 쓰러지기 전 소출량은 50~60가마였다. 밀은 몸무게를 크게 줄여 그의 빈자리를 증거했다.

남편의 마지막 밀을 거둔 아내는 다시 서울행 채비를 했다. 마당에서 하얀 나비가 너풀너풀 날았다.

2016년 9월 25일

농민 백남기가 눈을 감았다. 물대포에 맞은 지 316일 만이었고, 마지막 밀을 뿌린 지 318일 만이었다. 죽어도 죽지 못하는 날들이 42일 동안[8] 계속됐다.

2016년 11월 2일

다섯 달 전 거둔 '백남기 밀'이 그의 밀밭에 다시 뿌려졌다.

백남기 없이도 백남기의 밭이 백남기의 밀로 채워지길 백남기의 후배들은 기원했다.

2016년 11월 6일

백남기가 흙에 들기 전 밀밭에 다녀갔다.9

보부상길을 따라 부춘마을을 내려가는 운구 행렬 뒤에서 '오이삼'(노무현 전 대통령 서거일로 이름 붙인 개)과 '팔일팔'(김대중 전 대통령 서거일)이 열심히 짖었다. 오이삼·팔일팔의 집은 하늘로 곧게 뻗은 소나무 아래 있었다. 그 소나무를 '당신'이라 칭하며 아들 백두산이 중학교 3학년 때 쓴 시가 부부의 방에 걸렸다. 아들의 '당신'에게서 아들의 아버지가 보였다.

"당신은 꼿꼿함을 지니고 있습니다. 살을 도려내는 추위 속에 눈이 온몸을 눌러도 잎 하나 떨어뜨리지 않습니다."

언제까지든

그의 밀밭10은 산의 일부로서 그 산에 있을 것이었다.

1 전라남도 보성군 보성읍·웅치면·회천면을 잇는 해발 465미터의 산.

2 1980년대 초 소 값 파동. 이때 진 빚은 33년 뒤 백남기가 세상을 떠날 때까지 다 갚지 못했다.

3 광주·전남은 전국 우리밀 생산량의 50퍼센트를 차지한다.

4 2015년 11월 14일 오후 6시 56분 민중총궐기 시위대를 진압하던 경찰 물대포(서울시 종로구청 앞 사거리)가 백남기를 겨냥했다. 직사 물대포의 충격으로 그는 몸을 선회하며 쓰러졌다. 도로 위에 넘어진 그를 향해 5초 동안 '조준 살수'가 계속됐다. 그를 구하려고 뛰어든 사람들 위로도 15초간 살수가 이어졌다. 그의 코와 입에선 피가 흘렀다. 서울대병원으로 실려 간 뒤 다섯 시간 넘는 응급수술(외상성 경막하 출혈)을 받았으나 의식은 돌아오지 않았다.

5 2015년 11월 24일 박근혜 대통령의 국무회의 발언. "이번 폭력 사태는 상습적인 불법 폭력 시위 단체들이 사전에 조직적으로 치밀하게 주도했다. …… 남과 북이 대치하는 상황인 우리나라에서 이런 일이 일어난 것은 묵과할 수 없는 일이고, 전 세계가 테러로 많은 사상자를 내고 있는 때에 테러 단체들이 불법 시위에 섞여 들어와서 국민의 생명을 위협할 수도 있는 것이다. 특히 복면 시위는 못 하도록 해야 한다. 이슬람국가도 지금 그렇게 하고 있다. 얼굴을 감추고서."

6 "언제는 정치가 농민을 대접했답니까? 재벌은 부채 탕감도 잘해 주고 보조도 잘해 주면서 농민은 생계유지도 못 하게 만들었어요. 농민이 아무리 숨죽이고 산다고 어떻게 20년 동안 쌀값이 제자리걸음(15만 원 안팎)일 수 있답니까? 농민은 사람 아니랍니까? 남편이 왜 서울까지 올라갔겠어요."(박경숙)

7 건조된 밀은 수확 이튿날 ㈜우리밀식품(대표 최강은)으로 운반돼 가공에 들어갔다. 이날 수확한 백남기의 마지막 밀로 '백남기 밀 보존 프로젝트'가 시작됐다. 우리밀은 정부가 수매하지 않았다. 우리밀살리기운동본부, 국산밀산업협회, 한국우리밀농업협동조합이 수매해 생활협동조합이나 제분·가공 업체 등에 유통한다. 그동안 백남기가 수확한 밀은 보성농협과 우리밀농업협동조합에서 수매했다. 우리밀식품(우리밀살리기운동 광주·전남본부가 주주로 참여)이 정선한 알곡 일부는 제분·가공해 밀가루와 국수·냉면으로도 판매했다. 종자용으로 남긴 밀은 2016년 가을 백남기의 밭에 다시 뿌려졌다. 보성군농민회가 주축이 돼 경작·재배한 뒤 '백남기 밀'이란 이름으로 종자를 보존·보급하고 있다. 수익금은 백남기 기금(기념사업회 종잣돈 등)으로 사용된다. 매년 수확되는 백남기 밀을 지속적으로 제품화하는 방안도 추진되고 있다. 쓰러진 지 6개월째 되는 날(2016년 5월 14일 밀밭 밟기 행사) 채취한 밀 이삭은 푸른빛을 유지한 상태로 보존 처리됐다. 백남기는 2013년 우리밀을 아껴 달라며 이렇게

밀

호소했다. "6월이 돼 비가 (많이) 오면 풀이 밀을 덮칩니다. 그런 상황에서도 우리가 (밀을) 수확을 해서 세상에 내놓으니까 믿고 드셔 주신다면 우린 더욱 힘을 얻을 겁니다. 유기농이다 친환경이다 뭐다 하지 않고 진짜 그대로 우리밀을 생산할 테니까, 소비자 여러분들이 우리 것을 많이 이용해 주시면, (저희는) 신나는 우리밀 농사를 짓겠습니다"(가톨릭농민회 광주대교구연합회 창립 40주년 기념 대담).

8 백남기 죽음의 원인을 두고 서울대병원 주치의 백선하는 '병사'라고 사망진단서에 적었다. 부검하겠다는 검경에 맞서 가족·시민들(사망 원인인 국가 폭력 정황 훼손 우려)이 대치했다. 2016년 9월 12일 국회 청문회에서 전 경찰청장 강신명은 "사람이 (경찰의 시위 진압 과정에서) 다쳤거나 사망했다고 해서 (경찰이) 무조건 사과하는 것은 적절하지 않다."고 주장했다. 진압 최종 책임자인 강신명은 끝까지 사과를 거부한 채 청문회 3주 전(8월 23일) 퇴임했다. 세 남매의 아버지 백남기가 죽음에 다가서고 있을 때 강신명의 자녀들은 "자랑스러운 아버지"란 퇴임 축하 플래카드를 만들어 선물했다.

9 2016년 11월 6일 백남기 운구 행렬은 전남 보성 자택과 밀밭을 돌아본 뒤 광주광역시 망월동 5·18 옛 묘역에 묻혔다.

10 백남기의 마지막 밀은 2016년 11월 2차 파종돼 2017년 6월 다시 수확됐다. 보성군 웅치면 11개 농가가 나눠 심어 19톤을 거뒀다. 첫 번째 수확에서 두 번째 수확 사이 정부가 바뀌었다. 그를 '테러리스트'로 지목했던 대통령이 탄핵돼 물러나자 그를 '병사'로 규정했던 서울대병원이 사인을 '외인사'로 수정(2017년 6월 15일)했다. 살수 경찰들은 유족의 손해배상 청구를 그대로 수용한다(9월 26일)고 밝혔고, 이낙연 총리가 새 정부를 대표해 유족에게 공식 사과(9월 19일)했다. 전 정권에서 수사를 지연하던 검찰은 유족이 고발한 지 2년이 다 된 2017년 10월 17일 구은수 전 서울지방경찰청장 등 네 명을 불구속 기소(업무상과실치사 등)했다. 강신명 전 경찰청장은 무혐의 처분했다.

우리는 포기하지 않았다

_____

섬

가매기 모른 식게

「관용구」 까마귀도 모르게 숨어서 지내는 제사. '빨갱이'란 굴레를 쓰고 살아야 했던 4·3 생존자들은 희생자를 기리는 제사조차 남의 눈을 피해 지낼 수밖에 없었다. 지금도 제주 곳곳에선 4·3 때 학살된 가족을 한꺼번에 모시는 '합동 제사상'이 차려진다.

말질

「장소」 고려가 원나라의 지배를 받던 시절 제주는 원의 말 사육지였다. 말질은 제주 들판에서 기른 말을 원나라로 실어 가기 위해 포구로 끌고 가던 길에서 유래했다. 강정마을을 관통하는 곳곳에 도로명 '말질로'가 있다. 강정마을의 4·3 학살터 세 곳 중 하나인 '큰당밭 학살터'도 말질에 접한 감귤밭이다.

¶

"미원 있수꽈?"

손님이 조미료를 찾았다.

점방에 딸린 작은 방에서 김도실 할머니(1938년 출생)가 몸을 일으켰다.

"있수다."

할머니가 진열대 구석에서 작은 봉지 하나를 찾아 건넸다.

좁은 점방엔 팔 만한 물건이 별로 남아 있지 않았다. 식료품이 조금 있었고, 쌀이 10여 포대 있었으며, 먼지 쌓인 문구가 몇개 있었다. 새 상품을 들이지 않은 지 꽤 됐다. 그 물건들이 다떨어지면 할머니는 점방을 정리할 생각이었다. '알점방'이 강정마을에 문을 연 지 40년[1]이 넘었다. 점방은 할머니의 시간을 지탱하며 같이 나이를 먹었다. 할머니는 늙었고 슈퍼나 마트와 경쟁할 수 없는 점방도 늙었다.

"계십서양."[2]

손님이 문을 열고 나갔다. 낡은 쇠의 뻑뻑한 마찰음이 점방안에 남았다.

할머니가 느리게 방으로 돌아갔다. 삐걱거리는 문처럼 할머니의 무릎도 삐걱거렸다. 방문 앞에 앉아 이불로 무릎을 덮었다. 손님이 오는지 보려고 문은 반만 닫았다. 할머니가 마른기침을 했다. 수건으로 머리를 감싸고 얼굴도 가렸다. 봄꽃 화사한 계절이 할머니를 떨게 했다. 매년 4월이 오면 할머니는 오한이 났다.

"어째 이리 젊으까."

할머니가 가슴에 한 남자를 안았다. 손으로 남자의 얼굴을 가만히 쓸었다. 가뭄 든 논처럼 갈라진 할머니의 손길을 받으며 아직 주름이 장악하지 못한 남자의 얼굴은 웃는 듯 우는 듯했다. 소란한 세상에 남은 할머니의 품에서 검은 머리의 남자는 말없이 고요했다.

평생 전쟁에서 놓여나지 못한 남편(김종원, 1935년 출생)에게 평화의 땅은 오직 아내의 작은 품뿐이었다. 시간이 아내의 얼굴에 고랑을 파 기억을 묻을 때도 남편은 총알이 생을 절멸시키던 그날에 머물며 세월을 거부했다. 부모·형제·사촌이 몰살되던 순간 남편의 시계도 멈췄다.

남편의 고향 영남마을(한라산 옛 이름인 '영주산'의 남쪽이란 뜻)은 해발 5백 미터의 척박한 땅이었다. 주민들은 화전을 일궈 지슬(감자), 메밀, 콩, 산디(밭벼)를 주식으로 먹었다. 1948년 11월 20일 마을에 토벌대가 들이닥쳤다. 총을 쏘고 불을 질러 주민 90여 명 중 50여 명을 학살했다. 주민들은 해안으로 내려가지 못하고 '어점이악'(서귀포시 영남동) 주위에 숨었다. 토벌대는 눈에 띄는 순서대로 총살했다. 남편 가족 열네 명도 벌레 죽이듯 가볍게 죽였다. 군 토벌대는 칼로 자른 남동생 목을 어머니 손에 들려 서귀포 시내를 돌게 했다. 눈이 많이 오던 날이었다. 열세 살 남편은 두 눈 뜨고 살육을 목격했다. 눈 속에 처박혀 죽지 않고 살아남은 그는 산에서 며칠을 굶다 토벌대에 잡혀 경찰에 넘겨졌다. 전소된 마을은 복구되지 못하고 '잃어버린 마을'이 됐다. 사람들은 살아남은 남편을 '산 폭도'라며 욕했다. 풀려난 뒤 남의 집 소를 쳐주며 남편은 목숨을 이었다. 그는 "송장처럼" 살았다. 죽지 않은 것이 무섭고 살아가는 게 억울해 우울증을 앓았다. 망

자들의 넋을 위로한다며 굿을 하고 천도제를 지냈으나 자신조
차 위로받지 못했다.

"할망, 청테이프 있수꽈?"

남자 손님이 문틈으로 얼굴만 밀어 넣고 물었다.

"그건 없수다."

손님들이 없는 것을 찾으면 할머니는 미안해졌다. 한두 개라
도 들여놔야 하나 그때마다 고민했다.

"밥 먹엄수강?"3

답을 기다리지 않고 남자는 문밖으로 머리를 뺐다.

할머니는 강정에서 나서 강정에서 자랐다. 강정마을로 내려
온 남편을 만나 혼인했다. 남편과 살면서 할머니는 열네 명의
제사상을 차렸다. 시아버지는 다섯 형제의 둘째였다. 시아버지
의 형님·동생들과 그들의 처자식들 혼을 위로하는 일은 살아남
은 자의 아내 어깨에 올려졌다. 열넷은 한 상에 모실 수 있는 넋
이 아니었다. 그 숫자가 어떻게 구성되는지 할머니는 알지 못했
다. 남편이 꼽아 준 대로 밥그릇과 국그릇을 올려 상을 차릴 뿐
이었다. 사망 날짜도 특정할 수 없었다. "그날까지는 살아 있는
걸 봤다."는 생존자의 말을 따라 '그날'에 맞춰 한꺼번에 제사를
지냈다. 죽음을 모면한 자들은 시퍼런 달빛에 숨어 **가매기 모른
식게**를 치렀다. 남편은 고름처럼 고인 한을 뱉어 내지 못하고 죽
었다. 제사상에 올리는 수저가 한 벌 더 늘었다.

"나만 늙엉……."

남편의 영정 사진을 품고 거울을 볼 때마다 할머니는 두려웠
다. 사진 속 아직 젊은 남편의 얼굴과 너무 늙어 버린 자신의 얼

섬

굴이 여름과 겨울처럼 어긋나 있었다. 저승에서 다시 만나더라
도 시간을 앞서 달린 아내의 얼굴을 남편은 쫓아오지 못할 것
같았다.

강정은 제주 유일의 쌀 경작지였다. 좋은 물(1급수)이 좋은 쌀
(강정 특산품 '팔금')을 키웠다. 경찰은 '산사람들'의 보급선을 끊으
려고 강정을 특별 관리했다. 논을 중심으로 분포했던 마을을 소
개해 현재의 강정마을로 몰아넣었다. 주위에 돌담을 치고 주민
들을 시켜 경계했다. 지금의 강정 지도는 4·3이 그렸다.

너무 푸르러 눈물 나는 것들에겐 이유가 있었다. 1948년 강
정마을에서도 주민 160명이 학살됐다. '주검의 밭'에서 필사적
으로 솟은 생명은 이 악물고 초록을 이뤘다.

'큰당' 앞에 놓은 돌 위로 촛농이 정갈하게 굳었다. 강정마을
주민들이 가족과 이웃의 안녕을 빌며 신앙해 온 나무였다. 주민
들은 고목 아래에 돌을 쌓고 촛불을 피워 치성을 드렸다. 남편
이 학살을 겪기 나흘 전 할머니의 마을에도 죽음이 몰려왔다.
11월 16일 중문지서 축성 공사에 동원된 주민들이 돌아왔을 때
군인과 경찰이 큰당 옆 밭에서 열 명을 총살⁴했다. 인생의 무탈
을 빌던 나무 옆에서 사람들이 죽어 나갔다. 핏물이 마른 밭에
선 이제 감귤이 생동하고 있었다. 검초록 이파리들 사이로 감귤
의 주홍빛이 피처럼 선명했다.

닷새 뒤(11월 21일) 경찰은 향사에 열 지어 앉은 주민 중 29명
을 지명했다. '왕대왓'(큰 대나무밭) 옆 '서울집밭'(서울 사람이 소유한
밭)에 세우고 총을 난사⁵했다.

"밭고랑마다 피가 흥건해서."

조병태는 그해 열아홉 살이었다. 조씨 집안에서 세 명이 죽었다. 가족·친지들이 시신을 수습해 밭에 가매장했다. 일주일도 안 돼 조병태도 잡혀갔다. 전신주 보수 공사에 끌려갔던 그는 "이유도 모르고" 경찰에 체포됐다.

"물 한 드럼통을 먹었고예."

서북청년단은 그의 사지를 묶어 고문했다. 손가락에 줄을 감아 전기를 흘렸다. 군법회의에서 내란죄를 선고받고 인천에서 복역했다. 당국은 그의 생사와 소재를 집에 알리지 않았다. 아들이 죽은 줄 알았던 부모는 시신을 찾으러 정방폭포(서귀포시 정방동)6로 리어카를 끌고 갔다. 주검이 쌓였던 서울집밭에선 봄마다 소철이 무섭게 땅을 뚫었다.

12월 16일 강정 주민 130여 명이 토벌대로 동원됐다. 토벌을 마치고 돌아왔을 때 마을에서 총소리가 났다. 강정초등학교 옆 매모루 동산(매가 앉은 모양의 동산)에서 도망자 가족이라며 열 명이 학살7됐다. 그 학살터에선 살아남은 자들의 비닐하우스가 울창했다. 둥치 굵어진 소나무 옆에서 어린 연인들이 봄볕을 쪼이며 서로를 갈구했다.

몽골의 말발굽은 강정마을에 **말질**을 남겼다. '목호'에 협력했다는 이유로 제주인들은 강정 앞바다에서 고려 왕조에게 토벌8 당했고, 영남마을 주민들은 이재수의 항쟁9에 참여했다가 대한제국에게 폭도로 몰렸다. 헛묘들10 위로 뿌연 안개가 죽은 이의 영혼인 듯 떠돌았다. 제주를 겨냥한 폭력은 대를 이으며 쉬지 않았다.11 제주도민에게 육지의 왕조와 정부는 이국의 것들과 구별되지 않았다.

섬

학살이 지나간 제주에 파괴가 찾아왔다. 총알이 박혀 울음길 마저 막혔던 섬의 모가지를 거대한 크레인이 휘감아 질식시켰다. 해녀가 쫓겨난 강정 앞바다를 군함이 점령했다. 바다는 철조망에 갇혀 자유를 잃었고, 구럼비 바위는 깨져 방파제의 일부가 됐다. "4·3도 찢지 못했던 주민들의 유대가 해군기지 찬반을 두고 너덜너덜 조각났다."며 아흔 살 넘은 유족은 한탄했다.

물 맑고 쌀 맑은 섬마을이 4월의 꽃들 속에서 숨 가빴다. 숨 막히게 아름다운 섬이 숨 막히게 목 졸렸다.

"어후."

알점방 할머니가 몸을 떨었다. 그해 봄을 생각할 때마다 할머니는 이빨로 바람을 씹으며 움츠렸다. 떨리는 손길 아래서 남편의 얼굴에 오스스 소름이 돋는 것을 느꼈다.

할머니가 방문을 마저 닫았다.

멧부리

「장소」 제주도 강정천(서귀포시 강정동)과 바다가 만나는 지역 일대. 매의 부리를 닮았다는 뜻으로 '맷부리'라고도 하고, 한라산 줄기가 바다 앞까지 흘러와 툭 튀어나왔다고 해서 '묏부리'란 설도 있다. 바위 선이 부드러운 구럼비에 비해 거칠고 뾰족한 생김새 탓에 '개구럼비'라고도 불린다.

인간 감옥

「비유」 경찰이 집회·시위 참가자 등을 둘러싸 꼼짝 못 하게 하는 '고착'을 강정 지킴이들이 일컫는 말. 「비슷한말」 공중 부양.

¶

"무사 강정 왕 햄시니."[12]

마을 노인이 목청을 돋웠다. 그가 뽑은 고성의 질책은 듣는이 없는 탄식이 되어 공사장 저편으로 부서졌다. 해상 크레인들이 가시처럼 바다를 찌르고 헤집었다.

바람이 억셌다. 바다를 메워 만든 해군기지 공사장 흙길에서 먼지가 일어 범섬까지 날아갔다. 하늘이 놓아 버린 빗방울이 흙과 몸을 섞어 바다로 달려드는 날도 있었다. '파괴의 거처'가 될 땅의 잔해들이 날씨의 동요를 빌려 섬과 바다를 괴롭혔다. 흙탕물은 오탁수 방지막을 넘고 흘러 연산호가 일군 '바다 꽃밭'까지 진군했다.

"우리는 계획대로 하고 있으니 당신은 관찰하고 기록이나 하세요."

멧부리 박(본명 박인천)의 항의 전화에 기지사업단은 냉담했다. '관찰하고 기록이나'가 아니었다. 그의 싸움은 관찰과 기록에서 시작했다. 보고, 살피고, 써서, 알리는 일은 가진 것이 눈과 글밖에 없는 자들의 '그것밖에 없는 무기'였다. 해군기지는 낮을 먹고 밤을 삼키며 쑥쑥 자라났다. 형상을 완성해 가는 거대한 구조물 앞에서 카메라와 전화기를 든 왜소한 남자가 '전쟁과 싸우는 전쟁'을 벌이고 있었다.

"은어가 줄고 있어."

그가 '냇깍'[13]을 바라보며 말했다. 은어도 알고 있었고 잃고 있었다. 강정천에서 태어나 바다로 여행 갔던 은어들은 매년 4~5월께 강으로 돌아와야 한다는 사실을 알았다. 만조가 되면

섬

바다는 냇깍을 덮었다. 냇깍까지 차오르는 밀물을 타고 강을 거스르는 은어 떼를 강정 주민들은 '올림은어'라고 불렀다. 해군기지 공사장에서 모래를 파내면서 바다의 수심이 깊어졌다. 바닥이 구멍 난 바다로 강정천의 모래가 쓸려 가면서 산란처를 잃은 은어들은 앓았다. 냇깍을 뛰어오르는 은어의 개체 수가 감소한 사실을 깨달으며 멧부리 박은 파괴에 반응하는 바다의 이치를 읽었다.

멧부리였기에 그는 멧부리 박이 됐다. 뾰족하고 울퉁불퉁한 비정형의 바위 사이로 용암이 쓸고 간 멧부리의 길이 보였다. 현무암 구멍에서 싹을 틔운 육상의 식물들과 얕은 웅덩이에서 고물대는 수중의 생명들이 깨진 구럼비를 대신해 멧부리에 의탁했다. 용암이 흐르다, 솟고, 땅을 파고, 돌출하며 만든 멧부리에서 새소리, 벌레 소리, 물소리, 바람 소리가 웅성거렸다. 때를 알 수 없는 예로부터 강정을 채워 온 소리들이 해군기지 공사장에서 날아오는 기계 소리에 밀려 쫓겨났다.

구럼비와 멧부리는 강정마을 아이들의 놀이터며 피난처였다. 볕 좋은 날 바위에 누워 잠을 잤고, 바위를 건너뛰며 술래잡기를 했다. 바위틈에 고인 물을 헤쳐 참게와 새우도 잡았다. 4·3 때 (1948년) 주민들이 경찰을 피해 몸을 숨기던 곳도 구럼비와 멧부리였다. 밤엔 산사람이 무서워 고구마 구덩이에 숨었고, 낮엔 경찰이 무서워 구럼비와 멧부리로 달려갔다.

멧부리 박은 강원도 사람이었다. 그가 멧부리를 집과 전쟁터로 삼은 지 만 1년 8개월[14]이 지났다. 2012년 강정생명평화대행진에 끼어 제주에 왔다. 그는 한때 용접 노동자로 일했다. 사다리에서 용접을 하다 사고로 허리를 다쳤다. 노무사의 도움을 받아 산업재해 미가입 사업주와 2년을 싸웠으나 보상받지 못했다. 약해진 허리 힘을 키우겠다며 배낭을 질곡처럼 짊어지고 걸었다. 더는 걸을 수 없는 곳에 이르렀을 때 부러지지 않는 사다리를 만나길 고대했다. 25년 전 그는 지인의 공장에서 일하다 프레스기에 왼손 중지와 약지를 잃었다. 세상에 남은 세 개의 손가락은 사람이든, 바위든, 바다든, 아픈 것들의 마음을 촉각하는 더듬이가 됐다.

2012년 8월 태풍 볼라벤[15]에 파손된 케이슨(수중 건설 기초공사에 주로 사용되는 상자 모양의 구조물) 일곱 기가 강정 바다에 오래 방치돼 있었다. 삼성물산(1공구 시공사)이 제작한 케이슨은 아파트 8층 높이와 무게 8,885톤(한 기당 15억여 원)에 달했다. 파손된 케이슨으로 추정되는 구조물을 2013년 1월 포클레인이 바지선 위에서 부수어 밤바다로 밀어 넣었다. 포클레인 삽날이 바지선 바닥을 긁는 소리가 귀를 긁어 댔다. 지켜보지 않으면 무슨 일이 벌어지는지도 모른 채 강정 바다가 폐허가 되겠다고 그는 생각했다. 멧부리 바위틈에 비닐을 씌우고 '거주'를 시작했다. 한라산부터 강정까지 걸어와서 '한라산 아저씨'였던 그는 2013년 1월 1일 멧부리에 천막을 치며 멧부리 박이 됐다.

멧부리의 동쪽을 세로로 갈라 기지사업단이 펜스와 철조망을 세웠다. 살아 있는 것들의 접근을 불허하는 장벽 너머로 섬을 깨고 부수는 파괴가 펼쳐졌다. 강정 앞바다와 범섬을 더럽히는 해군기지 흙탕물을 지켜보며 멧부리 박은 '수탈의 섬' 제주의 슬픈 역사를 알아 갔다. 언젠가 그는 기지사업단을 향해 "당

섬

신들도 감시받고 있다."고 쓰고 싶었다.

멧부리 박의 거처는 강정 바다처럼 수척했다. 멧부리 바위 틈새를 옮겨 다니던 그의 천막은 "바람이 솔잎에 걸려 기분 좋은 소리를 내는 소나무 아래" 정착했다.

잊은 지 오래인 '집잠'의 안온함은 겨울보다 여름에 그리웠다. 작은 벌레들이 모기장을 통과해 살갗을 물어뜯었다. 벌레에 물린 곳마다 진물이 흘렀다. 자고 있으면 옷 속을 파고들어 피를 빠는 놈들도 있었다.

좁은 천막은 밤을 날 이불과 끼니를 때울 라면으로 가득했다. 유통기한이 지난 빵은 개의 먹이로 수북했다. 섬 밖을 다녀오는 지인들이 그에게 개를 맡겼다. 누군가 말없이 나무에 묶어 두고 간 개들도 그 빵으로 먹이고 돌봤다.

멀리서 묵주기도 소리가 들렸다. 멧부리는 전선의 척후로서 차라리 고요했다. 공사가 시작되면 기계의 굉음이 살아 있는 것들의 소리를 삼켜 존재를 지웠고, 공사가 멈추면 새와 풀벌레가 울어 멧부리가 생명의 터전임을 증명했다.

멧부리를 등진 공사장 진입로 앞에선 공사를 하려는 자들과 공사를 막으려는 자들이 매일 대치했다. 입구를 막고 앉은 신부·수녀·주민·평화활동가들을 경찰이 번쩍 들어 **인간 감옥**에 가뒀다. 날마다 강정 땅에 고착되면서 그들의 몸에선 강정에 붙박는 뿌리가 내렸다.

'썩은섬'(서건도) 주위에서 소라를 따는 해녀들이 보였다. 기지사업단의 예인선이 해녀들 옆에서 매연을 뿜어 댔다. 새들이 공사장 매립지로 몰려들었다. 펌프 준설선 파이프에 빨려 들다

죽은 물고기의 냄새를 맡았을 것이었다. 모래를 터전으로 살아
가는 모든 생명이 매립되고 있었다. 해녀들이 언제까지 바다에
들어갈 수 있을지도 알 수 없었다.

　그는 사진을 찍고 항의 전화를 걸었다. 또 찍고 또 전화를 걸
었으며, 다시 찍고 다시 전화를 걸었다. '기정사실'(기지 건설)에
맞서는 방법은 또 하고 다시 하면서 포기하지 않는 것뿐이었다.

　저 멀리 대형 크레인의 줄이 바위 위에 선 멧부리 박의 목 위
로 겹쳐졌다. 그의 목이 크레인 줄에 매달린 것 같은 착시를 일
으켰다. 국가의 근육에 목 졸려 질식돼 온 제주도의 과거와 오
늘과 내일이 그의 목에 포개지는 듯했다.

　"너희 때문에 나도 나쁜 놈이 돼간다."

　멧부리 박이 카메라를 들고 뛰었다.

절대보전지역

「**법률**」 제주도의 자연을 보호하기 위해 〈제주특별자치도 설치 및 국제자유도시 조성을 위한 특별법〉(제주특별법)에 따라 지정된 지역. 절대보전지역은 전국에서 제주도에만 존재하는 환경보호 장치다. 해군기지 공사 착수를 위해 '날치기 해제'(2009년 12월 17일 한나라당 도의원들 주도) 된 절대보전지역은 강정과 제주의 한恨을 상징하는 단어가 됐다.

¶
　"박인천 씨."

　누군가 그의 이름을 불렀다.

　해군기지 초소에 설치된 CCTV가 그를 따라 움직였다. 자신을 쫓아다니며 촬영하는 CCTV를 그도 동영상 카메라를 꺼내 찍었다. 기지를 감시하는 그를 CCTV가 감시했고, 자신을 감시하는 CCTV를 그가 감시했다. 기지 안에서 양복을 입은 사람이 나왔다.

　"박인천 씨, 간첩이에요?"

　처음 보는 사람이 그의 이름을 알고 있었다.

　"뭐, 간첩?"

　격한 언쟁(2016년 5월 27일)이 멧부리의 공기를 흔들었다.

　"부대 내부 사진 찍어서 (페이스북에) 올리고 있잖아요. 간첩질하는가 싶어서 우리가 감시하는데, 왜요? 나중에 어떻게 되는지 봐요."16

　감시와 감시가 충돌했다. 감시하는 주체와 감시받는 대상이 멧부리에서 뒤섞였다. 해군기지 건설을 감시해 온 그를 기지 준공 뒤부터 해군이 감시했다.

　"협박하는 거야?"

　"당신 집도 없잖아. 텐트 치고 생활하면서. 낚시하러 온 민간인은 우리가 안 찍어. 당신처럼 불순한 의도를 가진 사람들 찍는 거야."

　"내가 만날 여기(멧부리) 있으니까 거지 같아?"

　"그래."

섬

공사가 완료되지 않아 민간인 진입 차단 펜스는 그대로였다. 강정의 연대자들이 펜스 위에 남긴 아홉 글자도 철거되지 않고 그에게 인사했다.

"멧부리 삼촌 반갑수다!"

나는 간첩이 아니다.

강정마을에 장맛비(2016년 6월 29일[17])가 떨어졌다. 해군기지를 감시하다 간첩으로 몰린 멧부리 박이 해군기지가 내려다보이는 리조트 옥상에서 비를 맞았다. 비옷을 입은 그가 입항하는 군함에 카메라를 겨눴다.

리조트 아래로 강정천이 흘렀고, 강정천 뒤에서 멧부리가 수척했다. 앙상해진 멧부리 바위를 철조망 감은 해군기지 담장이 세로로 잘라먹었다. 동방파제 초소에선 초병들이 멧부리를 바라보며 경계 근무를 섰다. 멧부리의 몸이 줄어들수록 멧부리에 살며 멧부리를 살펴 온 멧부리 박의 몸도 말라갔다.

서쪽에서 나타난 소형 군함 한 척이 남방파제를 따라 접근했다. 멧부리 박이 처음 보는 배였다. 군함은 남방파제 끝을 지나 속도를 없앴다. 운행 방향을 반대로 틀어 선체를 입구로 돌렸다. 변침각을 크게 그려야 하는 입항은 물의 속도만큼 더뎠다. 군함이 정박하기까지 30여 분이 걸렸다. 멧부리 박이 관찰해 온 입출항 장면은 위태롭고 권태로웠다. 대형 군함은 두 척의 예인선이 끌어줘야 40~50분 만에 정박할 수 있었다. 기동전단의 입출항은 전혀 기동적이지 않았다.

나는 거지가 아니다.

'여기' 있다는 것이 거지의 이유일 순 없었다. 그는 공사 초기 (2013년 1월 1일)부터 제주해군기지를 감시해 온 유일한 파수꾼이 었다. 멧부리에서 해군기지 공사를 감시하며 이름에 멧부리를 얻은 그는 기지 완공 뒤에도 멧부리를 떠나지 않고 군함 입출항 을 감시했다. 멧부리에 있어 멧부리 박인 그는 여전히 멧부리에 있으므로 여전히 멧부리 박이었다.

멧부리 박이 카메라 줌을 당겼다. 그의 카메라로 들어온 강정 마을은 기지 준공(2016년 2월 26일) 전의 모습과 크게 달랐다. 바 다와 접한 기지가 해안의 풍경을 바꿨고, 기지 진입로와 부대시 설이 육지의 길을 잃게 만들었다. 기지 안에선 끝나지 않은 공 사가 계속되고 있었고, 영내 관사가 빌라촌처럼 붉은 지붕을 덮 었다. 깨진 구럼비(2012년 3월 7일 발파)의 흔적은 기지 안 도로에 깔리거나 수변공원 공사장 끝에서 안쓰럽게 엎드려 있었다. 크 루즈 터미널 공사로 강정포구는 왜소하게 쪼그라들었고, 중덕 삼거리 망루(해군기지 감시)는 터미널 우회 도로 건설로 밀려났다. 아침, 낮, 저녁, 하루 세 차례 해군기지에서 흘러나오는 군가가 기지 담을 넘어 마을로 흘러들었다.

날마다 물의 수난이다.

첫 사진(2013년 2월 2일)은 감시 시작 한 달 뒤에 찍었다. 파도 가 끊어 버린 오탁수 방지막을 수리하지 않은 채 사석(구조물의 안

섬

389

정을 유지하기 위해 채워 넣는 잡석)을 매립하는 장면이었다. 전날 풍랑이 있었다. 멧부리 해안에 동방파제를 놓는데 풍랑이 거셀 때마다 사석이 쓸려 나갔다. 사석 유실과 재매립은 테트라포드(파도나 해일을 막기 위해 방파제에 설치하는 콘크리트 블록)를 쌓을 때까지 되풀이됐다. 오탁수가 통제받지 않을 때마다 강정 앞바다는 흙탕물로 덮였다. 그는 사진을 찍고 썼다.

나의 마음이 깨끗해질 리 없다.

2014년 7월 9일 서귀포 남쪽 180킬로미터 해상에서 날뛰던 너구리(제8호 태풍)가 일본으로 달려갔다. 서귀포 기상대엔 순간 최대풍속으로 초속 19.5미터가 찍혔다. 해군기지 동방파제 건너편에서 거센 비바람을 맞으며 멧부리 박이 카메라를 켰다.

바다 저편에서 파도가 밀려와 남방파제를 포악하게 핥았다. 방파제에 꽂힌 철근들이 일제히 휘어 쓰러졌다. 그가 찍은 사진들(2014년 7월 11일) 안에서 붉은 철근들이 바짝 드러누워 있었다. 망치에 두들겨 맞고 한 방향으로 비뚤어진 녹슨 대못들 같았다.

4개월 뒤(11월 21일) 멧부리 박이 남방파제를 다시 찍었다. 파도에 엎어진 철근들을 노동자들이 힘을 모아 일으키고 있었다. 12월 9일엔 포클레인까지 동원돼 굽고 녹슨 철근들을 세웠다.

너구리가 철근을 짓밟기 84일 전에도 멧부리 박은 기지 공사장을 촬영했다. 바지선 뒤쪽에서 엎어지기 전의 철근들이 찍혔다. 그날 제주로 향하던 세월호가 진도 바다에서 침몰했다. 배에 실린 426톤의 철근 중 278톤의 도착 예정지는 해군기지였다. "괴물이 되어 버린 국책 사업이 세월호 참사에도 영향을 미쳤을 수 있다는 비극적인 사실"[18]에 그와 강정 주민들은 끔찍했다. 멧부리 박이 옛 사진들을 뒤지며 철근 상태의 변화를 추적했다.

나의 투쟁은 고작 이런 것이다.

볼라벤이 파손한 케이슨의 파쇄(2015년까지 계속)가 강정 바다를 오염시켰다. 2013년 수중으로 쇄암봉을 떨어뜨려 케이슨을 깨던 시공사가 2014년부턴 파쇄 면적이 넓은 쇄암판으로 케이슨을 분해했다. 바스러진 시멘트 가루가 강정 바다 밑에 쌓였다. 고철만 발라낸 콘크리트 덩어리를 바다에 쏟아붓는 장면들도 촬영됐다. 해경에 민원을 넣으면 "흙탕물은 오염 물질이 아니라 처벌할 수 없다."거나 "사람이 바닷물을 마시진 않는다."는 답변이 돌아왔다.

너구리도 케이슨을 무너뜨렸다. 허리를 세운 높은 파도에 휩쓸려 케이슨 두 기가 이탈하고 한 기가 기울어진 모습이 멧부리 박의 영상에 잡혔다. 해군은 50년 주기의 대형 태풍에도 견디는 공법이라고 밝혀 왔다. 바다에 퇴적물이 쌓이면서 연산호 군락의 폐사와 개체 수 감소가 급격했다.

소나무 타는 연기(재선충 방제 작업)가 산에서 안개처럼 내려와 마을을 덮었다. 공사장에서 내려앉은 먼지로 강정 바다는 붉은 거품을 물었다.

섬

자연을 망치는 좀벌레는 인간들이다.

멧부리가 통과해 온 시간엔 제주 토착민의 '빼앗겨 온 시간'
이 포개져 있었다. 1975년 이후 멧부리는 제주도민의 땅이 아니
었다. 서울 강남구민의 소유였다가 캐나다 이민자의 등기(1986
년)로 넘어갔다. 서울의 건설사(2001년)와 부동산 신탁회사(2008
년)를 거치며 손을 탔다. **절대보전지역** 해제 두 달 전(2009년 9월)
엔 국방부가 소유권을 가져갔다. 구럼비가 조각나 사라질 때 멧
부리는 해군기지 건설 사업의 대표 부지(강정동 2694)[19]가 됐다.
'절대'는 난개발과 맞서 온 제주도민의 열망이 분신(1991년 양용
찬)까지 하며 얻어 낸 두 글자였다. 절대 보전돼야 할 지역은 끝
내 보전되지 못했다.

공사장 펜스가 겨울바람을 막아 좋고,
범섬과 썩은섬(서건도)이 보여 경치가 좋고,
강정 바다에서 뛰는 남방큰돌고래도 볼 수 있어 좋고……

좋고, 좋고, 좋아서, "최고의 명당"이라며 멧부리 박은 자족
했다. 그 명당 바위에서 멧부리 박은 야생을 살았다. 멧부리 바
위에 걸친 그의 첫 비닐집은 겨울을 덮기에 너무 얇았다. 던지
면 퍼지는 1인용 텐트를 한 달 뒤 북쪽 바위에 쳤다. 두 번째 집
도 반년 만에 바닷바람에 부식했다. 손바닥으로 누르면 마른 오
징어 찢어지듯 천이 찢어졌다. 생쥐가 물어뜯은 구멍으론 모기
가 침입해 그를 물어뜯었다. 바다도, 텐트도, 그도……

화석이 돼가는 것 같다.

멧부리 박은 2013년 가을 해양경찰청(인천) 국정감사에 참고인으로 출석(공사 문제점 증언)했다. 그가 멧부리로 돌아왔을 때 그의 세 번째 집이 서 있었다. 마을로 내려오지 않는 그를 위해 주민들이 크고 튼튼한 새 천막을 세웠다. 그가 비운 두 번째 집엔 비 내리는 날 길고양이들이 들러 안식했다.

빛이 오지 않는 곳으로 소란이 온다.

멧부리 박은 전기 없이 살았다. 태양열로 랜턴을 충전해 필요할 때만 불을 밝혔다. 빛이 없는 공간에서 오래 지낼수록 청각이 발달했다. 처음엔 정겹던 강정천 물소리가 깊은 밤 천둥소리처럼 멧부리를 두들겼다.

2015년 9월 16일 군함이 처음 입항[20]했다. 이지스 구축함인 세종대왕함이 모습을 드러냈다. 돌고래가 몸을 솟구쳐 숨을 뿜던 바다에서 잠수함이 수면 위로 검은 등짝을 내밀었다. 물소리에 잠을 깼던 그가 군함의 경적 소리에 잠을 깼다. 강정이 기지촌이 됐다는 사실을 군함이 경적을 뽑아 올려 통보했다.

멧부리 박인 한 멧부리를 비울 수 없다.

2015년 초 군 관사 건설 저지 농성 천막이 철거됐다. 행정대집행을 막다 체포된 멧부리 박에게 구속영장이 청구됐다. 면회

간 마을 주민들 앞에서 그는 "오랜만에 따뜻한 데서 따뜻한 밥을 먹었다."며 웃었다.

멧부리에 들어온 뒤 멧부리 박이 감시 활동을 쉰 적은 경찰 조사를 받거나 유치장에 있을 때뿐이었다. 멧부리 박은 삼시 세 끼 생라면을 씹어 먹으며 해군기지를 주시했다. 아침 6시쯤 일어나자마자 그는 라면을 먹거나 먹기를 건너뛰고 리조트 옥상으로 올라갔다. 계단을 오르내릴 때마다 담배꽁초를 주워 출입을 막지 않는 리조트에 보답했다.

나는 흐름을 꿸 것이다.

2016년 1월 5일 잠수함 이천함, 6일 잠수함 나대용함, 12일 충무공이순신함, 17일 함문식함, 18일 세종대왕함, 27일 문무대왕함과 서애류성룡함······.

기지 준공 후 그는 매일 군함들을 살폈다. 입출항 과정에서 사고가 나지 않는지, 해군기지가 약속대로 민군복합형관광미항의 기능을 하는지, 완공된 기지가 바다를 더럽히지는 않는지 주시했다. 하수관에서 흘러나오는 물의 색깔과 정화 장치를 관찰해 오염 가능성도 추정했다.

변함없고 단조롭지만 포기하지 않는 반복이 그에게 흐름을 읽는 눈을 줬다. 군사 전문가는 아니어도 "무작정 시간을 투여해 보고 있으면" 무엇이 달라졌는지 구분할 수 있었다. 자신을 보며 "저 인간이 흐름을 읽고 있다."고 해군이 인정하게 만들고 싶었다. 누군가의 감시를 의식할 때 군사기지도 스스로를 통제

할 것이라고 생각했다. 그 흐름을 붙들기 위해, 그는 날마다, 혼자, 변함없이, 생라면을 씹으며, 카메라를 주시했다.

물의 흐름이 바뀌었다.

2016년 6월 28일 비가 많이 내려 강정천의 물이 불었다. 강정천에서 노란색 튜브 하나가 바다로 떠내려갔다. 예전엔 썩은 섬(서건도)에 가닿거나 범섬 너머로 흘러갔을 튜브가 빙글 돌더니 기지 입구로 들어갔다. 기지 건설 뒤 해류가 변화했다는 뜻이었다.

동해에서 들어오는 군함들은 두 차례 급변침(한자 을乙 자 형태)을 해야 했다. 범섬 뒤를 지나온 배는 동방파제 쪽의 기지 입구를 지나쳐 남방파제 시작 지점에서 유턴했다. 동방파제 쪽으로 되돌아온 뒤엔 다시 거꾸로 선회해야 입구로 진입할 수 있었다. 준공 전 시뮬레이션에선 언급되지 않던 급변침이 한 차례 더 관찰됐다.

강정 바다는 파도가 거칠기로 유명했다. 해군기지의 입출항 안전성은 건설 내내 논란이 됐다. 어선이 정박하는 강정포구(서방파제 쪽) 옆을 피하고, 정면에서 들이치는 거친 파도를 남방파제로 막고 나면, 선택할 수 있는 출입구는 동방파제 쪽뿐이었다. 동방파제 쪽은 암초[21]와 범섬이 입출항을 방해해 급변침[22]을 해야 드나들 수 있었다. 항로를 벗어날 경우 무거운 군함이 암초에 걸릴 위험이 상존했다. 뱃길을 벗어나거나 변침 과정에서 속도를 줄이지 못해 배가 밀리기도 했다. 군함과 잠수함과 고깃배가 기지 입구에서 아찔하게 뒤엉키는 날도 있었다.

애써 위로받지 않겠다.

매일같이 강정천에 내려앉는 왜가리가 있었다. 사람이 다가
오면 하늘로 날아올랐다 같은 자리로 돌아왔다. 몇 달 전 하늘
에서 쫓기던 다른 왜가리가 매의 공격을 받고 떨어져 죽었다.
죽은 왜가리를 멧부리 박이 바위 사이에 넣어 두었는데 짐승들
이 깃털만 남기고 먹어 치웠다. 강정천을 찾던 왜가리는 깃털이
뿌려진 바위 근처를 맴돌았다. 죽은 왜가리의 짝이 아닐까 그는
상상했다. 멧부리에서 혼자 살며 그도 그 왜가리처럼 혼자라는
생각을 가끔 했다. 멧부리에 스스로를 유폐시킨 시간이 늘어나
면서 대인 기피증이 오는 때도 있었다. 그는 굳이 달래려 하지
않았다. 마음의 날이 순해지면 감시의 눈도 무뎌질 수 있다고
믿었다.

멧부리가 나의 십자가일 것이다.

멧부리 박은 키 160센티미터에 몸무게 47킬로그램의 남자
였다. 배낭을 메고 카메라 가방을 껴안으면 작은 몸이 앞뒤로
가득 덮였다. 한가득해진 몸으로 리조트 계단을 오르며 그가 기
도하듯 스스로에게 말했다.

누군가는 포기하지 않고 지켜봐야지.
아직 우리가 이곳에 살고 있다는 사실을,
우리가 살면서 주시하고 있다는 사실을,
포기하지 않은 사람들이 아직 있다는 사실을,
누군가는 그 자리에서 알려 줘야지.

멧부리 박이 멧부리에서 여전히 감시하고 있다.

섬

1 2014년 4월 시점에서 쓰였다.

2 '안녕히 계세요.'의 제주 방언.

3 '밥 먹었어요?'의 제주 방언.

4 큰당밭 학살 사건.

5 왕대왓 학살 사건.

6 관광지로 유명한 정방폭포는 제주 4·3 당시 한라산 이남 지역의 최대 학살터 중 한 곳이었다. 경찰서에서 취조받은 주민 중 250여 명이 이곳에서 즉결 처형됐다.

7 매모루 학살 사건.

8 철조망으로 출입을 막은 해군기지 너머로 범섬이 보인다. 범섬은 고려 공민왕이 최영을 보내 목호(제주에서 말을 기르던 원나라 관리)와 그들을 도운 제주도민들을 토벌한 곳이다.

9 1901년 제국주의를 등에 업은 천주교와 대한제국 정부의 봉건적 수탈에 저항한 제주도민의 민중 항쟁. 천주교는 '교난敎難'으로, 육지 정부는 '민란'으로 불렸다.

10 제주 4·3 때 희생자들의 주검을 찾지 못해 봉분만 세운 행방불명자 묘지.

11 2014년 3월 18일 국가 추념일 지정 뒤 첫 행사가 그해 4월 3일 열렸다. 당시 박근혜 대통령은 참석하지 않았다. 국가는 유족들 앞에서 "아름다운 나라"를 합창했다. 노랫말("나는 행복한 사람")이 1948년의 총알처럼 유족들의 심장을 쏘았다. 당시 새누리당 국회의원 하태경은 '4·3 희생자 자격'을 재심의하겠다며 법(〈제주 4·3 사건 진상규명 및 희생자 명예회복에 관한 특별법〉) 개정안을 발의(4월 2일)했다.

12 '왜 강정에 와서 저렇게 하냐.'는 뜻의 제주 방언.

13 강정천과 바다가 만나는 곳으로 폭포 형태를 띤 주상절리.

14 2014년 8월 시점에서 쓰였다.

15 제주를 지날 때 순간최대풍속은 초속 39.9미터였다.

16 해군과 제주도는 2016년 5월 제주 기지의 군사보호구역 지정 논의를 시작했다. 해군은 관광용 크루즈선이 입출항하는 방파제(남·서방파제)까지 군사보호구역으로 지정하겠다(제주도는 '불가' 표명)고 밝혔다. 해군기지 자체가 군사보호구역이 되면 기지를 대상으로 한 촬영·녹취·측량에 벌금과 징역형을 부과(〈군사기지 및 군사시설 보호법〉)할 수 있게 된다.

17 언쟁 한 달여 뒤인 2016년 6월 말 시점에서 쓰였다. 넉 달 전인 2월 26일 제주해군기지가 완공됐다.

18 2016년 6월 29일 강정마을회와 제주해군기지 건설 저지를 위한 전국대책회의 등의 성명. 세월호 참사와 해군기지 철근 수급, 굽은 철근 재사용의 연관성에 강정 주

민들은 의구심을 품었다. 해군기지로 향하던 철근이 세월호 참사로 가라앉자 수급에 차질을 빚은 시공사들이 철근을 교체하는 대신 휜 철근을 펴서 사용했을 수 있다는 추정이었다. 해군은 "철근 계약 및 운송의 모든 절차는 시공사와 공급 업체 간 진행된 것으로 기지사업단은 관여하지 않았다."고 밝혔다.

19 '절대 보전해야 할 지역'이란 뜻의 절대보전지역은 제주 자연환경 보전 체제의 근간이다. 절대보전지역엔 '수탈의 역사'를 감내해 온 제주도민의 열망이 담겨 있다. 강정마을 해안 일대는 1991년 〈제주도개발특별법〉 제정 과정에서 절대보전지역으로 지정(현재는 〈제주특별자치도 설치 및 국제자유도시 조성을 위한 특별법〉에 포함)됐다. 강정 해안 108만7,878제곱미터의 절대보전지역 중 해군기지 부지 안 절대보전지역은 10만5,295제곱미터다.

20 2015년 12월 1일 제주해군기지에서 해상 작전을 지휘·지원하는 제주기지전대가 창설됐다. 해군은 기지전대 창설을 시작으로 제7기동전단(한국 최초의 기동전단)과 잠수함사령부 산하 일부 부대를 제주로 옮겼다. 강정 해안에서 해군기지가 본격 가동했다.

21 천연기념물 제442호 연산호 군락으로 공사 과정에서 파쇄가 불가하다.

22 최초 77도로 설정했으나 2012년 설계 오류가 확인돼 15만 톤 크루즈에 한해 30도로 변경했다.

섬

지구의 침몰

세월

살점

「명사」 세월호 참사 직후 희생자들의 유류품들이 진도 바다 곳곳으로 흩어졌다. 희생자 부모들은 발견되지 못한 채 떠도는 유류품을 "내 자식들의 찢겨 나간 살점"이라고 했다.

¶

　돌아오지 못한 생명의 파편들이 울돌목(전남 진도군 군내면 녹진리와 해남군 문내면 학동리 사이 해협)으로 빨려 들어가던 잿빛 새벽을 오직 장군만은 지켜봐 주었을 것이다.

　남해에서 몰려온 밀물은 293미터의 협소한 바닷길을 통과해야 서해로 나아갈 수 있었다. 울돌목을 지나면서 물살은 회오리가 되어 휘돌았다. 힘줄 퉁겨 올린 해류가 군내면 앞바다에서 떠돌던 '그것들'을 울돌목으로 몰아넣었는지도 모른다. 12척의 배로 330척의 왜선을 격파(1597년 명량대첩)한 이순신은 419년 전만큼이나 거친 바다를 굽어보며 다만 동상으로서 말이 없었다.[1]

　이석구(58세)는 울돌목에 놓인 다리(진도대교) 초입에서 건어물을 팔았다. '그날' 이후 손님들이 산지를 물어 왔다. "맹골수도"라고 답하면 손님들은 손에 든 미역·멸치를 놓고 가게를 나갔다. 304명이 사망·실종한 바다가 출처란 이유로 질 좋은 건어물이 재고로 쌓였다. 가게 밖에서 물이 우는 소리가 들렸다.

　2014년 4월 20일 이석구는 다리에 오르지 못해 우는 사람들을 봤다. '대통령을 만나겠다.'며 청와대로 행진하는 사람들을 진도대교 앞에서 경찰이 막았다. 나흘 전 '세월'이란 이름을 써 붙인 늙은 배가 맹골수도에 가라앉았을 때부터 그들은 울었다. 피붙이들이 가라앉은 이유를 찾아 그토록 오래 걸을 줄 몰랐을 먼 길 위로 그들은 울며 나섰다. 세월호는 그들의 세월까지 그날 그 바다에 파묻었다. 나아갈 수도 없고 돌아설 수도 없는 그들의 울음에 울돌목 물을 뒤집어쓴 것처럼 이석구의 마음도 축축해졌다.

세월

'통곡의 다리'가 된 진도대교에서 두 달 뒤 한 남자가 투신(6월 26일)했다. 침몰한 배의 가족들 지원 업무를 맡은 경찰이었다. 승진 누락에 따른 좌절 때문이란 말과 세월호 업무의 누적된 스트레스 때문이란 이야기가 겹쳐 돌았다. 이석구는 진도대교 위에서 두 해에 세 명꼴로 생을 버리는 사람들의 소식을 들었다.

울돌목을 빠져나온 밀물은 녹진리 해안을 휘돌아 나리방조제(진도군 군내면 나리) 쪽으로 흘렀다. 경찰의 주검은 9일 만에 그물(진도대교에서 나리 방향 5킬로미터 지점)에 걸려 어민의 눈에 띄었다. 그물로부터 2킬로미터 떨어진 바다에서 해경은 검은색 운동화 한 짝(진도군 관리번호² 519번)을 건졌다. 투신 4일 뒤였고, 발견 5일 전이었다. 세월호 희생자의 신발로 추정됐고, 이튿날 진도군으로 인계됐다. 주검과 신발은 같은 밀물에 실려 울돌목을 통과했을 것이었다. 경찰의 신원은 밝혀졌으나, 운동화는 주인을 찾지 못했고, 그의 생사도 확인되지 않았다.

엄마(김순길, 50세)와 아빠(진광영, 54세)는 딸에게 새것을 입히고 새것을 들려 수학여행에 보내고 싶었다.³ 2014년 4월 9일 엄마·아빠는 대형 마트 매장에서 여행 가방을 샀다. 휴대전화로 찍은 사진 몇 장을 딸(단원고등학교 2학년 9반 진윤희)에게 보내 의향을 물었다. 윤희는 아이보리색 아메리칸 투어리스터 제품을 택했다.

윤희는 새것을 욕심내지 않는 딸이었다. 또래들처럼 꾸미는 일에 관심이 없었고, 무언가를 사달라고 조르지도 않았다. 수학여행 사흘 전 엄마·아빠는 윤희를 데리고 가게에 들러 옷을 고르게 했다. 윤희는 바지 두 벌과 반팔 티셔츠, 카디건 하나를 샀다. 그날은 옷을 입을 수 있는 몸이 있을 때 윤희가 가장 많은 옷을 가진 날이 됐다. 새 여행 가방에 새 옷을 챙기며 윤희가 짐을 쌌다. 엄마가 지퍼백에 채워 준 속옷과 양말, 세면도구를 새 옷 사이에 넣었다. 편히 입을 수 있는 동생 옷 몇 벌도 가져갔다.

4월 22일 윤희가 바다에서 나왔을 때 딸의 가방은 뭍에 오르지 못했다. 딸의 돌아오지 않는 여행 가방이 다시 볼 수 없는 윤희와 겹쳐 부모를 괴롭혔다. 추모공원에 윤희를 두고 온 날(4월 25일)부터 마트에 갈 때마다 부모는 가방 매장을 피해 다녔다. 윤희에게 사준 제품이 전시돼 있을 것 같아 부모는 고개를 돌리고 멀찍이 우회했다. 1년 뒤 둘째가 현장학습을 떠났다. 아빠는 다른 매장을 찾아 다른 브랜드의 여행 가방을 샀다.

나리방조제가 시작되는 곳엔 낮은 언덕이 있었다. 봄이 오면 나리 주민 이정춘(55세)은 언덕 흙을 일궈 호박 모종을 심었다. 3.5킬로미터의 방조제가 간척지와 바다를 경계 지었다. 바다 쪽에서 불어온 바람이 이랑을 세운 밭으로 육박해 왔다.

진도대교에서 투신한 경찰이 신기리(군내면)에서 발견됐을 때 이정춘은 몇 년 전 바다에서 숨진 나리 어민을 떠올렸다. 그는 썰물에 쓸려 진도 서쪽과 남쪽 해안을 돌아 동쪽 금호도(고군면) 앞바다까지 떠내려갔다. 방조제가 만들어진 뒤 해류의 흐름이 바뀌었다고 이정춘은 생각했다. 조류의 흐름이 무뎌진 방조제 앞과 달리 바다와 하늘이 맞닿는 방조제 저편의 유속은 더 빨라졌다.

2014년 7월 12일 나리방조제 해안에서 신발 한 켤레(545번)가 인양됐다. 남학생용 흰 운동화가 세탁기로 돌린 것처럼 구겨져 있었다. 울돌목을 빠져나온 밀물에 실려 방조제 앞까지 떠내려왔는지, 진도 남서쪽 해안에서 해류를 타고 북상했는지, 바다에 마모된 운동화만으론 알 수 없었다. 바다의 일을 인간이 단언할 순 없다고 바다에 기대 사는 이정춘은 믿었다.

나리 앞바다에서 신발이 발견되기 석 달 전 세월호 CCTV는 윤희의 모습을 저장했다. 4월 15일 저녁 7시 8분 친구들과 객실로 이동하는 윤희가 영상에 잡혔다. 윤희의 왼손은 휴대전화를 들었고, 오른손은 새로 산 여행 가방을 끌었다.

윤희를 앗아간 바다는 윤희의 휴대전화와 여행 가방도 삼켰다. 윤희가 구조를 기다리며 무엇을 했는지 엄마·아빠는 알 수 없었다. 같은 반 친구가 찍은 사진으로만 윤희는 마지막을 보여줬다. 기울기 직전의 객실 안에서 친구들과 둘러앉은 윤희로만 딸은 그날을 남겼다.

세월호 유품들이 바다 위로 뿌려졌다. 해류에 쓸려 진도 전역으로 흩어졌다. 배는 침몰한 자리에 꼼짝 않고 있는데 배가 놓친 유품들은 알 수 없는 곳으로 표류했다. 세월호 부모들은 찾지 못한 유류품들을 "잃어버린 내 자식들의 **살점**"이라고 했다. 얼마나 많은 살점이 떨어졌는지 바다 외엔 알지 못했다.

벽파리(고군면)에선 검은색 나이키 슬리퍼(541번)가 떠올랐다. 갈색 푸마 운동화(542번)와 남색 에어워크 운동화(543번)도 건져졌다.

벽파는 명량으로 가는 길목에 있었다. 진도대교(1984년 준공)가 놓이기 전까지 육지와 바다를 오가는 섬사람들의 관문이었다. 다리 건설로 도항 인구를 빼앗긴 벽파는 항구의 기능을 잃고 적막했다. 오직 '이충무공 벽파진 전첩비'의 현장으로서 사람들을 기다렸다.

벽파리 어부 이양술(67세)은 평생 벽파에서 무언가를 건지며 살았다. 열두 살 때부터 54년간 벽파 바다에서 배를 탔다. 돔, 농어, 전어, 오징어, 간제미 따위를 건져 삶을 이었다. 그는 "항구 앞에서 빠져 죽은 처녀, 엄마, 아버지"도 갈퀴에 걸어 건져냈다. 신발들이 떠다녔을 해안을 바라보며 이양술은 마른 입술을 다셨다. 그는 술을 마신 날이면 항구에 서서 황량한 바다로 눈길을 뿌렸다.

"여긴 이제 더는 건질 건덕지가 없응께."

이양술이 휘청이며 돌아섰다.

벽파항 해안을 따라 남하한 썰물은 고군면 가계해변에 닿았다. 매년 음력 2월 그믐이 되면 달이 물을 당겨 고군면 회동리와 의신면 모도리 사이의 바다(폭 40미터에 거리 2.8킬로미터)를 쪼갰다. 사람이 걸을 땅까지 내주던 진도 바다는 2014년 '신비의 바닷길' 축제[4]가 끝난 뒤 2주일 만에 세월호를 삼킬 만큼 깊어졌다. 두 달 뒤인 6월 15일 하늘색 운동화 한 짝(441번)이 축제의 여운이 남은 해안으로 흘러들었다.

윤희 엄마는 윤희의 흔적을 갈망했다. "살아 돌아왔다면 아무것도 못 찾아도 괜찮지만" 윤희는 살아 돌아오지 못했다. 엄마는 "윤희가 느껴지는 걸 하나라도 더" 갖고 싶었다.

가족협의회의 팽목항 당직을 맡아 진도에 내려갔을 때 그는 유품을 찾으러 가겠다고 말하지 못했다. 주검조차 수습하지 못한 실종자 가족들에게 미안해 마음을 삼켰다. 새로 찾은 유류품들이 진도군 누리집에 올라올 때마다 윤희 물건인지 확인했다. 낱개로 흩어진 유류품은 눈에 잡히지 않았다. 엄마도 머리에 새기지 못했을 만큼 윤희의 짐들은 '너무 새것'이었다. 딸에게 입히고 싶어 사준 새 옷들이 딸을 가렸다.

참사 전날 찍힌 CCTV 영상에서 윤희는 새 신발을 신고 있었다. 그날 아침 집을 나설 때 윤희는 낡은 운동화 대신 새로 산 운동화에 발을 넣었다.

엄마가 사준 프로스펙스 운동화를 윤희는 2년 넘게 신었다. 딸의 하나뿐인 신발 바닥이 반질반질하게 닳아 있었다는 사실을 엄마는 오랫동안 알지 못했다.

수학여행 전에야 아빠가 새 신발을 사왔다. 엄마 몰래 숨겨둔 비상금을 헐어 아빠는 아식스 운동화를 윤희에게 선물했다. 사주는 대로 말없이 쓰던 윤희가 모처럼 디자인을 마음에 들어 하지 않았다. 엄마·아빠는 여행 가방을 살 때처럼 매장의 신발 몇 개를 찍어 윤희에게 전송했다. 아빠가 사온 것보다 수수한 디자인을 윤희는 골랐다. 새 옷을 담은 새 가방을 끌고 새 신발을 신은 윤희가 현관문을 나섰다. 엄마가 윤희를 불러 가슴에 안았다.

윤희가 껴입은 교복 재킷이 엄마는 덥게 느껴졌다. 친구들이 조끼만 입을 때도 윤희는 재킷을 벗지 않았다. CCTV 영상에서도 윤희는 재킷을 입은 채였다. 윤희가 차가운 바닷속에 있었을 때 엄마는 딸이 재킷을 즐겨 입어 다행이라고 생각했다.

밀물에 휩쓸린 학생용 슬리퍼 한 짝(565번)이 벽파리에 접한 내산리 해안에 닿았다. 성인 남성의 것으로 보이는 등산화 한

짝도 내산리 앞바다에서 나왔다. 예로부터 '전란의 섬' 진도 해안엔 무엇인가 자주 떠밀려 왔다.

"원래부터 여그 있었응께 우덜은 그런 줄 알제."

내산리 내동마을에서 괭이로 밭을 고르던 할머니가 '원래부터 있었던' 것을 가리켰다. '왜덕'倭德이란 산山으로 불렸으나 경사가 완만한 비탈밭에 가까웠다. 밭인지 모를 산에 심긴 것은 채소도 나무도 아닌 무덤이었다.

"옛날엔 여그까지 바다였다제. 왜군 시체가 여그까지 떠밀려 왔다니께."

명량에서 죽어 내산리 해안까지 흘러온 일본 수군[5]을 내동마을 사람들이 건져 산에 묻었다. 2006년 일본군 후손들이 산을 찾아 제를 올리고 마을에 감사를 표했다. 잃어버린 몸과 주인을 알 수 없는 유품들이 바다를 떠돈 역사가 진도에 있었다. 세월호가 역사를 현실로 소환하고 있었다.

신발은 집으로 돌아오기 가장 힘든 유품이었다. 온전히 한 켤레로 떠다니는 경우가 드물었다. 대부분 짝을 잃고 홀로 발견되거나 발견된 뒤에도 다른 짝과 구별되지 않았다. 학생들 실내화로 쓰였을 슬리퍼들은 같은 상표만 수십 개가 인양됐다. 한 짝만 구조된 운동화·슬리퍼들이 짝 없는 운동화·슬리퍼들과 섞여 '슬픈 무더기'를 쌓았다. 건지지 못한 것들의 총량을 아는 사람은 아무도 없었다. 그러므로 잃어버린 것들과 결코 되돌릴 수 없는 것들의 전모를 측량할 수 있는 사람도 없었다.

딸을 잃은 윤희 엄마는 직장을 그만뒀다. 윤희 아빠는 석 달 동안 일을 하지 못했다. 항암 치료를 받던 할머니는 윤희를 잃

세
월

고 병이 악화돼 2015년 3월 눈을 감았다. 할아버지는 요양병원에 입원했다. 활달하고 친구가 많았던 윤희의 동생은 말수를 잃었다. 윤희를 잃은 뒤에도 가족들은 계속 무언가를 잃고 있었다. 신발이 떠돈 경로는 세월호 가족들이 '계속 잃어 가는 과정'이었다.

배중손(몽고군에 저항한 삼별초 수장)의 동상(임회면 백동리)이 내다보는 바다 저편에 굴포리(임회면)가 있었다. 6톤짜리 어선 '제2만성호' 선장이 엔진을 걸고 굴포 바다로 출항했다. 그의 배가 방파제 너머로 나아갈 때 귀항하는 어선들이 그의 배와 엇갈렸다.

참사 직후 그도 해경의 요청으로 추자도·독거도 주변을 수색했다. 다른 마을 어부들과 해역을 교대한 뒤엔 굴포 해안을 훑었다. 제2만성호가 찾지 못한 운동화가 2014년 6월 12일 굴포 앞바다에서 인양됐다. 관리번호 408번을 받았다. 임회면 바다 위로 544번(7월 10일) 신발과 546번(나이키, 7월 11일) 운동화가 짝 없이 올라왔다. 빨간색 가방(656번, 8월 15일)도 그 바다에 있었다.

굴포에서 운동화를 건진 다음 날 윤희의 여행 가방이 세월호 4층 SP-2 객실에서 발견됐다. SP-2 객실은 2학년 9반 스물두 명이 묵은 다인실 방이었다. SP-1에 자리를 얻지 못한 1반 일곱 명과 10반 스물한 명이 같이 배정됐다. 정원 여덟 명을 초과했다.

SP-2 객실에서 최소 열네 점의 유류품이 수거됐다. SP-1과 SP-2 객실 사이에도 다섯 점이 갇혀 있었다. 414번 검정 숄더백(트레이닝복 등 두 개 물품)은 SP-2 객실에서 윤희 여행 가방과 같은 날 나왔다. 선체 수색이 진행되면서 SP-2 객실의 유류품도

잇따라(7월 4일 → 7월 7일 → 7월 22일) 진도군에 인계됐다. 교복 치마(533번), 티셔츠(534-4번), 슬리퍼(534-5번) 등 여섯 개 유품이 7월 4일 한꺼번에 접수됐다.

이튿날엔 윤희 가방과 동일 상표의 가방(536번)이 물 밖으로 나왔다. 열아홉 개 품목이 검은 가방 안에서 펄에 비벼져 있었다. 내용물만으론 주인의 성별을 구분하기 쉽지 않았다. 건진 유류품을 가방에 담을 때 남녀 학생의 물건이 섞였을 수도 있었다. 회색 반팔 티셔츠 두 장과 갈색 트렁크 팬티 한 장이 여행 가방에서 나왔다. 교복을 입지 않을 때 그 혹은 그녀는 가슴에 보이BOY를 새긴 큼직한 갈색 반팔 티셔츠(한 장)를 입거나, 앞면에 브루클린 브리지BROOKLYN BRIDGE가 적힌 자주색 긴팔 티셔츠(한 장)를 입었다. 몸통과 팔이 회색과 검은색으로 채색된 헐렁한 반팔 티셔츠(한 장)도 활동하기에 편했다. 그 혹은 그녀는 검은 얼룩이 빠지지 않은 교복 조끼 한 장, 갈색 교복 치마 한 장, 교복 와이셔츠 한 장, 청바지 한 장, 트레이닝복 바지 한 장, 수건 세 장, 클렌징폼 한 개, 간식으로 먹었을 과자 네 봉지를 여행 가방에 담았다.

윤희의 여행 가방은 6월 16일 진도군으로 넘겨졌다. 진도군이 419번을 붙였다. 윤희와 같은 날 4층 선수 좌현에서 발견돼 다음 번호(420번)를 받은 검은색 아디다스 가방에선 유리 깨진 손목시계가 나왔다. 바닷물에 부식된 시계는 4월 17일 오후 4시 39분에 멈춰 있었다. 윤희 부모의 삶도 깨지고 부식돼 그 시간에 정지해 있었다. 윤희의 여행 가방은 진도군 유류품 컨테이너에 1년 7개월간 보관돼 있었다. 윤희의 가방이 물 밖으로 나온 사실을 아는 사람은 아무도 없었다.

차를 타고 팽목방조제(지산면 송호리)를 통과하면 지산면 마사마을 선창에 닿았다. 8백 미터 거리에서 팽목항을 마주봤다.

"오메오메, 그 아까운 아그들이……."

조도(진도군 조도면)에서 시집온 김춘분(가명, 69세)은 마사에서 40년을 살았다. 밭에서 대파를 심고 있던 그날 머리 위로 헬리콥터가 요란하게 날았다. 마사 선창으로 달려가 팽목을 넘겨다봤다. 항구로 죽음이 실려 오고 실려 나갔다. 파도에 묻혀야 할 곡소리가 파도를 뚫고 김춘분의 귀에 꽂혔다. 기석이, 영국이, 영만이, 진영이. 마사마을에서 어선을 가진 네 명의 남자가 모두 배를 띄워 수색을 도왔다.

"한성호(1973년 1월 침몰, 61명 희생)가 엎어져 까부라진 곳"도 지산면이었다. "삼풍백화점이 주저앉았을 때(1995년 6월)도" 지산면 이웃(가학마을)의 딸이 살아 나오지 못했다. 진도에 살면서 사람 죽는 일을 예사로 봐온 김춘분도 "팽목이 유명 나버린 날"이 2주기를 채우자 "오메오메"를 입안에 가두지 못했다.

지산면은 맹골수도의 해류를 가장 먼저 받았다. 2014년 6월 26일 마사 앞바다에서 청바지(493-1번)와 신발(493-2번)과 상의(493-3번)가 발견됐다. 윤희 여행 가방이 진도군에 인계되고 열흘 뒤(6월 26일)였다. 지산면 보전리 해상에서 찾은 검은 운동화(515번, 6월 25일)는 누더기가 돼있었다. 세월호를 삼킨 맹렬한 물살이 신발을 해체하며 지산면으로 몰아붙였을 것이었다. 파도에 찢기고 갉아먹힌 시간의 공포가 신발의 형상에 압축돼 있었다. 너덜너덜한 신발이 세월호 가족들의 마음을 사진으로 찍은 듯했다.

그 가방이 보였다. '416가족협의회 기억저장소'가 진도군에서 인수(2016년 1월 24일)해 온 유류품들을 안산합동분향소 앞에 풀어놓았다. 엄마의 눈에 아이보리색이 들어왔다. 바퀴 이음새마다 붉은 녹이 슬어 있었다. 윤희 것이길 애타게 바라면서도 윤희 것이 아니길 바랐다. "빨리 찾아 주지 못했다는 미안함"에 엄마는 온몸이 떨렸다.

엄마가 여행 가방을 열었을 때 안은 텅 비어 있었다. 거센 물살을 견디지 못하고 잠금장치가 해체된 듯했다. 가방 밖으로 펄이 쏟아졌다. 윤희의 옷 대신 도착한 펄을 털어 내며 엄마는 눈물을 쏟았다. 가방에 챙겨 간 물건들 중 돌아온 것은 윤희가 물속에서 입고 나온 동생의 옷뿐이었다. 윤희의 가방이 수학여행을 끝내는 데 1년 9개월이 걸렸다.

참사 소식에 진도로 내려간 엄마가 나흘 만에 돌아와 현관문을 땄을 때였다. 윤희가 벗어 둔 낡은 운동화가 문 앞에서 엄마를 기다리고 있었다. 밑창 닳은 신발을 끌어안고 엄마는 한참 울었다. 딸의 새 신발을 가질 수 없는 엄마는 가지고 있던 헌 신발을 사십구재 때 태워 하늘로 보냈다.

세월호 4층에서 윤희의 여행 가방이 인양되기 이틀 전 5층 우현에서 남색 가방(529번) 하나가 구조(2014년 6월 11일)됐다. 효자손 한 개와 반바지 한 장, 작은 약병 하나와 급여 통장이 가방에서 나왔다. 물에 젖어 찌그러진 통장에 참사 6일 전 마지막 급여(2014년 3월치 370만1,700원)가 찍혔다. 통장의 주인은 이준석 선장이었다.

세월

참사 2주기를 맞는 팽목항에서 덤프트럭들이 먼지를 일으키며 달렸다. '진도항 배후지 종합개발사업'으로 항구는 분주했다. 덤프트럭이 내는 엔진 소음 사이로 수백 개의 노란 깃발이 바람에 나부끼며 맹렬하게 울었다. 윤희 여행 가방이 바다에서 올라온 날 팽목항 해안에선 아동용 운동화(417번) 한 짝이 나왔다. 둘은 같은 날 진도군으로 넘겨졌다.

윤희는 수학여행을 떠날 때까지 자기 방이 없었다. 2015년 윤희 부모는 집을 옮기면서 윤희의 방을 꾸며 줬다. 살았을 때 갖지 못했던 자기만의 방으로 윤희 대신 텅 빈 가방만 돌아왔다. 가방에 실려 귀가하길 바랐던 윤희의 아식스 운동화는 행방을 알 수 없었다.

울돌목을 통과한 519번 운동화처럼 그물에 걸렸을 수도 있었다. 545번 신발처럼 간척지 앞바다에 고요히 떠있을지도 몰랐다. 541번 슬리퍼처럼 적막한 항구 앞에서 늙은 어부의 눈길을 기다릴 수도 있었고, 515번 운동화처럼 해류에 찢겨 지산리 앞바다까지 흘러갔을 수도 있었다. 지명이 특정되지 않는 망망한 바다 위를 떠돌거나, 세월호의 깜깜한 객실에 여전히 갇혀 있을 수도 있었다. 뭍으로 올라와도 정체를 확인받지 못한 신발 무더기 틈에 윤희의 신발도 짝을 잃고 섞였을 수도 있었다. 수습되지 않는 세월호의 진실처럼 윤희의 신발도 수습되지 못한 채 떠돌고 있었다.

움직이지 말라

가만히 있으라

절대 이동하지 말고 대기하라

「**선내 방송**」세월호 선원들이 승객들을 두고 빠져나오기 전 되풀이해 내보낸 선내 방송. 승객들의 탈출을 막으며 참사를 상징하는 문장이 됐다.

시체 장사

세금 도둑

순수 유가족

세월호 거지

「**모욕**」세월호 실종자·희생자 가족들과 그들의 진상 규명 요구를 무마하고 모욕하는 표현들. '추모 국면'을 '혐오 국면'으로 전환하는 정치 기획[6]의 용어들이기도 했다.

세월

「**표준국어대사전**」흘러가는 시간.

「**한恨국어사전**」그 시간 속에서 살아가는 한, 그 시간이 모여 세월을 이루는 한, 그 세월에 떠서 삶이 흘러가는 한, 어느 누구도 내릴 수 없는 배와 그 배에 관한 진실.

2014년 4월 16일 8시 56분^{1▶}

신고자 : 40대 남성 승객

접수처 : 전남지방경찰청

경찰관   112경찰입니다.

신고자   여보세요?

경찰관   여보세요?

신고자   지금 여기, 저…….

경찰관   경찰입니……

신고자   세월호, 세월, 세월호…….

경찰관   어디요?

신고자   세, 연안여객, 세, 세, 세, 배, 침몰, 침몰, 침몰 직전이라예. 침몰 직전.

경찰관   배가 침몰 직전이라고요?

신고자   예예, 세월호, 세월호, 인천에서 제주 들어오는 거, 인천에서 제주 들어오는 거. 빨리. ("아저씨!" 여성 목소리로 알아들을 수 없는 외침)

신고자   **움직이면 안 된다고.^{2▶}**

경찰관   여보세요?

신고자   예예, 배가 침몰된다고요.

경찰관   예, 신고자 분?

신고자   예.

경찰관   지금 어디에서 제주 들어오는 배예요?

신고자   인천 배, 인천 배. 인천에서 제주도 들어오는 거. 지금 배가예, 지금 45도^{3▶} 기울어져가지고.

세월의 서장序章

◀1 2014년 4월 16일 아침 8시 49분 세월호 참사가 발생했다. 참사 발생 7분 뒤인 8시 56분 51초부터 시작된 통화는 9시 1분 54초까지 5분 3초 동안 이뤄졌다.

세월호 승객의 첫 구조 요청은 단원고등학교 최덕하 학생이 했다. 8시 52분 32초 전남 119상황실로 전화해 신고했다. 119상황실과 연결된 최덕하 학생의 첫 외침은 "살려 주세요."였다.

소방 119상황실입니다.[8]

최덕하 살려 주세요.

소방 여보세요?

최덕하 여보세요?

소방 예, 119상황실입니다.

최덕하 여기 밴데 여기, 배가 침몰되는 것 같아요.

소방 배가 침몰해요?

최덕하 예, 여기 제주도 가고 있었는데⋯⋯.

(이하 생략)

최덕하 학생은 살아서 땅을 밟지 못했다. 국회 국정조사 때 전남 119상황실은 그의 비명("살려 주세요.")을 삭제한 녹취록을 제출했다.

◀2 8시 52분 세월호 여객부 선원이 첫 선내 방송을 내보냈다.

"현재 자리에서 **움직이지 말고 대기하시기 바랍니다.**"

통화가 이뤄지던 8시 56분께 두 번째 방송이 배 안을 울렸다.

"**절대 움직이지 마세요.**"

2분 뒤 단원고 학생들의 단체 대화방에서 문자가 왔다.

"**계속 가만히 있으래.**"

◀3 참사 발생 시점 세월호는 좌현으로 30도 기울었다.

경찰관 지금 사람이 몇 명이나 있어요?

신고자 여기 학생들하고 이것저것 해서 1천 명 남짓 돼요. 학생
들 1천 명.

경찰관 1천 명이요?

신고자 1천 명.

경찰관 1천 명 정도 된다구요?

신고자 1천5백 명, 1천, 세월호, 1천5백 명.

경찰관 1백 명 정도요?

신고자 1천5백 명, 아, 참. (누군가에게) 몇 명? 5백 명, 총 5백 명4▸
정도.

경찰관 5백 명 정도 된다구요?

신고자 예예.

경찰관 해월호라구요? 해월호?

신고자 세월호, 세월호.

경찰관 세월호요?

신고자 예예, 예예.

경찰관 잠깐만 기다리세요.

신고자 빨리 119헬기랑 띄우고 빨리하세요, 이거.

경찰관 해경에 연락 안 하셨죠?

신고자 해경은 지금……. (알아들을 수 없음)

경찰관 세월호, 세월호, 배가 침몰한……. 인천에서 제주 가는 배요?

신고자 예……. (알아들을 수 없음)

경찰관 지금 현재 어디쯤5▸ 왔어요?

신고자 어디쯤 오다니, 어디쯤?

◀4 세월호엔 476명(승무원 포함)의 생명이 있었다. 172명이 구조됐고 304명(미수습자 포함)이 사망했다.

◀5 참사 이튿날(4월 17일) 아침 7시 17분 실종자 가족 80여 명을 태운 배가 그 '어디쯤'을 향해 출발했다.

배에 올라 파도의 요동을 감각하자마자 가족들은 오열했다. 바다에 갇힌 아들딸의 이름을 부르며 부모는 목 놓아 울었다.

7시 40분께부터 먹구름이 비를 뿌렸다. 바람이 거세졌고, 배가 좌우로 출렁였다. 끝을 알 수 없는 바다가 그보다 끝없는 애통으로 가득 찬 배를 느릿느릿 밀어냈다.

SNS 문자메시지가 가족들을 흔들었다. 딸이 보낸 문자를 확인했다는 한 엄마의 이야기가 배 안으로 퍼졌다. '살아 있으니 구해 달라.'는 딸의 문자를 받고 친구가 전화를 걸어왔다(경찰청은 "확인한 문자들 중 사고 지점에서 발신된 것은 없다."고 밝혔다)고 했다. 실종자 가족들은 "희망이 생겼다."며 서로 끌어안았다.

8시 40분께 멀리 참사 현장이 눈에 들어왔다. 바다는 세월호의 머리끝만 보여 줬다. 거대한 배가 물감에 지워지듯 검푸른 바다색과 합쳐지고 있었다. 구조에 동원된 크고 작은 배 50여 척이 세월호 주위에 팥알처럼 뿌려져 떠다녔다.

팽목항을 출발한 배는 1시간 40여 분 만에 참사 현장을 5백 미터가량 앞에 두고 멈췄다. 구조 작업에 방해된다며 더는 접근이 허용되지 않았다. 다가갈 수 없는 거리에서 가족들이 무너졌다.

"저 앞에 있는데, 아직 저 아래에 있는데……."

"제발 살아만 줘."

꿈틀대는 바다가 배를 좌우로 밀고 당길 때마다 가족들도 흔들리고 출렁였다. 차가운 비와, 거센 바람과, 뿌연 안개로 그들의 몸과 마음은 젖고, 얼고, 절망했다.

뱃머리 끝으로 올라간 한 남성이 "세월호 쪽으로 돌아가지 않으면 바다

경찰관　어디에서 어디쯤이에요, 지금?

신고자　추자도 사이, 제주하고 추자도 사이. (누군가에게) 추자도 넘
언?(*지났어?) 추자도 넘언?(*지났어?)

경찰관　추자도 넘었어요?

신고자　아직까지 안 넘었데(*대)요, 아직.

경찰관　추자도6▶ 안 넘었다구요?

신고자　예예.

경찰관　잠시만요.

8시 58분 37초 목포 해경 3자 통화 연결

경찰관　여보세요?

해경　예.

경찰관　112신고센터입니다.

해경　예.

경찰관　지금 배가 침몰 직전이어가지고 신고가 들어왔는데.

해경　아, 혹시 그 세월호 말씀하시는 거예요?

경찰관　예예, 예예.

해경　예, 저희 잘 받아가지고.7▶

경찰관　처리 중이세요?

해경　실시하고 있습니다.

경찰관　예, 알겠습니다.

해경　예예.

8시 58분 57초 3자 통화 종료

경찰관　여보세요? 신고자 분 너무 염려 마시고 지금 해경에도 통
보가 됐거든요.

로 뛰어내리겠다."며 선장에게 소리쳤다. 쇳덩이를 띄우는 바닷물보다 더 짠 염분을 쏟아 내며 그들은 단 한 명도 구해 내지 못한 국가를 저주했다.

◀6 국립해양조사원은 세월호 참사 당일과 조류가 비슷한 4월 29일부터 사흘간 여섯 개의 표류 부이buoy(무게 8킬로그램에 직경 30센티미터의 원통 모형) 를 차례로 띄웠다. 시신 유실 우려에 대비해 이동 방향과 거리 등을 예측 할 목적이었다. 참사 해역 1킬로미터 지점에서 파도에 실린 부이들 중 두 개가 추자도 인근에서 표류 중인 채 발견(5월 7일)됐다. 네 개는 그물에 걸 리거나 어선에 부딪혀 행방을 알 수 없었다. 추자도는 참사 해역에서 남쪽 으로 41~42킬로미터 거리에 있었다.

◀7 최덕하 학생은 전남 119상황실이 불러낸 목포 해경과 3자 통화했다.
  (이상 생략)

해경 여보세요? 목포 해경입니다. 위치 말해 주세요.

최덕하 잘 안 들려요.

해경 위치, 경위도 말해 주세요.

소방 경위도는 아니고, 배 탑승하신 분이세요. 탑승하신 분.

최덕하 핸드폰이요?

해경 여보세요, 여기 목포 해경상황실입니다. 지금 침몰 중이라는데 위치 말해 주세요, 위치? 배가 어디 있습니까?

최덕하 위치를 잘 모르겠어요, 지금 여기가.

해경 위치를 잘 모르시겠다고요? 거기 GPS 경위도 안 나오나요, 경도와 위도.

최덕하 여기 섬이 몇 개 보이기는 하는데 그걸 잘 모르겠어요.
  (중략)

해경 배 이름이 뭡니까, 배 이름?

최덕하 세월호요, 세월호.

해경 세월?

신고자 예.

경찰관 지금 상황이 어떤 상황이에요?

신고자 지금 배가 몇 도 기울었지…… (알아들을 수 없음) …… 30도
에서 45도 기울어져 (누군가에게) 정면이 어디? (여성이 대답) 저
기 정면. (*신고자) 선수, 선수에서 좌현으로 좌현으로예, 한 30
도, 45도 기울어져 있고, 배 안에, 배 위에서는 사람들이 움직
이고 있고.

경찰관 (남성 경찰관) 선수에서 좌현으로 30도 기울어져 있데(*대).
(여성 경찰관) 35도 기울어져 있다고요. (남성 경찰관) 선수.

신고자 60도, 아니지, 45도, 45도 정도, 40도 정도 기울, 40도예.
60도, 60도 정도 기울어졌어요. 점점 더 기울어지는 것 같기
도 하는데.

경찰관 점점 기울어지고 있다구요?

신고자 예.

경찰관 어, 알겠습니다. 신고자 분, 지금 해경에서 출동 중이고
조치하러 지금 가고 있으니까…….8▶

신고자 움직…… (알아들을 수 없음) 기울어져 버리니까 사람들이…….
(알아들을 수 없음)

경찰관 알겠습니다.

신고자 언제쯤 도착합니까, 언제쯤?

경찰관 (남성 경찰관) 네, 걱정하지 마시구요, 해경에 접수됐으니까
걱정 안 하셔도 됩니다. 여보세요?

신고자 ……. (알아들을 수 없음)

경찰관 (남성 경찰관) 해경에서 헬기랑 바로 뜨니까 걱정 안 하셔도

최덕하 예.

해경 세월호? 세월호? 이게 상선인가요, 뭔가요?

최덕하 예?

해경 이 배 종류가 뭐예요? 배 종류. 여객선인가, 아니면 어선인가요?

최덕하 여객선일 거예요.

해경 여객선이요?

최덕하 예.

해경 여객선이고, 세월호고, 지금 침몰 중에 있다고요?

최덕하 예?

해경 침몰 중에 있다고요, 배가?

최덕하 예, 그런 것 같아요. 한쪽으로 기울어져…….

해경 한쪽으로 기울어져가지고 운항하고 있다고요? 옆에 혹시 누구 있습니까?

최덕하 선생님 계시긴 하는데 선생님이 정신이 없으셔가지고 제가 대신 전화드렸어요.

　　(이하 생략)

해경 예, 알겠습니다. 저희가 하나 컨택했습니다.

　목포 해경이 최덕하 학생과 통화하며 상황을 접수한 시각은 8시 56분이었다. 세월호가 제주VTS와 교신한 시각은 1분 전이었고, 제주VTS는 제주 해경 상황실로 8시 58분 연락했다.

◀8　목포 해경 123정이 출동한 시각은 8시 58분이었다.

되(*돼)요. 금방 갑니다. 금방요. 접수가 되어 있네요, 이미요.

신고자 헬기 119하고 여러 대 떠야 될 텐데.

경찰관 네, 아니 해경에서 출발했으니까 걱정 안 하셔도 된다구
요. 이미 접수됐으니까요.⁹▶

신고자 예, 환자도, 환자, 환자, 어느 정도, 환자도 있어요, 환자예.

경찰관 환자 몇 명이나 있어요?

신고자 눈에 보이는 사람이, 피 흘리는 사람이 한 사람, 두 사람,
화상하고 발을……. 안에 상황은 파악이 안 되고.

경찰관 피 흘리는 사람 두 명 정도 있다구요?

신고자 (알아들을 수 없음)

경찰관 여보세요?

신고자 예예.

경찰관 지금 많이 다쳤어요?

신고자 화상…….

경찰관 화상이요?

신고자 예, 화상 환자…….

경찰관 화상 환자도 있어요?

신고자 예……. (알아들을 수 없음)

경찰관 화상 환자는 몇 명이나 있어요?

신고자 화상 환자……. (알아들을 수 없음)

경찰관 신고자 분 전화가 자꾸 끊기니까…….

신고자 당연히 배니까 끊기죠.

경찰관 여보세요?

신고자 예예.

◀9 그 바다는 공포였다.

그 바다에서 죽어 간 사람들이나, 그 바다에서 살아난 사람들이나, 그 바다에 가족을 빼앗긴 사람들 모두에게 "걱정하지 않아도 된다던" 그 바다는 격렬한 공포였다. 해경도, 정치도, 행정도, 언론도 믿지 못한 채 공포로 떨었던 가족들은 그 바다 너머에서 곧 보게 될 것이었다.

참사 당일 겪은 그들의 공포를 쓸고, 참사 이후 흘린 그들의 눈물을 핥으며, 날마다 덩치를 키우는 '생물로서의 공포'가 그들을 기다리고 있었다. 국민을 보호하는 데 실패한 국가가 국민을 보호하지 못한 이유를 밝히라는 요구에 모든 국가 기능을 동원해 맞설 때, 그들 앞에서 공포는 괴물처럼 자라났다.

세
월

경찰관 전화가 끊기니까, 저희가 지금 목포 해경에서 출동 중이
        니까요.

신고자 아니 목포 해경이 빨라요? 여기는 제주 해경이 빠르지, 10▶
        추자도에 빨리 들어왔으면 제주 해경이 빠르지 목포 해경이 빨
        라요?

경찰관 아니 신고자 분, 그게 아니라 목포 해경에 통보를 한 상태
        이고 지금 거기서 출동 중에 있으니까 조금만 기다려 주세요.

신고자 예.

경찰관 저희가 다시 통보할게요.

9시

신고자 : 승객 아버지

접수처 : 경기지방경찰청

경찰관 112경찰입니다.

신고자 여보세요?

경찰관 예, 말씀하세요.

신고자 예, 수고하십니다. 저기 안산단원고등학교……. 11▶

경찰관 예예.

신고자 2학년 학생들이 지금 아침에 인천공, 인천 부둣가에서 제
        주도 방향으로 수학여행을 출발했거든요. 두 시간 전에 하마
        운항12▶을 했거든요

경찰관 네네.

신고자 근데 지금 배가, 학생들 수학여행 가는데, 다 타고 있는
        데, 선생님들하고…… 배가 지금 뒤잡(*집)히거든요.

◀10 세월호를 자주 타본 승객들은 그 시각이면 제주도에 근접했을 것이라고 생각했다. 실제로는 출항 지연으로 평소보다 제주에서 멀리 떨어져 있었다.

◀11 참사 일주일째(4월 22일). 경기도 안산 단원고등학교는 오열로 꽉 찼다. 사망한 학생과 교사들의 발인이 시작(4월 19일 1명, 20일 6명, 21일 5명, 22일 11명, 23일 25명, 24일 14명, 25일 23명……)된 뒤 학교는 새벽부터 정오까지 '마지막 등교'와 울음소리로 가득했다. 꼬리를 무는 장례 차량의 통한과 비통으로 운동장도 빈틈이 없었다.

"네가 그렇게 좋아하던 학교에 왔다."

교문을 들어설 때부터 엄마는 대답 않는 이름을 불렀다. 딸을 실은 운구차와 가족들을 태운 버스가 완만한 경사길을 올라 운동장에서 멈췄다. 엄마는 "못 보낸다."며 목 놓았고, "가지 말라."며 애원했다. 차가운 물속에서 퉁퉁 불었다가 몇 시간 뒤면 뜨거운 불 속에서 재가 될 딸의 몸이었다.

"여기가 끝이야. 여기 나가면 더는 못 봐."

딸이 걷고, 뛰고, 웃고, 찡그리며, 색색의 표정으로 수놓았을 길이 엄마에겐 너무 짧았다. 부축을 받아 가며 엄마는 아껴 걸었다.

교실마다 아득한 꽃밭이었다. 주인 잃은 책상 위에서 국화들이 활짝 피었다. 봄 햇살을 받은 국화가 꽃잎을 힘껏 펼치며 생동했다. 피지 못하고 져버린 아이들 수만큼 꽃은 하얗게 만개했다.

공지용 화이트보드엔 적혀 있었다.

'과제 : 꼭 돌아오기.'

◀12 세월호가 인천을 떠난 시각은 4월 15일 밤 9시께였다. 출항 예정 시각인 6시 30분보다 2시간 30분 지체됐다.

세
월

경찰관 뭐라고요, 마지막에?

신고자 배가 뒤잡(*집)힌다고요. 지금 배가 뒤잡(*집)힌다고요.

경찰관 배가 뒤집힌다고요?

신고자 예예. 지금 인천 두 시간 출발했는데 운행을 했거든요.

경찰관 몇 시 출발이에요? 출발이 뭐예요? 출발 몇 시에 했어요?

신고자 그건 모르구요, 두 시간 전에 출발했구요.

경찰관 두 시간 전에 어디에서 출발했어요?

신고자 인천, 인천, 저 부두에서요.

경찰관 인천 어디 부두요?

신고자 인천 어디 부두인지는 모르구요. 전 부모거든요. 학생한
   테서 다급히 저, 저 연락이 왔거든요.

경찰관 전화가 왔어요?

신고자 예예. 아들내미 핸드폰 번호가…….

경찰관 예예.

신고자 010.

경찰관 010.

신고자 ****

경찰관 ****

신고자 ****

경찰관 ****

신고자 네, 단원고등학교13▶ 2학년이거든요.

경찰관 전화를(*가) 뭐라고 왔어요? 뭐라고 왔어요?

신고자 지금 1분 전에 배가 부딪힌다고 그래가지고.14▶

경찰관 1분 전에 배가 부딪힌다고 이야기했어요?

◀13 참사 8일째(4월 23일). 참아지지 않는 울음이 학교를 쓸고 갈 때마다 적막이 안간힘을 짜내 뒤를 따랐다. 고요를 깰까 두려워 모두가 말소리를 죽여 이야기했고, 발소리를 죽여 걸었으며, 숨소리를 죽여 호흡했다. 침묵 속에서 격렬이 펄펄 끓었다.

학교엔 단원고와 인근 학교 학생들이 써붙인 메모가 가득했다. "포기하지 말라."는 부탁과, "버텨만 달라."는 간청과, "어서 살아 나오라."는 명령으로 뒤덮였다. 배에서 생존한 학생은 75명이었다. 19명이 구조된 반이 있는가 하면(1반 19명, 2반 11명, 3반 8명, 4반 9명, 5반 9명, 6반 13명), 단 한 명이 살아남은 반(7반 1명, 8반 2명, 9반 2명, 10반 1명)도 있었다. 물고기 비늘처럼 포개진 메모지들이 봄바람에 쓸려 사르르 떨었다.

학교 밖 안산올림픽기념관에 임시 합동분향소가 마련됐다. 분향소 정면엔 영정 사진에 어울리지 않는 어린 얼굴들이 모셔졌다. 밤늦게까지 수백 미터를 기다려 조문을 마친 시민들이 길 건너 단원고 앞까지 걸어와 한참을 머물렀다. 안산은 온통 진도였다.

◀14 9시 1분 목포 해경 123정이 세월호와 첫 교신을 시도했다.

세
월

신고자 뒤집힌다고요, 넘어간다고요.

경찰관 뒤집힌다고요? 알았습니다. 저희가 확인할게요.

신고자 예예.

경찰관 112경찰입니다.

신고자 여보세요?

경찰관 네.

신고자 저희, 저희들 배가 인천 연안부두에서 출발해서…….

경찰관 네.

신고자 제주도로 가는 배, 배거든요.

경찰관 네.

신고자 그게 지금 목포를 좀 지나면서 지금 바다 가운데서^{16▶} 기울어져 있는데 혹시 신고된 거 있어요?

경찰관 네, 추자도 쪽 아닌가요?

신고자 네, 세월호요.

경찰관 추자도 쪽 아니에요? 추자도 쪽은 그쪽 신고 받고 해경이 출동하고 있는데.

신고자 아, 출동하고 있어요? 신고는 됐습니까?

경찰관 네, 지금, 지금도 제가 통화하고 있어요.

신고자 네, 지금, 네.

경찰관 배 이름이 뭐라구요?

◀15 9시 6분 33초와 9시 7분 39초에 **"절대 이동하지 말라."**는 선내 방송
이 되풀이됐다.

◀16 2015년 11월 19일 새벽. 그 '바다 한가운데'로 희생자 가족들이 나아
갔다. 오징어 잡이 배처럼 불 밝힌 상하이 셀비지(중국 세월호 인양 업체) 바
지선이 맹골의 칠흑 물길 위에서 홀로 환했다. 전날부터 비가 내린 진도
바다가 파도를 부풀려 '전남 707호'(30톤 행정선)를 U 자로 흔들었다.

　일주일 전 대법원은 '세월호 침몰 원인을 알 수 없다.'고 판결했다. 참
사로부터 1년 7개월을 흘려보낸 뒤 법이 내린 최종 결정은 '규명 책임의
포기'였다. 희생자 가족과 4·16세월호참사진상규명특별조사위원회가 배
를 빌려 그 바다로 출항했다. 참사 이유를 말해 줄 증거를 직접 찾고 인양
전 선체 상태를 찍어 두기 위해서였다. 인양 과정에서 선체에 변형 혹은
조작이 가해질 것을 가족들은 우려했다. 그들은 국가를 믿지 않았다.

　전남 707호는 진도군이 소유하고 조도면이 관리했다. 식수가 부족한
조도면 16개 섬을 오가며 물을 공급했다. 2014년 4월 16일 전남 707호는
해경 123정으로부터 세월호 탈출 선원들을 넘겨받아 진도로 실어 날랐다.
팬티 바람의 선장은 배에 있던 작업복을 몸에 꿰고 땅을 밟았다. 아들딸을
버린 자들이 목숨을 구한 배 위에서 부모들의 빈속이 뒤틀렸다.

　특조위가 고용한 민간 잠수사들이 흔들리는 낚싯배 위에서 바다로 몸
을 꽂았다. 수중 촬영 예산 전액(1억5천만 원)을 삭감당한 특조위는 바지선
을 빌릴 돈이 없었다. 특조위의 장비 지원 요청을 상하이 셀비지는 거부했
다. 고용주인 해양수산부는 피고용 업체의 거부 의사만 특조위에 전달하
며 방관했다. 발 디딜 안전한 배와 시야를 뚫을 장비를 확보하지 못해 잠
수사들은 고전했다. 상하이 셀비지 직원들이 바지선에서 망원경으로 그들
을 관찰했다.

　잠수사들이 수심 45미터 아래로 내려가고 있을 때 특조위 여당 위원들
이 국회에서 긴급 기자회견을 열었다.

　"특조위가 참사 당일 대통령의 행적 조사를 강행하면 전원 사퇴도 불사

세
월

신고자 네, 세인호요.

경찰관 세인호?

신고자 네.

경찰관 승선 인원이, 그 저, 뭐 있는가요? 몇 명이나 있는가요?

신고자 승선 인원, 여기 한 1백 명, 어 뭐야 9백 명 가까이 애들,
        학생들 수학여행단[17▶]하고.

경찰관 네.

신고자 배가 상당히 큰 거에(*예)요.

경찰관 아, 세인호는 몇 톤짜리인가요, 톤수가?

신고자 몇 톤짜리인지, 톤수는 어렴풋이 기억은 한 7백~8백 톤[18▶]
        이상 되는 거 같은데.

경찰관 인천에서 출발해서 지금 제주도 가고 있는데 어느 정도
        위치에 있는지는 모르시고요?

신고자 지금 위치는 파악 못 했고요. 지금 막 아침을 먹고 나와서.

경찰관 네.

신고자 그게 목포를 조금 지나 앞에 잔잔한 섬은 좀 몇 개 보여요.

경찰관 네. 저희들이 지금 현재 거 추자도 부근 쪽에서 배 침몰,
        한쪽으로 기울어져갔(*갖)고 침몰될 위험이 있다고.

신고자 네네, 네네.

경찰관 해경이 출동하고 있습니다, 지금.

신고자 아 출동을 하고 있어요? 근까(*그러니까) 신고가 됐냐고요?

경찰관 네, 신고는 됐습니다.

신고자 아, 그믄 마냥 기다려야 되네요. 올 때까지?[19▶]

경찰관 글쎄. 일단은 해경이 가야 되니까. 저희는 육지 경찰이잖

하겠다."

국회 농림축산식품해양수산위원회 소속 새누리당 의원들도 기자회견으로 특조위를 공격했다. 그들에게 국가는 대통령이었다.

연쇄 기자회견 직전 해양수산부의 문건 하나가 공개됐다. 특조위의 대통령 조사를 막기 위한 해수부, 새누리당, 특조위 여당 위원 간의 긴밀한 전략이 담겨 있었다. 특조위 여당 위원들과 해수부 장차관의 사전 논의 사실도 적혀 있었다. 참사의 책임 부서인 해수부와 참사의 원인을 규명해야 할 특조위 위원들이 참사의 불똥이 청와대로 튀는 것을 막으려는 여당과 조율하며 진실 규명을 좌초시키고 있었다. 세월호를 살려 내는 데 무능했던 국가가 세월호를 잊히게 할 땐 유능해졌다.

◀17 승객 476명 중 단원고 '수학여행단'은 339명(학생 325명 + 교사 14명)이었다.

2014년 4월 23일 저녁 단원고로 전화가 걸려 왔다.

"차라리 수학여행에서 돌아오는 길에 사고가 났더라면……."

한 남자가 울며 말했다.

"제주도에 처음 간 아이도 많았을 텐데…… 좋은 곳 보고 좋은 것 먹고 난 뒤였다면…… 그랬다면 덜 원통했을 텐데……."

그에게도 고등학생 딸이 있었다.

◀18 1994년 일본에서 진수될 당시 세월호는 6,586톤(5,997톤으로 건조 이후 589톤 증축)이었다. 청해진해운이 국내로 도입한 직후 239톤을 추가 증축해 6,825톤으로 구조변경 했다.

◀19 오기를 간절히 기다렸던 구조는 바다 밑으로 가라앉을 때까지 그들에게 가닿지 않았다.

4월 17일 새벽 2시 30분. 진도실내체육관 앞쪽에 설치된 '학부모대책본부' 천막에서 이주영 해양수산부 장관이 가족들의 격한 항의를 받았다.

아요.

신고자 네네, 그렇죠. 그래서 혹시나 뭐 거 전화번호를, 해경 경
찰 전화를 모르니까.

경찰관 네, 해경, 해경은 122번이에요. 122.

신고자 아, 122번요.

경찰관 네.

신고자 네, 알겠습니다.

경찰관 네.

9시 10분²⁰▶

신고자 : 40대 남성 승객

접수처 : 전남지방경찰청

경찰관 112경찰입니다.

신고자 아, 이거 인천 앞바다에 거 배 넘어가는데.

경찰관 네네, 지금 저…….

신고자 ……. (알아들을 수 없음)

경찰관 신고 계속 들어오구요. 해경 통보되(*돼)서 지금 출동 중에
있습니다.

신고자 아, 여기서 한 몇, 출동하는 데 몇 분 걸리는데요?

경찰관 아, 그거는 저희가 해경에 한번 확인을 해봐야 할 것 같은
데요. 그 신고 전화가 122번이거든요, 해경이.

신고자 네.

경찰관 네, 그쪽으로 한번 전화 한번 주십시오.

신고자 아이……. (알아들을 수 없음) 완전히 넘어가니…….

"언제 몇 시에 구할 것인지 확답해요."

울음 실린 목소리가 사방에서 날아들었다.

"장관이 못 하겠으면 대통령한테라도 살려 달라고 해."

참사 현장의 구조 여건 악화를 이유("유속이 너무 세고 시계 확보가 불가능")로 잠수부 투입이 중단된 상태였다. 가족들은 공기 투입을 요구했다.

"구조될 때까지 살려는 봐야 되잖아."

배를 타고 현장을 다녀왔다는 한 남성이 말했다.

"지금 잠수부들이 구조 작업을 안 하고 있어요."

구조 없는 시간이 길어지면서 가족들의 마음은 시뻘겋게 불탔다.

팽목항(진도군 임회면)에서도 실종자 가족들은 "구조를 멈추지 말라."며 오열했다. 해경이 민간 구조대의 현장 진입을 차단하고 있다는 이야기까지 돌면서 가족들의 분노는 통제선을 넘고 있었다.

"왜 아무것도 안 해? 저 무서운 바다에서 애들이 살려 달라는데 왜 안 들어가? 날 밝으면 비 오고 바람 분다는데, 바람 불면 우리 애들 다 떠내려 갈 건데."

꼬박 밤을 샌 부모들이 바다를 바라보고 앉아 구조 소식을 기다렸다. 참사 현장은 눈으로 볼 수 있는 거리가 아니었다. 눈에 보이지 않는 곳이 보이길 바라며 그들은 미동하지 않았다. 멀리서 간간이 조명탄이 꼬리를 흘리며 하늘로 솟았다. 깜깜한 하늘이 희뿌옇게 밝을 때까지 그들은 얇은 담요 한 장으로 차가운 바닷바람을 견뎠다. 그리는 이의 생환을 염원하며 그들의 몸과 마음은 움직이지 않는 돌이 돼갔다.

세월

◀20 9시 17분께 세월호의 비상 발전기가 꺼졌다. 단원고 학생들이 문자를 남겼다.

"나 죽을지도 몰라."

"지금 애들이랑 물건들이랑 다 밑으로 쏠려서."

"미친 지금 전기도 나감."

경찰관 저희는 통보만 해놓은 상태라…….

신고자 네.

경찰관 122번으로 한번 전화하셔서가지구요.

신고자 네.

9시 18분

신고자 : 10~20대 남성 승객

접수처 : 전남지방경찰청

경찰관 네, 112입니다.

신고자 여보세요?

경찰관 네.

신고자 저희가 지금, 저희 지금 장난 전화 하는 거 아니구요.

경찰관 네.

신고자 거 인천항에서…….

경찰관 아, 거 접수받았습니다. 인천항에서 저, 저 제주도 가는 그 배.

신고자 네, 여기 학생들 많은데.[21]

경찰관 네네.

신고자 한 4백 명에서 5백 명 되거든요.

경찰관 네네, 들었습니다. 저기 해경 출동하고 있습니다. 저희 접 수받았…….

신고자 헬기 온다구요?

경찰관 해경이 출동하고 있습니다.

신고자 아, 알겠습니다.

◀21 참사 9일째(4월 24일), '그 많은 학생들'이 돌아오지 못한 학교로 3학년의 등교가 재개됐다. 진입로로 후배들의 운구 차량이 오갈 때마다 선배들은 걸음을 멈추고 조의를 표했다. 교문으로 마중 나온 선생님에게 뛰어가 품에 안기는 학생도 있었다. 3학년 505명 중 480명(유족, 장례식 참석자 등 24명 공결 처리)이 등교했다.

휴교 기간 중에도 학생들은 교복을 입고 학교를 오갔다. 자발적으로 촛불집회를 열었고, 무사 귀환을 염원하는 글을 썼으며, 쉼 없이 찾아드는 장례 행렬을 배웅했다. 서로 만나 이야기하고, 부둥켜안고 눈물 흘리며, 함께 라면을 나눠 먹다가, 가끔 옛날처럼 수다도 떨었다. 그들은 서로의 힘에 의지해 생에 두 번 다시 없을 비극과 싸웠다.

수업 시간에도 운동장에선 부모들의 통곡이 끊이지 않았다. 운동장 입구부터 본관 건물 앞까지 교사들 수십 명이 도열해 살아남은 죄로 고개를 떨궜다. 그 누구도 부모의 얼굴과 제자의 영정을 바로 보지 못했다. 그들은 울음소리도 낼 수 없었다. 부모들이 소리 높여 통곡할 때마다 교사들은 소리 죽여 흐느꼈다. 3학년 학생들은 쉬는 시간마다 2학년 교실을 들여다보며 눈물지었다. 아무도 제 목소리로 이야기하지 못하는 학교에서 뒷산의 까치 소리만 유독 크게 들렸다.

일상이란 그렇게 지키기 어려운 것이었다. 껍데기 얇은 달걀처럼 두 손으로 감싸 쥐고 마음 다해 보듬어야 깨지지 않는다는 사실을 감당할 수 없는 처참 앞에서야 모두는 깨달았다. 빨갛게 부은 눈으로, 온 힘을 다해, 학교는 견디고 있었다.

세
월

경찰관 저희 접수받았어요. 진작에 출동하고 있습니다.[22]

신고자 빨리 좀 처리 부탁드릴게요

경찰관 네.

10시 39분[23]

신고자 : 40대 남성

접수처 : 경북지방경찰청

경찰관 112경찰입니다.

신고자 네, 수고 많으십니다.

경찰관 네.

신고자 네, 저희들이, 그 저 안산서, (*경상북도 봉화군에 있는) 청량산 도립공원 산행을 하고 가는 중인데요. 예, 그 우리 회원 하나 중에서도, 지금 진도 거 여객선 사고[24] 난 부분 있지요?

경찰관 아 지금 언론에 뜨네요.

신고자 예?

경찰관 언론에 뜨네요, 예.

신고자 예예, 예. 거기서 지금 학부형이 한 명이 탔었어요.[25]

경찰관 학부모가요?

신고자 예예. 그래가 지금 빨리 가봐야 되는데 어떻게 뭐 교통편을 어떻게 할 수 있는 방법이 없어가지고 도움을 좀 요청하려고 전화드렸어요.

경찰관 그럼 뭐 지금 어디에 계시는데요?

신고자 지금 여기가 어딥니까? 아주머니 여기가……. (옆에 있는 주민에게 묻는 목소리) 경북 봉화요. 또, 잠깐. 잠, 여 위치 잠깐만

442

◀22 목포 해경 123정이 참사 현장에 도착한 시각은 9시 34분이었다. 전화통화 16분 뒤였고, 최초 신고로부터 42분 뒤였다.

◀23 통화 9분 전(10시 30분) 세월호는 침몰했다. 침몰 19분 전 단원고 2학년 신승희 학생은 아빠에게 문자메시지를 보냈다.

"**움직이지 말래.**"

침몰 16분 전 김시연 학생은 카카오톡으로 부모님에게 알렸다.

"저 지금 방 안에 살아 있어요."

침몰 15분 전부터 엄마·아빠의 문자에 유예은 학생은 더는 답하지 않았다.

침몰 13분 전 박영란 학생은 마지막 문자를 썼다.

"보고 싶어요…… 너무 무서워."

침몰 5분 전 청와대는 해경 본청에 전화해 김석균 청장을 찾았다.

'VIP 보고용' 인원 파악과 영상 전송을 최우선 순위로 지시했다.

"영상 바로 띄우라고 하세요. 그것부터 하라고 하세요. 다른 거 하지 말고."

◀24 박근혜 정부 청와대 누리집에 단어 '세월호'를 넣고 1년(2014년 4월 16일부터 2015년 4월 16일) 동안의 검색 결과를 살피면 세월호를 다룬 '정치의 행적'이 읽힌다. '청와대 소식'으로 분류된 56건과 '청와대 활동'에 포함된 24건이 잡힌다. '청와대 인사이드'엔 2건이 뜬다. 모두 82건이다. '청와대 활동'은 '청와대 소식'을 홍보용으로 만든 것들로 둘의 내용은 같다. 제하면 58건이 남는다. 이 중 '세월호'를 언급한 박근혜 대통령의 발언과 그 발언을 전한 대변인의 브리핑은 30건이다. 청와대 수석비서관 회의나 대통령 일정 브리핑에서 나온 경우가 10건이다. 14건은 정상회담이나 외국 사절 접견 때 인사말로 오갔다. 4건은 참사 직후 외국 정상들의 위로전으로 접수됐다.

참사 「명사」 비참하고 끔찍한 일.

청와대 누리집에서 '참사'는 15건 검색된다. 세월호 이슈는 12건이다. '세아리켜 주세요(*가르쳐 주세요).

(이때, 옆에 있던 아주머니에게 전화를 바꾸어 줌.)

아주머니 여기가, 아, 여보세요?

경찰관 주소 불러 주십시오, 주소.

아주머니 주소요. 여기가요, 경북 봉화군.

경찰관 예.

아주머니 봉성면.

경찰관 봉성면.

아주머니 봉성면.

경찰관 예, 봉성면.

아주머니 외산2리.

경찰관 외산2리.

아주머니 예예, 예.

경찰관 몇 번지인데요?

아주머니 여기가, 그 여기가 내가 회관 앞이라가지고, 그냥 회관 앞인데, 몇 번지는 모르겠네.

경찰관 봉성2리(*봉성면) 외산2리 마을회관 앞이에요?

아주머니 예예, 예.

경찰관 일단, 그 아까 아저씨 좀 바꿔 주세요.

아주머니 예예.

(아주머니가 다시 신고자를 바꾸어 줌.)

신고자 여보세요?

경찰관 그럼 어디까지 모셔 드리면 됩니까? 경찰관이, 관내는 못 벗어나는데.

월호 참사'는 침몰 두 달 뒤인 2014년 6월 10일 마지막으로 사용됐다.

사건 「명사」 ① 사회적으로 문제를 일으키거나 주목받을 만한 뜻밖의 일. ② 소송 등 법률적 쟁점이 걸린 사안.

'사건'은 청와대 누리집에서 56개 글에 포함됐다. 마크 리퍼트Mark W. Lippert 주한 미국 대사 피습과 프랑스『샤를리 에브도』사무실 총격, 송파 세 모녀의 죽음, 어린이집 아동 학대, 말레이시아 민항기 격추, 강원도 동부전선 일반전초GOP 총기 난사 등이 사건으로 명명됐다. 세월호 이슈는 네 차례만 사건의 지위를 얻었다. '세월호 사건'은 2014년 8월 14일 방한한 프란치스코 교황과의 면담에서 최종 등장했다.

사고 「명사」 뜻밖에 일어난 불행한 일.

청와대 누리집에서 '사고'가 포함된 글은 171건이다. 171건 중 세월호를 일컫는 사고는 53건('청와대 활동' 제외)이다. 청와대가 세월호를 규정하는 가장 빈번한 명칭이다. 참사 수습의 주무 부처인 해양수산부 누리집에서 '세월호 사고'를 검색하면 498건(소속 기관, 유관 기관 글 포함)의 글이 걸린다. '세월호 참사'는 25건뿐이다. '세월호 사건'으론 검색되지 않는다.

교통사고 「명사」 운행 중이던 자동차나 기차 따위가 사람을 치거나 다른 교통기관과 충돌하는 사고.

정치권력의 '세월호 언어 전략'이 집약된 단어다. 2014년 7월 24일 주호영 당시 새누리당 정책위 의장은 "저희들의 기본 입장은 교통사고"라고 했다. 5일 뒤 같은 당 홍문종 의원도 "일종의 해상 교통사고"라고 발언했다. 교통사고엔 운이 나빠서 당한 일이거나 운전자의 잘못이란 의미가 깔려 있다. 사고는 우연일 수도 있지만 참사엔 필연적 책임이 따른다. 사건엔 반드시 밝혀야 할 이유가 있다. 참사가 사고가 될 때 국가의 책임은 사라진다. '세월호 참사 = 사고'는 정부의 배·보상금 책정에서도 주된 '이념'이 됐다. 해양수산부는 법원의 교통사고 기준에 따라 사망자·실종자 위자료를 계산했다. '추모 국면'을 '혐오 국면'으로 전환하는 언어의 반격(**순수 유가족, 세월호 거지, 시체 장사, 세금 도둑** 등)도 '사고 프레임'에 뿌리를 뒀다.

물살 센 바다에서 낡은 배가 침몰했다. 수많은 언어가 퍼멍 든 바다에 뿌

신고자 아, 예, 좀 이렇게 최대한 좀 어떻게, 어, 어데까지 좀 해
     줄 수 있을까요?

경찰관 그건 제가 잘 모르겠습니다. 일단 제가 경찰관을 마을회
     관 앞으로 출동시킬 테니까.

신고자 네네.

경찰관 그분 만나셔가지고 이야기 함 해보시고, 일단 관내는 못
     벗어나게 돼있으니까. 일단 그분하고 말씀 함 나눠 보십시오.

신고자 예예. 알겠습니다.

경찰관 일단 외산2리 마을회관 앞으로 경찰 출동시키겠습니다.

신고자 예예. 알겠습니다. 예.

4월 16일 18시 54분26▶

신고자 : 승객 가족

접수처 : 전남지방경찰청

경찰관 112경찰입니다.

신고자 네, 제가 여기 지금 진도군 실내체육관27▶이에요.

경찰관 네.

신고자 네, 근데 동생이 명단에 있는데 실종됐거든요.

경찰관 명단에?

신고자 네, 명단에 확실히 있고, 여기 있는 관계자 분들은 그 환
     자를 인적 사항을 확인을 하고 명단을 작성했다…….

경찰관 네.

신고자 근데 제 동생만 없거든요.

경찰관 우리 지금 신고하신 분 이름이 빠져 있다 이 말이에요? 생

려졌다. 건져야 할 언어는 물고기 밥으로 던져졌고, 버려야 할 언어가 구명정에 올라탔다. 언어의 선택과 배제는 그 자체로 정치 기획이다. 배에 갇힌 304명을 국가가 한 명도 살리지 못하면서 **참사**가 됐다. 호명을 둘러싼 격랑의 바다에서 국가는 힘써 **사건**을 버리고 필사적으로 **사고**를 획득했다. 진도 바다 아래로 세월호가 가라앉을 때 **참사**를 **사고**로 규정하는 **사건**이 수면 위로 솟았다.

◀25 '배에 탄 학생의 학부형이 여기 같이 있다.'는 이야기를 잘못 말한 것으로 보인다.

◀26 이 전화가 걸려 오기 1시간 40여 분 전인 17시 15분. 박근혜 대통령이 중앙재난안전대책본부로 참사 뒤 처음 모습을 드러냈다. 올림머리는 헝클어져 있었다. 집무실로 출근하지 않고 관저에서 '의문의 7시간 반'을 보낸 그가 말했다.

"다 그렇게 구명조끼를, 학생들은 입었다고 하는데, 그렇게 발견하기가 힘듭니까?"

◀27 4월 16일과 17일. 진도실내체육관(진도군 진도읍)은 한탄과, 눈물과, 고함과, 욕설과, 분노의 용광로였다. 실종자 가족들은 절망하고, 애타하며, 터지고, 폭발했다. 탈진한 엄마들이 곳곳에서 링거를 꽂고 흐느꼈다.

세월호가 바다 밑으로 가라앉은 뒤에도 출처 불명의 문자들이 가족들에게 도착했다. 그때마다 절망과 기대를 오가며 가족들은 곤두박질쳤다.

"팽목항에 있는 아버지가 배 안의 생존자로부터 문자를 받았대요."

한 실종자 가족이 외쳤다. 체육관 안에 모여 있던 가족들이 몰려들었다.

"강○○, 유○○, 박○○."

그가 '팽목항 아버지'로부터 전달받은 이름들을 크게 읽었다. 한 학부모가 안산 단원고 학생들의 명단과 대조하러 갔다.

"아직 살아 있어요."

존자, 생존자 이름이?

신고자 네.

경찰관 생존자 이름에 우리 신고자 분 이름이 빠져 있다 말이에
요? 제가 무슨 말인지 이해를 못 하겠네요.

신고자 동생…… (알아들을 수 없음) 있다구요.

경찰관 지금 굉장히 끊어지거든요. 천천히 말씀해 주세요. 전화
가 끊어집니다.

신고자 구조자 명단28▶에요.

경찰관 구조자 명단에…….

신고자 제 동생 이름이 있어요.

경찰관 동생 이름이 있는데…….

신고자 그런데…… (알아들을 수 없음) 신원 조회를 하고 명단을 작
성했다고 하는데.

경찰관 네.

신고자 여기…… (알아들을 수 없음) 제 동생이 없어요.

경찰관 동생이 없다, 이 말이에요? 와서 확인해 보니까?

신고자 네, 그래서 병원에 있는 거 아니냐 그래서, 병원에 다 연
락을 해봤더니.

경찰관 네.

신고자 병원에서도 없다고 그러거든요.

경찰관 네, 무슨 말인지 알겠습니다. 일단 제가 경찰…….

신고자 지금.

경찰관 일단 제가 경찰관을, 잠깐만요, 일단 경찰관을 그리 보낼
거예요. 실내체육관 어디에 계세요?

부모들이 눈물을 흘리며 말했다. 안도의 탄식이 터졌다. 해수부 직원이 위치 추적을 하겠다며 문자 발신자의 번호를 받아 적었다.

가족들이 이주영 해양수산부 장관에게 소리쳤다.

"살아 있다잖아. 지금 바다 밑에서 구해 달라잖아."

이름을 확인하고 온 학부모가 힘없는 목소리로 말했다.

"우리 학교엔 그런 이름이 없어요."

안도가 울음으로 바뀌었다.

한 엄마가 이주영 장관을 노려보며 절규했다.

"지금 당장 살려 내."

다시 애원했다.

"우리 아이 좀 살려 줘요."

그들은 일희일비했다. 바닷속에 가족을 두고 땅 위에서 숨 쉬는 그들은 작은 소식 하나에 통곡하고 가슴을 쓸었다. 태초의 혼돈을 재현한다면 그 날, 그때, 그곳이었을 것이다.

◀28 참사 당일 진도실내체육관에 도착한 가족들은 입구에 붙은 구조자 명단부터 확인했다.

종이에 매직 글씨로 쓰인 이름들은 두 줄로 죽죽 그어져 수정되거나 산자와 죽은 자가 섞여 뒤죽박죽이었다. 명단에 찾는 이름이 없는 사람들은 주저앉아 통곡하거나 충격으로 실신했다. 추가 구조자 없이 사망자 수만 늘어날 때마다 '실종자 가족'이라 명명된 사람들의 울음도 커졌다.

참사 초기 생존자와 실종자·희생자 파악이 제대로 되지 않았다. 탑승자 명단에 포함되지 않은 사망자도 발견됐다. 선체 진입에 성공했다는 중앙재난안전대책본부의 발표(4월 18일 오전)에 한숨 돌린 가족들은 '오보'라는 해경의 수정 발표(오후)에 다시 절망했다. 춤추고 널뛰는 언론 보도는 증오의 대상이 됐다. 가족들 스스로 사태를 파악하고 진위를 판단해야 했다.

한국의 땅끝에 '아무도 믿지 못하는 불신의 땅'이 생겨났다.

신고자 실내체육관 안에 있어요.

경찰관 실내체육관 입구로 나오세요. 입구에서 기다리시구요. 이
　　　름이 어떻게 되십니까?

신고자 문○○이요.

경찰관 뭐라고요?

신고자 문○○이요.

경찰관 문○○.

신고자 네.

경찰관 신고자 분이 문○○이에요?

신고자 네.

경찰관 그리고 동생은요?

신고자 문○○.29▶

경찰관 문○.

신고자 ○.

경찰관 ○이요?

신고자 아니오, ○이요, ○.

경찰관 ○, 문○○?

신고자 네.

경찰관 지금 거 생존자 명단은 우리 해경에서 정확히 알고, 저희
　　　쪽에서는 이쪽 112에서는요, 명단이 지금 없습니다. 해경에
　　　연결을 할 겁니다. 해경에 연결을 하고 전화하고 나서 현장
　　　경찰관을 그쪽으로 보낼 거예요. 도와드릴 부분이 있는가. 그
　　　두 가지 조치를 제가 할 겁니다. 무슨 말인지 알겠죠?

신고자 네.

참사 당일 진도로 달려간 가족들은 구조자 명단에 적힌 지성 양의 이름을 확인했다. 구조됐다는 지성 양을 가족들은 찾을 수가 없었다. 살아 있다는 딸과 동생이 살아 있는지 알 수 없어 가족들은 죽을 것 같았다. 지성 양의 생사가 파악되지 않는 것보다 파악된 생사의 진위가 파악되지 않아 가족들은 지옥으로 떨어졌다.

아버지 문종택 씨는 딸을 찾아 구조자들이 입원한 병원들을 헤맸다. 진도 하수구 구멍까지 뒤지며 딸의 이름을 불렀다. 체육관 주변을 다니며 구석구석을 살폈고, 남녀 따질 틈 없이 화장실 문을 열었다. 지성 양은 사흘 동안 구조자로 있었으나, 어디에서도 구조되지 못했다.

아버지는 딸이 구조자인 것이 무서웠다. 구조되지 못한 지성 양이 구조자로 분류돼 앞으로 구조 대상도 되지 못할까 두려웠다. 아버지는 생존자 명단에서 딸을 빼달라고 호소했다. 딸은 다시 생사가 파악되지 않는 실종자가 됐고, 구조자 딸을 실종자로 만들며 아버지는 무너졌다.

세
월

경찰관 지금 제가 해경에 연결할 겁니다. 끊지 말고 기다리세요.

신고자 네.

18시 56분경 목포 해경 3자 통화 연결

해경 구명조끼 착용을 생활화······ (*통화 연결음)

경찰관 네, 112상황실입니다.

해경 감사합니다. 해경 상황실입니다.

경찰관 네네, 고생 많으십니다.

해경 네, 말씀하세요.

경찰관 진도실내체육관에서 그 가족이,30▶ 가족이 신고를 했어요.

해경 네.

경찰관 동생 이름이 구조자 명단에 있는데 현지 와가지고 확인하
    니까 병원에도 없고 실내체육관에도 없다, 이렇게 신고가 들
    어왔어요.

해경 구조자 명단을 어디서 확인했다는 거예요?

경찰관 그러니까요.

해경 구조자 명단을 어디서 확인했다는 거예요?

경찰관 그러니까요, 통화를 한번 해주세요.

해경 아, 연결해 주세요. 아, 연결해 주세요.

경찰관 신고자 분?

신고자 네.

경찰관 네네, 해경과 연결됐습니다. 말씀하세요.

해경 네, 말씀하세요.

신고자 네, 동생이 지금 거기 그 진도에서 배를(*배가) 사고 났잖
    아요.

4월 17일 오후 4시 20분. 박근혜 대통령이 진도실내체육관에서 '그 가족들' 앞에 섰다.

그가 입구에 모습을 드러내자 체육관은 요동했다. 대통령을 반기는 목소리와 "살려 달라."는 호소와 "꺼지라."는 욕설이 뒤섞였다. 단상에 오른 대통령이 마이크를 잡았다.

"방금 사고 현장에 다녀왔다……. 할 수 있는 모든 걸 다 하라고 지시했다……."

가족들은 쌓인 울분을 쏟아 냈다. '아무리 물살이 세고 앞이 깜깜해도 구조 인력 투입을 중단해선 안 된다.'는 요구가 빗발쳤다. 대통령은 "끝까지 시도하라."고 김석균 해양경찰청장에게 지시했다.

해양경찰청장이 "잠수사 5백 명을 투입했다."고 설명했다. (실제로는 두 명씩 번갈아 입수하고 있었다. 방금 사고 현장에서 온) 대통령은 (그 장면을 보고서도) "구조 소식을 기다려 달라."고만 했다.

"약속9을 지키지 않으면 여기 있는 분들 다 책임지고 물러나야 한다."

'그 가족'이 마이크를 잡았다.

"구조자 명단엔 있는 내 딸이……."

지성 양의 아버지 문종택은 끓는 감정을 누르며 항의했다. 바다에서 구조 작업이 어떻게 진행되는지 직접 확인하고 전화해 달라며 대통령에게 자신의 번호를 건넸다.

그날 밤 발신자 표시 없는 전화가 그에게 걸려 왔다. 전화기 너머에 대통령이 있었다. 아버지는 "단 한 사람이라도 더 구해 달라."고 거듭 부탁했다. '실종자 가족과 통화하며 참사 수습에 최선을 다하는 대통령의 노력'이 이튿날 언론을 타고 전파됐다.

구조됐다던 딸은 바다에 있었다.

세월호 유출 기름 방제를 위해 설치한 오일펜스에 걸려 4월 30일 발견됐다. 참사 해역에서 2킬로미터 떨어진 바다였다. 정부의 무능과 언론의 오보·왜곡에 아버지는 절망했다. 그는 직접 영상 카메라(416TV)를 들고 딸이 죽어야 했던 진실을 찾아 나섰다.

해경 네.

신고자 여기 사고 크게 났잖아요.

해경 그러니까요. 지금 어디 그, 그 이름을 어디서 확인하셨어요?

신고자 명단이요.

해경 네.

신고자 여기 실내체육관 앞에 있는 공간에 붙여져 있는 곳에 동생 이름이 있거든요.

해경 이름이 뭐죠?

신고자 문○○.

해경 네.

신고자 문○○.

해경 ○이에요? ○?

신고자 ○?

해경 아, 저 울려요. 전화가 울리거든요. 네, 지금 112, 112상황실 끊어 주세요.

경찰관 네, 알겠습니다.

19시 56분

신고자 : 승객 가족

접수처 : 전남지방경찰청

경찰관 112경찰입니다.

신고자 예, 여보세요?

경찰관 예, 경찰입니다.

신고자 저, 지금 오늘 거 뭐 피의자(*피해자) 가족인데, 그 뭐지 그

세
월

진도 가야 되는 거.

경찰관 오늘 진도 가는 거요?

신고자 네.

경찰관 어떤 내용 말씀하시는 거에(*예)요?

신고자 그, 오늘 그 배요, 배.

경찰관 네, 배 무슨, 어떤 것 말씀하세요?

신고자 오늘 배 무너진 거요. 배 침몰한 거.

경찰관 네, 그러니까 신고 내용을 말씀해 보세요.

신고자 아, 신고 내용만, 혹시 어디 가야 되는지 모르세요? 그쪽은?

경찰관 예?

신고자 어디 가야 되는지 모르는 거에(*예)요?

경찰관 신고자 분, 제가 무슨 말인지 잘 못 알아먹겠어요. 여기는
신고 접수받는 곳이거든요.

신고자 아, 네, 알겠습니다.

경찰관 사고 관련해서 뭐 여쭤 보시려고 전화하신 거에(*예)요?

신고자 또 어디로 전화해야 해요? 그러면 어디로 가야 될지…….

경찰관 왜 그것 물어보시려는 거에(*예)요?

신고자 네, 지금 가고 있는데 위치가 어딘지를 모르겠어요. 진도
거의 다 와가는데31▶ 모르겠네요.

경찰관 뭐, 가족이신가요?

신고자 네, 피해자 가족이에요.

경찰관 가족이에요?

신고자 예.

경찰관 진도실내체육관, 지금 그쪽으로 지금 다 모이고 있는 것

◀31　믿을 수 없는 소식이 전해진 그날.

한 아버지는 진도로 내려가는 고속도로에서 82차례의 속도위반을 했다. 그날의 절박함을 함께한 자동차는 범칙금 미납으로 압류됐다.

그날 이후 수없이 그 길을 오갔다.

단원고 실종자·희생자 가족들은 경기도 안산에서 진도의 작은 항구로 내비게이션 없이도 최단거리 길을 찾아 달렸다. 차를 운전할 때마다 부모들은 문득 치미는 분노로 가속 페달을 밟았다.

계기판이 시속 180킬로미터를 무심히 찍었다.

같아요.

신고자 실내체육관이요?

경찰관 네.

신고자 진도실내체육관이요?

경찰관 네.

신고자 네, 알겠습니다.

경찰관 네.

신고자 네.

20시 42분

신고자 : 승객 지인

수신처 : 서울지방경찰청

경찰관 112경찰입니다.

신고자 예, 수고하십니다. 뭐 좀 문의 좀 들여(*드려)보겠습니다. 오늘 그 진도 해남(*해상) 사고 있잖습니까?

경찰관 예예.

신고자 거기에 여섯 살 난 권○○[32]이라고 어린이가, 여자애 어린이가 하나 있거든요.

경찰관 권○○? 어린이가 있는데요?

신고자 ○○, ○○.

경찰관 ○○ 어린이가 있는데요, 예?

신고자 걔가 어제 우리 집에서 세를 살다가…….

경찰관 신고자 집에서 세를 살다가……. 예예.

신고자 예, 세를 살다가 제주도를 이사를 갔어요.

◀**32** 권재근·한윤지 부부는 남매(오빠 혁규, 동생 ○○)를 데리고 2014년 4월 15일 세월호에 올랐다.

가난한 꿈을 배에 싣고 제주도로 이사를 떠나는 날이었다. ○○의 부모는 건물 청소를 하며 모은 돈으로 제주에 감귤밭을 마련했다. 참사 한 달여 전 제주로 주소를 옮기고 새 삶터를 찾아 바다 위에 떴다. 이사 날까지 방이 빠지지 않아 보증금을 받지 못한 채 가족은 떠났다.

가족이 세 들어 살던 집의 주인이 뉴스로 참사 소식을 접했다. 그는 112신고센터에 거듭 전화를 걸어 ○○과 연락할 방법을 문의했다.

4월 16일 ○○만 구조됐다. ○○은 세월호 승객들이 힘을 모아 살린 아이였다. 단원고 학생들이 ○○에게 구명조끼를 입혔다. 구조를 돕던 '파란바지 의인' 김동수와 남학생이 ○○을 건네받았다. 엄마·아빠·오빠는 살아 돌아오지 못했다.

4월 16일 진도실내체육관을 빠져나가던 대통령 박근혜가 홀로 살아남아 우는 ○○을 쓰다듬었다. ○○이 대통령과 한 프레임에 든 사진은 세월호 참사의 비극과 난맥을 상징하는 장면이 됐다. 보수 단체 대한언론인회는 2015년 3월 이 사진을 '제25회 신문사진 인간애상 대상'으로 선정했다.

세
월

경찰관 예예. 이사를 갔어요. 예예.

신고자 방이 안 빠져서, 방세를 안 빠지고(*보증금을 못 돌려받고), 그
     냥 나중에 빠지면 보내 달라고 하고 그냥 갔거든요.

경찰관 방세도 못 주고 갔다구요? 예예.

신고자 예, 아니요. 자기네들이 안 받아 갔어요. 보증금을.

경찰관 아, 보증금을 안 받아 갔다구요? 선생님 죄송한데, 경찰관
     출동이 필요해서 전화한 거에(*에)요, 상담이 필요해서 한 거
     에(*에)요?

신고자 상담이, 그 연락할 방법을 어떻게 알 수가 없어가지고요.

경찰관 아……. 일단은 제가, 어떻게…….

신고자 부모들은 모르고 애만 살아가지구요.

경찰관 아이고, 그러니깐요. 일단은 신고자 님, 여기는 경찰관 긴
     급 출동하는 곳이니깐 만약에 그, 그쪽 관련해서 할라면(*하려
     면) 경찰은 182번 전화하시면, 전남 진도경찰서 연락처 알려
     달라고 하셔서 그쪽 상황이나 그런 것을 물어볼 수가 있고요,
     아니시면 122번, 우리 해양경찰청 대표 긴급전화에(*에)요.
     그쪽 전화하셔가…….

신고자 122번이요?

경찰관 네. 122번 그쪽 해양경찰청, 그쪽 전화번호로, 그쪽으로
     연락해서 문의를 할 수 있답니다. 그렇게 하시면 됩니다. 다
     른 특별한 내용은 없나요?

신고자 다른 내용은 없습니다. 여섯 살짜리 개 혼자만 구조가 되
     어 있어요.

경찰관 아, 그니깐요. 저도 인터넷으로 실시간으로는 보고는 있

세
월

는데, 아무튼 선생님 여기는 긴급 전화라 길게 통화 못 하니깐, 나중에 그쪽에 뭐가 있고, 경찰 쪽에 상담을 원하시면 국번 없이 182번 상담 전화니깐요, 상담하시고…….

신고자 해양경찰청이 122번입니까?

경찰관 네, 122번이고, 아니면 경찰 쪽에 182번 전화하셔서 전남 진도경찰서로 전화하셔서가지고 한번 문의하시면 좋으실 것 같습니다.

신고자 예, 감사합니다. 예예.

경찰관 출동 사항은 필요 없으시죠? 예예.

신고자 예예, 감사합니다.

경찰관 예, 수고하십시오.

21시

신고자 : 승객 지인

접수처 : 서울지방경찰청

경찰관 112경찰입니다.

신고자 여보세요? 전화하다가 끊어졌는데…….

경찰관 예.

신고자 진도 해남 사고 전화하다가 경찰관…… 끊어졌는데…….

경찰관 예예.

신고자 예예, 전화하셨어요?

경찰관 제가 전화 안 했는데요. 뭐, 뭐, 어떤 내용인데요?

신고자 아, 거, 여섯 살 난 권○○이라는 딸애가 있는데.

경찰관 예.

세
월

신고자 그 엄마는 한국 사람이 아니에요.[33]▶

경찰관 예.

신고자 그 아버지는 원래 고향이 목포 쪽인가 어딘가 그⋯⋯. 나
　　　도 확실히 모르는데 우리 집에서 살다가 이사를, 어제 이사를
　　　갔어요. 어제 제주도로 간다고 갔는데.

경찰관 예.

신고자 원래는 진도서, 완도서, 배를 탄다고도 하고, 집사람한테
　　　는 그, 그, 목포에서 배를 탄다고도 했는데.

경찰관 그건 인천에서 가는 거예요. 인천에서요.

신고자 그니깐요 인천에서 배를 탔는데, 그 ○○이만, 그, 그 위
　　　에 오빠가 조그만 애가 하나, 애가 있고, 있는데, 둘 내외하고
　　　그 오빠하고는 구조 안 된 거 같고⋯⋯. ○○이만 그 구조가
　　　된 거 같애(*아)요. 근데 전혀 연고나 주소나 전혀 파악이 안
　　　된다고 구조본부에서 방송이 자꾸 나오는 거 듣고 제가 전화
　　　를 드린 거에(*예)요.

경찰관 그러면 제가 저기 해양경찰청 안내하니깐 글로 한번 여쭤
　　　보시겠어요?

신고자 제가 아까 그 112에 신고해가지고 물으니깐 그쪽, 해양경
　　　찰청 전화를 알려 주더라구요.

경찰관 예예, 여기선 내용을 모르니깐요.

신고자 해양경찰청 전화를 가르쳐 주는데⋯⋯.

경찰관 예.

신고자 해양경찰청에서는 또, 그, 일반전화를 또 가르켜(*쳐) 주더
　　　라구요. 061에⋯⋯.

33

권○○의 엄마 한윤지(한국식 이름)는 베트남에서 왔다. 숨진 채 4월 24일 발견됐다. 그의 실종된 남편과 아들을 찾으며 가족은 85일간 장례를 미뤘다. '사망 90일 동안 장례를 치르지 않으면 영혼이 떠돈다.'는 베트남 유족의 뜻을 따라 그는 7월 16일 화장됐다. 운구가 시작되자 필리핀에서 온 유족들이 오열했다. ○○의 엄마는 참사 당일 베트남으로 마지막 국제 전화를 걸어 제주도 이사 소식을 전했다.

엄마의 장례식에 ○○은 참석하지 않았다. ○○은 엄마의 사망 사실을 몰랐다. 아빠와 오빠의 실종도 정확히 이해하지 못했다. ○○은 "엄마·아빠·오빠가 나만 두고 제주도로 이사 갔다."며 울곤 했다. 팽목항에선 큰아버지 권오복 씨가 동생과 조카가 돌아오길 기다리며 오랫동안 바다를 지켰다. 생계 활동을 할 수 없는 그는 직계가 아니란 이유로 지원 대상에서도 제외됐다. 아빠와 오빠는 세월호 인양 뒤에도 여전히 미수습 상태로 있다.

○○은 2016년 초등학교에 입학했다. "부모와 오빠를 영영 만날 수 없다는 사실을 이젠 알지 않겠냐."(2017년 1월 9일. 참사 1천 일 시점)고 큰아버지는 말했다.

세
월

경찰관 예.

신고자 여기에 전화하니깐 전화를 안 받아요.

경찰관 그럼 죄송한데요. 여기서 바로 다이렉트로 연결해 주라고
할게요. 경찰콜센터 연결할 테니깐요. 직접 글로 연결해 달라
고 하면 됩니다. 바로 다이렉트로요.

신고자 좀 전에 112에서 저한테 전화 왔는데, 확인하라고……

경찰관 아니요. 아까 끊어져서 전화드린 거 같아요. 제가 돌려 드
릴 테니깐요. 다이렉트로 연결해 달라고 그러세요. 경찰콜센
터 연결할게요.

신고자 예예.

경찰관 예.

22시 24분

신고자 : 30대 남성 승객

경찰관 : 전남지방경찰청

경찰관 112경찰입니다.

신고자 네, 수고하십니다.

경찰관 경찰입니다. 말씀하세요.

신고자 네. 저기 오늘 저가 이제 구조돼가지고 나온 사람인데요,
배에서.

경찰관 네. 구조³⁴되어 나온 사람이라고요? 예.

신고자 예예.

경찰관 예, 말씀해 보세요.

신고자 거 저기, 해양경찰에 지금 저기, 저 연락 좀 해서, 거 한

구조된 사람과 구조되지 못한 사람이 있었다. 살아 돌아온 사람과 바다에 묻힌 사람이 있었다. 구조하지 못한 이유를 묻는 사람과 구조하지 못한 이유를 묻으려는 사람이 있었다.

왜 바다에 묻혀야 했는지를 묻는 세월호 가족들을 상대로 국가는 '거대한 슬픔'을 '거대한 혐오'로 전환시키느라 일사분란[6]했다. 거처를 알 수 없던 국가는 그렇게 모습을 드러냈다.

사람과 사람의 마음이 모여 흘러가는 방향을 보면 좋은 세계와 나쁜 세계의 차이를 알 수 있었다. 이 슬픔을 담아낼 언어도, 이 분노에 변명할 염치도, 한국의 정치와 행정과 언론은 갖지 못했다. 보이지 않는 국가는 사람의 총합으로서 가시화됐다. 사람 가운데가 아니면 국가가 있어야 할 곳은 없었다.

세
월

분이 저희 기사실에…….

경찰관 한 분이 어디에요?

신고자 거 저기, 세월호 배 안에, 지금 저기 뭐야, 한 분이 거기
갇혀 있었거든요.

경찰관 배 안 어디쯤에 갇혀 있어요?

신고자 거 배 선상에 보면 배 기사실.

경찰관 네.

신고자 BR[35▶] 5번이라고 있어요.

경찰관 BR 5번?

신고자 5번 방.

경찰관 그분한테 어떤 연락이 왔습니까?

신고자 아니, 연락이 안 되니까, 거기 혹시 거 수색하는데, 그 좀
저기 해줄 수 있나 한번…….

경찰관 기사 거기를 확인해 주라 이거죠? BR 5번 방을요?

신고자 네. 그쪽. 네, 지금 배가 가라앉았잖아요? 거기가 거, BR
5번 방이었거든요. 거 기사실.

경찰관 그 사람 이름이 누구랍니까?

신고자 근데 문이……, 네?

경찰관 그분 이름이 누구랍니까? 그, 그 BR 5번 방에 있던 분이?

신고자 아, 이름은 저가 모르겠고, 여자 분인데.

경찰관 모른다? 여자 분이예(*에)요?

신고자 네. 여자 분인데 미처 구명조끼만 놔두고 왔어요. 입고 있
으라고 해가지고, 근데 문을 못 열었을 거예요, 아마.

경찰관 아마 문을 못 열었을 거라고요? 문을 못 열고 그 안에 있

◀35 DR(화물기사 선실)을 잘못 받아 적은 것으로 보인다.

세
월

을 거라 이거죠?

신고자 그렇죠. 거기 해양경찰서 특공대한테, 얘기를 했는데 그분들이 막 모르겠어요. 어떻게 얘기를 했는데, 다시 갔는데 헬기가, 거 구조를 했는지 안 했는지를. 제가 확인이 안 돼가지고 한번.

경찰관 그쪽 우리 신고자 분 성함이 어떻게 되시죠?

신고자 네, 최○○요.

경찰관 최○○ 씨요?

신고자 네네. ○○.

경찰관 최○○ 씨요?

신고자 네네.

경찰관 알겠습니다. 그쪽 해경 쪽으로 통보하겠습니다.

신고자 네네, 네.

세
월

1 세월호 참사 2주기인 2016년 4월의 이야기.

2 2014년 4월 16일 이후 세월호 승객들의 물건과 소지품은 '유품'과 '유류품'이 돼버
렸다. 해경과 해군, 잠수사, 수색을 도운 어민들은 세월호 안팎과 주변 바다에서 유
류품으로 추정되는 것들을 건져 모았다. 팽목항 현장에서 가족들이 찾아가지 않은
것들은 진도군으로 인계했다.
진도군은 해경으로부터 넘겨받은 순서대로 관리번호를 매겼다. 진도군이 정리한
'세월호 유류품 공고대상 현황'엔 4월 17일 인양돼 4월 25일 인도된 물품들부터 수
색 중단이 선언된 11월 11일 인양(이튿날 인도)된 유류품들까지 기록돼 있다. 진도군
은 1,162묶음 2천여 점의 유류품이 수거된 것으로 집계했다.
수거된 물품들 중엔 구명조끼나 이불, 식판 등 배의 소유로 보이는 것들도 다수 포
함돼 있었다. 생존자나 세월호 승객이 아닌 사람의 물건들도 섞였을 수 있으나 구별
해 낼 수 있는 사람은 없었다.
진도군은 접수된 유류품을 〈수상에서의 수색·구조 등에 관한 법률〉(수난구호법)에
따라 '6개월 공고와 3개월 보관 과정'을 거쳤다. 그 기간에 가족이 인수해 간 유류품
은 두 건뿐이었다. '416가족협의회 기억저장소'는 2016년 1월 24일 승객 유류품을
인수해 경기도 안산으로 옮겼다. 인수 직전 사진작가들의 도움을 받아 내용물을 전
수조사 하고 사진으로 기록했다. 안산에선 펄을 빼는 세탁 작업도 진행됐다. 일곱
건이 추가로 귀가했다. 가족을 찾지 못한 유류품들은 기억저장소가 안산합동분향소
에 임시 보관했다. '세월호기록물보관소'가 만들어지면 보관소 서고 안에 영구 보존
할 계획이다.

3 진윤희 양과 부모님의 이야기는 『한겨레』 박기용 기자가 인터뷰했다.

4 매년 바다가 갈라진 기간 동안 드러난 땅 위를 걸으며 조개 등을 캐는 진도 최대의
축제. 2014년엔 3월 30일부터 4월 2일까지 축제가 열렸다.

5 1597년 명량대첩에서 이순신 장군과 조선 수군에게 패해 전사한 일본 수군들.

6 2014년 세월호 참사 뒤 박근혜 대통령의 지지율이 큰 폭으로 하락했다. 6·4 지방선거
를 앞두고 여권을 중심으로 국면 전환이 시작됐다. 참사 나흘 뒤(4월 20일) 한기호 새
누리당 최고의원은 정부 비판 여론을 두고 "북괴의 지령"과 "정부 전복 작전"이라며
색깔을 입혔다. 5월 9일 민경욱 청와대 대변인은 대통령 면담을 요구하며 청와대 앞
에서 경찰과 대치 중인 세월호 가족들을 상대로 "순수 유가족" 여부를 따졌다. 2015
년 4월 28일 "시체 장사"와 "(세월호) 거지 근성"이란 말로 희생자 가족을 모욕한 김
순례 대한약사회 부회장은 2016년 4월 총선에서 새누리당 비례대표를 받아 당선
(현재 자유한국당 의원)됐다. 2015년 1월 16일 김재원 새누리당 원내수석부대표는 4·

16 세월호참사진상규명특별조사위원회를 "세금 도둑"이라고 규정했다. 고 김영한 민정수석의 수첩 메모에선 세월호 인양을 원치 않는 청와대의 의지[2014년 10월 27일 "장長(김기춘 비서실장을 지칭)/세월호 인양-시신 인양×, 정부 책임, 부담"]가 확인됐다.

7 참사 당일 구조 요청 전화는 육지를 담당하는 경찰청(112)과 해상을 책임지는 해양 경찰청(122), 119안전신고센터로 접수됐다. 이 글은 경찰청이 김현 새정치민주연합 의원에게 제출한 "(참사 당일) 전국 112 신고내역 중 세월호 관련 신고내역 녹취록 일체"를 토대로 했다. 녹취록은 세월호 참사가 생산한 최초의 텍스트 중 하나가 됐다. 통화 내역 원문을 그대로 살린 뒤 이후 밝혀진 사실들과 전개된 상황들로 '텍스트를 읽는 텍스트'를 구성했다. 2014년 4월 16일의 참사가 그려 낼 '항적의 앞날'이 고스란히 모습을 감추고 있다. 맥락 이해가 쉽도록 원문에 구두점을 넣고 띄어쓰기를 했다. 오탈자 등은 괄호 안에 *를 붙여 병기(*가 없는 괄호는 원문)했다. 『세월호, 그날의 기록』(진실의 힘 세월호 기록팀 지음, 진실의힘, 2016)을 참고했다.

8 "'제발, 조금만 더 빨리…' 잊힌 세월호, 신고전화 18통", 『한겨레21』 1157호 참조.

9 약속은 지켜지지 않았다. 참사 때 책임 라인에 있던 해경 지휘부는 승진하거나 무죄 처분을 받았다. 세월호특조위를 무력화했던 여당 쪽 위원들은 청와대 민정수석과 법률구조공단 이사장 등으로 영전했다. 약속의 당사자인 대통령 자신이 가장 큰 의혹의 중심에 섰다.

한韓국은 언어를 급변침해 왔다.

경기도 안산은 계획도시[1]였다. 초기 인구 40퍼센트를 강원
도 이주민이 채웠다. 세월호에 아들딸을 묻은 유족들 중엔 강원
도에서 탄광 노동자로 일했던 아버지들이 있었다. 그 배의 항적
은 한韓국의 시간을 떠받쳐 온 한恨국 아버지들의 경로와 겹쳤
다. 아버지의 대를 이어 막장을 건디던 아들들이 폐광 뒤 안산
으로 가 도시 저임금 노동자가 됐다. 농부일 땐 '군사'[農軍]였고
광부일 땐 '전사'(산업전사)였던 아버지의 아들들이 '근로'하는 노
동자가 돼 2014년 4월 한恨국의 심해에서 아들딸을 잃었다. 그
경로의 끝에서 그들을 기다린 이름은 '시체 장사 하는 세월호
거지'였다. 세월호는 한恨국의 '참사'를 한韓국의 '사고'로 뒤바
꾼 정치적 '사건'이었다.

키 작고 마른 한恨국어가 웅크리고 있다.

한韓국에서 '뼈를 깎는 구조조정'을 당한 사람들은 한恨국의
외딴 방으로 돌아가 '깎인 뼛가루들'을 쓸며 소리 없이 운다. 언

어가 삶을 반영하지 못할수록 한韓국은 한恨국을 떼어 내고, 한韓국어로 자기 삶을 설명할 수 없는 자들은 한恨국어를 양산한다. 한韓국어로 가득 찬 한韓국에서 한恨국인들은 말할 언어가 없고, 한恨국어가 팽배한 한韓국에서 한恨국인들은 살아 낼 수가 없다.

한韓국과 한恨국은 같은 나라인가.

한韓국어가 국어인 시민과 한恨국어가 실제인 시민은 같은가. 두 언어가 서술하는 삶은 같은 삶인가. 두 나라를 나누는 장벽, 부유와 가난을 나누는 장벽, 정상과 비정상을 나누는 장벽, 정규와 비정규를 나누는 장벽, 일단이 이단을 갈라 치고, 일반이 이반을 찢어 내며, 다수가 소수를 억누르고, 파랑이 빨강을 정죄하며, 역사가 비역사를 떨어내는 언어의 장벽이 한韓과 한恨 사이에 있다.

한韓국은 한恨국을 존재 조건으로 삼는다.

한韓국은 한恨국이 있어 청정할 수 있고, 한韓국어는 한恨국어가 있어 순전할 수 있다. 한韓국은 한恨국어가 수식하는 삶들을 한恨국에 몰아넣음으로써 밝고 맑다. 밝고 맑은 한韓국은 어둡고 더러운 한恨국과 구별됨으로써 쾌청하다. 구분과 분리와 경계 지음을 견뎌 온 한恨국인들에게 '어디 소속이냐?'고 묻는 것은 질문이 아니다. 한恨국인은 소속됨이 아니라 소속되지 못함의 산물이다. 한韓국이 모국이라고 망설임 없이 말할 수 있는 한恨

국인은 없다.

말해지지 않을 위험이 있다.

오랜 시간 나로 하여금 글을 쓰게 한 것은 무언가 말해질 필요가 있다는 직감이었다. 말하려고 애쓰지 않으면 아예 말해지지 않을 위험이 있는 것들. 나는 스스로 중요한, 혹은 전문적인 작가라기보다 그저 빈 곳을 메우는 사람 정도라고 생각하고 있다.
＿존 버거, 『우리가 아는 모든 언어』(김현우 옮김, 열화당, 2017)

애써 말해야 하는 삶들이 있다. 말해질 필요를 판단하는 것이 권력이고, 말해질 기회를 차지하는 것이 권력이다. 말하려고 노력하지 않으면 권력과 거리가 먼 존재일수록 말해지지 않는다. 말해지지 않는 것들이 말해지도록 길을 내는 언어가 절박하다. 의미가 파괴된 '말의 잔해'[2]로는 한韓국과 한恨국 사이의 장벽을 드러낼 수 없다.

말해지지 않는 자의 저널리즘은 이야기였다.

왕조의 언어가 '실록'의 지위를 독점할 때, 백성의 언어는 '야사'로 버려져 떠돌았다. 말해질 기회를 소유한 사람들의 한韓국어가 언로言路를 획득하고 기록으로 쌓일 때, 말해질 힘을 갖지 못한 사람들의 한恨국어는 누락되고 기록 없이 새어 나갔다. 권력자들의 기록이 역사[正史]의 자리에 앉는 동안, 권력 없는 자들의 비역사는 '이야기'로 전파됐다. 이 책 『웅크린 말들』은 이야기로 포착한 한恨국어들의 모음이다. 말해지지 않을 위험이 있는 존재들과, 그 존재들의 삶과, 그 존재들이 처한 사실fact을 이야기에 얹어 말의 길을 내려 한 무능한 실험들이다. 이야기하기 위해 차용한 형식들은 어떻게 불려도 상관없다. 다큐여도 좋고, 문학이어도 좋다. 기사여도 좋고, 르포여도 좋고, 논픽션이어도 좋고, 소설이어도 좋다. 단지 무엇이 말해지지 않으면 안 되는가를 묻는 질문으로, 어떻게 말해야 말해질 것인가를 찾아가는 과정으로, 말해져야 할 것들이 말해지도록 '빈 곳을 메우는 일'로, 다만 그렇게 읽힐 수 있기를 바랄 뿐이다.

  정의定義되지 못한 존재들을 정의하는 것이 정의正義다.

  한恨국어들을 찾아내고 정리하는 것은 이 땅에 존재하지 않는 사전을 엮는 일이다. '한恨국어사전'을 채워 가는 일은 '한韓국어사전'이 정의하지 않는 삶들을 발견하는 작업이기도 하다. 한恨국어사전엔 '대한韓민국이 누락한 대한恨민국'이 있고 '우리에 끼지 못한 우리'가 있다. 한恨국어사전은 '표준의 언어'보다 '표정 있는 언어'에 주목한다. 한韓국어사전이 표준과 비표준의 이분법으로 세상을 편집할 때, 한恨국어사전은 표준에 외면당한 은어·속어·조어로 한恨국을 본다. 각자가 사는 지역과, 처한 현장과, 속한 노동과, 견디는 삶과, 흐르는 눈물과, 머금은 웃음과, 당하는 차별의 언어들이 조각을 맞추는 동안 '한韓국의 뒷면이자 한恨국의 정면'이 포착되기를 기대한다. 그 언어들로 두 한국 사이의 숨은 경계를 파악하고 이야기할 수 있을 때, 말해지지 않던 것들이 말해지며 두 세계를 분리해 온 장벽도 낮아질 것이다.

그저 그런 이야기의 전복성을 믿는다.

이야기의 울림은 사건의 크기와 무관하다. 사건의 크기는 사람의 지위와 무관하고, 사람의 지위는 사람 그 자체와 무관하다. 무관해야 할 것들이 무관하지 못한 세계에 말의 차별이 있다. 우리가 집(시멘트)을 짓고 그 집을 덥혀(석탄·전기) 온기를 얻을 때, 도시를 밝히고(전기) 그 편리(서비스) 아래서 먹고(밀) 사랑(표준국어대사전)할 때, 더러움(얼룩)을 지워 깨끗함을 얻고 병균을 가둬 청정(천국)을 보장받을 때, 우리의 편안한 일상은 '우리 밖'의 가혹한 현실 위에 서있다. 우리의 무탈을 위해 위험해지는 땅(섬)과 우리가 외면한 일을 대신하는 사람들(한국). 그들을 몰아넣고 밀어내며 유지되는 나라(우리나라). 안과 밖의 경계가 흐려지는 그 순환(세월)의 끝엔 결국 우리가 있다. 말해지지 않는 존재들로부터 멀어지는 말하기 방식은 나, 당신, 우리, 이 세계 모두로부터도 멀어질 것이다. 세기적 사건의 충격보다 끊어 낼 수 없는 그저 그런 일상이 쌓아 온 이야기의 전복성을 믿는다. '우리'의 편안한 일상을 지탱하는 '우리'의 가혹한 현실을 발견하는 것이 이 시대 언어와 문자의 최전선이다.

1   1976년 7월 박정희는 서울에 밀집한 공장과 인구를 분산할 목적으로 수도권에 신
    공업 도시 건설을 지시했다. 같은 해 9월 건설부가 반월 지역을 선정했고, 12월 31
    일 '경기도 반월 도시개발지원사업소'가 설치(경기도 조례 제757호 공포)됐다. 용지 매
    수와 이주 대책이 1977년 1월부터 추진됐다. 1979년 8월엔 반월 도시개발지원사
    업소가 '반월지구출장소'로 확대·개편했다. 1986년 1월 안산시로 승격했다.

2   존 버거John Berger(1926~2017)는 『모든 것을 소중히 하라』(김우룡 옮김, 열화당, 2008)
    에서 '이스라엘 방위군'IDF이라는 단어의 의미 파괴를 설명한다. 팔레스타인 땅에
    거대한 장벽을 세운 이스라엘이 '방위군'이라 칭하는 군대는 장벽에 갇힌 팔레스타
    인 사람들에겐 '정복군'을 뜻한다. "말에도 이런 잔해가 있다. 아무런 뜻도 갖지 못
    하는 말의 잔해, 그 의미가 파괴되어 버린 말의 파편을 말한다. 이스라엘의 병역 거
    부자 세르지오 아니의 말처럼, '이 군대는 이스라엘 시민의 안전을 보장하기 위해
    있는 것이 아니라 팔레스타인 땅에 대한 도적질을 지속적으로 보장하기 위해 존재
    한다.'"

2017년 판 '난쏘공'을 읽으며

권성우 / 문학평론가, 숙명여대 교수

1. 만남

『한겨레』이문영 기자의 산문집『웅크린 말들 : 말해지지 않는 말들의 한(恨)국어사전』을 내내 집중하며 읽었다. 장을 넘길 때마다 많이 슬펐고 때로는 깊게 전율했다. 오랜만에 마음을 움직이게 만든 이 책을 만난 소감을 어떤 식으로든지 기록해야겠다는 생각을 하며 이 글을 기꺼이 쓰게 되었다.

이문영은 자신만의 집요한 취재 능력과 고유한 문체를 지닌 드문 신문기자이다. 이문영의 기사(글쓰기)는 김훈, 고종석으로 이어지는 이른바 문학적 기사 쓰기의 계보를 창의적으로 일구어 나가고 있다. 선배 기자들에 비해 한층 집요한 현실 인식과 밑바닥 인생에 대한 깊은 관심을 지니고 있다는 것이 이문영의 미덕이자 장처일 것이다. 공간과 현장에 대한 충실성과 매력적이며 단단한 문체가 함께하기란 정말 쉽지 않다. 그의 글은 드물게도 이 두 가지를 성공적으로 겸비하고 있다.

이문영의 기사는 이 시대의 어떤 문학작품 이상으로 서늘한 향기와 참혹한 분위기를 품으며, 한국 사회의 가장 짙은 그늘과 그곳에서 인생을 영위하는 사람들의 상처와 절망, 원한, 정념,

비애를 곡진하게 보듬어 안는다. 나는 이문영의 기사를 읽을 때마다, 내가 안온한 공간에서 너무 쉽게 살고 있는 게 아닌가 하는 자책을 하곤 했다. 이제까지는 몰랐던 대한민국의 가슴 시린 그늘, 그동안 온전하게 인식하지 못했던 밑바닥 인생의 처절한 애환이 이문영의 글 속에 선연鮮然하게 웅크리고 있었던 것이다. 그렇다면 이문영의 글을 통해, 내가 제대로 인지하지 못했던 또 다른 인생, 우리 사회에서 은폐되었던 인간사의 비극과 역정을 배웠다고 할 수 있으리라.

2. 2017년 판 '난쏘공'

이번에 읽은 『웅크린 말들』은 그가 주로 『한겨레21』에 연재했던 기사를 수정·편집·보강하여 펴낸 신간이다. 이 책은 이 시대 문학과 예술이 충분히 조명하지 못한 한국 사회의 가장 밑바닥 인생, 가장 낮은 곳의 실존, 가장 짙은 그늘을 단아한 문장으로 담담하게 응시한다. 그런 의미에서 이 책은 2017년 판 『난장이가 쏘아올린 작은 공』이라 할 수 있겠다. 지금 1970년대 후반에 조세희 작가의 '난쏘공'이 담당했던 헌걸찬 역할을 그대로 이 시대 문학에 요구할 수는 없으리라. 한 세대가 넘는 시간이 훌쩍 흐른 그사이에 세상은 너무나 많이 변했고 문학(소설)이 맡아 왔던 현실 대응의 역할은 상대적으로 축소되었다. 물론 한 시대와 역사를 되돌아보게 만드는 예술의 전선에서 문학이 맡아야 할 몫은 여전히 소중하다. 그러나 이 시대의 문학이 우리 사회의 가장 짙은 그늘과 그 상처에 대해 얼마나 제대로 공감하고 있는가 하는 질문을 던져 볼 수는 있겠다. 이제 문학이나 소설이 아니더라도, '난쏘공'이 맡았던 그 소임을, 예를 들어『미생』같은 만화나 웹툰, 〈송곳〉같은 드라마가 수행하고 있는 것이 아닌가. 이문영의 어떤 글은 바로 지난 연대에 문학이 자임해 왔던 현실 대응 역할을 스스로 감당하고 있다고 생각될 정도로, 이 시대의 처절한 현실과 우울한 그늘을 정면으로 관통한다. 이문영의 글들이 수행하고 있는 그 고유한 몫과 역할은 이 시대의 그 어떤 매체나 예술로도 충분히 대체할 수 없다. 그것은 하나의 세계이고 커다란 슬픔이며 집요한 고발이다. 그러니 반복해 말하건대,『웅크린 말들』은 2017년 판『난장이가 쏘아올린 작은 공』인 것이다.

3. 소수자의 슬픔

이문영은 폐광 광부, 구로공단 노동자, 에어컨 수리 기사, 다양한 알바생, 대부 업체 콜센터 직원, 넝마주이, 이주 노동자, 소록도에 거주하는 한센병 환자, 성소수자, 수몰민, 송전탑에 반대하는 밀양 주민들, 해군기지에 반대하는 제주 강정마을 주민들 등을 직접 만나 깊은 대화를 시도한다. 또한 고독사로 생을 마감한 사람들의 애잔한 흔적을 찾고 출입국사무소에서 수모를 당하는 이주민의 슬픔을 목도한다. 물대포에 맞아 세상을 뜬 농민 백남기의 인생을 상세하게 복원하기도 한다. 실제 기록을 있는 그대로 살린 세월호 사건의 기록은 이 시대 슬픔의 한 극점을 보여 준다. 신고 전화를 둘러싼 대화와 해석을 교직하는 방식을 통해, 우리 사회의 야만과 불합리한 관행을 뼈아프게 되돌아보게 만든다.

한국 사회는 가난한 사람, 이민자, 성소수자 등 다양한 소수자들이 유달리 심한 차별과 박해를 받는 곳이다. 장애인에게 유달리 힘든 사회이기도 하며, 조선족, 화교, 동남아시아 노동자, 흑인 등에 대한 인종차별과 선입견도 심하다. 이로 인한 마음의 분단, 강고한 편견, 깊은 원한과 정념이 여전히 우리 사회를 유령처럼 떠돈다. 더 큰 문제는 이들에게 새로운 삶에 대한 희망, 지금의 고통에서 벗어날 전망이 주어지기 쉽지 않다는 열악한 현실에 있다.

이문영은 이들과 면담, 대화를 하고 현장 탐방을 통해, 이 사회에서 전해지기 쉽지 않은 이들의 절박한 목소리와 웅크린 시선을 자신의 단단한 글쓰기(문체)로 전한다. 때로는 이미 세상을 떠난 자의 내면과 일상을 충실히 복원하여, 그들의 화법으로 그 쓸쓸하기 그지없는 풍경을 세상에 전파한다. 이문영은 이러한 작업을 하나의 의무라고 생각하는 듯하다. 그가 이 사회의 가장 짙은 그늘의 현장에서 채집한 생생한 단어들을 화두로 써내려간 글의 모음이 바로 이 책이다.

4. 언어의 양면

『웅크린 말들』은 언어가 얼마나 정치적이고 양면적인가를 여실히 보여 준다. 저자는 "언어는 때론 선동이었고, 자주 기만이었다. 과거 그를 '산업전사'라고 칭했던 언어는 현재의 그를

'노가다'라고 불렀다"(14쪽), "인권의 역사는 용어를 둘러싼 투쟁의 역사였다."(320쪽)고 적었다. 그 예는 이런 식이다. '가리베가스'에 대해 저자는 이렇게 해설한다. "'가리봉 + 라스베이거스'의 합성어." "시대가 변해도 가닿지 못하는 노동자들의 가난한 꿈을 상징한다"(97쪽). 그렇다. 이 용어는 '가리봉동'이라는 용어가 의미하는 공단의 우중충한 이미지와 '라스베이거스'라는 아메리칸드림의 이미지를 절묘하게 결합시켜 가리봉동에 새로운 인생의 닻을 내린 중국 동포들의 고됨과 꿈이라는 그 모순된 양면을 동시에 투사하고 있다.

한恨국어사전은 '농노리아'에 대해, "「조어」 중세 '농노'와 '롯데리아'의 합성어. 롯데리아 알바의 열악한 노동조건을 상징한다."고 서술하며, '강도날드'는 "「조어」 '강도'와 '맥도날드'의 합성어"로, '등골빼네'는 "「조어」 '등골 빼다'와 '카페베네'의 합성어"(173쪽)로 적는다. 열악한 알바 세계를 둘러싼 이 시대 청춘의 우울한 민낯과 힘겨운 노동 현장이 그대로 드러나는 대목이 아닐 수 없다.

'해피콜'은 아래와 같이 서술된다.

「경영」 넓게는 고객을 감동시켜 판매를 증진시키는 모든 종류의 대고객 서비스를, 좁게는 A/S 신청 고객들을 대상으로 만족도를 묻는 조사를 뜻한다. 삼성전자서비스 본사 콜센터는 의뢰 고객에게 무작위로 전화를 걸어 수리 기사에 대한 평가를 요청한다. 수리 기사들에게 해피콜은 '행복하지 않은 전화'다(118쪽).

'해피콜'이 정작 삼성전자서비스 수리 기사들에게는 '불행의 전화'로 인식되는 현실은 얼마나 통렬한 아이러니인가. 살인적인 일정과 실적 스트레스에 시달리며 저임금의 늪에 빠진 삼성전자 수리 기사들의 심경을 담은 '한恨국어사전'의 대표적 예라 할 만하다. "푸른 동생이 푸른 나이에 죽어 푸른 혼"이 될 수밖에 없었던 그들의 열악한 노동조건은 다음의 대화에 통렬하게 고발되어 있다.

"형, 이렇게 일하는데 왜 살기가 점점 힘들어져?"
언젠가 동생이 전화로 울며 말했습니다. '열심히 하다 보면 나아지지 않겠냐?'는 제 말에 동생은 화를 냈습니다.
"지금도 죽어라 일하는데 얼마나 더 죽어라고 일해야 하는데?"
(128쪽).

이문영의 이 책은 이제 열심히 일하면 좋은 일이 생길 것이라는 기대와 희망이 사라진 시대의 절망과 분노를 대변하고 있다. 희망은 결코 쉽게 오지 않으리라. 이 사회의 많은 사람들이 (특히 정치가들이) 이문영이 전한 메시지에 한껏 귀를 기울일 때, 그 희망이 조금이라도 가까워지지 않을까.

5. 문장

이문영의 이 책이 한 번도 제 목소리를 온전히 낼 수 없었던 사람, 자신의 욕망을 세상에 전하지 못했던 사람들에 빙의되어,

그들의 절박한 내면과 웅크린 가슴을 매우 효과적으로 드러내는 중요한 이유는 무엇보다 그의 문장에 있다. 가령 이런 문장을 천천히 읽어 보자.

폐허는 폐허에서 살 수 없는 생명들을 밖으로 밀어냈지만, 폐허이기에 찾아 깃드는 생명들에겐 최후의 품을 내줬다(20쪽).

삶은 오로지 산 자의 몫이었고, 죽음도 오로지 죽은 자의 몫이었다. 나와 너와 우리에겐 아무도 책임지지 않는 삶과, 아무도 함께하지 않는 임종과, 아무도 슬퍼하지 않는 죽음이 있을 뿐이었다. 나와 나와 나 가운데 당신은 없는가. 여기는 백골 세상이다(226쪽).

세월호를 삼킨 맹렬한 물살이 신발을 해체하며 지산면으로 몰아붙였을 것이었다. 파도에 찢기고 갉아먹힌 시간의 공포가 신발의 형상에 압축돼 있었다. 너덜너덜한 신발이 세월호 가족들의 마음을 사진으로 찍은 듯했다(416~417쪽).

매우 문학적인 문장들이다. 이러한 문장들은 이문영의 글을 사실에 대한 건조한 서술에서 더 나아가, 상처받은 인간의 내면을 따뜻하게 응시하고, 사건의 배후와 진실을 생생하게 복원한다. 이문영은 성소수자들의 단어 '애인'을 설명하며, "언어의 규정력을 아는 그들은 오랜 시간 주입된 무의식과 싸우며 단어를 선택했다."(315쪽)고 적었다. 단어 선택 과정에서 보이는 치밀함과 고뇌는 이문영의 문장이 단지 쉽게 스쳐 읽을 편한 대상이 아니라, 곰곰이 음미해야 할 텍스트임을 환기한다.

문학적 울림, 깊은 여운과 함께 장면과 상황에 대한 담백한 서술이 공존하는 이문영의 개성적인 문장을 통과했을 때, 비로소 당신은 『웅크린 말들』을 온전히 읽은 것일 테다. 그의 문장을 만나며 마음에 생성된 우울과 깊은 슬픔, 분노의 정념은 우리가 그의 책을 온전히 통과했음을 알려 주는 징표가 아닐까 싶다. 그런 과정을 통해 당신은 저자가 '나오며'에서 언급한바, 이 '실험'이 단지 실험이 아니라, 한국 사회에 대한 매우 뜻깊은 사랑의 기록이자 정당한 분노의 드러냄이라는 사실을 인식할 수 있으리라. 그는 '나오며'에서 이렇게 적었다.

> 말해질 기회를 소유한 사람들의 한韓국어가 언로言路를 획득하고 기록으로 쌓일 때, 말해질 힘을 갖지 못한 사람들의 한恨국어는 누락되고 기록 없이 새어 나갔다. 권력자들의 기록이 역사[正史]의 자리에 앉는 동안, 권력 없는 자들의 비역사는 '이야기'로 전파됐다. 이 책 『웅크린 말들』은 이야기로 포착한 한恨국어들의 모음이다. 말해지지 않을 위험이 있는 존재들과, 그 존재들의 삶과, 그 존재들이 처한 사실fact을 이야기에 얹어 말의 길을 내려 한 무능한 실험들이다(478~479쪽).

6. 기억

그와 내 직장은 5백 미터 거리 안에 있다. 그러나 이문영 기자를 온전히 알게 된 것은 조세희 작가의 『난장이가 쏘아올린 작은 공』 30주년 기념문집 『침묵과 사랑』(이성과힘, 2008)을 편집하면서부터이다. 그때 그가 쓴 "착륙하지 않는 쇠공, 끊이지 않는 절규"를 읽으며 깊은 인상을 받았더랬다. 이 글은 난쏘공 30주년의 의미와 작가 조세희의 단심과 시대와의 불화를 매우 인상적으로 풀어놓고 있다. 그 후 그가 쓴 기사를 끊임없이 주목했다. 2016년 봄, 『한겨레21』에 두 차례에 걸쳐 쓴 '화산도 문학르포'를 읽으며, 나는 한 편의 의미 깊은 기획 기사가 작가와 작품을 얼마나 풍요롭게 할 수 있는지, 작가의 깊은 내면을 얼마나 치열하게 드러낼 수 있는지에 대해 실감했다. 내게는 그 기사가 매우 뜻깊은 선물이었다. 이 책 역시 정말 오래간만에 조우하는 귀한 선물 같은 존재이다. 이 짧은 글이 그 선물에 대한 작은 보답이 되길 바란다. 『웅크린 말들 : 말해지지 않는 말들의 한恨국어사전』은 충분히 그럴 가치가 있는 책이다. 이 시대의 '난쏘공'이다.

찾아보기

김흥구

안젠버거 에이전시 소속 작가이자 프리랜서
사진가. '좀녜' 시리즈로 개인전을 열고
사진집을 출간했다. 제8회 KT&G SKOPF
올해의 작가, 'GEO' 올림푸스 포토그래피
어워드에서 그랑프리를 수상했다. 현재
제주 4·3 사건을 배경으로 한 '트멍'
작업으로, 떠난 이와 남은 이 사이의 빈
공간을 담담하게 그려 나가고 있다.

32~33쪽.
사북, 동원탄좌 앞에 쌓인
석탄과 수갱탑.
2017년 6월

41쪽.
사북, 철거된 동원아파트
부지 뒤로 보이는
동원탄좌와 카지노.
2017년 6월

58~59쪽.
삼척, 동양시멘트.
2017년 6월

112~113쪽.
서울, 구로공단과 가리봉동.
2017년 6월

142쪽.
서울, 남창동.
2017년 6월

172쪽.
서울, 광화문광장.
2017년 6월

196쪽.
서울, 북창동.
2017년 6월

214~215쪽.
서울, 구룡마을과
타워팰리스.
2011년 1월

227쪽.
한강.
2015년 10월

240쪽.
안산, 다문화특구.
2015년 12월

276쪽.
안산, 철야.
2008년 4월

292쪽.
소록도, 옛 갱생원 감금실.
2017년 6월

379쪽.
강정, 김도실(1938년 출생).
2013년 9월

306쪽.
서울광장.
2017년 7월

398~399쪽.
강정, 멧부리.
2014년 1월

330쪽.
서귀포, 상모리.
2014년 9월

404~405쪽.
진도, 팽목항.
2014년 8월

342~343쪽.
밀양.
2017년 6월

472~473쪽.
안산, 기억교실.
2016년 6월

354쪽.
백남기 농민 영결식.
2016년 11월